本论文集获得广东省普通高校人文社会科学重点研究基地暨南大学汉语方言研究中心的资助

首届海外汉语方言国际研讨会论文集

陈晓锦　张双庆　主编

暨南大學出版社
JINAN UNIVERSITY PRESS
中国·广州

图书在版编目（CIP）数据

首届海外汉语方言国际研讨会论文集／陈晓锦，张双庆主编．—广州：暨南大学出版社，2009.11
ISBN 978-7-81135-384-6

Ⅰ．首…　Ⅱ．①陈…②张…　Ⅲ．汉语方言—方言研究—世界—国际学术会议—文集　Ⅳ．H17-53

中国版本图书馆 CIP 数据核字(2009)第 150871 号

出版发行：暨南大学出版社

地　址：中国广州暨南大学
电　话：总编室（8620）85221601
营销部（8620）85225284　85228291　85220693（邮购）
传　真：（8620）85221583（办公室）85223774（营销部）
邮　编：510630
网　址：http：//www.jnupress.com　http：//press.jnu.edu.cn

排　版：广州市天河星辰文化发展部照排中心
印　刷：广州桐鑫印刷有限公司

开　本：787mm×960mm　1/16
印　张：20.875
字　数：420 千
版　次：2009 年 11 月第 1 版
印　次：2009 年 11 月第 1 次

定　价：38.00 元

前言

（代序）

世界上凡是有炊烟的地方，就有华人的足迹。

华人自古以来就有出洋进行海外贸易、海外移民的传统，南方沿海地区更是如此，仅广东一省，目前常住人口为9 449万，而生活在世界各地的广东籍人士就有2 000多万（《广东年鉴》，2008）。华人移民，早年多有聚族而居的习俗，南方的汉语方言因而也就随着华人的足迹遍布五大洲。当然，海外华人社区也不仅仅流行粤、闽、客方言，百年前流入中亚的东干语，近几十年在东南亚的中南半岛使用人数不断增长的西南官话，都是明证。汉语和汉语方言无疑是世界上使用人口最多的语言，也是全世界华人共同拥有、共享的非物质文化财富，海外汉语方言是财富的组成部分，海外汉语方言调查研究，是语言研究、汉语方言研究不能忽略的领域。

但是，长期以来，在世界范围内流播的汉语方言之研究却得不到足够的重视。其实，远离祖籍地母体方言已过百年甚至数百年，生存在不同的国度，与各国不同的主流、非主流语言不断碰撞、接触，海外汉语方言业已发生了种种与本土母体方言不同的变化，同时，由于使用人数及所在国语言政策等因素影响，更有相当一部分已经是不折不扣的濒危方言。海外汉语方言调查研究不仅是语言研究、方言研究的需要，也是近年来炙手可热的华人、华侨、华商研究等不可不深入触及的方面。可以说，海外汉语方言的调查研究已是刻不容缓、时不我待。

2008年7月，在我们的发起之下，经过长时间的准备，我们联系了海内外有志于此的学人，想方设法克服了经费不足等困难，由暨南大学汉语方言研究中心和香港中文大学吴多泰中国语文研究中心共同携手，在广州暨南大学举办了首届海外汉语方言国际研讨会，参加会议的海内外专家学者（包括两岸四地）共50多人，提交论文30多篇。在3天的会期里，代表们就海外汉语方言研究之重要性和紧迫性、海外汉语方言及研究之状况、各海外汉语方言之特点等问题畅所欲言。讨论的方言除了狭义范围的海外汉语方言——海外他国的粤、客、闽方言，海外他国的西北官话和西南官话，还包括广义范围的海外汉语方言——中国大陆板块之外港、澳、台地区的汉语方言。涉及的区域近达港澳台，远至东南亚、中亚、美洲。这是一次令人难忘的、鼓舞人心的盛会。

本书的编辑遵循言论自由、文责自负的原则，文章大致以综论，东南亚和美洲的粤、客、闽方言，东南亚和中亚的官话，港澳台的粤、客、闽方言为顺序编排。虽然我们做得还很不够，论述不免有错漏，但我们已经迈出了可喜的一步。编辑此书，既是为了纪念会议的召开，也是为了激励有志于海外汉语方言研究的海内外同道百尺竿头再向前，更是为了让更多的人关注、参与，为了下一次、再下一次的盛会。相信有大家的努力，我们的队伍一定会越来越强大，我们的工作一定会越做越好。

衷心感谢各位与会专家学者，感谢暨南大学、暨南大学中文系、暨南大学汉语方言研究中心、香港中文大学吴多泰中国语文研究中心、广东达普投资管理有限公司的支持，感谢为大会的召开和本书的出版付出了辛勤劳动的会务组的老师和同学们，特别要感谢他们之中的宋华老师和吴芳、施俊、高洵同学。同时，本书的编辑也为此付出了诸多心血，特此致谢。

陈晓锦　张双庆

2009 年春

目　录

Contents

加强海外汉语方言研究之我见

暨南大学文学院中文系汉语方言研究中心　詹伯慧

一

汉语方言的研究自 20 世纪 80 年代以来，出现了空前繁荣、持续发展的局面。将近 30 年间，通过汉语方言工作者的不懈努力，汉语方言研究的触角业已伸展到通行汉语方言的每一个地区，覆盖了大江南北大大小小的各种汉语方言。从 20 世纪 50 年代全国范围内的方言普查工作到 80 年代在大修地方志热潮中各地开展的编写《方言志》工作，从已经出版的数以百计的方言专著和已经发表的数以千计的方言论文，我们大致上可以断定：迄今尚未有人“染指”过的汉语方言“处女地”，为数已经不多了。在这种情况下，如何进一步开拓进取，不断扩展和深化汉语方言的研究工作，把汉语方言研究这块“蛋糕”做大做好，就成为当前汉语方言研究中不能不认真面对的问题了。

二

在汉语方言研究的发展进程中，近 10 多年来，特别是进入 21 世纪以来，有一个明显的倾向，就是大家比较关注的研究课题是那些富有个性、深具特色然而过去甚少有人调查研究，其语言面貌一直知之甚少的特殊方言，例如一些夹杂在汉语各大方言中间，或是跟少数民族语言接壤的未明系属的方言“土语”，以及一些被确认为“濒危方言”的汉语方言，如南方两广、海南的几处“军话”，还有某些很特别的“方言岛”等，都是近期很受青睐的“宠儿”。国家语委近期的重大研究课题就有“濒危语言（含方言）研究”这一项。近年来中国社科院语言学科的重点研究项目，也有濒危语言（含方言）研究的份儿。据笔者所知，专门研讨湖南、广西、广东一些土语及相关方言的研讨会，自 20 世纪 90 年代以来，就已分别在粤北、湖南和广西开过 4 次，还要继续两年一度地开下去，这可算是方言学术活动的一个新品牌。种种迹象表明：汉语方言的研究正在进入到一个全面开拓新领域，以大力调查方言交界地带、方言混合地带语言现象，认真抢救少数濒危方言为重点的新时期。在这个新时期中，方言学家们的视野总是紧紧盯住那些前所未闻的方言。猎奇和创新交织在一起，使传统的观念和看法常常遇到挑战。在这样的形势下，方言行家们，特别是身处南方方言地区的方言工作者们，自然也就想到一些向来未受关注的研究领域，海外华人中的汉语方言研究就是应运而生的一个。这样一个调查面涉及上千万遍布五大洲海外赤子的大课题，只有在今天，在神州大地各种方言都已有了相当全面的了解，并出版了大量记录各种方言的著作，而汉语方言的区划经过长期的探讨也已有了大致明晰的轮廓，方言研究涵盖面日益扩大的情况下，也只有在今天，我国对外开放的政策深入贯彻，海外华人、华裔的居住国和我国的往来日益频繁、友好关系与日俱增，而海外华人、华裔与祖居地亲友间的来往也日渐密切的“大气候”下，“海外华人方言研究”这样的课题，才有可能被提到汉语方言研究的日程上来，也才有可能组织队伍，有计划、有步骤地来实现。暨南大学作为有百年历史的华侨大学，研究海外华人的方方面面是这所大学的传统，也是最能够体现侨校特色的重要方面。一代又一代的暨南人，深知这是自己义不容辞的职责，总是要想方设法地在这些方面有所作为，作点贡献。正是在这种思想的指引下，我们刚成立不久的暨南大学汉语方言研究中心的几位同道就不约而同地想到了这个课题，尽管彼此都深感要把汉语方言的研究向海外华人方言的研究拓展，会遇到种种在调查研究国内汉语方言时料想不到的困难，可是，大家又都隐隐约约地意识到，必须走出这一步！作为暨南大学的汉语方言研究中心，把汉语方言的研究向海外华人社区的方言扩展是理所当然的事，也是责无旁贷的事！更何况东南亚各国华人所说的汉语方言，我国的台湾、香港和新加坡的语言学者早在10年前就已联手开展过不少调查研究。我们作为一所侨校的方言研究机构，更没有理由对此置若罔闻、无动于衷！有了调查研究海外汉语方言刻不容缓的共识，从1994年开始，由当时新调入暨南大学的李如龙教授牵头，以向广东省教委申请立项研究东南亚华人语言为开端，开始对东南亚华人语言（方言）进行调查研究。接下来在经过一番酝酿和积累以后，于1996年2月在暨南大学举行了一次“东南亚华人语言研讨会”，以此为契机，海外华人语言（方言）的研究在暨南大学逐步升温，目前已形成了持续开展的良好势头。这次在暨南大学举行的首届海外汉语方言国际研讨会就是一个明显的信号，而10多年前“东南亚华人语言研讨会”的论文结集，也已经在2000年正式出版。

三

暨南大学由陈晓锦教授牵头的海外汉语方言研究工作近期陆续取得了一些非凡的成果。其中最为突出的是2003年6月由中国社会科学出版社出版的、近60万字的《马来西亚的三个汉语方言》。此书的出版大大激励了方言研究中心的同仁。接连几年，围绕这一课题开展了一系列卓有成效的工作，促使去年以陈晓锦教授为首的“海外汉语方言研究”课题组申请国家社科基金一举成功，使这一课题成为暨南大学汉语方言研究中心的著名品牌，备受汉语方言学界瞩目。近期陈晓锦教授又趁热打铁，频频迈出国门，走遍了东南亚有华人聚居却又未曾有人调查过汉语方言的一些地方，深入到越南、柬埔寨、老挝、缅甸和泰国等地，记录了大量的方言语料，为下一步扩大研究海外汉语方言准备了条件。此刻，在这样一个已经有了良好开端的“气候”中，我们又该从哪些方面入手来进一步开展海外汉语方言的调查研究呢？下面略抒一管之见，以就教于同道方家：

（1）加紧扩大调查面，充分掌握海外华人社区汉语方言的真实面貌。调查是汉语方言研究的起点，也是汉语方言研究成功的保证。没有调查就没有发言权，这一点对于海外汉语方言研究这样的课题尤为重要。尽管我们已经开始走出第一步，尽管此前我们已对东南亚地区的汉语方言有了一些了解，也有了一些资料的积累，但对于开展研究来说，我们掌握的资料还很有限，我们了解的情况还很不够。因此，赶紧开展进一步的调查，获取更多更丰富的汉语方言素材，仍然是研究东南亚地区汉语方言的迫切任务。至于东南亚以外华人聚居地的汉语方言，大多仍未开始调查，这就更需要加紧组织力量，开始大量收录语料了。我想，这样一项牵涉面很广的工作，最好能够调动各方面的积极因素，组织起一支包括中国大陆和港、澳、台以及东南亚各国汉语学者的队伍，有计划、有步骤地分工协作来进行。把调查工作做好了，往后的研究就不至于苦于“无米之炊”，只要下定决心坚持干下去，一定可以一步一个脚印地取得成果。

（2）在开展实地调查、掌握大量语料的基础上，分别进行海外华人所操方言与祖居地同一方言的比较工作，找出其异同，分析其原因。这一研究可以分解为若干子课题来进行，最终可以编写出若干像前述《马来西亚的三个汉语方言》那样的著作，如果海外各国（地区）都能通过深入调查编写出这样的著作，最终就有可能综合编纂一部《海外汉语方言概况》，全面地揭示海外各地千万华人、华裔所操汉语方言的实况及其与中国大陆汉语方言的异同。

（3）从社会语言学和应用语言学的角度出发，对海外汉语方言社会应用的情况及家庭应用的情况进行调查分析，结合所在国的语言环境和语文政策，研究华人社区汉语方言应用中存在的问题及其解决的办法，探讨海外汉语方言在不同环境下的发展前景。

（4）着力剖析海外汉语方言在多语环境中的相互接触、相互渗透现象，从而探讨海外汉语方言变异的问题。

（5）探讨海外汉语方言如何能够代代相传地延续下去。研究对海外华人子女如何进行祖居地方言教育，使乡音不致在海外华人中消失的问题。

再论东南亚华人语言的研究

厦门大学　李如龙

一

这些年来，东南亚华人语言的研究引起了许多学者的关注。不但有大型的语言调查活动的组织和实施，有大部头的专著出版，参与研究的人员也增多了，研究的角度也多样化了。这是值得高兴的事。

然而，和东南亚华人数量之众、生活热土之广相比较，这样的研究规模还是很不相称的。论人口，按一般的粗略统计，分布在十几个国家的华人早就在 2 000 万以上[①]。论历史，到东南亚定居的华人，早在 1 000 年前就有明确的记载。阿拉伯旅行家 Al Ma'sudi 在《黄金牧地》一书中就记述了他在公元 943 年船经苏门答腊三佛齐时，见到“有许多中国人耕植于此岛，而尤以巴林邦（今巨港）为多，盖避黄巢之乱而至者”[②]。仅据巴达维亚（今印尼雅加达）人口统计，1893 年那里的华人就有 26. 569 万，占当地总人口近 1/4。[③] 华人陆续地、批量地到东南亚各国定居，已有二三百年的历史，这在闽南各地的家史族谱中一直有明确的记载。论地域，2 000 多万的华人分布在十几个国家，广泛地参与着那里的经济、政治和文化生活。对于这些人来说，他们早已不是外来移民，而是东南亚国家的主人了，他们分布在如此广袤的地域，在社会生活中发挥着不可忽视的作用。语言是文化的载体，是传扬沟通文化的工具，也是记录历史的教科书。只有对他们的语言进行认真的研究，才能了解他们的过去、现在和未来，才能了解他们的思想、政治和文化的现状。

二

为了在定居地生存和发展，东南亚华人面对和自己的民族语言相去甚远的各

---

① 据杨力、叶小敦统计，为 2 080. 02 万人，占在地国总人口的 11%。见杨力、叶小敦：《东南亚的福建人》，福建人民出版社 1993 年版。

② 李长傅：《中国殖民史》，商务印书馆 1937 年版，第 50 ~61 页。

③ 许友年：《试论华人马来语的历史作用》，见李如龙主编：《东南亚华人语言研究》，北京语言文化大学出版社 2000 年版。

种民族语言，都必须从头学起，才能和本地人交往，这是他们社会生活、语言生活中的头等大事。如今，他们都是双语人或多语人。在菲律宾，华人兼通他加禄语；在泰国、缅甸，兼通泰语、缅语；在印尼，主要使用印尼语。新加坡的年青一代则以使用教育、行政语言——英语为主，多数兼通马来语，不少还兼用华语的通语。千百年来，东南亚华人随着国家认同、政治认同和文化认同的转变，都经历过由民族母语向所在地国语的转换过程。一般的情形是：最早去的华人作为流寓的侨民，大多保留自己的汉语方言母语，多少学点当地语言，以应付生活的迫切需要；到了第二代、第三代，大多是典型的双语者，使用方言母语和当地主要语言，由于和来自不同汉语方言区的人的相处，不少人还兼通其他汉语方言。拥有使用人数最多的闽南话（当地称为“福建话”），直到20世纪上半叶还是东南亚各国华人的共通语。“二战”结束后，东南亚各国走上独立发展的道路，推行各自的国语，华人与当地各民族的交往也愈加深入和密切。在走向现代化的社会生活中，操各种不同语言的人交流也多了。那时各国普遍有华文小学和华文中学，在华人学校里接受过启蒙教育的还学会了华语通语，加上自己的母语和其他方言，以及掌握一两种当地语言和教育行政语言，会说三四种话的人十分普遍。

这种从单语（方言母语）到双语（兼用当地语）到多语（多种汉语方言和多种当地语言）的转换演变过程，是东南亚华人语言最为突出的特征[①]，也是社会语言学、文化语言学的最佳研究内容。研究东南亚华人语言，首先应该从这方面着力。相当多的华人离开故国已经数百年，经历过几代人都数不清了，在当地的人口比例上大多不是多数，为什么还能保存着祖传的方言母语？是什么因素使这些语言具备了旺盛的生命力？和语言的存活相联系的最重要社会现象是什么？家族血缘的传承，聚居社区乡缘的维系，信仰、民俗的社缘关联，共同的行业生计的业缘联系，都起了什么作用？掌握所在地语言的最重要推动力是什么？语言政策、教育政策、政治统制、经济生活（商业往来）的联系，国家认同和文化认同、婚姻联结，都是一些关系项，其间又是如何体现出主次轻重的？在中华母语中，方言和通语、强势方言和弱势方言的关系如何，和本土汉语的通语及方言间有无联系、有无区别？不同的国家、不同的时代、不同的政治关系和社会联系以及政府的不同的政策如何决定着各国华人的不同语言生活？这些不同的语言政策的社会效果如何？不同国家的华人的语言生活的前景又如何？研究这些多元的语言文化现象，都必须从调查华人社区的语言生活入手，联系该国、该地、该族群的历史文化、经济政治生活状况加以具体分析。在研究方法上则应该运用社会语言学、文化语言学的理论和方法。

---

① 杨启光：《印度尼西亚华人的日常用语及其文化认同探索》，见李如龙主编：《东南亚华人语言研究》，北京语言文化大学出版社2000版。

三

任何语言学的研究都离不开本体的研究，而语言本体的研究，尤其是以口语交往为主要形式的方言研究，都必须从调查入手。研究东南亚华人的语言生活，必须从语言调查开始。汉语方言在中国境内分布太广，品种太多，现代方言学兴起之后，长期无力顾及境外所分布的汉语方言的调查。较早见到的中文版的东南亚汉语方言著作是哈玛宛的《印度尼西亚西爪哇客家话》（中国社会科学出版社，1994）。作者是印尼籍客家人，原名温戴奎，20 世纪 40 年代毕业于上海暨南大学，后在印尼的中学和大学任教；60 年代在日本东京外国语大学教印尼语，后为大东文化大学印尼语教授。他怀着浓烈的客家情结编写了这本介绍客家母语的专著。20 世纪 90 年代笔者在暨南大学立项，在广东省内找归侨和留学生调查了印尼和马来西亚的客家话和闽南话多点，并于 1996 年举行了首次东南亚华人语言研讨会，以那次研讨会上发表的论文为主，于 2000 年在北京语言文化大学出版社出版了《东南亚华人语言研究》一书。进入 21 世纪后，香港中文大学中国文化研究所吴多泰中国语文研究中心张双庆教授牵头组织的“大闽语”研究计划，先后调查了菲律宾、马来西亚的闽南话和泰国、柬埔寨的潮州话。应该特别提出的是，暨南大学教授陈晓锦于新世纪之交先从暨南大学留学生中开始，2000 年之后又自费出国，陆续调查了马来西亚境内的广府话、客家话和潮汕闽南话，编成了大型的调查研究报告——《马来西亚的三个汉语方言》（中国社会科学出版社，2003）。她所做的调查是相当深入的，包括 3 700 多个单字和近 2 500 条词汇以及数百条语法例句，记完音，整理了语音系统，列表对照三个方言，进行了语音、词汇的比较，并对三个方言作了语法的描写。此外，新加坡南洋理工大学周清海教授和厦门大学周长楫教授合作，编写出版了《新加坡闽南话概况》（厦门大学出版社，2000）和《新加坡闽南话词典》（中国社会科学出版社，2002）等。

如上文所述，东南亚华人所使用的汉语方言品种多（闽南话、广府话、客家话，闽南话中又有潮州话、海南话，闽语中还有福州话、莆田话；此外，在缅甸境内还有西南官话）、分布广，存留使用的情况又很复杂，要进行全面调查还有大量工作要做。有些方言已经处于严重萎缩之中，需要及时抢救。为了使这项工作更有成效，看来应该谋取境内外学者的进一步合作，把东南亚各国的学者组织起来，能调查的进行调查，暂时力量不足的，可以商请有关学校及学术团体，先按照一定规格和要求，用录音资料形式先把语料保留下来。

四

在调查的同时，应该注意进行比较研究。只有经过比较，才能对各种汉语方言及其通语（普通话）的特点有深切的了解。比较研究工作应该包括纵向、横向两个方面。

在纵向方面，拿早期的语料和现存的语言事实进行比较。由于闽粤人早在明清时代就在东南亚大批量、大面积定居，西方人士最早知道闽粤方言不是在本土，而是在东南亚。随着殖民主义者侵入东南亚，各种西方教会就在这里调查汉语方言，利用它向华人传教。从16世纪到19世纪的300年间，传教士就在东南亚调查、记录方言，编印了许多方言词典。就已所知，现在可以见到的最早的有17世纪初西班牙耶稣会教士Pedro Chirino（1557—1635）所编的《闽南话词汇》，“这是一本记在笔记上的手稿，共88页（其中只有83页有文字），包括几百条中文词语，并有某种闽南话及相应的Castillian西班牙语注音。这些词语对于研究中国和西方早期的语言接触是非常有用的。它也可以用于研究当时闽南话的语音和词汇特点”。（马西尼：《罗马所藏1602年手稿本闽南话西班牙语词典》，《语言接触论集》，上海教育出版社，2004）这本手稿，现存于罗马Angelica图书馆。全书共收汉字1 920个，词语966个（单音词639个，双音词304个，三音词17个，短语和句子122个），头5页列了5个不收的字，以后按义类排列词语。

到了19世纪，这类词汇、词典就多起来了。这里只列举几部比较重要的：

（1）1841年在曼谷出版的W. Dean所编的《潮州话初阶》（*First Lessons in the Tie-Chiu Dialect*），48页，分为30个义类（天、地、身体、时间、数词、量词、草木、动物等），罗列了潮州话词汇和短句，用罗马字注音，用英文释义。

（2）1847年，也在曼谷出版，由Josiah Goddard所编的《汉英潮州方言词典》（*Chinese and English Vocabulary in the Tie-Chiu Dialect*），248页，依罗马字所拼潮州话音节为序，分声调罗列汉字，用英语为字义作注释，收了约5 000个汉字。

（3）1853年在广州出版，由美国教士Elihu Doty（罗啻）所编的《翻译英华厦腔语汇》（*Anglo-Chinese Manual with Romanized Colloquial in the Amoy Dialect*），212页。按义类（人体、称谓、动物、食物、服饰等）罗列汉字词条，加注罗马字拼音，用英语注释。收词约五六千条。

（4）1873年在伦敦出版的Carstairs Douglas（杜嘉德）所编的《厦英大辞典》（*Chinese-English Dictionary of the Vernacular of Spoken Language of Amoy, with the Principle Variations of the Chang-chew and Chin-chew Dialects*），全书收词8万条，用罗马字注音，未出现汉字，按音序罗列词语，分义项用英文释义。

（5）1882 年在巴达维亚（今雅加达）出版的 Francken J. J. C. & De Grijs C. F. M. 所编的《汉荷厦门方言词典》（*Chineesch-Hollandsch Woordenboek Vanhet Emoi Dialect*，*Chinese-Duth Dictionary of the Amoy Dialect*）。

（6）1886 年在新加坡出版的 John Campbell 所编的《汕头话手册——方言中重要词汇词典》（*Manual of Swatow Vernacular with a Dictionary of Some of the More Important Words in the Swatow Dialect*）。

因为西方人用惯拼音字母，分析语音能力较强，据初步研究，这些词典标音是准确的。拿这些方言词典和当代东南亚华人所说的汉语方言相比较，就可以看出 100 多年间语音上和词汇上都发生了哪些变化。例如上文所列的（1）和现代潮州话之间单是 -n、-t 归入 -ŋ、-k，连带就发生了 8 个韵的变化：ien→ieŋ、iet→iek、uan→ueŋ、uat→uek、in→iŋ、it→ik、un→uŋ、ut→ ɤk。[①]

（7）从 19 世纪末到 20 世纪初，到东南亚定居的华人已经站稳脚跟，经济上发展初成规模，文化上也开始关注多语学习。有文化的侨民编了一些用汉字为马来语注音的词汇对照手册。较早的有 1877 年出版的《通夷新语》，1883 年出版的《华夷通语》（福建话），后来有 1916 年出版的《正客音译义木来由话》（客家话）、1925 年出版的《琼南音谙摩赖幼话义》（海南话）、1926 年出版的《巫来由通话》（福建话）。这些手册都是用石版印刷，搜集常用词汇，按意义分类，用汉字所标注的方言词语立目，译为马来语后也用汉字注音。所列方言词语有单音词、双音词、成语，也有些简短的词组和句子，从中也可以看出初到东南亚时汉语方言的词汇状况。拿它和现代东南亚华人所说的方言比较，则可看出一些词汇的变迁。

（8）20 世纪 50 年代，马来西亚联邦政府请名家编写、出版了广府话、客家话、厦门话和汉语普通话的四种教材，这是为适应非华人学习华语的需要而编的，其中的广府话还包括课本和语法读本两种。《福建厦门话口语》（*Spoken Amoy Hokkien*）一书是美国耶鲁大学博士、康奈尔大学教授、著名汉藏语言学家 Nicholas C. Bodman（包拟古）所编，上册于 1955 年出版，下册于 1958 年出版。全书共 628 页，按话题分为 30 个单元，编有课文、语法例句和练习、听力训练和自由会话，规模相当大。包氏学会了一口流利的厦门话，该书所提供的 50 年前的口语是十分丰富的。拿这套课本和 19 世纪的教材和词典以及现代东南亚的闽、粤、客各方言作比较，则可以看到一个很具体的演变过程。

在横向方面，可以拿海外方言和故地方言及所在地姐妹方言作比较。华人到东南亚定居，大多是住在乡间的，并且往往是按本土籍贯聚居。他们对于祖籍地

---

① 李竹青、李如龙：《潮州方言语音的演变》，见郑良树主编：《潮州学国际研讨会论文集》，暨南大学出版社 1994 年版。

当有深刻的记忆，至少是口口相传以免忘了祖宗地。所保持的方言大体上也和本乡保持一致。当然，在异国他乡，由于与外方言、外语的频繁接触，也由于地理环境和生活条件的变化，不论是语音、语法还是词汇方面都会发生不小的变异。练春招调查了马来西亚柔佛州新山士乃镇的客家话，拿它和祖籍地广东揭西河婆镇的客家话作比较，在所调查到的 1 097 条词汇中，就有将近 300 条是彼此有别的，竟占总词汇量的近三成。其中包括马来语借词 91 条、英语借词 69 条、粤方言借词 64 条和闽南话借词 17 条，还有自创词 58 条。[①] 陈晓锦在所调查的 2 000 多条词汇中也发现了三种方言都有近百条马来语借词、百余条英语借词和“大批反映马来西亚特定的地理气候生活习俗等特殊词语”。[②]

五

国外的语言学关注语言间的相互接触已经有三四十年了。这不但因为发生学视角形成的谱系树语言分类法不能解释许多语言现象，而且因为现代社会里不同国家、民族和大大小小的族群之间的接触越来越频繁，语言之间的相互影响也越来越明显。如果说发生学的谱系树分类是语言纵向演变的研究的话，语言的接触则是横向作用的考察，从理论上和材料价值上说，二者是互补的关系，而不是对立的关系。

关于语言接触所产生的后果，已经揭示出来的事实大体上可以归为 3 种：第一种是经由双语竞争，一方萎缩、一方强化而造成了语言的替换。第二种是双语并用中相互渗透，强势语言向弱势语言输送语言成分和特征。第三种是两种语言在使用中紧密接触造成大面积的渗透，逐渐兼收并蓄而成为性质模糊的混合语。东南亚华人所使用的语言正处于内外繁复的接触环境之中，经过几百年的接触和渗透，都已经造成了重大的变异。显然，东南亚地区蕴藏着丰富的语言接触的研究素材。

东南亚华人语言有内外两种接触。“内”指的是母语方言和姐妹方言及汉语通语的接触；“外”指的是与外族语言的接触。不论是内与外，都有繁复的接触源。在汉语之内，中国东南部的重要方言闽、粤、客这里都有。早期闽语是强势的，闽语之中尤以“福建话”（闽南话）最强，20 世纪 50 年代以前曾是各国华人的共通语。50 年代之后，粤语借助港产电影和有关报刊以及商场上的通行而取代闽南话成为强势方言。随着中国普通话的普及及其成为联合国所认定的公用

① 练春招：《马来西亚柔佛州新山市士乃镇的客家方言》，见李如龙主编：《东南亚华人语言研究》，北京语言文化大学出版社 2000 年版。

② 陈晓锦：《马来西亚的三个汉语方言》，中国社会科学出版社 2003 年版。

语言之一，加以新加坡的推广华语运动的推动，如今在东南亚华人之中，闽粤方言的优势都已经让位于具备通语地位的“华语”了。在汉语之外，东南亚各国大多是多民族、多语言、多方言国家。华人在所在国要运用官方规定的国语，并掌握其他语言和方言与族外人交往。在这种复杂频繁的接触之中，有些地区的某些方言就严重萎缩，甚至在青少年中完全被放弃了。

东南亚华人的语言接触有替换型接触和渗透型接触两种类型。替换型主要表现在交际领域的萎缩乃至放弃而采用当地权威语言和强势语言。萎缩的过程大体都是从社会交际退居族群内部交际，进而是家庭亲人之间的交际。像印尼有些地方的汉语方言不但青少年不说，家庭内部也不说了，祖传的汉语方言只存在于老年人的依稀记忆之中。新加坡的青少年华人大多也只通高阶的英语和低阶的马来语，只有少数人偶尔还说说福建话、读点中文书。这都是在替换路上的转变。至于渗透型则是普遍存在的，只要汉语方言存在一天，多语的渗透，主要是汉语通语的影响、外族语言的影响就是不可避免的。已经发现的混合语多是原有的母语方言和目前的权威方言在竞争中相持不下而发生相互混合的。

研究东南亚华人语言的接触应该有两个重点。一是考察萎缩、替换型的接触演变过程及其表现形式，探讨造成替换的社会原因。这主要是外部的文化上的调查研究和分析。二是考察语言成分和系统所发生的渗透事实，从中探讨其演变规律，这是内部的语言变异的调查研究和归纳。做惯本体研究的语言学家在调查之后，必定对于渗透演变的状况产生浓厚的兴趣。其中的许多问题如果能在东南亚华人语言这片沃壤里好好发掘一番，一定可以为语言接触的研究提供不少带有普遍意义的结论。例如，从接触源流说，同一语言内的接触和渗透应该比不同语言间的接触和渗透有更大的强度和深度；通语对方言的影响可能比方言间的相互影响有更大的力度。从接触体的状况说，使用人口多、分布地域广、有媒体和艺术形式扩散传播的方言，容易形成强势，在接触中往往给予的多、接收的少；反之，弱势的小方言则往往接收的多，输出的少。就语言成分与系统说，语音系统最为稳定，不容易因接触而发生大面积的调整；语法系统的可塑性在其次，词汇因渗透而产生的变异（弃置、替换或接受）应该是最快的也是最多的。就词汇系统内的变异说，反映与人的生活关系最密切的最重要概念、构词能力强的核心词、方言区里普遍通行的特征词受外界影响而发生变异最少；反映特定地理环境之中的日常生活最常见的特有事物（食品、作物、植被、动物等）则渗透多、变异快。前者如客家话的嬰 mɛ、娘 ue（母）、俫 lai（子）、么人（谁）、么个（什么）、罂 aŋ（瓶）、屎（器之底）、里背 ti pue（里面）、鼻公（鼻子）、地（坟）、偋（躲藏）、炙（暴晒）、搓（推）、睡目（睡觉）、话事（说话）、落水（下雨）；闽南话（含潮州话）的糜（粥）、涂（泥土）、粟（稻谷）、釉（稻子）、骹（脚）、喙（嘴）、鼎（铁锅）、厝（房子）、箬（叶子）、箸（筷子）、清

(凉)、枵（饿)、刣（杀)、纽（缝）等。后者如山芭（山场)、甘榜（乡村)、唐山（故土、祖国)、巴刹（市场)、巴冷刀（马来刀)、沙龙（筒裙)、洞葛（手杖)、峇峇（华人与当地妇女所生子)、娘惹（华人与当地妇女所生女)、马打（警察)、红毛丹（一种水果）等。以上这些提法都只是初步了解所形成的一些认识，是否符合实际，还有哪些更为深层的规律，都还有待于用更多的材料来说明和论证。

世界语言学正在迅速发展。中外语言学家正在加强交流。东南亚各国和中国的关系不断改善，政治、经济、文化的交流日渐频繁和密切。与此同时，汉语正在走向国际，大批汉语教师（包括志愿者）正在东南亚华人社区从事汉语教学，其中已有一些学者为了教学的需要也在调查当地的语言。应该说，东南亚华人语言的调查研究出现了空前的大好形势。希望今后有更多像这次会议这样的交流机会来推动此项研究。

海外华人在多语背景下的语言生活和语言态度

——兼论海外汉语方言研究的意义

新加坡国立教育学院中文系、南洋理工大学　周清海

一、语言的选择问题[①]

海外华人社区，都面临着口头语言严重分歧（多方言），可是书面语却高度统一的局面。这是因为海外华人社区不是由一个单一的方言群体组成的。

华人居住的社区，都有该社区的高层语言；国际化的城市，更须面对英语的学习问题。而华人在多数社区里，都是少数民族，因此，华人所面对的语言问题，就包括了方言与汉语标准语的取舍，高层语言和汉语标准语、英语的取舍难题。

对语言的取舍，将直接反映在教育上。在华人居住的社区里，都有语言教育定位的难题。语言或语言教育，不只是属于“人”（民族）的问题，更是属于“地”（国家）的问题。如何处理好“人”和“地”的关系，是目前华人，尤其是东南亚区的华人所面对的难题。要了解东南亚的情况，这里引《李光耀回忆录》的一段文字：

> 我问范文同，越南怎么面对海外华人的问题。他不客气地说，你身为华人，应该清楚知道华人在任何时刻都会心向中国，就像越南人无论身在何处总会支持越南一样。范文同怎么想我倒不很在乎，令人担心的却是他也对马来西亚领导人说出这一番话之后，可能引起的冲击……越南驻联合国常任代表……印尼的常任代表也不顾另外三名来自菲律宾、泰国和新加坡的常任代表都是华裔，口口声声说越南人对待国内的华裔过于仁慈……新加坡面对的是邻近国家最直接最本能的猜忌与疑心……中国要是能不强调同亚细亚华人的血缘关系，不诉诸种族情怀，对亚细亚华人来说，反而更好。[②]

一个国家的语文政策或者语文教育，都是以该国的国家利益为考量的中心

---

① 本节的观点曾在《亚太地区华语文与华语文教育的发展》一文里详细论述，见《2008 亚洲太平洋区华语文教学与发展国际研讨会论文集》，台北中原大学应用华语文系编印，第 1 ~ 10 页。

② 李光耀：《李光耀回忆录 1965—2000》，新加坡联合早报 2000 年版，第 668 ~ 669 页。

的，由多元民族组成的国家，民族利益，无论是语言利益还是文化利益，都得服从于国家的利益。所以，在这样的大环境下，民族语言的学习，应该从国家利益、学习者的能力来通盘考虑。如果不顾及学习者的能力，在多语环境里的民族语言学校，就可能出现如下的情况：

> （吉隆坡讯）　马来西亚求职网站 JobLink 指出，华文独立中学生的英语沟通能力普遍上不如国民（政府）中学生，成为独中生求职时面对的最大难题。
>
> 《星洲日报》昨天报道，JobLink 经理刘晋雄指出，独中生听得懂英语，用英语表达却有困难。他不否认也有双语皆强的独中生，但只有少数。他说，英语沟通能力较差，也减少了独中生在跨国企业的就业机会。
>
> 吉隆坡中华独中校长方成说，他曾获得市面上的反映，指独中生的英语水平低。但他认为独中生的英文书写能力比国中生强，会话方面则需要急起直追。(《联合早报》2008 年 1 月 11 日)

马来西亚华文独立中学的华文达到如中国大陆、中国台湾地区一样的母语水准，但英文的水准却不理想，因此失去市场竞争的条件。下面的一则报道，反映了另一种情况：

> 《星洲日报》2007 年 4 月 1 日报道，大马教育部长拿督韩春锦 3 月 31 日指出，马华将为大马全国华小升上初一或预备班的学生，提供 1 年全免的马来文及英文补习，以加强学生的语文基础，进而减少华裔学生的辍学率。

华人子弟，90% 进入华文小学。小学生毕业后，约 90% 的华小学生升上国民型中学。国民型中学以马来语为教学媒介语。以华文为教学媒介语的华文小学毕业生，升上国民型中学，没办法克服教学媒介语转变的困难，以致辍学率可能提升到 30%。

以中国大陆或中国台湾地区那样的母语水准的华文程度来要求在马来西亚成长，而又要在那里生活的学生，是不是可能的呢？如何让华文的学习不影响当地行政语言的学习以及英语的学习，是应该好好考虑的。我们不能只培养华文程度高而不能在所在地或国际上竞争的下一代。为了保持母语水准而让年轻的一代被边缘化，恐怕是不适当的。

至于华人语言和当地国家的语文政策和教育政策的协调与融合问题，更是个难以解决的难题。董蓓菲对东南亚华文教学的问题，作了下列相当中肯的评论：

> 东南亚诸国为华文地位而抗争的历史由来已久，故华文教育定位是关系到东南亚华校和华文教育生存、发展的核心问题。……华文教育纳

入国家教育体系或游离在外，是个两难选择，但是东南亚华文教育工作者必须清醒地意识到这一点：华文教育与所在国教育体制接轨是不争的事实，只是时间早晚的问题。[①]

当然，在中国发展的影响下，马来西亚的华文教育是出现了一些好势头的：

（吉隆坡讯） 据《南洋商报》调查显示，由于中国崛起，使到中文使用价值大大提高后，已吸引家长纷纷把孩子送入华文独立中学求学，全国60所独中今年新生激增，初步估计近5 000人。

除了“中国风”之外，严谨校风及注重中华文化传承，也是吸引家长把孩子送入独中的原因。

董总消息透露，独中学生人数最高峰期是在1994年，全国独中学生约5.8万人，过后不断下降。2007年开始回升，突破5.5万人。（《联合早报》2008年1月11日）

马来西亚华人约占全国人口的25.4%，如果当地政府承认华文为官方语文之一，就有可能解决华人的两难问题。这种转变，只有通过政治的办法解决。

但如果有一天，汉语像英语一样，成为国际语言，华语的学习也就有可能不再与民族情结紧密相连，就像今天学习英语一样，华文的两难问题才能最终得到解决。但我们始终不能忘记，语言的“地”的问题，落地生根应该作为华人考量语言问题的首要依据。

新加坡更注重“地”的因素。过去，我们认为学好英文是新加坡发展和国际化的关键因素，至于母语，只要保留在适当的程度上，在需要出现时，我们就能够在这个基础上往前发展。我们的双语教育政策，规定华人必须学习华文，就是在提醒新加坡华人认识自己的文化，认识自己是华人。在文化与语文程度两方面，我们更重视文化，因为三十几年来推行双语教育的经验告诉我们，能同时精通双语的，只有少数人，大多数人都只能精通一种语言。因此，我们将华文列为必修课程，将华文保持在适合学生能力的水准上。

在中国发展的大局面下，我们正面对着提高华文程度的问题。这个问题，不是新加坡全民性的问题，而是少数和华文工作有关的人员、与中国交往的人员的问题。我们每年如果能培养1 000个左右具有高水准的华文人才，就能满足这个需求。至于全社会，我们所致力的是保留普及性的华文基础。我曾说：

我们有了普及的华语语言社会基础……不只保证了华语华文在新加坡的生存，而且也提供了将来往前发展的条件。高级华语人才的培育，也需要这个基础的支持。如果我们没有这个普及的语言社会基础，要培

① 董蓓菲：《东南亚华文教育的回顾与前瞻》，未刊稿。

育高级华语人才，将会面临更大的困难。新加坡人说华语的流利度，更是一项可贵的社会资产。如果和香港相比，在听说华语方面，新加坡的优势就非常明显了。当然，新加坡华人一般的华语读写能力落后于其他华语区，也是无可否认的事实。这就是关心华语文教学的新加坡人之所以感叹华语程度低落的原因。但是我们认为，在应用需求出现时，华语程度是可以逐步提升的。我们相信，语文程度的提升和应用的需要有着密切的关系。①

新加坡新的一代，在中西方都能生存，而又没有失去竞争的能力，没有失去华人的特点，就说明了我们的双语教育政策是比较可行的。

从汉语国际化的角度和所居地的特殊需要来观察，考虑华人的语言问题，必须注意下列几点：

（1）应该避免让自己处于语言的劣势地位。脱离现实的语言教育，只会制造语言劣势，让自己和自己的下一代被边缘化。

（2）华语文的推广与发展，必须在“大华语”的概念下进行，在交流中趋同。各华语区应该尽量向普通话靠拢，避免提倡地区性语言。在数码资讯时代，这样做有助于信息交流和华人共同语的建立，更有助于华语的国际推广。

（3）亚太区都是双语或多语的社会，这要求语文的学习，不可能是“文学语言”的学习。在推广、普及与应用的要求下，语言的“大众化”是必然出现的现象。所以，应该重视华语文的“口语化”、“大众化”，而不是“文言化”、“地方化”或者“方言化”。

（4）只有在华语文成为国际语文时，华文的学习才能像英语一样，不带民族情感，语言的“人”和“地”的问题才有望得到解决。

二、方言的地位

人口少、语言的政治经济地位低等因素，都是许多海外汉语方言消亡的原因。以新加坡为例，本来有十几种方言，城市化以前，操相同方言的族群聚居在一起，因此形成了方言聚落。新加坡现在的街道名称，如福建街、海南街、广东街等，就反映了早期的方言聚落。

华语的政治经济地位比方言高，取得了教育权，成为新加坡华校的教育媒介语之后，方言便退出了教育场所，只留在社区和家庭里。

新加坡城市化之后，不同籍贯的华人分散居住在同一个居屋区内，没有哪一种方言是居屋区的主要方言，于是方言聚落就消失了。再加上年青的一代都掌握

① 周清海：《全球化环境下的华语文与华语文教学》，新加坡青年书局2007年版，第75~88页。

了华语与英语，华族青年之间能够用华语相互沟通，而不同种族之间的沟通就用英语，因此，方言就退出了社区，只留在家庭里。

为了推行双语政策，让华语成为华人之间沟通的语言，使青年人更容易学好华文，我们提出了讲华语运动。为了帮助孩子学习华语，年轻父母和子女之间，用华语沟通的越来越多，祖父母也迁就儿孙的语言习惯，自我改变，用华语和下一代沟通，或者自己用方言，而儿孙用华语，勉强相互沟通。这样，方言就更彻底地退出了家庭。

年青的一代掌握了社会的高层语言，取得了更高的社会地位，而他们的方言应用能力却在逐渐退化。年青一代的社会地位，在社会上所扮演的角色，远远超过他们那些只懂得方言的上一代。语言使用者的社会地位决定了语言的地位，因此方言也就很快沦落为没有受教育或不成功人士的语言。这是伴随方言消失时语言地位所发生的变化。

记得我在南洋理工大学读书时，大学理事会主席陈六使先生在毕业典礼上的发言，使用的就是方言，在今天的社会，这简直是超乎想象的事。

我们曾经观察新加坡不同年龄层的闽南人掌握闽南语的能力，在词汇方面的表现如下：

> 50 岁上下的人所掌握的闽南话词汇量显然比老一辈的人少，有些词语只好拿华语的读音来套，或者掺用英语词语。30 岁左右的人比 50 岁上下的人还差一些。20 岁上下年龄的人就更严重了。

我们用日常生活中极其常用的 100 个词对中学生进行调查，结果发现：

> 在 100 条词语中，能听的比重比能说的比重大。但能听懂 80 条以上的只有 45%，还不到一半。能说 80 条以上的只有 20%，竟有一半的人不能说出 50% 的词语。

因此，我们得出这样的结论：

> ……二三十岁的青年……使用闽南语的状况令人担忧，这些年青一代所说的闽南话读音混乱和错误，英语、华语夹杂混合等，日益严重，这不仅会导致新加坡闽南话变质，迅速拉大与福建闽南话的距离，而且还可能产生出“新方言”。①

台湾说闽南语的朋友到了新加坡，竟然听不懂新加坡的闽南话，就是这种“新方言”产生的前奏。在新加坡闽南话里，混杂着许多马来语词汇，除了食品

① 周长楫、周清海：《新加坡闽南话概说》，厦门大学出版社 2000 年版，第 184 ~ 189 页。

名称之外，也有不少日常用语，如马打（警察）、交银（结婚）、拉弯（打架）、沙央（疼爱）等。

云惟利教授撰写的《一种方言在两地三代间的变异》一书，对文莱的文昌话和马六甲的漳州话做了考察，也得出这样的结论：

> 语言衰变的过程，可以从这三个场所来观察。……从衰弱到衰亡，这衰变的过程可以分为三个阶段：……第一阶段退出的场所通常是学校。……第二个退出的场所通常是工作场所。……第三个阶段……是连家庭这个场所也退出了。当一种方言到了无法在家庭生存的时候，便已接近消亡了。……文昌话在文莱，漳州话在马六甲，都相当衰弱。现在的少年很可能是最后一代会说文昌话和漳州话的人。到了他们的子女一代，文昌话和漳州话便成为绝响了。[①]

方言在多语的环境里都是弱势语言，曹志耘对弱势语言的消失作了这样的精辟评论："在弱势语言里，一些反映新事物、新观念的概念就不再有人去创造，一些符合现代人思维的语法结构和表达方式也无法建立和形成。久而久之，弱势语言的表达系统和表达功能越来越萎缩，越来越难以完全适应人们的需要……"[②]当人们觉得这个弱势语言不足以表他的情，达他的意，而自己又掌握了另外一种足以表达自己的高层语言，这个弱势语言就只能沦落成为说话者偶然用来表示省籍的特征了。

可见在多语环境里，"乡亲语缘"关系逐渐失去，省籍特征不再那么重要的情况下，就使得华人必须对语言作出选择。无论是有计划的语言选择，好像新加坡的"多说华语，少用方言"，还是让语言在运用中自我选择，都会得出相同的结果——方言逐渐被淘汰。

如果方言表示"乡亲语缘"的作用仍旧存在，同一省籍聚居还是居住区的特色的话，也就是说，有相当数量说同一方言的人聚居在一起，那么，方言还可能存留下来，就像吉隆坡仍然流行广东话，槟城仍然流行闽南话一样。[③] 多语环境里生活的华人，在方言和汉语标准语之间，以普通话替代方言，是必然的趋势。尤其是在全球化的压力下，华人必须掌握当地的高层语言，掌握英语、汉语标准语，要再掌握自己的方言，困难非常大。方言退出教育、交际的场合，几乎是迟早的事、必然的事。

---

① 云惟利：《一种方言在两地三代间的变异》，厦门大学出版社 2004 年版，第 328～333 页。

② 曹志耘：《生存还是消亡：汉语方言面临的抉择》，见《世纪之交的中国应用语言学研究》，华语教学出版社 2000 年版。

③ 关于马来西亚的汉语方言情况，可参考陈晓锦：《马来西亚的三个汉语方言》，中国社会科学出版社 2003 年版。

如果从语言选择的角度看，台湾和香港是非常特殊的。

香港强调"两文三语"，尽力推广普通话，普通话可能作为教学媒介语，而教中文仍旧倾向于用广东话。广东话在香港有广大的社会基础，是不会在香港消失的。但是，让广东话仍旧作为教中文的媒介语，政府部门的行政语言，会不会妨碍汉语标准语的掌握，妨碍英语的掌握？香港所面对的问题仍旧是中英双语的教育的问题。怎样利用广东话的基础来支撑现代汉语的学习，怎样平衡广东话和普通话，是香港语文教育者所面对的难题。[①] 但在普及普通话之后，香港普通话的地方变体特质，尤其是特殊的香港书面语，将逐步向普通话靠拢，却是可以预测的。

2002年，我对香港的语言问题，说了下面的话：

> 新加坡的华语能力，需要相当的时间才有办法提升；台湾的华语，人为地增加了太多的地方色彩；而中国台湾地区和中国大陆一样，都缺乏说英语的大环境。只有香港，具有高程度的华语书面语能力，又具有说英语的大环境，在新的语言压力下，将来肯定会有不可忽视的发展。香港具有双语的环境，如果有了说普通话的大环境的支持，将来华人社区真正的双语精英，可能出现在香港，而不是新加坡、中国台湾地区或者中国内地。[②]

但是，从2002年到现在6年来的发展看，在香港的日常生活里，普通话虽然稍微普及了，但立法机构仍然用广东话，香港社会和中国内地的关系越来越密切，和英美的关系将会越来越疏远，香港的双语优势逐渐在消失，是不是真能出现华人社会的双语精英，仍有待观察。

台湾地区的标准华语等于中国大陆的标准普通话，而日常生活中通行的受闽南语影响的台湾华语只是标准语的地方变体，相当于标准普通话的地方变体，如福建普通话、上海普通话，等等。台湾华语显然是一种具有明显的过渡性质的标准国语的变体，它至今仍然还没有固定下来。即使是民进党执政的8年，尽全力地推行这种国语变体，台湾华语的文化、社会地位仍旧不如台湾标准国语。除非台湾华语也用于正规的书面语以及传媒电视广播上，否则随着台湾民众教育文化的逐渐提高，台湾华语中移植自南方方言的成分将有很大一部分会逐渐消失，而逐步向标准国语靠拢，或者成为台湾标准国语的次方言成分而保留下来。在两岸

---

① 关于香港的语文教育问题，可参考周清海：《语言与语言教学论文集》（新加坡泛太平洋出版社2004年版）以及《全球化环境下的华语文与华语文教学》（新加坡青年书局2007年版）里的有关论文。

② 周清海：《多语环境里语言规划所思考的重点与面对的问题——兼谈香港可以借鉴些什么》，普通话教育的发展和推广国际研讨会（2002年5月16至18日）主讲论文，香港大学教育学院普通话培训测试中心主办。

频繁的交流以及国际化的交流中，台湾人语言的逆反心理将逐步减弱，特殊的受闽南语影响的台湾华语，就会自然地逐步向台湾标准国语靠拢。

其他华语区，大部分是以南方方言为母语的区域。南方方言里保留了许多古汉语的成分，这些成分比现代汉语标准语所保留的还多。南方方言对华语的影响是巨大的。中国改革开放之前，华语区的华语，基本上是一种没有口语基础的语言。因此，华语口语里保留了许多书面语的词汇，而华语区的人也分辨不了口语和书面语的区别。在和大陆的交流中，各地华语的词汇、语法现象影响着普通话，普通话也对各地华语产生巨大的影响，因此，无论是台湾华语，还是香港的特殊书面语——港式书面语，以及其他地区里的华语特殊现象，都会逐渐消失，逐渐向汉语标准语靠拢。

三、海外汉语方言研究的若干问题

在多种语言竞争的局面下，海外汉语方言走向萎缩是必然的。在这样的萎缩趋势下，海外汉语方言的研究具有下列的意义：

（1）为语言的相互影响提供无限的实例。语言在交流中相互渗透、相互影响是免不了的。华人所居地的当地民族语言、英语对华语以及汉语方言的影响都非常显著。相同方言之间，或者不同方言之间的相互影响，方言与汉语标准语的相互影响，方言与当地外语的相互影响等，都可以在研究海外方言中发现大量的实例。各华语区的华语，无论是语音、语法和词汇，都有各自和普通话不同的特点，这些特点的形成，都和该地区的方言有密切的关系。

海外方言研究，能为华语的地区变体提供解释。如新加坡华语的“电”具有动词的用法：“电头发”；5 分钟为“一个字”；不用“撒谎”而常用“说骗话”；不用“超车”而说“割车”，等等，都是受了闽南方言的影响。陈晓锦教授的《马来西亚的三个汉语方言》就收了不少资料，是我们研究和了解地区性华语和推广汉语标准语所必须参考的。

解释在交流中所出现的语言现象时，必须谨慎，如“咖啡乌”（不加奶的咖啡）这个词，一般认为是受马来话的影响，用马来话的构词法而造的词。“乌”是“黑”（闽南话），不说“乌咖啡”，而说“咖啡乌”，把修饰成分放在中心成分之后，正是马来话的构词法。其实，这是误解。“咖啡乌”是卖咖啡小贩叫喊的语言：“咖啡——乌”，喊了“咖啡”，让冲泡的人先知道是“咖啡”，再喊“乌”，表示只加糖，就像“咖啡——白”一样。再如“茶乌”以及泰国地区的“咖啡凉、咖啡热”，都是如此，而不能解释为是受外语影响的结果。

陈晓锦认为“语言的三要素中，目前海外汉语方言在词汇方面与国内母体方言的差异最大”[①]，这证实了在语言发展中，词汇的发展变化是最快、最大的。

兄弟方言之间不可避免地相互影响，新加坡闽南话具有包容性和融合性的特点，融合了福建闽南地区不同县市的发音，也充分证明了这个说法。

闽南话应用范围逐渐缩小，使用人数日益减少，许多生动、活泼、富有表现力的说法逐渐消失了，这些发现，都有待提高到语言理论的层面上来说明。

（2）海外汉语方言的研究，充分显示了华人的语言变化与语言选择的趋势。这为语言规划、语言教学方面提供了有意义的参考。例如，月头、月尾、以前、金瓜、面盆、送酒、尾指、说骗话等词语是华语区的常用词，在语言教学、大众传播中应该如何对待？对于制定语言规划和语言教育政策，都需要参考语言的选择与应用情况。

台湾在推行国语时，采用了某些强制性措施以及不够尊重方言的做法，带来了不少负面的影响。这些负面的影响，不只强化了省籍矛盾和政治对立，也造成了台湾人语言上的逆反心理，使台湾华语出现“方言化”的现象，其对台湾标准国语的发展，影响是深远的。在推行与制定语言规划时，海外方言研究也能提供不少参考的资料。

（3）为逐渐消失的方言存档，抢救文化遗产。1996 年，我在南洋理工大学中华语言文化中心所发起的南洋方言与方言文化研究，目的就是为方言及方言文化存档。当然，这些存档的资料，也可以用来和方言母体所在地的情况相比较，这可能对语言的发展变化情况带来新的认识。

参考文献

1. 曹志耘：《生存还是消亡：汉语方言面临的抉择》，见《世纪之交的中国应用语言学研究》，华语教学出版社 2000 年版。

2. 陈晓锦：《海外汉语方言与海外汉语方言调查》，《粤语研究》创刊号，2007 年，第 39 ~52 页。

3. 陈晓锦：《马来西亚的三个汉语方言》，中国社会科学出版社 2003 年版。

4. 李如龙：《方言学必须加强应用研究》，见《世纪之交的中国应用语言学研究》，华语教学出版社 2000 年版，第 452 页。

5. 李如龙：《东南亚华人语言研究》，北京语言文化大学出版社 1999 年版。

6. 李宇明：《权威方言在语言规范中的地位》，见《21 世纪的中国语言学》，商务印书馆 2004 年版，第 52 ~ 69 页。

7. 云惟利：《一种方言在两地三代间的变异：文昌话和漳州话在本土与海外的时地差异》，厦门大学出版社 2004 年版。

8. “中国语言生活状况报告”课题组编：《2006 中国语言生活状况报告》，商务印书馆

① 陈晓锦：《海外汉语方言与海外汉语方言调查》，见《粤语研究》创刊号，第 48 页。

2007 年版。
9. 周长楫、周清海：《新加坡闽南话词典》，中国社会科学出版社 2002 年版。
10. 周长楫、周清海：《新加坡闽南话概说》，厦门大学出版社 2000 年版。
11. 周长楫、周清海：《新加坡闽南话俗语歌谣选》，厦门大学出版社 2003 年版。
12. 周清海：《语言和语言教学论文集》，泛太平洋出版社 2004 年版。
13. 周清海：《全球化环境下的华语文与华语文教学》，新加坡青年书局 2007 年版。

海外华人与海外汉语方言

中国社会科学院语言研究所　张振兴

一、海外华人的人数

《方言》杂志1989年第3期168~170页刊登了《海外华人人口资料三份》:

(1)《参考消息》1986年12月6、7日转载香港《华人》月刊11月号所登，该刊特约记者文星所作的《五洲华人分布简况》。

(2)《人民日报》海外版1989年3月11日所登忠民所作的小资料《海外华人多，足迹遍世界》。

(3)《人民政协报》1989年3月7日所登本报消息《海外华人二千七百万左右》。

其中《参考消息》说华侨、华人分布于世界100多个国家和地区，总人数为2 218多万人，《人民日报》海外版说分布于110个国家和地区，总人数是2 900多万人。总人数两者相差将近700万人，但两者具体的统计数字跟上面说的总数有出入，不过互相是十分接近的。总结如下：

地区	国家（地区）数	《参考消息》数据（万人）	百分比（%）	《人民日报》海外版数据（万人）	百分比（%）
亚洲	23	1984.4	89.4	2500	89.4
美洲	28	170	7.67	185	7.67
欧洲	25	38	1.71	38	1.70
大洋洲		17.5	0.78	18	0.70强
非洲	23	7.7	0.42	8	0.30强
合计		2217.6		2749	

注：国家（地区）数根据《参考消息》。

《参考消息》的报道给出了各洲华侨、华人分布最集中的国家和地区，可以作为参考：

亚洲前7位是：印度尼西亚600万，马来西亚453万，泰国450

万，新加坡192万，菲律宾100万，缅甸和越南各70万。

美洲前8位是：美国100万，加拿大45万，中美洲12国5.34万，巴西10万，秘鲁4.8万，厄瓜多尔1.6万，委内瑞拉1.2万，阿根廷0.7万。

欧洲：英国15万，法国11万。人数1~5万的有比利时、德国(西德)、荷兰。

大洋洲：澳大利亚12万，新西兰1.6万，大溪地1.5万。

非洲：毛里求斯3万，留尼旺2万，马达加斯加和南非都是1万。而定居埃及的华人只有77人，这是一般人所料想不到的。这个统计也许值得怀疑。

《人民政协报》根据美国康奈尔大学人口学家鲍斯顿的研究，在分析了132个国家和地区的华人人口数量之后，认为到20世纪80年代初，华人的人口数在2 680万到2 750万之间。鲍斯顿还指出，90%以上的华人居住在亚洲，特别是东南亚国家。华人人口在六位数以上的国家依次为：印度尼西亚、泰国、马来西亚、新加坡、菲律宾、美国、越南、缅甸、加拿大、英国、法国、苏联、澳大利亚、印度。

1987年《中国语言地图集》B16图，粗略估计海外华人的总人数为2 200万到3 000万之间。

以上海外华侨、华人的数据，主要根据20世纪80年代后期的统计，应该在2 500万左右。这其实是一个估计数字，不能要求太准确。

最近20多年来，大量新移民、留学生促使海外华人的人数迅速增长。其中大量集中在欧美等发达国家。根据2008年4月新闻网上的《海外华人新移民现状分析》一文，有两个重要的估计数字：一是估计美国现有华侨华人300多万，其中大陆新移民有30多万；二是1978年至1998年以来，中国向外派遣留学生达30万人，主要分布在美国、加拿大、澳大利亚、日本、西欧等经济发达国家，美国是接受中国留学生最多的国家，占了中国大陆留学生人员总数的40%。这就是说，最近20多年，海外华侨、华人人数增加很快。但我们也注意到，海外华人、华侨回归的人数也比以往任何一个时期都多。这是事实。所以，可以大致估计目前海外华侨、华人的人数应该在3 000万左右，比20世纪80年代略有增加。

二、海外汉语方言的分布

上文所述海外华人、华侨的人口数量以及大致分布地域，是分析海外汉语方言分布状态的重要依据之一。

王力先生在《汉语讲话》里把汉语方言分为官话方言、吴语、闽语、粤语、客家话五类，五类之下再分别若干系，相当于现在所说的方言片。其中特别提到：

三、闽语海外系，指华侨的闽语，在新加坡、暹罗、马来半岛等处。

四、粤语海外系，指华侨的粤语，在美洲、新加坡、越南、南洋群岛等处。

五、客家话海外系，指华侨的客家话，大部分在南洋、印尼。

就是说，王力先生认为，在海外汉语方言中，闽语、粤语和客家话都有海外系。官话、吴语没有海外系，但不见得海外都没有这两种方言。

1987 年《中国语言地图集》B16 图认为，海外（不包括港澳台地区）以汉语为母语者总数在 865 万到 1 320 万之间，平均数是 1 100 万。但海外能够使用汉语的人数比这个多，将达到 2 000 万之多，例如，使用粤语的人数为 1 100 万，使用闽语的人数为 850 万，使用客家话的人数为 75 万。

钱乃荣主编的《现代汉语》说得更具体一些：

世界上现有汉语社团的地方超过 100 个，他们分布在 6 个洲，而大半社团成立于过去的 100 年内，只有少数超过 200 年的，如在印度与南非。（第 43 页）

粤语社团遍及世界 90 多个地方，有 60 多个粤语社团势力较大，占首位。估计目前在中国境外能说粤语的华人约 1 100 万，比较结果显示，约 20% 操粤语的粤籍人士住在中国境外。在这些海外华人社团里，平均每两个能用粤方言的人中大概就有一个是后来学得的。（第 45 页）

闽语系的海外华人总数约为 600 万到 1 000 万。能说闽语的（不一定限于闽语系人）约 500 万到 600 万人。其中每三个人中就可能有一个人是后来学的。海外说闽语的华人大约占所有闽语系人士的 1/8 到 1/10。（第 46 页）

客家社团总人数大约是 50 万到 100 万之间，一般来说，外人学会客家话的为数很少。（第 46 页）

海外华人社团里以普通话（包括其他官话方言）为母语的总人数估计在 15 万到 20 万之间，但能使用普通话的海外华人约为 300 万到 400 万。这等于说每 20 个会说普通话的海外华人中大概只有 1 个是以普通话为母语的。（第 47 页）

除了上述各大方言社团之外，海外也有很少一些人之中通用吴语，如上海话。（第 47 页）

陈晓锦在《海外汉语方言与海外汉语方言调查》一文中转引邹嘉彦和游汝杰在《汉语与华人社会》一书的资料，说世界上有 165 个地区有汉语方言，“汉语和汉语方言在世界上不但说的人最多，分布的地域也是最广的，海外汉语方言除了个别地方流行的是官话，基本上是粤、客、闽方言”。

1987 年出版的新编《中国语言地图集》有几个地方也涉及海外的汉语方言。例如，由伍巍编制的 B1 - 18《粤语》图说：“全国使用粤语的人数大约为 5 958 万人。中国境外的东南亚各地、美洲、大洋洲、欧洲、非洲，很多华侨也使用粤语。国内外使用粤语的人数估计高达 6 800 多万。”就是说，海外使用粤语的人数大约将近 900 多万。

由周长楫编制的 B2 - 5《福建省的汉语方言》图说：“福建又是很多华侨、华人的祖籍地，估计祖籍福建的华侨、华人约 1 000 万人左右。”那么，除了一部分讲客家话的以外，海外能够说闽语的华人、华侨至少也有好几百万人。

由谢留文、黄雪贞编制的 B1 - 17《客家话》图说：（境内）说客家话总人口大约 4 400 万，“在海外，马来西亚、新加坡、印度尼西亚、菲律宾、泰国、婆罗洲、南太平洋诸岛国，以及欧洲、美洲、非洲等地的华侨、华裔，也有不少是说客家话的”。

2008 年 4 月新闻网报道：（华人、华侨在）亚、美、欧、澳、非各大洲均有分布，有 150 个以上海外方言社区，总人口达 2 400 万。海外使用汉语方言的人口超过 100 万的国家有 7 个：印度尼西亚、马来西亚、泰国、新加坡、菲律宾、越南、美国。

上文所罗列的数据都只是参考数字。不过，从这些数字里可以得到下面几个重要的信息，应该是没错的：

（1）海外能说汉语方言的华侨、华人在 2 000 万人左右，比华侨、华人的总人数少得多。

（2）海外汉语方言主要集中在东南亚地区。

（3）海外汉语方言主要是粤语、闽语和客家话，其他的汉语方言很少。

三、海外汉语方言的调查研究

考察将近百年的汉语方言调查研究的事实，大致可以得到以下的印象：中国学者研究中国境内的汉语方言，包括港、澳、台地区汉语方言的很多，但研究海外汉语方言的非常少；外国学者研究中国境内的汉语方言，包括港、澳、台地区汉语方言的也很多，但研究海外汉语方言的也非常少；除了新加坡、马来西亚等极少数国家和地区以外，海外汉语方言的调查研究基本上是一种空白状态。我们对海外很多国家或地区的汉语方言所知甚少，有的甚至可以说一无所知。

不过，研究汉语的人都知道，传统上所说的汉字文化圈里日本、韩国、越南三个国家现在通行的语言跟汉语，特别是跟南方的汉语方言是有非常密切的关系的。这几乎是一个常识。下面可以作一个简单的说明。

(1) 日语语音系统里的吴音、汉音、唐音，跟汉语方言里吴语、闽语、粤语的语音系统具有非常整齐的对应关系。我们完全可以利用《方言调查字表》记录日语的吴音、汉音、唐音的三种语音系统。日语口语里的很多常用词语，跟汉语方言里吴语、闽语、粤语等南方方言具有同源关系，这种关系的研究在语言历史演变的比较研究中是有重要价值的。

(2) 韩国的汉字读音的形成以及历史演变有4个阶段：①古代汉字音；②高丽汉字音；③（李氏）朝鲜汉字音；④现代汉字音。早期的韩国汉字读音跟南方汉语方言关系非常密切。韩国现在虽然尽量不使用汉字，但汉字读音却大量保留在口语的常用词语里。我们也可以用《方言调查字表》很自然地建立韩国汉字读音跟南方汉语方言（比如厦门话）的语音对应关系。

(3) 现代越南语的汉字读音包含了汉语借词的所有读音形式。有学者认为它的最初来源可能是隋唐时期交州地区所流行的一种共同语的音系。越南汉越语是指中古汉语在越南的遗存形式，它包括词汇、语音、语法三个平面，是越南所特有的一种书面语言。这种书面语言跟我国南方方言，尤其是粤语的关系是非常密切的。我们同样可以用《方言调查字表》很自然地建立越南语汉字音或汉越语语音系统跟南方汉语方言（比如广州话）的语音对应关系。

我们对日语、韩语、越南语里汉字读音的研究都做得不够好，或者说不好，这有很多原因。其中一个原因是做这类研究的人，多数不了解汉语方言；做汉语方言研究的人，一般又不去做这类研究。做好这类研究也许有很多途径，其中一个重要途径就是调查研究所在国的汉语方言。就地一对比，很多问题就一目了然了。

我们可以从日语、韩语、越南语与汉语方言的比较研究中得到很多有益的启发，了解海外汉语方言调查研究在语言研究上的重要意义。其他诸如在中外文化、经济交流中这种研究所具有的价值，不用多说。关于海外汉语方言的调查研究，要强调3点：

第一，详细地记录海外汉语方言的语言事实，在这个基础上进行准确的描写。这一点再怎么强调都不过分。这个做好了，才有可能进行其他一系列的延展性研究。

第二，做好细致的比较研究。这种调查研究包括三种内容：所调查方言与国内同类方言的比较，尤其要做好与来源地方言的比较；所调查方言与当地其他汉语方言的比较；所调查方言与当地语言或方言的比较。这种比较应该要拥有广泛的语言资料，做得越细越好。

第三，从社会人文历史的角度，阐述和解释所调查方言发展演变的规律。

四、余论

海外汉语方言的调查研究，是汉语方言研究的新课题。我们不是要创新吗？这完全符合创新的定义和要求。因此，我们应该在这个全新的领域里，创造新成果。我们应该有这种自信心。

海外汉语方言的调查研究跟国内的方言调查研究比较起来，有很多特殊性，但更多的是共同性。现代汉语方言的调查研究走过了将近100年的历程，我们积累了非常多的经验和教训，这个对于我们来说，是一笔巨大的财富。我们要善于继承，没有继承是不会有创新的。汉语方言的调查研究是一门知识和技能相结合的学问，它朴实无华，用不着巧立名目、修饰打扮、追赶时髦，也不必过分去追求这个学问的现实意义和理论价值。一件事情是否有现实意义和理论价值，是相对的，不是绝对的；是历史的检验，不是事前的宣传。我们也应该以这样的心态去对待海外汉语方言的调查研究。

海外汉语方言的调查研究虽然起步较晚，但并非完全白手起家。这个方面，请大家仔细读一读陈晓锦教授的文章《海外汉语方言与海外汉语方言调查》，这是一个勤奋、诚实的方言学家的切身体会和经验之谈，读后我们都会受到教益。

最后，我们非常希望把暨南大学建设成我国海外汉语方言研究的中心。期盼暨南大学在海外汉语方言研究方面作出更多的贡献，取得更大的成绩。

参考文献

1. 陈晓锦：《海外汉语方言与海外汉语方言调查》，《粤语研究》创刊号，2007年，第39～52页。

2. 《方言》杂志编辑部：《海外华人人口资料三份》，《方言》1989年第3期，第168～170页。

3. 中国社会科学院与澳大利亚人文科学院合编：《中国语言地图集》，香港朗文出版（远东）有限公司1987年版。

4. 王力：《王力文集》第三卷《汉语讲话》，山东教育出版社1985年版。

5. 钱乃荣主编：《现代汉语》，江苏教育出版社2001年版。

论华语区域词语与华语方言词语的相互关系

深圳大学文学院中文系　汤志祥

一、华语、汉语、国语、中国语、中国话、普通话

（1）当今世界上唯有中国的标准语言——中国话在国内外具有众多不同的说法与名称，如“汉语”、“国语”、“华语”、“中国语”或“中语”，“普通话”等；而其文字形式又可叫做“汉文”、“国文”、“华文”、“中国文”或“中文”等（除了普通话没叫做“普通文”）。

其实从这种人为的名称困局里我们不难理出一条思路，“汉语”原是“汉民族语”的意思，它是相对于55个少数民族语而言的；“普通话”是“普遍通行的话”的意思，它是相对于众多汉语方言而言的；“中国语”或“中语”是“中国的语言”的意思，它是相对于其他国家的语言而言的；“国语”[①]是“国家的语言”的意思，是相当于国内其他不具备国家级语言资格的语言而言的。而唯有“华语”无论是在中国境内还是境外都能使用，非常方便，因为它表示的是“华人的语言”的意思，其代表性既准确又恰当。

（2）由于100多年来的发展，今天我们说的华语已经是一个“大华语”的概念，因为在中国境内有13亿人口讲华语，而在海外还有3 000万华人讲华语。“大华语”已经是一个全球性的语言概念。由此，我们可按照其地域分布把当今的“大华语”分为四大分区域：①“大陆华语”，即中国大陆通行的华语，这是华语的核心区域。②“台湾华语”，即中国台湾地区通行的华语。③“港澳华语”，即中国香港、澳门地区通行的华语。后两者与大陆华语同属华语的中心区域。④海外华语，即广大海外华人通行的华语，这是华语的外围区域。

（3）应该看到，在这由三个同心圆构成的“大华语”内部，由于地理区域的分布不同，各个区域的华语之间存在着明显的差别。这种差别不仅表现在语音上，更表现在词汇上与语法上。有鉴于此，各区域华语之间的差异就很值得重视和研究。

（4）本论文着重考察各个区域的华语之间在词汇层面的差异。因为这方面的

① 将自己国家的标准语叫做“国语”的还有日本与韩国。

差异不仅很大，而且反映出不同区域在民族、民系、人文、地理、历史等诸多方面的差异。值得指出的是，中国向来不仅是人口大国，而且还是一个方言大国。不管是境内还是境外的华人，大多数都是既讲华语，又讲某一方言的“华语 + 方言”型的人。他们的华语不可避免地掺杂着某地的方言词语，因此，各华语区域词语就必然与其区域内通行的汉语方言有着千丝万缕的联系。

二、各区域华语所吸收的方言词语

1. 大陆华语中的粤方言词语

中国大陆是华语的核心地区，是整个大华语的主体。在华语发展史上，北方方言一直占着主导的地位。自有文字（甲骨文）记载的殷商开始，汉民族共同语从商周的“雅言”、两汉的“凡语”和“通语”、明清的“官话”、民国的“国语”到今天的“普通话”一路走来，北方话一直是汉语的基础方言，因此普通话以北方方言为基础并大量吸收其词汇是极其自然的。北方方言词汇一般也不被认为是方言词汇。

然而自 20 世纪 70 年代末，中国由南而北的“改革开放”运动使得大陆华语逐渐吸收了不少南方粤方言的词语。这方面的情况，我们可以从《现代汉语词典》系列[①]，即自 1988 年至 2005 年先后出版的《现代汉语词典》（补编）、《现代汉语词典》（修订本）、《现代汉语词典》（2002 年增补本）以及《现代汉语词典》（第 5 版）前后四次以新词语为名义收入的方言词语中看出。

1978 年出版的《现代汉语词典》第一版基本不收方言词语[②]，可以视为考察的坐标原点。1988 年出版的《现代汉语词典》（补编）开始收入少量粤方言词语，如案底、炒鱿鱼、牛仔、牛仔裤、抢手、打工等。1996 年出版的《现代汉语词典》（修订本）再增加收入的传统粤方言词语[③]有唱碟、炒家、炒汇、发烧友、港纸、即食、靓女、开镜、林林总总、生猛、卧底、洗钱等。2002 年出版的《现代汉语词典》（2002 年增补本）以及 2005 年出版的《现代汉语词典》（第 5 版）再收入的粤方言词语有博彩、地砖、荷兰豆、花心、焗油、拍戏、淡市、一头雾水、写字楼、斩获、执业等。

另外，大陆地区还出版了很多新词新语辞典，其中比较具有代表性的有：

---

① 《现代汉语词典》1978 年由中国社会科学院语言研究所词典编辑室编撰，商务印书馆出版。它历来被公认为是最权威，也是使用最广泛的中型词典。

② 《现代汉语词典》1978 年出版，只收过“乜”、“靓”等极少量粤方言词语，而且标明“〈方〉”，以示区别。

③ 于根元主编：《现代汉语新词词典》，北京语言学院出版社 1994 年 11 月版，收词范围：1978 — 1990 年。

①于根元主编的《现代汉语新词词典》[①]；②周洪波主编的《精选汉语新词语词典》[②]；③诸丞亮、刘淑贤、田淑娟编著的《现代汉语新词新语新义词典》[③]。除了《现代汉语词典》系列已经收入的粤语词语外，这三本辞典也收录了不少粤方言词汇，如BB仔、T恤、T恤衫、案底、爆棚、巴士、吧女、摆乌龙、炒地、炒风、炒金、炒手、出镜、大巴、打工仔、大哥大、大姐大、大排档、大把、的士、电饭煲、封镜、歌带、供车、供楼、即食、即溶、减肥、开镜、开心果、买单、闷局、啤酒肚、入围、桑拿浴、烧烤、水货、水客下巴、扎啤等。除此以外，还有一些在报纸杂志上广泛使用的粤语词语，如吧台、灯饰、对手戏、封镜、高企、搞笑、货柜、连手、派发、皮草、企稳、抢手、抢眼、屈蛇、蛇头、时蔬、手袋、找赎，等等。

可见，以往20多年大陆华语与粤方言之间的互动关系及其影响，无论就其数量还是规模来说都是空前的，而这种词语层面的吸收都已经呈现在公开出版的辞书上。经过专家层面的认定，使得这些粤方言词语已经被认为是可以接受的标准词语，而且已经是固定化地成为华语词汇的有机组成部分。

2. 台湾华语中的闽方言词语

台湾华语是大华语的重要组成部分，台湾现有2 300万人口，除了极少数高山族人外，几乎全都是华人。由于台湾当局60多年的努力，现在全都会讲华语。但是台湾是传统的方言区，其主要方言是闽南语与客家话，因此全岛也是典型的“华语+方言”型地区，台湾华语的词汇系统吸收以上两种方言的成分是必然的。我们在台湾的报章、杂志上或者电影、电视、广播里都能听到或者看到那些来自方言的词语，如阿兵哥、阿达阿达、阿山、阿舍、奥客、把妹、白目、白贼、摆道、败金女、报马仔、鼻水、飙歌、冰棒、布袋戏、草地人、查某、娼寮、称头、吃头路、赤脚仙、臭盖、臭屁、厝边、打啵、打高空、大车拼、大盖仙、大目神、大尾、大小眼、歹命、地牛、钓友、碟仙、杜鹃窝、渡小月、发飙、番婆、番仔火、放山鸡、飞蛇、疯狗浪、蜂炮、歌仔戏、工寮……

应该说，台湾华语所吸收的方言词语更直接地来源于他们当地特有的社会生活。这些词语具有强大的生命力与表现力。

3. 新马华语中的粤闽客方言词语

新（新加坡）马（马来西亚）华语是海外华语中最重要的部分之一。新加坡常住人口超过468万，其中华人占居民总人口的75%，即有300多万是华人，

① 于根元主编：《现代汉语新词词典》，北京语言学院出版社1994年11月版，收词范围：1978—1990年。

② 周洪波主编：《精选汉语新词语词典》，四川人民出版社1997年1月版，收词范围：1978—1995年。

③ 诸丞亮、刘淑贤、田淑娟编著：《现代汉语新词新语新义词典》，中国工人出版社1990年1月版，收词范围：1978—1989年。

它是世界上除中国以外，华人人口占大多数的唯一国家。2004 年马来西亚总人口为 2 558.1 万人，其中华人占 25.4%，即近 650 万人。因此新马地区的华人总量达到 950 多万。因为这个被称为“南洋”的地区在以往的一百多年间是华南地区尤其是福建、广东、海南三省的传统移民地，很多华人至今只讲闽（包括海南）、粤、客等方言。只是由于 20 世纪 80 年代以来华语地位的不断提高，越来越多的新马华人开始讲华语，所以新马地区也是一个“华语 + 方言”型地区。在新马的华语中有当地方言的词语就不足为奇了。新马华语所吸收的方言词语不少。如阿窿王、巴巴仔、芭路、摆夷、报生纸、本头公、必甲、波立廊、菜姑、茶霜、长连戏、车坞、痴哥、橱车、床枋、厝屋、厝主奶、打空客、大哥帮、大姆、倒账、电发、店屋、吊脚屋、定头金、冬粉、斗口、豆爽、肚腩、番妹、枋厝、放水灯、飞女、风台、浮脚屋、府尹、高脚屋、高丽菜、购兴、粿汁、过番客、蚝煎、黑白讲、红龟粿、红毛鼻、红毛佬、花串……

不难看出，新马地区的华语里的方言成分大部分来自闽语，小部分来自粤语，这跟当地华人来自福建的比例占了 78% 的人口比例有关。新马的华语方言词也同样是出自当地的方言与他们所反映的事物，因而也甚具生命力与表现力。

三、香港粤方言词语的辐射力与传播力

如果仔细观察全球华语所吸收方言的情况，我们发觉，以香港粤语为代表的粤方言是全球范围内影响华语词汇系统的最重要的方言，香港粤语凭着向全球的移民（主要是美加、欧洲与澳新）以及平民文化，包括电影、电视、报章、杂志的广为传播，近几十年来在很大程度上为全球华语输送了不少方言词语（包括香港区域词语）。以各区域吸收的香港粤语词语为例列举如下：

1. 大陆华语吸收的“香港粤方言词语”

据本人的收集，在过去的 20 多年里，大陆不仅吸收了传统的粤方言词语，还同时吸收了不少可以称之为“香港粤方言”的词语。这些香港粤方言词语过去主要在香港地区产生，为香港人所使用，是香港区域词语的一部分。如按揭、冰毒、菜品、餐饮、担纲、档期、房车、非礼、搞笑、个案、柜员、豪宅、贺岁、货柜、家居、劲升、劲舞、警花、拒载、楼花、面巾纸、曝光、球员、人蛇、肉感、赛季、赛事、色狼、煽情、上镜、涉案、胜出、失婚、投诉、西兰花、线报、线人、饮品、赢面、泳装、原装、找赎、纸巾、走光、自动柜员机，等等。这些词语能用常用汉字书写，因而有的不被认为是粤方言词语，但确是地地道道的粤语词语。

2. 台湾华语吸收的“香港粤方言词语”

台湾地区一向与香港地区有着密切的联系与交流，因此台湾的话语中也吸收

了两部分粤语词语：一部分是传统的粤语词语，另一部分是后期的“香港粤语词语”。

例如，传统的粤语词语有：吧女、标参、摆乌龙、成数、抽佣、出炉、发烧友、坊间、肥嘟嘟、告白、风生水起、胡天胡帝、花心、荷包、火爆、鸡同鸭讲、金饰、老千、离谱、漏夜、买单、拍拖、抢手、抢眼、人小（细）鬼大、平价、蔬果、王老五、乌鸦嘴、洗钱、心知肚明、一头雾水，等等。而香港粤语词语有：白金唱片、大牌、打女、大跌眼镜、得主、跌破眼镜、赌片、恶补、封镜、狗仔队、货柜、货柜车、货柜船、金曲、接单、巨无霸、开镜、六合彩、露台、泊车、旗下、入围、水货、饰物、物超所值、雪藏、泳装、原汁原味、有型有款、中规中矩、走光，等等。

3. 新马华语吸收的“香港粤方言词语”

新加坡、马来西亚与香港地区在历史上也是各方面交往很多、很久。新马的华语吸收的粤语词语也可以分为传统的粤语词语与“香港粤语词语”两部分。

例如，传统的粤语词语有：暗疮、案底、摆乌龙、冲凉、出炉、大耳窿、得直、灯饰、抵步、飞女、红豆冰、挥春、鸡同鸭讲、降头、拍拖、色狼、师奶杀手、食水、王老五、银鸡、鱼生，等等。而香港粤语词语有：霸王车、波霸、唱片骑师、抄牌、晨运、出位、船民、雌威、电单车、恶补、非礼、菲佣、搞笑、个案、黑马、欢场、货柜、机位、嘉年华、酒廊、垃圾虫、烂尾、妈咪、猛男、瞥伯、骑劫、入围、收银员、索偿、踢死兔、贴士、投诉、T 恤、伟哥、谐星、鸭店、艳舞、影碟、造马、走光，等等。

4. 已经成为华语通用词语的“香港粤方言词语”

纵观整个大华语地区，现在某些“香港粤语词语”已经被各地区域词语系统所普遍吸收，各地报纸杂志上都能看到它们的身影，他们的词义也被广大华人所理解，可以说，这些词语已经成为华语普通词汇的一部分。如 T 恤、大跌眼镜、大牌、发烧友、个案、狗仔队、花心、回应、买单、民生、拍拖、入围、水货、投诉、洗钱、研习、一头雾水、原汁原味、走光等。

这些词语虽然数量不多，但是也足以证明香港粤语词语的辐射力与传播力以及其对华语的贡献。

四、结语

（1）与英语一样，华语有其强大的生命力与扩张力。华语在自己发展壮大的过程中一定会不断地吸收各种语言，包括本身方言的有益成分来充实自己、壮大自己。这是由作为一个全球性的大语言所具有的包容性及兼收并蓄性决定的，也是华语在自身的发展历史上必经的道路与轨迹。

（2）词语的交流、交融可分为“初期借用”、“中期使用”与“后期吸收”3个阶段。只要一个地区的词语被另一个地区的华人使用，如果仅是在口头上，可以视为是“初期借用”阶段，但一旦以书面形式出现在报纸杂志上，就可以被认定为是进入了“中期使用”阶段，而如果被当地的权威词典认定或者被社会最具代表性的文书所使用（包括政府公文或者词典等），皆可以被认为是到达了“后期吸收”的最终阶段。

（3）近几十年来全球“大华语”中比较活跃、具有较大影响力的汉语方言显然是香港粤语与台湾闽语。它们之所以会有这样的能力与功能，首先是因为它们中的不少词语具有概括和指称当地社会各种复杂现实事物的功能。第二是因为当今世界各地经济发达地区的各类信息均比较发达，而其传播媒体和影视作品又具有较强的向外发散和辐射的能力。第三是因为“香港粤方言词语”与“台湾闽方言词语”大多归属于社会、经济和文化等柔性的领域，没有明显的意识形态的刚性色彩，因而也比较容易为一般不同质的社会和阶层所吸收。

（4）应该看到，在过去的20多年里，华语的方言词语主要是在经济金融、社会生活和文化体育等方面丰富了华语的一般词汇系统。另外也反映了全球各地区在社会、民生、习俗以及历史、地理、人文等方面的种种差异。这些方言词语的存在及其被借用、被吸收，极大地丰富了整个华语词汇系统，提升了华语的表现力与表达力，因而，研究华语，探讨华语区域词语，剖析华语方言词语的一些相关问题是很有价值的命题。

（5）最后，我们也想指出，事实证明，方言与共同语之间历来不是互相排斥、互相对立的，相反，它们之间一直具有互相影响、互相吸收、共同发展的密切关系。过去如此，今天如此，将来更是如此。因此，方言甚至海外汉语方言不仅不应该是推行华语或者发展华语的障碍或者问题，反而恰恰是华语取之不尽、用之不竭的语言资源。

参考文献

1. 中国社会科学院语言研究所词典编辑室编：《现代汉语词典》，商务印书馆1978年12月初版；1983年1月第2版；1989年4月补编；1996年7月修订本；2002年5月增补本；2005年6月第5版。

2. 周洪波主编：《精选汉语新词语词典》，四川人民出版社1997年1月版。

3. 于根元主编：《现代汉语新词词典》，北京语言学院出版社1994年11月版。

4. 诸丞亮、刘淑贤、田淑娟编著：《现代汉语新词新语新义词典》，中国工人出版社1990年1月版。

5. 邱质朴主编：《大陆和台湾词语差别词典》，南京大学出版社1990年5月版。

6. 张励妍、倪列怀：《港式广州话词典》，香港万里机构·万里书店1999年6月版。

7. 汪惠迪编著：《新加坡特有词语词典》，联邦出版社1999年版。

8. 中国语言生活状况报告课题组：《中国语言生活状况报告（2005）》（上篇），商务印书馆 2006 年 9 月版。

9. 徐大明：《社会语言学研究》，上海教育出版社 2007 年 12 月版。

10. 周清海：《新加坡华语词汇与语法》，南洋理工大学中华语言文化丛书，2002 年 9 月版。

11. 汤志祥：《当代汉语词语的共时状况及其嬗变——90 年代中国大陆、香港、台湾汉语词语现状研究》，复旦大学出版社 2001 年 3 月版。

12. 汤志祥：《论华语区域特有词语》，《语言文字应用》第 2 期，商务印书馆 2005 年 5 月版。

13. 汤志祥：《论港澳词语以及澳门特有词语》，《江苏大学学报》（社会科学版）2008 年 10 月第 5 期。

中南半岛五国华人社区及华人语言现状①

暨南大学文学院中文系汉语方言研究中心　陈晓锦

一、引言

中南半岛位于亚洲的最南端，由东到西包括越南、老挝、柬埔寨、泰国、缅甸5个国家。5个国家中，国土面积最大的是缅甸，最小的是柬埔寨；人口最多的是越南，最少的是老挝，以下是五国面积、人口、民族、语言等概况：

越南（Socialist Republic of Vietnam）：国土面积为33万平方千米，人口为7 690万，有京、岱、傣、芒、侬等50多个民族，其中京族（越南称“越族”）占总人口的89%，通用越南语。越南语属于南亚语系孟高棉语族越哲语支越芒次语支，有6个声调。

老挝（Lao People's Democratic Republic）：国土面积为23.7万平方千米，人口为509万，有老龙、老听、老松等60多个民族，其中老龙族占总人口的60%，通用老挝语。老挝语是一种孤立语，属于汉藏语系壮侗语族壮傣语支，有6个声调。

柬埔寨（Kingdom of Cambodia）：国土面积为18.1万平方千米，人口为1 143万，有高棉、占、普侬等20多个民族，其中高棉族占总人口的80%，通用高棉语。高棉语也称柬埔寨语，属于南亚语系孟高棉语族，无声调。

泰国（Kingdom of Thailand）：国土面积为51.3万平方千米，人口为6 240万，有泰、老、高棉等30多个民族，其中泰族占总人口的40%，老族占35%，通用泰语。泰语是一种孤立语，属于汉藏语系侗台语族，有5个声调。

缅甸（Union of Myanmar）：国土面积约为67.7万平方千米，人口为4 725万，有缅、克伦、掸、克钦、钦等50多个民族，其中缅族约占总人口的65%，通用缅甸语。缅甸语是一种孤立语，属于汉藏语系缅语族缅语支，有4个声调。

这5个国家中，越南与中国的云南省、广西壮族自治区相连，缅甸、老挝两国与中国的云南省接壤，泰国和柬埔寨虽然没有同中国连接的边界，但也都是中国的近邻，五国除了自己固有的民族，都还有华人生活于斯，华人进入中南半岛

① 本文为国家社科基金项目“东南亚华人社区汉语方言比较研究”（07BYY017）的阶段性成果之一。

的历史大约可以上溯到唐、宋、元、明、清时代，明时郑和下西洋也曾到过这一片地区。

本文描述了生活在五国华人社区的华人及其语言状况，推测了华人社区语言的走向，文章的材料来自笔者的中南半岛五国实地调查。我们在五国调查过的14 个方言点为：越南胡志明市的广府话（粤语，下同）、潮州话、福建话（闽南话，下同）、客家话；老挝万象市的潮州话；柬埔寨金边市的潮州话、广府话；泰国曼谷市的潮州话、广府话、客家话；缅甸仰光市的福建话、台山话（粤语）、客家话、云南话（西南官话由另一位老师记录）。

二、五国华人社区及华人语言状况

（一）越南

历史上，中越两国的交往源远流长，汉平南越，公元前 112 年设立包含交趾、九真、日南在内的九郡；宋淳熙元年（公元 1174 年），宋封李英宗（天祚）为“安南国王”，似为中越两国国与国关系的正式开始，而民间的交往则一直未有停顿，仅从汉字在古越南的传播，也可以理解这点。史载宋、元、明、清各代的交替之际，或因改朝换代，或因天灾人祸，或因经济文化交流，都曾先后有大量中国人南下交趾，明清时侨居越南的华裔被称为“明乡人”、“清乡人”，其时大多数华人集中在湄公河三角洲西北部（今胡志明市的堤岸区）经商，19 世纪初时，堤岸就有“海外中华”之美誉，胡志明市则为当时全越南最繁华的城市。

胡志明市旧称西贡，人口为 393 万，今天依然是越南最大的城市和工商业中心，也是最大的港口和交通枢纽。市内的堤岸区（五郡、六郡、十郡、十一郡）堪称越南的唐人街，迄今仍是华人的聚居地，华人会馆、关帝庙、天后庙林立。民间估计，经历战乱后，目前生活在越南的华人大约有 100 万，而生活在胡志明市的华人就占了全越南华人总数的 50% 以上，其余的主要散布于越南中圻和南圻的其他地方，如南部的朔庄、同奈。而越南北圻的华人在战乱后留下的则非常少了（越南将“越南北部、越南中部、越南南部”分别称为“北圻、中圻、南圻”），如原先主要定居于北越，以务农为主，祖籍广西防城、钦州一带的客家人，不少人动乱后再次移民，也有 20 万人左右返回了中国。

今日之胡志明市，仍然随处可见以汉字书写的商号名和广告牌，随处可听到汉语或汉语方言的交谈声。该市的华人，以祖籍地为广东粤方言区的最多，占了全市华人的 50% 以上；人数第二的是祖籍地为广东潮汕地区的潮州人，约占全市华人的 30%；再就是祖籍地为闽南方言区的福建人，以及主要来自广东省的客家人和来自海南省的海南人。他们大部分是第二次世界大战前后进入越南的华人和他们的后代。

越南全国通行越南语，越南语有南部方言、北部方言之别，首都河内流行的是北部方言，南方的胡志明市流行的是南部方言，胡志明市的华人都能操流利的越南南部方言。又因为法国曾经在1884—1954年间两次长期占领越南，之后美国又侵占了越南十几年，以及英语在当今世界的强势之缘故，老一辈的越南人也还有的略懂些法语，中青年人则有不少通英语，这种表现在越南华人中也一样。

随着中国国力的提升和世界范围内的汉语热，近年来，华语（华人对汉语普通话的指称）热也在越南蔓延，越南学生赴中国留学的日益增多，越南大学开设的中文专业很受欢迎，华人开办的学校教授华语，各种华语学习班也纷纷开设。胡志明市还有一份中文版的《解放日报》。

但华人日常使用更多的是汉语方言。由于祖居地为广东粤方言区的华人数量最多，“人多势大”，于是被当地华人叫做“广府话”的粤方言就顺势成了华人社区中的社区通用语。粤方言在胡志明市的堤岸区，可以说是畅通无阻，不单是在粤籍人士的家庭中及粤籍人士交往的场合，就是在非粤籍人士交往的场合，人们也常用粤语交际。胡志明市的粤籍华人讲广府话，非粤籍、先辈来自中国闽方言区和客家方言区的华人也讲广府话，有的甚至不会说自己的祖籍地方言，只说广府话，就连一些越南的生意人也能说上几句粤语。据了解，粤语早年曾经是部分华校的教学用语，笔者的一位祖籍为广东潮州的五十多岁的发音人说，当年他从乡村到胡志明市的华校求学，因为听不懂广府话，还得先到一个粤籍老师家里住，学习广府话。如今华校虽已改用双语教育，以越南语为主，华语（汉语普通话）为辅，但一些华人办的学习班，如电脑教学班，教学语言仍然是粤方言，因为学习者觉得这样才更容易接受。

相对于强盛的广府话，华人社区中的其他汉语方言只有闽方言中的潮州话尚在中老年潮籍华人中流通，并有一些非潮籍的华人会讲潮州话，潮州话的流通形势尚可，笔者在新春元宵节期间，就亲见潮州会馆一连组织了七晚潮剧汇演，每场正剧演出之前还有现在国内戏剧演出时已少见的整套的“跳加官”增添节日的喜庆。华人扶老携幼蜂拥而至，热闹场面每晚都要延续到下半夜。而除了潮剧团，胡志明市也有华人的粤剧团和琼剧团，粤剧的观众当然更多。

可是，福建闽南话、客家话、海南闽南话的使用者则日渐稀少，这些方言甚至在福建会馆、客家会馆、海南会馆里都难以听到，在这些会馆里，除了越南语，听得最多的就是广府话。此几种方言，均可谓胡志明市华人社区的濒危方言。笔者对胡志明市客家话和福建话（闽南话）的调查，也进行得异常艰辛。华人都认为，福建话、客家话、海南话流失的主要原因是使用人数少，不通用。

（二）老挝

老挝是东南亚唯一的内陆国家，据记载，明朝时已有华人在老挝居住，因为年代久远，与老族通婚等原因，人们并不视他们为华人（老挝人称其为“胡族”；由中国云南迁入的被称为“和族”；由云南傣族迁入的，被称为“占族”；此外，老挝的苗、瑶族也是从中国迁入的）。据老挝寮都公学世界校友会编印的《寮都公学创校55周年纪念特刊》（日本东经雄文社印）中《寮都公学创校校史》一文的记载，万象的寮都公学于1931年创办，起初为私塾，于1937年被正式命名为寮都公学，由此可推测，起码在20世纪30年代，万象的华人就已经有相当规模了。

现今的老挝人口少，华人的人数也不多，据老挝中华理事会掌握的资料，老挝华人的人数大约两万左右，其中祖籍地为广东潮州的华人占了总数的80%以上，其首都万象是华人的主要聚居地，约有一万人。万象市有全老挝唯一的一家华人自办，包括小学和中学，从1931年至今（其间曾停办过）的华校，没有中文报刊（1975年以前有4份，其时万象还有3家华人经营的戏院），生活在那里的华人都能操流利的老挝语中寮方言（老挝语分上寮、中寮、下寮3个方言区，以首都中寮的万象话为标准语）。

与东南亚其他国家众多的华人社区中华人会馆、庙宇林立不同，设在老挝首都万象的老挝中华理事会是老挝华人的唯一社团组织，此外，万象市没有其他华人会馆。据了解，在老挝的华人原来人数远不止这些，祖籍地也不止广东潮汕一处，20世纪三四十年代万象曾有潮州、客家两个帮会。万象中华理事会80多岁的副理事长蔡水财先生就是祖籍地为广东东莞塘厦，客家话仍然流利的第二代客家老人。他提及其年轻时客家人在万象有好“几条围（几个村子）”，大家工余还会聚在一起喝茶、唱山歌，因为战乱等原因，华人纷纷第二次移民，现在万象的客家人只剩下28个了。

另据了解，从中国云南省和越南北方进入老挝北部、操西南官话的华人近年来日渐增多，这部分移民的人数及状况有待进一步了解。

流行在万象市华人中的潮州话是一种非常弱势的濒危方言，使用的人数不多，且又远离母体方言广东潮州话，在与众多外族语言长期接触，在老挝的主体民族老龙族的语言老挝语等的长期包围中，老挝潮州话虽然保留了潮州话的基本特征，但也衍生了一些自身的特点。目前，潮州话还在万象华人社区，包括祖籍地非潮州的中老年华人中流通，但使用者在话语中常会下意识地进行语码转换，在潮州话中加插老挝语或其他一些华语。

（三）柬埔寨

柬埔寨古称“扶南、真腊、吴哥”。据史料记载，中柬两国间的商贸往来始于公元1世纪，华人自16世纪就开始陆续到柬埔寨定居，南宋时从事海上贸易、在柬居留的华商被称为“唐人”或“新唐人”。

在法国殖民统治时期，当局1921年的统计资料显示，1890年，柬埔寨已有13万华人。20世纪二三十年代和第二次世界大战后的华人移民潮使得在柬的华人人数猛增到42万，占当时全柬574万人口的7.4%，到1975年前达到约70万。由于动乱，柬埔寨的华人数量曾一度下降，目前恢复到50万左右，其中约80%为祖籍广东的潮州人。在柬埔寨的主要民族高棉族人中也有不少人有华人血统。

柬埔寨华人以潮籍为主，其中以来自广东揭阳的最多，再就是普宁、潮州、潮阳等地。首都金边是华人的主要聚居地，民间估计有20万人左右，此外，马德望、牙拉、贡不、茶胶等省也有华人。

在柬华人的高棉语都说得很流畅，由于英语在当今世界的地位，英语在柬埔寨较流通（柬全国流通美元，本国货币反而不受欢迎），受过教育的华人英语也不错。由于柬埔寨曾经是法国的殖民地，故法语对柬埔寨华人也有影响。在金边华人聚居的乌亚西一带，潮州话在中老年华人中通行，就是祖籍地非广东潮汕地区的中老年华人也使用潮州话，潮州话迄今为止都是金边华人社区的通用语。华人青少年则除非家庭中的长辈坚持，大都不讲方言。动乱时期禁止华文报纸刊行，但现在金边又有3家发行。曾被关闭的华校、汉语补习班也纷纷复办，年青一代学习华语的热情高涨，华校采用双语（柬埔寨语、汉语）教学，也学习英语（据华人讲述，20世纪二三十年代，广府人办的学校曾用广府话教学），故很多不会讲自己的祖籍地方言的年轻人开始使用华语。

此外，除了潮州籍华人，柬埔寨也还有一些祖籍地为广东粤方言区的华人和少量讲福建闽南话、海南闽南话、客家话的华人，可是这些方言的使用者很少，只有极少数老者。笔者的几位广府话发音人年纪都不轻，但在话语中也常夹带潮州话和柬埔寨高棉语。

华人都说，在华人人数较多的地方，汉语方言仍然可以维持，在人数少的地方就难以为继了。不过，也有例外的情况，据报道，在柬埔寨、越南、老挝三国接壤的大山深处，达拉达那基里省的一个叫云西村的地方，居住着四五十户、200多个祖辈来自广东梅州一带的客籍华人，该村的华人男女老少至今都仍讲客家话，保留客家人的习俗。虽然该村收不到广播电视，但却有一间只有40多个学生的正规中文学校，学校实行半日制，柬埔寨语、华语双语教学。村民除了客家话和柬埔寨语，还会说潮州话、华语、老挝语。这可以说是一个非常特别的汉语方言岛，因为紧紧地包围它的不是别的汉语方言，而是外族语言；也因为它受到的其他语言和方言的冲击比在中国本土的任何一个方言岛都要大、要多。

（四）泰国

历史上，泰国曾称“暹罗”。一般认为，泰国的泰族是公元11、12世纪从中国南方迁移来的。虽然没有确切的资料显示华人最早移居泰国的年代，但完全可以肯定，早在18世纪前就有华人在这片土地上生活了。在18世纪中叶率领泰国军民战胜缅甸入侵者，建立了泰国历史上第三个王朝——吞武里王朝的郑王郑信，就是华人的后裔。生于1734年的郑信，其父亲郑镛原籍中国广东澄海，母亲为泰族人。吞武里王朝只存在了15年，但泰国人民没有忘记郑信的功绩，今日曼谷的吞武里区设有郑王庙，大罗斗圈广场中央矗立着郑王骑马的戎装铜像，每年12月28日的郑王加冕纪念日，曼谷都会举行规模盛大的庆典。

华人移居泰国的人数，在18世纪末19世纪初逐渐增多，而最大批的涌入则当推第二次世界大战后期，其时恰逢中国广东省潮汕平原大饥荒，连年战事加上天灾，民不聊生，迫使一船一船的潮汕人离乡背井，远走泰国。

民间估计泰国华人人数在1 000万左右，其中祖籍地为广东潮汕地区的占了80%，也有祖上来自两广粤方言区，广东梅州、揭西、丰顺等地的客家方言区，云南等地的西南官话区，以及极少量来自海南、福建、江苏、浙江、台湾等地的。泰国现有的一级侨团“潮州、客属、广肇、海南、福建、广西、云南、江浙、台湾”等九所会馆可以证明这点。

华人，尤其是客籍华人初抵泰时，多从事橡胶、甘蔗、烟草、蔬菜等的种植活动，此后大多转做生意。目前，大部分华人聚居在泰国的首都曼谷一带，另有部分客家人散居在泰国的东北部和南部，大约20多万人祖籍地为广西容县，使用容县粤语的华人聚居在泰国勿洞，而使用西南官话的华人则主要聚居在泰国北部的清迈、清莱等地。

因为祖居地是广东潮汕平原的华人占了绝大部分，人多势众，潮州话也就在泰国华人中大行其道，不仅祖籍地是潮汕的，就是母语原为粤方言、客家方言、西南官话等的，也有很多会讲潮州话，有的甚至不会说自己的祖籍地方言，只会说潮州话。华人相互之间的交际用语常是潮州话，在曼谷的“唐人街”耀华力路，通行潮州话，潮州话是泰国华人中的通用语。

调查也表明，曼谷一带，因为华人的人数较多，潮州话等汉语方言的现状较之泰国的其他地方要好得多，其他地区因为华人的人数远不及曼谷，居住也没有那么集中，汉语方言的流失就更加严重。而粤方言、客家方言、西南官话等其他汉语方言，由于使用人数少等原因，一般只在家庭及亲朋之间使用，萎缩的现象更加明显。

笔者曾亲睹祖籍地为广东粤方言区的梁氏宗亲会的乡亲们举行新春团拜会，尽管在梁氏宗亲会里讲粤方言的人不少，但是进入大厅的人们见面拱手相拜时所说的两句话，一句虽是粤籍人士过年时习惯说的“恭喜发财”，但却不是用广府话，而是用纯正的潮州音说的；另一句则是用潮州话说的，国内广东潮汕平原一带的人们过年最常说的“新正如意”。此情此景令笔者大为惊讶，而在座者也很不解笔者的惊讶，他们认为：不是人人都这么说的吗？看来泰国华人社区中的“潮化”已不仅仅是语言方面的了。

因为会流畅自如地使用粤语又懂汉字的人很少，故在曼谷寻找粤语的发音人就颇费了一番周折，这令曼谷广府话的调查完成得比潮州话和客家话都要艰难。

泰国的客家人主要来自广东梅州、揭阳、揭西等地，在泰国，除了曼谷一带，其他地方也有客家人散居。泰华客籍人士将客家话分成“深客”和“半山客”两类，“深客”主要指广东梅州的客家话，“半山客”指的是广东丰顺、揭西等地的客家话。因为客家方言内部的一致性较强，故“深客”和“半山客”的通话不成问题。

世人皆知客家人素有“宁卖身，不卖音”、“宁卖祖宗田，不卖祖宗言”的传统，可惜的是，这个传统在泰国的客籍人士中看来已有难以为继之可能了。客家话在泰国，本来就是仅仅流通于家族、客籍人士中的方言，在泰国政府过去几十年所实行的语言政策下，在泰国强大的官方语言泰语和华人社区强大的汉语方言潮州话的包围下，尽管目前客籍老年人还在竭力地维护自己的母语，尽管中年人还会说一些客家话，可是三四十岁以下的青年、少年已完全不讲客家话了。

华语在泰国目前只是接受过较好的汉语教育，中年以上的华人才会说，受过教育的中、老年华人一般也多少认得一些汉字。由于泰国政府前二三十年取消了华校和华语华文教育，甚至曾一度限制华文报刊的出版，因此，青壮年华人大都不会说华语和自己的祖籍地方言，不认得汉字。会说普通话的华人有的是得益于30多年前的华校教育，有的更是得益于20世纪五六十年代返回中国的学习。

泰国华语教育停滞的状况近年来由于中国经济的腾飞和国际地位的提升而有所好转，目前曼谷有两份中文报纸，公立学校开始开设汉语课，华人团体也纷纷开设各种普通话教学班，华人，尤其是青年华人踊跃响应，还有的华人将自己的子女送回中国接受教育。

（五）缅甸

据史书记载，汉时缅甸称“掸国”，三国魏晋时称“骠国”，宋时称“蒲甘”，明起才改称“缅甸”——“缅”字汉语意为“遥远”，云南中甸一带把山间平地叫做“甸”。

古时中缅两国的边界不明，两国之间的陆上贸易导致了一些季节性的移民。世居中缅边界的果敢华人是因为1897年2月4日签订的《中英条约》，清政府把果敢割让给英国而变成缅甸的少数民族的。缅甸东部的掸邦也有来自云南大理的回族人，但最早深入缅甸的华人，应是汉朝前期自四川经云南到缅北，再前往印度的蜀贾。而起码在明代就已经有华人从陆路循云南等地进入缅甸当时的首都瓦城（曼德勒），购买缅中的棉花和缅北的宝石、玉石。清代时更有自福建、广东等地由海路绕过马六甲海峡到大光（仰光），再溯伊洛瓦底江前往缅中与缅北的华人。闽、粤籍的缅甸华人，其时也有的是辗转从新、马再迁移去的。

缅甸在英国统治时期，曾任英属海峡殖民地华民护卫司的英人巴素博士在其所著的《东南亚华人史》一书中，把居住于缅甸北部高原地区的华人称作“山地华人（Mountain Chinese）”，把居住于缅甸南部沿海地区的华人称作“海岸华人（Maritime Chinese）”（Dr. Victor Purcell . *The Chinese in Southeast Asia*），亦足以证明当时在缅甸的华人已有相当规模。另据英殖民政府的统计，1911 年全缅华人为 12. 2 万，1921 年为 14. 9 万，1931 年为 19. 4 万，1941 年为 30 万。聚居在仰光、毛淡棉、实兑等下缅甸（下缅甸指缅甸南方，上缅甸指缅甸北方）的华人大多从事工商业，如做买卖、做“三行（木工、建筑、打铁）”等，几乎没有人从事农业生产。

据华人说，在缅甸的华人最初应以从陆路来的云南人为多，之后以从水路来的福建人、广东人为多。福建人主要来自厦门、泉州、漳州、晋江等地；广东人以来自四邑，即台山、恩平、新会、开平一带的为主，也有来自丰顺、梅州的潮州人和客家人。民间估计，1964 年以前，福建人占了当地华人总数的 50% 左右，广东人占了 30%，云南人只占不到 20%。当年福建籍和广东籍华人的数量和势力如何，可从以下情况略窥一二：仰光市中有一条建于 100 年前的“广东大街”，今日仍为华人聚居地，虽然现在略显破旧，但仍热闹非凡，有“仰光唐人街”之称，满布华人的店铺、会馆、庙宇，有建于 180 多年前的观音庙，新春期间有华人团体连续一个星期举办舞狮比赛，甚至还有一间“缅甸华侨图书馆”（图书馆的名字系郭沫若题写）。笔者在那里也遇到过几位能讲简单福建话、广东话、汉语普通话的缅甸人。

1994 年缅甸的人口统计显示华人人数约 60 万，占总人口的 1. 3%。现在的缅甸华人则是云南籍的占了 50%，或许还更多，（一种说法是现在全缅单云南籍华人就可以百万计），福建籍占 30%，广东籍大约只占 20%。福建籍、广东籍华人人数减少的主要原因是前几十年的动乱，导致华人尤其是广东籍华人的二次移民，云南籍华人的激增是近二三十年的事。缅甸的云南籍华人应该是最早进入缅甸的——笔者在仰光街头碰到一位卖米线的云南籍华人就云，其一家到缅已有十几代了——但原先人数不多，主要居住在缅北，这些年来不仅新进入的多，且逐渐从缅北往缅南迁，其中又以云南腾冲籍的最多。现在仰光的云南人不仅越来越多，还新修了一座占地四英亩的云南会馆。而在缅中，缅甸的第二大城市曼德勒则已经“云南化”了，那里云南籍华人很多，云南话通行，甚至连缅甸的生意人也说一些云南话。

今日的仰光，能说流利的汉语方言和华语，懂得汉字的，大都是受过当年的华校教育、五六十岁以上的华人。在福建会馆、广东工商总会等处，以及各籍属华人举办的活动上，也能听到云南西南官话、福建闽南话、广东台山话和客家话等方言，华人的年青一辈通常缅语流利，若能说一些华语，就算不错了。仰光现今已无华校，缅北则开始有了，不过仰光的中文补习这几年也开始了，年轻华人和缅甸人响应热烈，他们学讲华语，但不懂汉字，仰光福建会馆的福星语言与电脑学苑最近还获得了国家汉办批准开办孔子学堂的权利。也有华人青年选择到中国的昆明等地学习，近年就有获得学士、硕士学位返缅的。

1964 年前，仰光有十几家中文报纸，此后华文报纸被禁，而最近开始试刊，每月出版一次的中文报《金凤凰》似乎是这方面的一线曙光。

三、五国华人社区汉语方言特点及其发展趋势

早期华人的第一代移民，除了少量有文化的技术人员或技工以外，大都是穷苦的、没有受过什么教育的劳工，他们聚族而居，只用祖籍地的母语方言进行交流。当年一批一批的华人就是在同声同气、先期出洋的乡亲带领下走出国门，在祖籍地母语方言的感召下聚居在一起，互相扶持，披荆斩棘开创新生活的，方言成了他们早年在异邦聚族而居、生存下去的主要凝聚力。

之后，在与外族人士及操其他汉语方言的华人的不断接触与交融中，华人的语言和方言能力不断提高，双语双方言和多语多方言的使用者日众。如同东南亚的其他国家，五国的华人都堪称语言天才，除了普遍能操流利的所在国主流语言外，还有不少人会说所在国的非主流语言，会说邻国的语言，会说英语、法语。目前大部分华人社区的中老年华人和少数青少年华人能说华语和自己祖籍地的汉语方言，相当部分中老年华人掌握的汉语方言不止一种，是两种或者多种。在这些国家，甚至有一些常与华人打交道的当地人也会说华语及汉语方言。在相当长的历史时期里，汉语方言是海外华人社区中一种威力不可低估的生产力。如今，世界日新月异，中国日益强大，海外汉语方言又成了维系华人和祖籍国情感的一座桥梁，促进华人反哺故土的一种推动力。

我们或许可以对这五国华人社区的汉语方言作如下的总括和预测：

（1）强势方言与弱势方言并存，弱势方言维系艰难，强势方言往往是华人社区的通用语。

中南半岛的华人社区，流行闽方言潮州话的相对多。五国华人社区的方言有强有弱，能够称得上是社区强势方言的，如越南胡志明市的广府话，柬埔寨金边市、泰国曼谷市的潮州话，缅甸曼德勒市的西南官话。它们可以说是无论祖籍地为何处的华人都使用的社区共同语。

由于这些强势方言的使用者在他们所在城市中的文化生活，尤其是经济生活中的地位和影响力，所以不仅母语为别的方言的华人使用这些方言，就连当地的

土著居民也有的会这些汉语方言，有的所在国主流语言里还吸收了这些方言中的成分，泰语、老挝语和柬埔寨高棉语里就分别有曼谷潮州话、万象潮州话、金边潮州话的借词。例如，曼谷潮州话的“头家（老板）、头家娘（老板娘）、自己人、粿条（宽米粉条）、菜头粿（萝卜糕）、鲍鱼、草鱼、豆芽、豆腐、豆腐乳、桌（桌子）、交椅（椅子）”等说法就已为泰国的官方语言泰语所用，且这些词的读音就是潮州话音。也有个别词，被泰语借用时作了更易为泰国大众接受、适合其语言结构的改变，如“菠菜”和“芥兰”的说法，泰语就是将固有的表示“菜”的成分“□p^{h}aʔ^{31}”前置，加上潮州话的“菠棱”和“芥兰”组合成的“□芥兰 p^{h}aʔ^{31}k^{h}aʔ^{5}la^{33}、□菠棱 p^{h}aʔ^{31} pue^{33} leŋ^{33}”。泰语“鲤鱼”叫做“巴鲤鱼 pra^{33} li^{33}hɤ^{55}”，第一个音节“巴 pra^{33}”表示“鱼”，后两个音节则借自潮州话。

再如，柬埔寨高棉语里借用金边潮州话的“茶 tai、橱 tu、椅 ai”等词。而缅甸的曼德勒则特别地成为海外少有的官话方言流行地之一。

在中南半岛华人社区，因为使用人数少，也因为所在国的语言政策等而造成的弱势汉语方言，可以再分成两类：一是虽非社区共通语，但仍在同一祖籍地的中老年华人中流通的方言，如越南胡志明市的潮州话、老挝万象的潮州话、缅甸仰光的福建闽南话、广东台山话等；另一类则已经是不折不扣的濒危方言，就连同一祖籍地的中老年华人也不怎么说了，如越南胡志明市的福建闽南话、客家话、海南话，泰国曼谷的广府话，缅甸仰光的潮州话、客家话等。

（2）同一方言内部出现整合趋同的现象，小方言点靠拢大方言点，大方言内部不再有祖居地不同所带来的区别，方言特点更易消融，方言的变化比本土母体方言相对明显。

尽管中南半岛的汉语方言保留了很多本土方言的基本特点，但时空的隔离、多语多方言的接触与交融，也令其产生了一些在本土所没有的现象。我们一再在海外汉语方言中看到“小方言点靠拢大方言点”的表现，例如，柬埔寨、泰国的潮州话并不像大陆本土区分潮州、潮阳、普宁、揭阳等地点的不同，而是向潮州靠拢；说越南胡志明市广府话的也有祖籍地原是广东台山的华人；即使是缅甸仰光广东台山话这种使用人口已不多的方言，使用者也包括广东台山以外的其他地点如恩平、新会、开平等地的华人。大方言内部地点方言的特色渐消，不再有类似中国大陆的小方言点之间的差异，这是海外华人自己普遍认可的观点，我们之前调查过的马来西亚吉隆坡广东话（粤语）、马来西亚新山潮州话也是这样。

（3）长期脱离母体，处在异国他乡，在外族语言的强大攻势下，在同一居住国兄弟汉语方言的互相影响下，中南半岛五国华人的汉语方言衍生了不少本土母体方言所没有的特点。

语音方面，例如，越南胡志明市和老挝万象市潮州话中出现了广东潮州话所无的 f 声母，但 f 主要出现在为数很少的借词中。泰国曼谷广府话出现了国内粤方言所无的浊音 b 声母，也是与异族语言接触的结果，泰国的官方语言泰语有浊音 b，例如“水井”，泰语音 bo^{31} man^{425}，广府话除了粤语固有的说法“井 tsɛŋ^{35}”外，也使用借词“□□bɔ^{21} man^{55}”。泰国曼谷半山客家话约有 1/3 的上声字受曼谷华人社区中的强势方言——曼谷潮州话中调值为 53 的阴上调字的影响而读如去声。

语法方面，例如，泰国粤方言动词表示完成态的形尾“咗”有一个异于本土粤语的特点，国内有关粤方言词尾“咗”的报道，大都认可其出现在句子的动词之后、宾语之前，但泰国广府话的“咗”与马来西亚广东话一样，还能够出现在动词宾语的后面补语之前，甚至还能够出现在动词宾语后附的范围助词“晒”后面：

汉语普通话	办了几十年事，他很有经验。	这些年轻人的广州话全变了音。
粤语广州话	办咗几十年事，渠好有经验。	啲后生仔嘅广州话变晒音。
曼谷广府话	办咗几十年事，渠好有经验。	啲后生仔嘅广州话变晒音。
	办事咗几十年，渠好有经验。	啲后生仔嘅广州话变音晒咗。

更多变化主要出现在最活跃的语言要素词汇方面，例如，中南半岛五国华人社区的汉语方言都有指称居住国特有事物如天文、地理、物产、节日等，本土母体方言所无的创新词或外语借词，五国的汉语方言都有“山芭（山林、山区）”的说法，都分别称自己居住国的土著为“番囝”，都无一例外地称泼水节为“宋干”（借词）。而值得注意的是兄弟汉语方言之间词语的互借，方言词语的互借更多的是弱势方言向强势方言的借用，曼谷的广府话里就不乏潮州话的借词“粿条”（宽米粉条）、“头家”（老板）、“黄梨”（菠萝）等。越南、老挝、柬埔寨、泰国的潮州话都称“妇女”为“姿娘”，这是借自福建闽南话的词，在广东潮州话中，此词的本义是“娼妓”。

与语音和词汇都有关的词语训读现象严重，特别是在素有训读表现的闽方言中。国内闽方言普遍存在训读现象，如“香”读“芳”，“夜”读“暝”，“脚”读“骹”等，不过除了海南闽语，其他的一般训读的数量都不太多，但在我们的记录中，越南潮州话有 30 个这方面的例子，柬埔寨潮州话有 58 个，老挝潮州话则有 122 个，训读的势头直逼海南闽语［梁猷刚（1984）、陈鸿迈（1993），曾列举海南琼州方言的 150 多条训读］。而与丰富的训读形成对比的是，国内闽方言，尤其是闽南方言成系统的文、白异读现象，除了很少一些反映，如越南潮州话的“在 tsai^{35} 文、to^{35} 白，歌 ko^{33} 文、kua^{33} 白，娶 ts^{h}u^{53} 文、ts^{h}ua^{11} 白”；柬埔寨潮州话的“远 iaŋ^{53} 文、hŋ^{35} 白，命 meŋ^{11} 文、mĩã^{11} 白，空 k^{h}uŋ^{33} 文、k^{h}aŋ^{33} 白”；老挝潮州话的“节 tsaʔ^{2} 文、tsoiʔ^{2} 白”等以外，可以说已经严重退化。训读的繁荣和文白异读的退化，与华人的日常口语和书面用语的严重脱节大有关联。

此外，多语多方言的环境造就了五国华人的多语多方言能力和语码转换的语用习惯。语码转换的习惯既反映了华人的多语多方言能力，也预示着语言和方言的交叉影响、相互消融。旧的语言或方言的消融，也意味着新的语言或方言产生的可能。

（4）华语重振，方言将退居第二，但方言与华语将在很长一段时期内并存。

由于战乱和所在国的语言政策等因素影响，五国华人社区汉语和汉语方言的现状都不容乐观，能熟练使用华语和方言的通常是几十年前受过华语教育的中老年华人。这不仅是中南半岛华人社区的方言状况，也是东南亚乃至世界大多数华人社区的方言状况。近年来，中国经济高速发展，世界汉语热高涨，中南半岛各国的语言政策都有新变化，华校和华文学习班纷纷开办，青年华人到中国学习的也越来越多，华文教育迎来了新的春天。毫无疑问，这种形势势必推动华语在中南半岛华人社区中的流行，华人年青一代的华语水平将会得到逐步提高。

相比华语华文教育的大好形势，华人社区汉语方言的状况却不容乐观。汉语方言目前普遍只在中老年人之间流通，有的甚至已少有人说，虽然华人社区中不乏延续母语的愿望，例如，越南胡志明市的福建二府会馆和客家崇正会馆近年就都利用假期举办福建话（闽南）和客家话的学习班，免费教年轻人学习祖籍地方言，客家崇正会馆还常年聘请一位第一代华人担任客家话的翻译和学习指导，但收到的成效并不显著。

尽管如此，汉语方言还是会在相当长的一段时期内在华人社区中同华语、同所在国主流语言等其他语言共存。且中国经济的持续发展，使得越来越多的国人走出国门，由此形成了一些新的海外华人官话社区。此外，中南半岛与中国的交界处，中缅、中老、中越边界大量边民的语言和方言状况也非常值得我们关注。

四、面对汉语方言的这些海外分支，我们应该做些什么

或许，我们可以把中南半岛五国华人社区看成世界五大洲华人社区的一个缩影，海外汉语方言历经沧桑，多有变化，不少已至濒危边缘。对那些经历了时空的考验，甚至可以说历尽了劫难的海外汉语方言，对那些新兴的、正在蓬勃发展的海外汉语方言，我们所能做也应该做的就是详细调查，揭示其真实面貌，尽快地抢救其中的濒危方言——在海外华人社区，它所占的比例相当大；尽可能地追踪新兴的方言，记录其成长过程。

汉语方言在世界各国不同程度地流行。汉语方言是全世界华人共享的非物质文化财富。善待和维护这份珍贵的文化财富，是汉语方言工作者义不容辞的职责。

参考文献

1. 陈孺平：《过去三个世纪（三百年）期间在缅甸的广东人》，仰光广东公司《观音古庙重修落成典礼暨观音古庙一百七十九周年纪念特刊》，2002年11月。

2. 陈真波：《英国殖民统治时期下缅甸的外来移民与民族关系》，《世界民族》2007年第5期。

3. 陈晓锦：《泰国的三个汉语方言》，待刊书稿。

4. 陈晓锦：《越南胡志明市华人社区的语言环境与华人的语码转换》，2007年9月台湾中央研究院语言学研究所语言微观分布国际研讨会论文。

5. 陈晓锦：《海外汉语方言与海外汉语方言调查》，澳门《粤语研究》创刊号，2007年6月。

6. 陈晓锦：《越南胡志明市华人社区的强势汉语方言广府话》，2007年12月，第十二届国际粤方言研讨会论文。

7. 陈晓锦：《越南、柬埔寨、老挝三国潮州话训读现象比较》，广东省语言学会2007年年会论文。

8. 陈晓锦：《老挝万象市的潮州话》，国际闽方言研讨会2007年年会论文，《湛江师范学院学报》2008年第2期。

9. 陈玉龙、杨通方、夏应元、范毓周：《汉文化论纲》，北京大学出版社1993年6月版。

10. 胡明光：《汉越音与越南语》，中山大学博士学位论文，2007年。

11. 李如龙主编：《东南亚华人语言研究》，北京语言文化大学出版社1999年版。

12. 汪大年：《缅甸语与汉藏语系比较研究》，昆仑出版社2008年版。

13. 邹嘉彦、游汝杰：《汉语与华人社会》，香港城市大学出版社、复旦大学出版社2003年版。

14. 郝相钦编著：《走遍亚洲》，中国社会出版社2006年版。

15. 《新编世界地图册》，广东省地图出版社2007年1月版。

印尼语闽南话借词及其研究的文化语言学思考

暨南大学中文系　杨启光

史载，早在汉代，中国和印尼就有了民间和官方的贸易往来。宋代以后，相互间的来往更加频繁，贸易范围不断扩大，促进了两国的文化交流。印尼历史学家陶威斯·德克尔在《印度尼西亚史纲》中指出："印尼与中国之间的贸易，除了取得商业上的利益外，还有其他好处，即中国优美的文化传播到印尼，使印尼的艺术与文化光辉灿烂起来。"所谓的"中国优美的文化"即中华文化，就是在这样的历史背景下传播到印尼，并在不断"印尼化"的进程中影响印尼原住民及其社会的。其间，移居印尼的华人无疑是中华文化得以在印尼传播并产生影响的主体，正是他们把中国传统食品及其制作方法、中草药的栽培与应用、文娱体育项目及器材、纺织技术与服饰、生产工具与技术、风俗礼仪习惯乃至儒、道、佛等带到了印尼，而且其中的不少事物、概念、观念等是为印尼原住民所"需要了解"的、所"自愿接受"的。[①] 有必要指出的是，不论是华人向印尼原住民介绍、普及从中国带去的事物、概念、观念等的时候，还是印尼原住民在了解、接受、采用华人所带来的事物、概念、观念等的时候，基本是以音译汉语名称、术语的方法来指称这些事物、概念、观念等的，于是，印尼语的汉语借词应运而生。

由于移居印尼的华人以中国福建的泉州、漳州人士居多，且大都从事经商贸易，他们活跃于华人与原住民之间，以致许多汉语词语都是以音译闽南话词语的方式流行并渗透到原住民语言中，从而形成了所谓的"闽南话借词"，并成为印尼语借用汉语词语的主要语汇。后来，伴随着华人所主办、编辑的杂志、书报的刊行，伴随着19世纪70年代到20世纪80年代的印尼土生华人文学[②]的风行，这些"闽南话借词"便与雅加达方言（Bahasa Betawi）糅合，并融入市场马来语

---

① 有关详情，参阅拙作《试论中华文化对印尼社会的影响》，载《华侨史论文集》第4集，暨南大学华侨研究所1984年版。

② 有关印尼土生华人文学的详细介评，参阅Salmon，Claudine. *Literature in Malay by the Chinese of Indonesia.* Association Archipel，Paris，1981. 拙作《印尼土生华人的文学活动》（载《广东文史资料》第52辑，广东人民出版社1987年版）和《印尼土生华人文学试探》（载《东南亚研究》1987年第3期）。

(Melayu Pasaran)[1] 之中。由于市场马来语又是当今印尼语（Bahasa Indonesia）的来源之一，因此，就自然形成了所谓的"印尼语闽南话借词"——"印尼化"的闽南话词语——并成为印尼语词汇的构成之一。另一方面，这些"印尼化"的闽南话词语的产生并融入印尼语中，反过来又推进了华人带来的中国的事物、概念、观念等的进一步"印尼化"，并使之得以进一步影响印尼原住民及其社会，促进了中华文化与印尼文化、华人文化与原住民文化更加深入的交流，以致在当今多元的印尼文化中不时地闪烁着中华文化元素的光辉，而华人文化则与其他原住民部族文化一道组成了当今绚丽多彩的印尼文化[2]。

在印尼语的历史发展进程中，据统计，曾先后出现过数百个闽南话借词[3]，而且有不少已经完全融入印尼语中，并成为其基本词语。当然，这些只见于辞书上的词语，远不是印尼语闽南话借词的全部。

据考察，印尼语闽南话借词所涉及的范围已经十分广泛。归纳起来，主要有：

（1）关于国名、族名的，如：Tiongkok（中国）、Tionghoa（中华）、Tengnang（唐人，即华人）、Hoakiau（华侨）。

（2）关于人名、地名的，如：Khonghucu（孔夫子）、Bengcu（孟子）、Lao-tzi（老子）、Kho Ping Ho（许平和，著名印尼式武狭小说家）、Kwee Tek Hoay（郭德怀，"三教"会创始人）、Lamyang（南洋）、Hok Kian（福建）。

（3）关于报刊作品的，如：Sin Po（《新报》）、Sin Tit Po（《新直报》）、Shi-King（《诗经》）、Sam-Kok（《三国》）、Sio Tiow Enghiong（《射雕英雄传》）、Hiap Gie Hong Gwat Twan（《侠义风月传》）。

（4）关于亲属称谓的，如：tia（爹爹）、empeh（伯伯）、enku（舅父）、enko（哥哥）、enci（姐姐）、enso（嫂嫂）、enkong（公公）。

（5）关于身份、职务的，如：singkeh（新客）、sian sing（老师、中医师，由"先生"引申而来）、siucai（秀才）、tajin（法官，由"大人"引申而来）、cinteng（更夫、税警，由"亲丁"引申而来）、toke（头家，即"老板"）、cukong（祖公、主公，引申为"后台老板"）、suhu（师父）、sute（师弟）、lihiap（女侠）、kian hiap（剑侠）、boe hiap（武侠）、gie hiap（义侠）、siocia（小

---

[1] 所谓"市场马来语"，是指以雅加达方言为基础，又深受华人马来语（华人所使用的充满"汉语味"的马来语）影响的、未经规范的、在市场上为华人与原住民所广泛使用的印尼语。

[2] 有关中华文化与印尼文化的交流、华人文化与原住民文化的融合之详细分析，参阅拙作《试论印尼华人文化》，载《东南亚研究》2006 年第 4 期。

[3] 这些印尼语闽南话借词，大都是根据不同版本的印尼语辞书的统计结果且大都搜集于书面材料。由于不同辞书的认定标准不同、不同研究者所掌握的辞书版本不同，其统计数据也不同。本文认为，就目前的这些统计数据而言，不论多少，由于忽略口语词的调查统计，都尚未能完全展现印尼语闽南话借词的全貌。

姐)、cabo (妓女)。

(6) 关于性状、行为的,如:hokki (福气)、soe (倒霉)、boeng (无暇的)、likiat (伶俐,引申为"聪明")、po (抱)、tepoh (下注)、kia - kia (走走,引申为"散步"、"逛街")、kong ka li kong (跟你讲,引申为"同流合污")。

(7) 关于品行、道德的,如:aikok (爱国)、kosiong (高尚,转指"漂亮"、"帅气")、siauwjin (小人,即"非君子")、hohan (好汉)。

(8) 关于水果、菜蔬的,如:laici (荔枝)、lengkeng (龙眼)、toge (豆芽)、lobak (萝卜)、kucai (韭菜)、pecai (白菜)、lokio (薤,亦称"藠头")。

(9) 关于副食、作料的,如:taokoa (豆干)、tahu (豆腐)、sohun (粉丝)、mihun (米粉)、tauyu (酱油)、kailoah (芥辣)。

(10) 关于海味、菜肴的,如:ebi (虾米)、haisom (海参)、capcai (杂烩)。

(11) 关于点心、饮料的,如:bacang (肉粽)、bami (肉面)、cincao (青草,引申为"凉粉")、teh (茶)、ciu (酒)。

(12) 关于服饰、织品的,如:khun (裙子)、bakiak (木屐)、giwang (耳环)、banji (万字,即"万字形饰物")。

(13) 关于丝织、布帛的,如:locuan (罗绢)、joseh (绉纱)、kuntuan (贡缎)。

(14) 关于中医、药物的,如:meh (脉)、koyok (膏药)、patkwatan (八卦丹)、jinsom (人参)、angco (红枣)、tiap (一帖)、ciapo (吃补,意为"饮食滋补的汤料、菜肴等)。

(15) 关于疾病症状的,如:piansu (瘫痪)、taiko (麻风)。

(16) 关于房屋居所的,如:tiah (厅)、pangking (房间)、cimtie (天井)、anglung (行廊,即"走廊")、lio (寮)。

(17) 关于器皿用具的,如:teko (茶壶)、ue (锅)、uttau (熨斗)、anglo (烘炉)。

(18) 关于文具用品的,如:bak (墨)、bakhi (墨砚)、mopit (毛笔)。

(19) 关于礼仪习俗的,如:sehjit (生日)、angpau (红包)、hongsiok (风俗)、toaha (戴孝)、sanseng (送丧,即"吊唁")、se (姓)、sio (属相)。

(20) 关于宗教、庙宇的,如:Too (道教)、Sam Kauw (三教)、Kong Kauw (孔教)、Guan Im Tang (观音堂)、Bunbio (文庙)、Kim Tek Yuan (金德院)、Posat (菩萨)、Tepekong (大伯公,即庙宇里的神灵之一)。

(21) 关于祭祀、卜卦的,如:kimlo (金香炉)、bongpay (墓碑)、kwamia (卦命,即"算命")、hio (香)、taocit (头七)。

（22）关于社团机构的，如：sianghwee（商会）、kongkoan（公馆）、hweekoan（会馆）、Soe Po Sia（书报社）、Tiong Hoa Hwee Koan（中华会馆）、Tiong Hoa Keng Kie Hwee（中华经纪会）、Chung – Hwa tsung – hui（中华总会）、Tiong Hoa Hak Tong（中华学堂）。

（23）关于会社活动的，如：kongik（公益事业）。

（24）关于经济状况的，如：bolui（无镭，即“没有钱”）、kitcia（乞食）。

（25）关于生产工具的，如：banglok（鱼篦）、sempoa（算盘）、tacing（大秤）。

（26）关于生产场所的，如：panglong（木材工场）、kongsi（公司）。

（27）关于文体项目的，如：barongsai（舞狮）、potehi（布袋戏）、kuntau（拳头，引申为“拳术”）、punsu（本事，引申为“武功”）、capjiki（十二枝）、pingpong（乒乓球）。

（28）关于文体用品的，如：tehyan（小胡琴）、shiking（大胡琴，由“士宫调”引申而来）、tikpi（铁鞭）。

（29）关于历法、节令的，如：imlek（阴历）、yanglik（阳历）、tangceh（冬至）、chiu（秋）。

（30）关于华人节日的，如：sincia（春节）、pecun（爬船，引申为“端午”）、cimbing（清明）、capgomeh（元宵节）。

（31）关于交通工具的，如：sampan（舢板）、jung（船）、tongkang（艟舡）。

（32）关于机关名称的，如：yamen（衙门，引申为“政府机构”）

（33）关于神话志怪的，如：liong（龙）、liong ang（龙王）、kilin（麒麟）。

（34）关于动物、植物的，如：kacuah（家蠘，即蟑螂）、liu（柳树）。

（35）关于人称代词的，如：gua（我）、lu（你）。

（36）其他，如：konglo（功劳）、esai（可以，行）、ancoa（怎样，怎么样）、capcai（混杂的）。

析解印尼语闽南话借词的语音，即可发现：由于汉语以及闽南话的语音与印尼原住民语言的语音各成系统，因而，华人与原住民都立足于印尼语的语音系统，对所需要推介或借用的闽南话词语的语音进行了“适应性改造”——以印尼语语音系统来改造闽南话词语与之不适应的语音，使所推介或借用的闽南话词语的语音能符合印尼语语音系统之音理。这些“适应性改造”及其音理大致是：

第一，在声母方面，由于印尼语中没有吐气音位而把闽南话的吐气音位变成不吐气音位。如把“抱”说成 po [po]、“头家”说成 toke [toke]、“韭菜”说成 kucai [kutsai]、“伶俐（引申为“聪明”）”说成 likiat [likiat]，等等。只是一些专称，为了使发音更为接近闽南音，以免产生误会而临时补上吐气音，书面上以 h 示之。如把“孔夫子”写成 Khonghucu。

第二，在韵母方面，情况比较复杂，分述如下：

（1）开尾韵、元音尾韵、鼻音尾韵，因语音同化而音变，如把“阿叔”说成 encek［ən tsek］、“阿伯”说成 empeh［əm pek］、“社会”说成 siah hwee［siah hwe:］；因印尼语某些音素常混淆而音变，如把“豆干”说成 taokoa［tao koa］；因避免与印尼语原有词语相混而音变，如把“道教”说成 Too［to:］、“大人（法官）”说成 tajin［ta: dzin］；因印尼语的简化或规范化外来词而音变，如把“豆芽”说成 toge［to ge］、“豆腐”说成 tahu［ta hu］；因音译兼意译而音变，如把“毯子”说成 tanak［ta nak］。

（2）鼻化韵，因印尼语没有该音位，或全被取消，如把“姓”说成 se［se］；或代之于［h］等，如把“生日”说成 sehjit［seh dzit］。

（3）塞尾韵，其中［-p］［-t］［-k］组为印尼语语音所有而基本不变。［-ʔ］组，因印尼语语音所无，或脱落，如把“肉面”说成 bami［ba mi］；或以［-h］代之，如把“家蠘（蟑螂）”说成 kacuah［ka tsuah］；或以［-k］代之，如把“木屐”说成 bakiak［ba kiak］。

（4）声化韵，因印尼语没有该音位，或变为［əm］，如把“算盘”说成 sempoa［səm poa］；或变为［əŋ］，如把“送丧（吊唁）”说成 samseng［sam səŋ］；或变为［ən］，如把“衙门”说成 yamen［ia mən］。

此外，由于印尼语是非声调语言，因此，闽南话词语被借用后，其具有别义作用的声调全被取消。

总之，闽南话词语被借用后，其语音是被最大限度地纳入到印尼语的语音系统里加以改造，即予以“印尼化”的。[①] 唯有如此，闽南话词语才有可能融入到印尼语中而成为其借词，故称“印尼语闽南话借词”。质言之，所谓的“印尼语闽南话借词”已经不是原来意义上的闽南话词语，而是印尼语的词语，是印尼语的构成要素之一。

辨析印尼语闽南话借词的语义时又可发现：它所涉及的中国事物、概念、观念等是广泛的，但又集中在普通百姓的日常生活用语上。这充分说明：印尼语闽南话借词的产生与传播纯属移居印尼的华人与原住民的民间交流的结果，是一种完全出自于华人在日常生活中需要向原住民介绍、普及中国（华人）事物、概念、观念等的结果，是原住民因日常生活需要而自觉自愿地接受、采用中国（华人）事物、概念、观念等的结果。不过，深入比较即可发现，在语义上，印尼语闽南话借词与所借用的闽南话原词不尽相同。其中，值得关注的有两种情况：一

① 有关印尼语闽南话借词的更为具体细致的音变描写及其最大限度地被纳入到印尼语语音系统加以改造后的“印尼化”状况描述，参阅拙作《印尼语闽南话借词初探》，载《东方研究论文集》，北京大学出版社 1988 年版。

是引申闽南话词语的语义，如“祖公”、“主公”被借用为 cukong 而指称“后台老板”，在苏哈托时期还被引申为官商经济体制中的“华人大老板”。这样的语义引申又可分为语义的扩大和语义的缩小。语义扩大如上例，又如“拳头”被借用为 kuntau 而扩指“拳术”；语义缩小，如“本事”被借用为 punsu 而缩指为“武功”。二是转移闽南话词语的语义，如“高尚”被借用为 kosiong 而转指“穿得漂亮”、“人长得帅气”；又如“爬船”被借用为 pecun 而转喻“端午节”。

总之，印尼语闽南话借词与其相应的闽南话词语的语义并非一一对应，有不少词语经过多次的语义扩大、缩小或转移，再加上被借用的历史漫长，时空度大，以致与闽南话原词语语义之间呈现出错综复杂的关系，或并不对应于闽南话现行词语。例如：“船”，闽南话读［$tsun^{24}$］，但作为“水上一种交通、运输工具”义的印尼闽南话借词却是 jung［dzuŋ］，从语音上怎么也“训”不出 jung 即借自闽南话的“船”，而在所有收录该词的辞书里却都明确标明是汉语借词且释为“船”。后来，经有关专家结合中国、印尼历史有关文献进行考究才弄明白：jung 的闽南话原词并非“船”，而是《瀛涯胜览》、《西洋番国志》、《西洋朝贡典录》等中国古籍中经常提到的“大舟宗”、“分舟宗”的“舟宗”，即船队、战船。它是一个古语词，后泛指“船”。① 印尼语闽南话借词所借用的恰是这个古语词。这样的印尼语闽南话借词，还有借自“大人”转义为“法官”的 tajin，借自“亲丁”转义为“更夫、税警”的 cinteng，等等。诸如此类，足见中国与印尼的交往以及华人移居印尼的历史悠久、源远流长，以致印尼语闽南话借词不仅仅是一种共时的，而且是一种历时的语言交流、融合现象。

有必要指出的是，深入考察印尼社会不难发现：中华文化对印尼社会的影响是具有层次性的。有的只在华人社会中有较广泛、深刻的影响，有的则随着华人和原住民的交往而逐渐扩展到原住民社会中，有的扩展到原住民社会后又被原住民进一步“印尼化”而与原住民文化交融在一起。于是，形成了中华文化对印尼社会影响的“表层结构”、“中层结构”和“深层结构”三个层次。中华文化影响印尼社会的这种层次性自有其发展过程及规律：中华文化传到印尼后，先在华人社会中扎根，接着扩展到原住民社会，最后在原住民社会中融入原住民文化中。当然，传入印尼的中华文化之事物、概念、观念等，并不都必须或能够经过上述三个过程并到达“深层结构”层次的。其中，有些就停留在“中层结构”层次，有些则停留在“表层结构”层次。当然，中华文化对印尼社会的影响总处在不断运动中——要么在某个发展阶段就停滞不前，或自行消亡，或成为历史现象；要么继续向更深的结构层次发展，直至与原住民文化相融合。可能有人会认为，那一部分至今只停留在华人社会中的中国（华人）事物、概念或观念，不应

① 许友年：《闽南方言对印尼语和马来语的影响》，《福建师范大学学报》1982 年第 2 期。

看作是中华文化对印尼社会的影响。其实不然。这部分的中国（华人）事物、概念或观念依然是中华文化在一种结构层次上对印尼社会发生影响的体现与结果。究其原因，就在于印尼社会是个复合社会：一个以原住民社会为基础，又包括了华人社会、阿拉伯人社会、印度人社会以及西方人社会（印尼独立前是印尼殖民统治者的社会）的一种复合社会形态。这些次社会共同组成了印尼社会，特别是华人社会自它诞生之日起就和原住民社会有着千丝万缕、休戚与共的关系，在印尼社会中举足轻重，是印尼社会不可分割的一部分。所谓的"印尼社会"当然兼容着华人社会，而中国（华人）的某些事物、概念或观念即使始终只停留在华人社会内，也意味着"寓居"在印尼社会里，因此，依然是中华文化影响印尼社会的体现与结果，只是处于"表层结构"罢了。[①] 这些处在"表层结构"上的中国（华人）事物、概念或观念，只要没有消亡，一旦出现适宜其复苏、发展的条件与环境，就有可能进入到"中层结构"乃至"深层结构"中。

同理，承载着中国（华人）的事物、概念、观念等的印尼语闽南话借词系统也是具有层次性的：有些词语只限于华人社会中，只是华人为了维持自身生活与维护自身传统，或者为了向原住民介绍中国的事物、概念、观念等所使用的，如 toaha（戴孝）、se（姓）、sio（属相）等。有些词语是承载着原住民所接受、所采用的中国（华人）事物、概念、观念等而逐步扩散到原住民社会并为华人与原住民所共同使用的，如 enci（姐姐）、hoa kiau（华侨）、kian hiap（剑侠）、laici（荔枝）、lengkeng（龙眼）等。有些词语则是随着原住民完全接受了相关的中国（华人）事物、概念、观念等而被多次"印尼化"后融入到印尼语中的。这一类词语，或成为印尼语的基本词汇，如 taokoa（豆干）、tahu（豆腐）、bami（肉面）、hongkoe（粉糕）、cincao（青草，引申为"凉粉"）等；或作为词根来构词，如 cukong（祖公、主公，引申为"后台老板"）→cukongisme（主公主义）；或作为根词组成短语，如 teh（茶）→pohon teh（茶树）、kebun teh（茶园）、teh susu（奶茶）、teh manis（甜茶）等。上述三类词语自然地分别处于并体现为印尼语闽南话借词系统的"表层结构"、"中层结构"和"深层结构"上，而且分别在不同的群体、地区、领域和层面上对印尼社会产生或大或小、或深或浅的影响。

有必要指出的是，不论属于"表层结构"还是"中层结构"、"深层结构"的印尼语闽南话借词，都是已经被印尼语所借用的闽南话词语。这些词语不但书写形式上发生了根本性变化，语音上也发生了显著的变化，而且语义上也已经被纳入到华人及其与原住民交流的话语系统里加以改造，是在不同程度上已经被

---

① 有关中华文化影响印尼社会具有层次性的论析，参阅拙作《试论中华文化对印尼社会的影响》，载《华侨史论文集》第4集，暨南大学华侨研究所1984年版。

"印尼化"的闽南话词语。总之，印尼语闽南话借词是中华文化与印尼文化、华人文化与原住民文化交流的结晶，它不再是闽南话词语，而是印尼语词汇系统中的一类及其有机组成部分。它属于印尼语，不属于闽南话，也不属于汉语。因此，对于印尼语闽南话借词的研究，应该而且必须立足于印尼语闽南话借词本身，并将之置于印尼语之上、印尼社会之中以及华人与原住民、中国与印尼源远流长的关系里。

鉴于上述缘由，印尼语闽南话借词的研究，只进行普通语言学的语音学、音位学、语义学研究，最多只能描写出其语音变化和语义变化的状况而已，而对于为何"这样变"而不"那样变"是无法作出解释的，有的连"有没有变"、"怎么变"也难以描写清楚。更有甚者，在一些情况下，只凭据词语的语音描写和语义注释是无法辨析出印尼语闽南话借词的。上述的jung就是这样的典型词例。因此，本文主张，印尼语闽南话借词的研究，应该在普通语言学描写的基础上，着力于文化语言学的审察与研究。唯有如此，印尼语闽南话借词的研究，才能探究出诸如jung（船）、cangpo（船上炊事员）、suhian（妓女）等一类词的闽南话词源来，才能探求出中国事物、概念、观念等"移居"印尼的过程及其"印尼化"历程、途径、方法与机制，才能窥探出中国事物、概念、观念等的"印尼化"程度与层次及其影响印尼社会的广度与深度；唯有如此，印尼语闽南话借词的研究，才能为推进当今的中华文化与印尼文化的交流提供有益的借鉴，才足以唤起并加强印尼华人建设自身文化（即印尼华人文化），并融入印尼文化中的自觉。总之，唯有如此，印尼语闽南话借词的研究才能获得应有的语言学、文化学以及印尼华人研究的理论意义和实践意义。

毫无疑问，印尼语闽南话借词的文化语言学研究领域开阔、千头万绪，不过，当务之急是：

首先，坚持文化语言学的"多元文化论"①，克服"中华文化优越于印尼（原住民）文化"的不良心态，树立"中华文化在印尼是一种移民文化"的正确认识，遵循中华文化与印尼文化比较研究的对等原则，承认中华文化与印尼文化在印尼的交流中是"印尼（原住民）文化为主，中华文化为客"的史实与现实，正视凡能影响印尼的中国的事物、概念、观念等都是历经了程度不同的"印尼化"的事实，并加以认真探究。

其次，不把语言仅仅看成是一种符号和工具，而还要视作是一种意义与价值——人类总是以语言为轴心贯穿所有的社会生活、神话传说、宗教信仰、风俗

① "多元文化论"认为，当今作为人类四大"类型文化"的中华文化、印度文化、阿拉伯文化和西方文化，自有其缘起、发展、演变的各自地域、条件和机制，并非同源，且各有自身的运行轨迹，相互间无所谓优劣高低之分，只有在一定时空里的强势、弱势之别，因此，这四大类型文化及其所属的各民族文化，地位是平等的，关系是互补的，而且在各自的"领地"里总是"以我为主"地兼容外来文化的。

习惯、科学技术等，因此，语言承载、涵盖和传递着人类的一切，是人类看待世界的样式；语言既是人际交流最重要的媒介系统，又是人之所以为人、社会之所以为社会的根本要素，它是文化发生的契机和文化发展不可须臾离开的符号系统、意义系统和价值系统 —— 确立文化语言学“语言文化水乳交融，语言系统本身是一幅文化通景”的“语言文化通观”[①]，以指导并贯通印尼语闽南话借词的研究、印尼华人社会与文化的研究、中印关系史的研究，有意识地将印尼语闽南话借词的研究置于印尼华人社会和文化、华人与原住民社会交往与文化交流、中国与印尼关系史的语言生活中与话语系统里，以便通过印尼语闽南话借词和印尼华人社会与文化、中印关系史的相互观照，把印尼语闽南话借词作为考察印尼华人社会和文化、了解华人与原住民社会交往与文化交流、研究中印关系史的镜像，以便进一步弄清传播到印尼的中国事物、概念、观念等的具体内容及其相应的印尼语闽南话借词的生成机理，考察印尼语闽南话借词的真实面貌及其来龙去脉，探究印尼语吸收、兼容闽南话词语的条件与规则，探究闽南话词语及其所承载的中国事物、概念、观念等的“印尼化”轨迹以及中华文化影响印尼、印尼文化兼容中华文化元素的性质、特点及其运作机制。

再次，鉴于上述缘由，有必要改变只凭借若干辞书所收录的词条为研究对象的做法，努力扩大搜集印尼语闽南话借词的范围。当前的重点是全面调查 19 世纪 70 年代到 20 世纪 80 年代的数千部印尼土生华人文学作品中的印尼语闽南话借词，深入调查当今华人、原住民日常用语中所运用的印尼语闽南话借词，既作共时描写又作历时解析，既作语言分析又作文化阐释，弄清全貌，分别门类，把握层次，建构系统，以文化观照语言，以语言窥探文化，运用文化语言学的研究方法，特别是“文化镜像法”、“文化参照法”等[②]，构拟出印尼语闽南话借词的文化通景并进行语言本体的分析与文化内涵的阐释，以最终实现印尼语闽南话借词的研究应有的语言学、文化学以及印尼华人研究的理论意义和实践意义。

综上所述，印尼语闽南话借词及其文化语言学研究，意义深远，课题诱人，空白颇多，大有可为，亟待志者投身其中，披荆斩棘，拓荒耕耘，建功立业。本文所论，只是鳞爪之得，且挂一漏万，期盼方家赐教。

---

① 参阅拙作《语言文化通观：中国文化语言学的理论基座》，载澳门《语丛》1993 年总第 21 期。

② 有关文化语言学的研究方法及其“文化镜像法”、“文化参照法”等的详细介绍，参阅拙作《认同中华文化：中国文化语言学的方法论之本——兼论中国文化语言学十大研究方法的理论根据与实践意义》，载《广州师范学院学报》1996 年第 4 期。

马来西亚汉语方言概况及语言接触的初步研究[①]

暨南大学中文系

华南师范大学岭南文化研究中心　甘于恩

马来西亚霹雳州太平市华联中学　冼伟国

一、地理位置及华人概说

马来西亚（Malaysia）位于东南亚区域中心，疆域介于大陆东南亚与岛屿东南亚的交汇处，北部与大陆东南亚为邻，大陆东南亚包括缅甸、泰国、柬埔寨、老挝及越南，南部则是岛屿东南亚，有印度尼西亚、新加坡、文莱与菲律宾等国。马来亚半岛分为北马区、中马区、南马区、东海岸区，有 11 个州（Negeri）及 2 个联邦直辖区（Wilayah Persekutuan）。

马来西亚华人除主要由福建（除厦、漳、泉等地闽南人外，亦包括福州、潮州、海南人等）、客家（本地泛称“客人”）、广府三大民系组成外，尚有为数较少的三江（江西、江苏、浙江）人、湖北人、河北人［聚居于东马来西亚沙巴州西海岸省（Bahagian Pantai Barat）亚庇（Kota Kinabalu）郊区兵南邦（Penampang），当地泛称“山东人”］。吉隆坡开埠于1860 年左右，首都华人亦以上述三大民系为主，经过一个多世纪的交流，无论是闽南人、客家人还是广府人，都借用了一些汉语异方言的日常用词。

二、马来西亚汉语方言的种类和分布

马来西亚是个多民族的国度，主要有马来族、汉族（当地称华族）、印度族三大族群及其他少数族群，其中马来人占总人口的 62.5%，华人则占 24%，而

---

① 本文在首届海外汉语方言国际研讨会（2008 年 7 月 4—7 日，广州暨南大学）上宣读，承蒙新加坡著名学者周清海教授点评，作者根据其建议作了修改，谨此致谢。文中尚存问题，由作者负责。

本研究成果属于暨南大学汉语方言研究中心，感谢多位马来西亚、新加坡语料提供者的大力帮助，提供本文第三节某些语料的是：（北马）李永球、黄奕山、黄碧云、杨玉枝、张少宽；（中马）黄福地、颜瑞礼、陈雪风、黎煜才、郑柏祥、周莉莉；（南马）陈鸿光、林相助、廖梓祥、郑庆福；（砂朥越）田英成、林荣书；（新加坡）杨贵谊、陈妙华、饶尚东。

印度族占7%[①]。在汉族中，以两广（含海南）和福建籍的为最多。根据马来西亚政府统计局1991年所作的普查，有关各州各籍人口的统计资料如下（马国人口普查由1991年始已无籍贯调查，故1991年后的华人籍贯数字为国家统计局根据20世纪80年代的人口普查籍贯记录演算而来）[②]：

州属	华人总人口	方言群人口									
		广府	广东客家	潮州	海南	闽南	福州	兴化	福清	广西	其他
玻璃市	21 450	2 224	5 176	3 711	760	8 744	130	15	25	458	207
吉打	208 393	24 637	26 972	65 459	4 345	79476	2295	247	322	926	3714
槟榔屿	521 825	69 817	45 483	127 356	13 575	255 393	4 243	366	501	815	4 276
霹雳	653 631	187 728	163 248	73 438	13 668	153 080	31 172	1 637	4 623	17 415	7 622
雪兰莪	711 669	146 650	167 539	48 938	26 642	295 351	8 138	2 041	797	4 916	10 657
纳闽	8 162	1 014	1 763	286	365	4 112	329	24	9	5	255
森美兰	199 493	51 385	66 746	4 576	9 180	55 656	5 338	971	287	3 627	1 727
马六甲	165 625	15 391	38 441	13 919	13 897	76 047	652	1 297	119	685	5 177
柔佛	703 226	72 080	139 540	98 817	34 223	325 868	11 807	2 289	1 367	10 731	6 504
吉兰丹	49 702	6 784	5 450	1 980	2 779	30 545	292	253	46	736	837
登嘉楼	25 847	3 969	3 237	1 479	4 795	10 595	285	473	58	271	685
彭亨	190 409	50 076	41 556	9 468	8 676	49 788	3 624	685	236	23 980	2 320
沙巴	199 140	28 769	113 628	10 350	6 939	26 303	4 789	459	199	615	7 089
砂朥越	445 548	27 485	142 743	36 062	7 898	59 322	149 293	14 567	309	309	7 560
总计	4 104 120	688 009	961 522	495 839	147 742	1 430 280	222 387	25 324	8 898	65 489	58 630

上述1991年的各州人口统计表显示广东省籍的华人人口（不包括海南人）总数为2 145 370人，占了华人总人口的55.87%，因此祖籍广东省的华人人数仍然最多。

---

① 三个种族的比例有不同的说法，据洪丽芬、吴文芯（2001）说，“根据马来西亚2000年各民族的人口比例，土著（即马来人和原住民——引注）占66.1%，华族占25.3%，印度族占7.4%，其他则为1.2%（《南洋商报》，2001年4月4日）”，王晓梅（2008）的说法为26%（2000年人口统计数据），陈晓锦（2003）则称华人占了29.6%。

② 本文各表引自刘崇汉：《马来西亚广东人》，《第四届世界广东同乡联谊大会特刊》（2007年11月，马来西亚吉隆坡），第42～45页。

马来西亚于2000年进行了一次最新的人口调查。各地籍贯所占的百分比如下①：

2000年马来西亚各方言群人口与全国华人人口比率

方言群	人口	比率（%）
福建	2 020 868	37.59
客家	1 092 854	20.33
广府	1 067 994	19.86
潮州	497 200	9.25
福州	251 554	4.68
海南	141 045	2.26
广西	51 674	0.96
兴化	24 654	0.46
福清	14 935	0.28
其他华人	202 989	3.78
总数	5 365 847	100

各方言群在各州华人人口所占的比率如下：

2000年各方言群在各州华人人口所占的比率（%）

州属＼方言群	福建	客家	广府	潮州	海南	广西	福州
柔佛	50.30	16.92	11.81	11.04	3.44	0.96	1.39
吉打	45.09	10.55	10.97	27.41	1.62	0.33	0.64
吉兰丹	66.98	8.04	12.50	2.24	3.52	0.51	0.29
马六甲	47.68	18.96	10.04	6.50	6.53	0.32	0.49
森美兰	30.79	30.08	26.70	2.09	3.82	1.10	2.60
彭亨	28.53	18.14	29.87	5.17	3.63	9.48	1.51
霹雳	24.91	21.61	32.58	9.74	1.60	1.89	4.56
玻璃市	48.03	21.04	9.52	14.72	2.29	1.66	0.32
槟城	54.16	7.21	11.74	22.33	1.96	0.11	0.60
沙巴	13.29	57.97	12.27	4.54	2.61	0.18	2.02

① 表中人口数据总数应为5 365 767，比率为99.45%。

（续上表）

州属＼方言群	福建	客家	广府	潮州	海南	广西	福州
砂朥越	13.45	31.53	5.74	7.44	1.50	0.07	34.79
雪兰莪	43.51	17.56	24.91	5.03	2.34	0.38	0.81
登嘉楼	47.60	9.11	16.99	4.19	13.01	0.64	0.59
联邦直辖区	34.74	18.49	33.67	4.13	2.78	0.41	0.85

需要说明的是，马来西亚对华人籍贯的习惯区分与中国大陆有所不同，比如“福建”与福建省内其他地名并列时，指的是福建闽南（所以“福建话”指的是闽南话），不含福州、兴化（即莆田仙游）和福清；而广西人则是指说广西粤语者（时下年轻人向标准粤语靠拢）；“潮州”则指粤东一带通行闽方言的区域①。换句话说，籍贯的概念并非严格的地理概念，也不是一种纯粹的方言差异，而是一种对传统文化认同而形成的民系集合体。

三、汉语方言中体现的语言接触现象

可以这样说，在马来西亚华人中，闽、粤、客是三大强势方言，但华人之间接触频繁，各大方言也难免借用其他汉语方言甚至是外族语言的成分，可分为3个小论题进行讨论：

（一）闽方言中的外来成分

闽南方言在东南亚被称为“福建方言”或“福建话”，洪丽芬、吴文芯（2001）说：“所谓的‘福建话’，可以说是变异了的闽南话，皆因分布在东南亚各地的华人因时日距离的差异而造成闽方言也产生了差异，而这差异更是直接反映在它的词汇上。”下表的例子引自洪、吴的文章。

闽南话词条	意义	源语言	备注
tolong	帮忙	马来语	原文未标声调
tahan	忍耐	马来语	

① 陈晓锦（2003）也说：“在马来西亚华人中，‘潮州话’是一个比较大的概念，它并不特指来自潮州市的华人所说的话，而是泛指祖籍是粤东各县市的潮汕人所操的潮汕话。也就是说，这些人士不分祖居点，说的都是一种比较一致的、向潮州音靠拢的潮州话。”

（续上表）

闽南话词条	意义	源语言	备注
geram	懊恼	马来语	
suka	喜欢	马来语	
jambu	番石榴	马来语	详见下文
nangka	菠萝蜜	马来语	
sotong	鱿鱼	马来语	
cacing	蚯蚓	马来语	
jamban	厕所	马来语	
kampong	乡村	马来语	
tuala	毛巾	马来语	

上列闽南话词条 jambu，洪、吴解释为“番石榴”，其实马来西亚福建人用的“jambu”并非仅指“番石榴”。本地闽人叫的 jambu（亦有部分福建人唤作“yambu”、“lambu”、“lianbu”）是借自马来语的 jambu，当马来语 jambu 后面加上不同的修饰语（汉语的修饰语在中心语前，马来语则相反）时，是指不同的水果。

马来语 jambu 是指番樱桃属树，在 jambu 后面加上 batu、berasa 或 biji 是指“番石榴”，亦即俗称之“鸡屎果”，如在 jambu 后添加 air，则指“水蓊”。所谓“水蓊”，即台湾人叫的 lianbu，汉字写作“莲雾”。台湾人叫的“莲雾”，亦是源自马来语 jambu。至于马来西亚闽南人所借用的 jambu，因地方不同而意义有差别，为方便说明起见，兹以表列于下：

大马闽南话之“水蓊”及“番石榴”称谓

马来语原词	北马区	中马区	南马区	沙捞越	新加坡
jambu air （水蓊）	水 jambu（槟城） 红 jambu（太平） 红毛 jambu（太平）	jambu yambu liambu	jambu	jambu liambu	jambu
jambu biji （番石榴）	jambu	na put nia put	bak kia（新山） na put（麻坡、马六甲）	bak kia	bak kia

综上语料，大马及新加坡福建人，除半岛北马区将水蓊叫“红毛 jambu”、“水 jambu”、“红 jambu”外，其余大部分地区福建人叫作“jambu”。至于番石

榴，亦是除北马区唤“jambu”外，其余是用汉语方言叫“na put”或“bak kia”。由此可知，称“番石榴”为“jambu”，应是北马区福建人的叫法，其他地区福建人叫的“jambu”是指“水蓊”。

马来西亚中马区及南马区福建人称番石榴为“na put”或“nia put”的双音节词，其实是由中国闽南话的三音节词“篮仔佛”（亦写作“篮仔拔”）［na$^{24-22}$ a$^{53-44}$ put^{4}］变化而来的叫法①。

而南马区、砂朥越、新加坡等地福建人叫的“bak kia”，则是借自潮州话的“□仔”［bak^{5} kia^{53}］。②

马来西亚的闽方言吸收马来语语词，其中最重要的原因便是马来语在当地属于强势语言，闽人与马来人交往密切，免不了借用强势语言的用词，这是华人融入当地社会、取得认同的必要条件，尤其是一些涉及马来西亚社会独特现象或风俗习惯的用语，直接借用更是无可避免的，例如，“阿公（agung）”（国家最高元首）、“令吉（ringgit）”（马来西亚的基本货币单位）、“榴莲（durian）”、“峇峇（baba）”（土生男性华人）、“镭（duit）”（铜钱）等③。

除了福建话（闽南话）之外，潮州话也是属于闽语性质的汉语方言。据陈晓锦（2003）调查，新山潮州话中也有不少马来语的借词，如“交寅”［kau^{33} iaŋ^{55}］（结婚，马来语 kahwin）、［saŋ^{33} ma^{33}］（一共，马来语 semua）等，其中有许多是与其他汉语方言共有的马来语借词，如“巴刹”（市场，马来语 pasar）以及上举的“阿公”、“令吉”、“榴莲”、“峇峇”等。

英语在马来西亚使用相当普遍，因此，马来闽语亦借入一些英语词语，如“泊”（停车，英语 park）、“卡通”（动画片，英语 cartoon）、“德士”（出租汽车，英语 taxi）等，这些外来词在其他方言中大多也借入。以下列举新山潮州话的英语外来词④：

新山潮州话词条	意义	源语言	备注
le^{33} p^{h}oʔ^{5}	报告	英语 report	
keŋ^{33} sɤ^{53}	黑社会	英语 gangster	
bɤ^{11} lik^{5}	刹车	英语 brake	

① 参阅周长楫主编：《闽南方言大词典》，福建人民出版社 2006 年版，第 509 页。

② 参阅欧阳觉亚、饶秉才、周耀文、周无忌：《广州话、客家话、潮汕话与普通话对照词表》，广东人民出版社 2000 年版，第 84 页。

③ 福建闽南话有［a^{33} laʔ^{5}］（推测、掂量）一词，应该是从南洋闽南话带入，其源头应是马来语的 agak（详见下文粤语的借词“亚格”）。

④ 引自陈晓锦：《马来西亚的三个汉语方言》，中国社会科学出版社 2003 年版。

（续上表）

新山潮州话词条	意义	源语言	备注
sik⁵ nɤ⁵⁵	信号	英语 signal	
so²² pʰiŋ⁵⁵	购物	英语 shopping	
咕哩 ku³³ li³³	苦力	英语 coolie	

粤语在马来西亚为强势方言，饶创辉（2002）说："粤语在马来西亚是相当通行的，华人对粤语并不陌生。因此，即使是闽客方言背景的人，就算是不大会讲也大多数能听懂。"故马来西亚的闽语（包括闽南话和潮州话）亦吸纳了一些粤语词，如饮胜、捞生、蛋挞、烧卖、笋壳、倾偈、荔枝、云吞面、干捞面、猪肠粉、酿豆腐等。（有关马来西亚闽南人借用粤语词的情况，笔者将在另文细说）

（二）粤方言中的外来成分

粤语虽然是强势方言，但从时间关系来说，则是后期进入华人社区的，很大程度上带有"客话"的色彩，因此，在不少涉及闽、客固有的事物、说法时，粤语以直接借入为主。以下分 3 类叙述：

（1）借自闽方言①：

粤语词条	读音	意义	源语言
家姑	ka⁵⁵ ku⁵⁵	套在脚腕上使人行走不便的刑具，喻监牢	闽南话
臭卡	tsʰɐu³³ kʰa⁵⁵	原指流脓的腐臭脚，借指私会党徒或流氓	闽南话
竹滩	tsuk⁵ tʰan⁵⁵	一种肉味鲜美，两扇薄壳呈蛋黄色，狭长似竹节形，前端有斧足，用于潜沙及转动之用，穴居于沿海一带泥沙中的软体动物。本字是"竹蛏"	闽南话
虾姑	hɛ³⁵ kɔ³³	虾姑属节肢动物门甲壳纲虾姑科动物	闽南话
家已人	ka²² kei³⁵ jɐn²¹	自已人	闽南话
黄梨	uɔŋ²¹ lai³⁵	菠萝	闽南话"王梨"
冬粉	tuŋ⁵⁵ fɐn³⁵	粉丝	闽南话
无影	mou³³ jiŋ³⁵	不实；没有这回事	闽南话
显	siɛn²¹	疲惫；厌烦	闽南话

① 例子引自冼伟国：《吉隆坡粤语之闽南话借词研究》（待刊稿）。

（续上表）

粤语词条	读音	意义	源语言
千猜	ts^{h}in^{55} ts^{h}ai^{55}	不多考虑，随其所宜	闽南话
肉骨茶	juk^{2} kwɐt^{5} ts^{h}a^{21}	一种用排骨、猪脚、猪肚、猪肠等，配以当归、玉竹、杞子、桂圆、甘草、陈皮、竹蔗、丁香、八角、大蒜等放入煲内加水久煲而成的南洋食品	闽南话
卤肉	lɔ^{55} pak^{2}	卤制食品	闽南话

（2）借自客家话：

粤语词条	读音	意义	源语言
脚车	kœk^{3} ts^{h}ɛ^{55}	自行车	客家话
脍哥	nɐm^{21} kɔ^{55}	笋壳鱼	客家话
年房	nin^{21} fɔŋ^{21}	年份	客家话
滑哥	uat^{2} kɔ^{55}	塘虱	客家话
掌门	tsœŋ^{35} mun^{21}	看门	客家话
虾公	ha^{55} kuŋ^{55}	虾	客家话
山芭佬	san^{55} pa^{55} lou^{35}	喻见识少者	客家话

某些粤语借词明显来自闽（南）、客方言的共有词，如“弓蕉”、“往摆”，至于具体从哪个方言先借入，则暂未知晓。

（3）借自马来语：

粤语词条	读音	意义	源语言
宏	wɐŋ^{55} 或 waŋ^{55}	①丢弃；②搞砸	马来语 buang
掂	tiam^{22}	不出声	马来语 diam
镭	lœy^{55}	金钱	马来语 duit
骨	kwɐt^{5} 或 kwat^{5}	①强壮；②某方面能力强	马来语 kuat
亚扎	a^{33} tsat^{3}	用切好的黄瓜、辣椒、包菜、豆角、黄梨、沙葛、胡萝卜等，加上白糖、酸醋、芝麻、花生末的一种马来西亚腌菜	马来语 acar
亚格	a^{33} kak^{5}	推测	马来语 agak

（续上表）

粤语词条	读音	意义	源语言
阿末	a^{33} mɐt^{5} a^{33} mat^{5}	男性马来人名字。马来亚英殖民地时期及独立初期，政府官员或富有人家的车夫，绝大部分由男性马来人充任，故以阿末作为司机的代称	马来语 Ahmad
罂吉	aŋ^{33} kɐt^{5}	拍马屁	马来语 angkat
峇峇	pa^{33} pa^{55}	马来亚英殖民地时期来自中国的男子与马来女子通婚所生的男孩	马来语 baba
孖争	ma^{55} tsaŋ^{22}	马来西亚芒果之一种，特点是味道浓烈，纤维过剩，难以口嚼。学名为 Mangifera foetida	马来语 bacang
猛失	maŋ^{33} sɐt^{5} mɐŋ^{33} sɐt^{5}	流氓	马来语 bangsat
峇廸	pa^{33} tɛk^{5}	马来西亚的一种土产蜡染花布	马来语 batik
波打	pɔ^{21} ta^{55} pɔ^{21} tak^{5}	秃头	马来语 botak
叻古	lɐk^{5} ku^{35}	畅销	马来语 laku

马来粤语中借自马来语的词语相当多。从构词形式来看，可以分为如下几种：纯音译的马来借词、音译马来语加汉语词素、汉语意译词加马来语音译词、意译马来语借词（如 bunga raya 译为“大红花”，bunga 为马来语的“花”，raya 意为“大”）。

（三）客家方言中的外来成分

客家方言在马来西亚的使用人口数量仅次于闽、粤方言，约有 100 万，其中西马近 80 万，东马近 20 万（1980 年统计数字①），从方言的社会地位和影响而言，客家话也明显不如闽、粤语。客家人在与其他种族和民系的交往、接触中，也接纳了许多外来成分。下面以柔佛州士乃客家话为例，叙述该方言的外来成分①：

（1）借自粤方言：

士乃客家话词条	意义	源语言	备注
m^{24} kɔi^{44}	谢谢、劳驾	粤方言“唔该”	粤方言指广州话，下同

① 引自练春招：《马来西亚柔佛州新山市士乃镇的客家方言》，见《东南亚华人语言研究》，北京语言文化大学出版社 2000 年版。2000 年的统计数字则为 109 万多，参见本文第 2 节。

（续上表）

士乃客家话词条	意义	源语言	备注
$p^{h}ak^{2}t^{h}ɔ^{44}$	谈恋爱	粤方言“拍拖”	
$iam^{44}sin^{52}$	干杯	粤方言“饮胜”	
$ts^{h}ut^{2}liɔŋ^{24}$	发工资	粤方言“出粮”	
$ham^{24}sap^{2}$	男人好色、下流	粤方言“咸湿”	
$kau^{21}t^{h}iam^{21}$	办妥	粤方言“搞掂”	
$pai^{52}san^{44}$	扫墓	粤方言“拜山”	
$ma^{44}thɛ^{24}$	荸荠	粤方言“马蹄”	
$t^{h}ɔi^{24}$	桌子	粤方言“台”	
$kak^{2}li^{24}$	隔壁	粤方言“隔篱”	
$ts^{h}au^{21}iu^{24}n^{24}$	解雇	粤方言“炒鱿鱼”	
$ɔk^{2}pu^{21}$	突击补习功课或学习某种技能	粤方言“恶补”	

由于香港文化的流传，粤语对年轻人的影响尤其大，自粤语借入的外来词远远不限于以上所述，练春招文章中列举了 64 条，估计应不止此数①。

（2）借自闽方言：

士乃客家话词条	意义	源语言	备注
$mɔi^{44}$	稀饭	闽方言“糜”	
$t^{h}i^{21}t^{h}ɛu^{21}$	花生	闽方言“地豆”	应系从潮州话借入
$t^{h}ɛu^{24}ka^{44}$	老板	闽方言“头家”	
$vɔŋ^{24}li^{24}$	菠萝	闽方言“旺梨”	亦作“王梨”
$a^{44}ma^{21}$	祖母	闽方言“阿妈”	“妈”声调阴上

陈晓锦（2003）也提到士乃客家话借用了闽南的“蚝煎”、“头家婆”、“菜头粿”、“薄饼”、“肉骨茶”、“惊输”（怕输）等语词。至于有些说法是否从闽语中借入，还值得斟酌，如“暗晚时”［$am^{52}man^{44}si^{24}$］，练春招认为系借自闽语的“暗冥时”，也可以认为是粤、客的合璧词，因为闽南话不说“晚”，而粤语说“晚黑”。

① 参阅萧丽燕：《马来西亚士乃客家话调查报告》，暨南大学硕士学位论文，2001 年。

域外汉语方言的系统研究，对于中国语言学界来说，是一项全新的课题。它对于普通语言学、社会语言学以及汉语方言学，都有重大的理论意义。马来西亚的汉语方言，由于脱离母方言的时间不一，各自体现出的变异特点也有差异，但是在理论上它们皆表现出某些共同的趋势，这些趋势陈晓锦（2008）教授在介绍中南半岛的汉语方言时已经作了初步的总结：

> 强势方言与弱势方言并存，弱势方言维系艰难，强势方言（如粤语）往往成为华人社区的社区通用语；同一方言内部出现整合趋同的现象，小方言点靠拢大方言点，大方言内部不再有祖居地不同所带来的区别，方言特点更易消融，方言的变化比祖居地方言相对明显；长期脱离母体，处在异国他乡，在外族语言的强大攻势下，在同一居住国兄弟汉语方言的互相影响下，产生不少祖居地方言所没有的变异特点；方言与华语将在一段长时期内并存。

马来西亚汉语方言也表现出类似的趋势。本文只是在语料调查和挖掘上做些工作，尤其是对于词语的相互借用方面作一些具体的考察。但是，我们在境外汉语方言的调查研究方面，还有许许多多基础的工作要做。此外，对境外汉语方言的理论分析，也是亟须关注的。笔者希望这项极具学术价值的事业不仅能得到中国学者的注意，而且能得到各侨居地学者和有关部门的支持，吸引他们参与其中，这才是海外汉语方言的研究持续不断的可靠保证。甘于恩（2008）曾经“建议条件成熟时，由中国和东南亚各国的学术机构整合学术力量，联合开展调查研究。揭示岭南方言在播迁过程中发生的演变，了解中华文化与异文化如何和谐共处，无疑既有理论价值，又有现实意义”。

参考文献

1. 陈晓锦：《马来西亚的三个汉语方言》，中国社会科学出版社 2003 年版。

2. 陈晓锦：《中南半岛五国华人社区及华人语言现状》，见《首届海外汉语方言国际研讨会论文集》，暨南大学出版社 2009 年版。

3. 甘于恩、刘倩：《七彩方言——方言与文化趣谈》，华南理工大学出版社 2005 年版。

4. 甘于恩：《现代化背景下岭南方言研究之我见》（待刊稿）。

5. 洪丽芬、吴文芯：《马来西亚福建方言词汇的地方特色》，第七届闽方言研讨会论文，2001 年。

6. 练春招：《马来西亚柔佛州新山市士乃镇的客家方言》，见《东南亚华人语言研究》，北京语言文化大学出版社 2000 年版。

7. 林莲仙：《从马来语的汉语借词看潮州音与厦门音的共同点》，见《第二届闽方言学术研讨会论文集》，暨南大学出版社 1992 年版。

8. 刘崇汉：《马来西亚广东人》，见《第四届广东同乡会联谊大会特刊》，2007 年。

9. 欧阳觉亚、饶秉才、周耀文、周无忌：《广州话、客家话、潮汕话与普通话对照词典》，广东人民出版社2005版。

10. 彭小川：《广州话的动态助词"住"》，见《汉语方言论文集》，香港现代教育研究社1997年版。

11. 彭小川：《广州话的"VV下"与"V下V下"》，见《第七届国际粤方言研讨会论文集》，商务印书馆2000年版。

12. 千岛英一等：《马来西亚粤语中的借词问题初探》，见《第五届国际粤方言研讨会论文集》，暨南大学出版社1997年版。

13. 王晓梅：《大众传媒与华语传播：以马来西亚柔佛州麻坡市与巴株市为例》，《中国社会语言学》2005年第2期。

14. 王晓梅：《马来西亚柔佛州客家民系的语言转用》，见《客语纵横：第七届国际客方言研讨会论文集》，香港中文大学中国文化研究所吴多泰中国语文研究中心，2008年。

15. 萧丽燕：《马来西亚士乃客家话调查报告》，暨南大学硕士学位论文，2001年。

16. 冼伟国：《吉隆坡粤语概述》，《第四届广东同乡会联谊大会特刊》，2007年。

17. 冼伟国：《马来西亚吉隆坡粤语之马来语借词研究》，暨南大学硕士学位论文，2005年。

18. 冼伟国：《吉隆坡粤语之闽南话借词研究》（待刊稿）。

19. 周长楫主编：《闽南方言大词典》，福建人民出版社2006年版。

新加坡客家话的语言现状及语音概略

广东外语外贸大学中文学院　严修鸿

一、引言：写作动机及研究方法

本文介绍新加坡的客家话，从报告客家人口在当地的比例及地理分布着手，讨论这个岛国各种客家话的历史来源及语言运用情况。以抽样调查的方法，选择梅县、大埔这两种最大宗的口音来进行描写，得出其共时的语音系统。为了理解语言的演变，附上这些语音要素与中古音韵的对照。凡是与本土有所区别的语音特征，均竭力展现，以期更好地理解一个多世纪中可能发生的历史演变。本文最后对新加坡客家话将来的研究及扶植计划也提出了自己的期待。

二、客家人在新加坡的人数

东南亚是海外客家人口分布的主要地区，新加坡作为南洋的区域中心，自然也是客家人驻留之所。广东的梅州、大埔、河婆、惠州、东莞、增城，福建的永定等地，都是有名的客家侨乡。

根据近人统计，东南亚客家人有几百万客家籍华人，具体分布如下：[①]

印度尼西亚：150 万	马来西亚：125 万	泰国：55 万
新加坡：20 万	越南：15 万	缅甸：5.5 万
柬埔寨：1 万	文莱：0.8 万	菲律宾：0.68 万

新加坡客家人早期的数量，缺乏确切的记载。但在开埠不久的1822 年，惠州会馆、应和会馆已告成立，此时客家人数量上应已有一定规模。1848 年新加坡客家人口达4 000 多人，随后历年递增，到1947 年，接近4 万人（不同年代的增长情况及新加坡客家人来到的历史过程，请参看《新加坡客家》[②] 一书第 2 章《移民史与移民经验》的详细介绍）。

新加坡是一个多元种族、多元文化的国家，居民中所使用的语言和方言也是丰富多彩的。2002 年，新加坡有 4 171 300 人口，其中公民及永久居民人口达到

① 吴福文：《客家人在世界各地的分布》，http：//hakkaonline. com/forum/viewthread. php? tid＝839。

② 黄贤强主编：《新加坡客家》，广西师范大学出版社 2007 年 10 月版。

3 378 300。居民人口的77%是华人，主要族群有福建闽南人、广东潮汕人、广府人、客家人、海南人这五大帮群，还有少数福州、兴化、上海、福清等籍人。客家人移居新加坡的历史源远流长，目前，在大约300万的华侨华人中，客家人约占7.9%。下表数据来自2000年的统计，详情如下：①

族群	福建	潮汕	广府	客家	海南
2000年人口	1 028 490	526 200	385 630	198 440	167 590
占华人百分比	41.1	21.0	15.4	7.9	6.7
族群	福建	潮汕	广府	客家	海南
2000年人口	46 890	23 540	21 550	13 230	91 590
占华人百分比	1.9	0.9	0.9	0.6	3.7

从华人的人口比例来看，客家人属于中小族群，仅占7.9%，排在福建人(41%)、潮汕人（21%)、广府人（15.4%）之后。客家人在南洋的流播虽广，但在新加坡的比例却偏小，这可能与新加坡作为商港有关，早年来南洋开拓的客家人主要从事采矿、种植行业，分布在马来西亚、印度尼西亚的比较多。李小燕分析的结果是："新加坡是贸易港口，客家人从商者少，因而留居新加坡者也少。"②

语言的声望常与人口数量相关联，人口众多，声势自然壮大。目前在新加坡的闽南话、潮州话、粤语三者，特别是福建闽南话在公共场合还常有听闻，而客家话、海南话就比较少听到了，人口比例是一大关键。据探访了解，在新加坡，只有确定为对方是客家人的时候，客家人才可能采用客家话来交流。

三、客家人在新加坡的地理分布

若是聚居状态，客家话的使用及延续当不难实现。在中国的四川、湖南、广西等地，海外的马来西亚、印度尼西亚、印度、毛里求斯等地，客家人有不少聚居点，形成了方言岛。这些方言岛因为人们聚居，虽只在小范围内密切交流，但也在很长的历史中延续了下来。新加坡客家人在人数上有20万之众，如果聚居在一起，且如印度人、马来人那样有肤色、体形、服饰上一眼可识的标志，则更易分辨，增加沟通机会。然而，客家人一方面分散居住，另外与其他闽、粤族群

① Lee Edmond Eu Fah. Profile of the Singapore Chinese Dialect groups. in *Statistics Singapore—Papers and Analyses*. Singapore Department of Statistics, 2001, p. 3. http://www.singstat.gov.sg/ssn/feat/2Q2001/pg2-6.pdf (last accessed on 11th Mar 2007)。

② 参阅黄贤强主编《新加坡客家》一书第2章李小燕的文章。

乃至其他南方社群，光从体貌上是很难分辨的，客家人因此更加隐形。

历史上，新加坡曾经出现过一些客家人的聚居点。如下采访中了解到的一些地点，是新加坡在1965年建国前客家人的聚居所。提供这些信息的主要有高华昌、陈波生、谢世康、梁金华等先生。

(1) 美芝路 (Beach Road) 附近的打铁街，有十几户。

(2) 武吉班让的"十英里 (Ten Mile Junction)"，也聚居过几百客家人。

(3) 三巴旺的西山园及军港有几百客家人聚居。

(4) 武吉知马山脚，现在嘉应五属公会附近，20世纪50年代也是客家聚居处。

(5) 波娜维斯达的双龙山附近有几十家。

(6) 牙笼街3巷，这个巷子居住了十余户客家人。

(7) 维多利亚街经营藤椅店的，有很多兴宁人。

(8) 在马来街一密陀路，很多鞋店是梅县人经营的，他们经常唱山歌。

(9) 在马厘巷经营打金、裁缝的，不少是丰顺人。

(10) 20世纪60年代在福建街楼下的商店，一连十余家都是客家人开的洋杂货店。今牛车水珍珠大厦原址也有好几家，对面摆地摊的也有很多是客家人。

(11) 20世纪70年代，德光岛有数千民众居住，其中客家人占了华人中的多数，就连该岛的福建人、潮州人、海南人，不少都学会了客家话。20世纪80年代以后改为军事基地。

(12) 漆木街也有较多大埔人，从事布匹行业。

客家人早年聚居的地方，当然不限于此，更加具体翔实的情形，还有待进一步调查。

值得一提的是，德光岛在20世纪80年代前，是客家人在新加坡最大的聚居点，根据何金煌的描述，该岛人数最多的20世纪60年代后期，达到8 000余人（华人占60%，约4 800人，其中客家籍占华人的六成，接近3 000人），经历20世纪70年代的政府征用土地，迁走不少居民，到20世纪80年代中期，尚有2 600多人。[①] 该岛位于新加坡东部，面积为24.4平方公里，是新加坡最大的外岛。20世纪20年代那里就已是客家人口输出点（迁往马来西亚的巴西高谷[②]）。20世纪20年代至20世纪40年代末，岛上有5间私立小学，看拼音可以推测其中4间名称的拼音与客家话关系密切：中华学校 (Chong Fah School)、益华学校 (Aik Fah School)、中光学校 (Chong Kong School)、正光学校 (Cheng Kong School)，据此也可窥测当年客家人口占优势的情形。德光岛上各地客家人都有，早年的开发者主要来自梅县。从姓氏来看，姓谢的比较多，其余有陈、罗、何、

① 何金煌：《话史德光岛与天降佛堂、太阳公庙》（无出版地和出版社，2002年），第22、110页。

② http://www.sc.edu.my/news_info.php?newsid=N000388。

赖、丘、李等姓。现任南洋客属总会会长何侨生先生就是在德光岛出生的。20世纪80年代中期，德光岛被改为军事基地，居民则多数移迁到淡滨尼一带组屋区，住进现代高楼，原先的聚居交流也就随之结束。假如这个岛的居住状态未曾改变，那么到现在仍可能是客家话通行的区域。

客家人在新加坡“大分散、小聚居”的局面在1965年新加坡建国之后改变了，政府大量建设公共组屋，征用土地并重新安排居住格局，分配时考虑种族比例。因此，原先聚居的一些客家人，就与其他族群一样，分散在各地了。这种拆迁重组，对在当地人口占优势的闽南、潮汕、广府人而言，影响尚且不小；而对客家、海南、福州等人口比例小的群体影响更可想而知。本来他们可以凭借团结聚居的优势来克服人少的劣势，进而延续母语社区，但散居后这个“小聚居”的模式便走向瓦解。

南来新加坡的这些客家人，多数的祖籍地是现今的梅州（原先嘉应五属加上潮州府的大埔、丰顺，据估计这部分地区占70%）、惠州及周边相邻的永定、河婆（今揭西）等地，口音本来是比较接近，可直接沟通的。因此，在原先聚居点，客家话是乡亲们彼此之间采用最多的语言。在聚居的小社会，各地口音交互影响，若长期延续下去，很有可能整合发育成一种统一的新加坡客家的口音来。

客家人南来新加坡，有些是直接停留在新加坡，有些则是辗转经过印度尼西亚、马来西亚等地后来到新加坡的。例如，新加坡的河婆客家人，有很多来自马来西亚：

> 1948年以后马来亚共产党武装叛乱，同年六月英国殖民地政府实施“紧急法令”，客家人纷纷移居新加坡，其中柔佛南部，北部的霹雳州大量河婆人移居新加坡。目前他们定居在武吉班让、武吉巴督、裕廊东/西、蔡厝港、义顺、勿兰等地。[①]

对这个问题，饶尚东（1994）也有介绍：

> 客家人移居在荷属东印度（今印度尼西亚）、马来亚较早。众所周知，早在1777年，客家人罗芳伯就在婆罗州建立兰芳公司。而在砂朥越，最早一批进入该州的华人是从西婆移入的客家金矿华工。而新加坡早期的客家人，便来自这些居住于荷属东印度、马来亚的华工。[②]

本文梅县话的发音人高华昌先生，在印尼廖内岛出生，幼年迁来新加坡。大埔发音人谢世康的曾祖父，一开始则是先到马来西亚开拓事业，后来才移徙狮城的。

---

① http://hakkaonline.com/forum/viewthread.php? tid=49776。

② 饶尚东：《东马客家移民史略》，谢剑、郑赤琰主编：《国际客家学研讨会论文集》，香港中文大学、香港亚太研究所、海外华人研究所，1994年，第68页。

四、客家话在新加坡的使用

（一）姓名拼音上透露的方言背景信息

作为身份标志的客家方言，在现实的使用中日渐式微，用于姓名的方言拼音，还依稀地作为一种慰藉，在一定程度上标志着他的祖籍地的语言渊源。新加坡国立大学现有三所以个人名字命名的学院，一个是 Yong Loo Lin School of Medicine（杨潞龄医学院），另一个是 Yong Siew Toh Conservatory of Music（杨秀桃音乐学院），看拼音都知道是客家人的名字，还有一个 Lee Kuan Yew School of Public Policy，来自新加坡开国者李光耀资政，他的姓名中的“耀”的读音 Yew，反映他来自大埔。其他能够看出族群来源的姓氏，举例如下：[①]

陈：Tan（闽潮）	Chan（粤）	Chin（客）
张：Teo（闽潮）	Cheung（粤）	Chong（客）
郭：Kuek（闽）	Kwok（粤）	Kok（客）
黄：Ng（闽潮）	Wee（琼）	Wong（客粤）
蔡：Chua（闽潮）	Choy（粤）	Chai（客）
潘：Phua（闽潮）	Pun（粤）	Pan（客）
郑：Tee，Tay（闽潮）	Cheng（粤）	Chang（客）
吕：Loo（闽）	Lui（粤）	Lee（客）
王：Ong（闽）	Heng（潮）	Wong（客粤）
梁：Neo（闽）	Leong（粤）	Liong、Leong（客）
周：Chew（闽潮）	Chow（粤）	Chew，Chu（客）
胡：Oh（闽）	Wu（粤）	Fu，Foo（客）
杨：Yeo（闽潮）	Yeong（粤）	Yong（客）
谢：Chia（闽潮）	Tse（粤）	Chia（客）
吴：Goh，Go（闽潮琼）	Ng（粤）	Ng（客）
叶：Yap，Yeap（闽潮）	Yip（粤）	Yap（客）

备注：闽指闽南话，潮指潮州话，粤指广府话，客指客家话，琼指海南话。

当然，不是所有姓名拼音区别都能昭示族群来源，特别是姓，一个字有时是难以分辨的：粤、客的“黄”都是 Wong，闽、客的“林”都是 Lim，若加上名字，则更难判别。

---

① 参考 http：//chinese. cari. com. my/myforum/viewthread. php？tid＝23191（马来西亚佳礼中文论坛）。

（二）现代媒体上的方言

目前在新加坡媒体中方言还在象征性地使用着，在广播的958城市频道，客家话有4分钟的播音时间。目前的客家话播音，是惠阳口音的。每日夜间8点，打开新加坡城市频道网络播音网址①，即可依次在网络广播上听到闽南话、粤语、潮汕话、客家话、海南话、福州话、兴化话等简短的新闻播音。

在香港、台湾两地乃至于闽粤两地，方言的使用还广见于电视、广播，甚至用于教学领域。新加坡汉语方言则在“推广华语”运动及英文教育普及的情况下，从这些领域已退出多年了。

（三）家庭语言使用

作为人数上比例不高的族群，他们的后代在组建家庭时与其他族群嫁娶往来是难免的。在新加坡建国之前有客家人聚居点的年代，即使迎娶的媳妇都有可能学会客家话，进而传播给下一代。本次受访者梁金华的母亲就是福建人，却会客家话；罗华兴先生的太太是福建人，也会客家话。但是伴随着“推广华语”及推广国家认同，原来方言的使用受到限制，继承、传播方言的动力也减弱了。建国后的婚姻，夫妻双方凡有不同族群组合，不像早年一样学习对方的方言，往往采用华语来交际，这导致下一代（20世纪70年代以后出生者）客家话习得、使用上的断层。

家庭语言的延续，有一个重要的因素是祖父母是否抚养孙辈。受访者陈波生先生的太太是潮州人，夫妻之间使用华语。大女儿1973年出生，因为与奶奶在一起，就会客家话，而小儿子1976年出生，童年未与祖母一起，加上学校提倡华语，就未能学会客家话。梁金华先生排行老大，有五兄弟，客家话的学习主要来自母亲（福建人，也会客家话）的教育。他们兄弟之间主要使用客家话，有时也用闽语。他自己的太太是大埔人（也是第二代华人，父亲来自大陆），会讲客家话。自己育有两子一女（分别是1971、1973、1979年出生），梁先生母亲与他住在一起，还把客家话传授给他的子女，家庭内部以客家话及华语为主。他的另外几个兄弟，妻子都是福建、潮州人，祖母未能抚养他们的孩子，孩子则都不会讲客家话了。

据访问及个人观察，新加坡20世纪60年代之前出生的客家人多数还会说客家话，20世纪80年代之后出生的则只有少数会说客家话了。2006年6月，应和会馆颁发奖学金给会员子女，有人提问在场几十位中小学生会不会说客家话，当时几乎没有人举手。在新加坡延续了100多年的客家话，看来即将面临“集体失

---

① http：//www.capital958.sg/webradio.asp？varKey=01101471211（马来西亚佳礼中文论坛）。

语”的窘境。

客家话本来作为客家认同的凭借，在维护族群发展方面发挥了重要作用，南洋客家先辈不论口音差异，都在努力走向统一，在20世纪20年代成立南洋客属总会，这曾经是全世界客家认同发展史上令人瞩目的光源。可叹因时局变化，客家话在新加坡正逐渐退出交际的舞台，若无积极有效的客家话复兴计划，今后新加坡的客家后裔也许仅能从他们的姓名拼音中及祖先迁徙历史中去寻找依稀的客家印记了。

（四）公共领域

教学语言方面，早年的客家会馆办学，曾经历过方言授课的阶段。“直到1920年以前，新加坡的华文学校，都是以方言作为教学媒介语的。”① 此后随着民国期间国语的推广，在新加坡的华文学校才逐渐地转向华语教学。

1979年以后，新加坡大力推广华语，倡导“多说华语，少讲方言”。这个语文政策加上全社会高端交际使用英文（教学、公众领域）的冲击，新加坡30岁以下的年轻人很少说方言了。客家话人口比例小、散居各地，自然在冲击之列。但不会客家话，乡情可能会淡薄。这是新加坡客家文化推广面临的一大难题。此外，新加坡强调国家认同优先于族群认同，这也使方言忠诚度下降，在不知不觉中放弃了母语方言。这方面的研究著述很多，以下略引当地语文工作者谢世涯（大埔客家人）的见解：

> 自华语运动推行之后，讲华语的人口于是直线上升，讲方言的却急速下降。根据1992年5月环境发展部的一项调查，使用华语的新加坡华族人口，由1979年的1%增长到1992年的33%；使用方言者，却从1979年的89%减少到1992年的63%。但根据1990年的人口普查显示，在1980到1990年的10年里，讲方言的家庭从原本的76%下降到48%。
>
> 根据1992年教育部的一项调查，家中使用华语的小学一年级学生，由1980年的26%增加到1992年的65%；家中使用方言的小学一年级学生，却从1980年的64%减少到1992年的3.6%。换言之，今后的华族学生，在家里主要是讲华语和英语。父母由于受到华语运动“多讲华语，少用方言”的感召，主动改用华语和子女交谈，不再传授方言，所以现在的中小学生，甚至大学生，能讲方言的少之又少。长此下去，讲华语的年青一代，将取代讲方言的老一代，一个没有方言的社会，很快

---

① 谢世涯：《新加坡华语运动的成就与反思》，1995年。见 http://www.huayuqiao.org/articles/xieshiya/Simplified/2_XinJiaPoHuaYuYunDong.htm。

就会到来。[①]

面对民众在感情上怀念方言，呼吁扩大方言使用的声音，政府似乎有意在小范围内稍稍放松，如 1997 年《联合早报》报道：“新闻及艺术部长杨荣文准将说，他同意数名议员的看法，即新加坡广播机构有必要增加方言新闻的广播时段，以照顾只懂方言的老龄人士与家庭主妇。但他表示，除了电缆电视之外，他不认为我们现阶段应放宽，让方言节目在电视上播映。因为电视观众有很多是儿童与青少年，我们不应该让他们在语言的学习上产生混淆。”[②] 这也表明政府提供方言节目，仅仅是为了照顾老年人，而非面向年青一代。

五、语言调查报告

东南亚一带的客家方言值得研究，马来西亚、印尼的客家话都有公开出版的专门的研究报告了。[③] 新加坡的客家话研究到目前为止，有两篇硕士论文（未出版）值得注意：陈星伊的《新马客家方言研究》（南洋理工大学中国语言文化中心，2000）和程芳的《新加坡客家社群语言技能退化研究》（南洋理工大学中国语言文化中心，2001）。[④]

笔者本次调查了新加坡客家话中最常见的两种口音：梅县口音与大埔口音。限于时间与篇幅，永定、惠阳、河婆、丰顺等口音则未做调查。以下分别描写新加坡的梅县与大埔口音的语音系统，在此基础上作对比、分析，用于理解新加坡客家话的现状及变异。本次调查以《汉语方言地图集》（北京语言文化大学）课题的调查表格为依据，适当补充个别字音及词汇。本次选择发音人的主要原则是：其父母必须口音相同，确保口音稳定。为了观察客家话在南洋发展的面貌，找的发音人均非第一代从中国迁徙而来者，他们的母语都是在新加坡习得的。

（一）梅县口音的调查

1. 发音人介绍

梅县话发音人是高华昌先生，他是第二代新加坡人。他父亲高保鉴，1902 年出生，梅县石扇人。母亲古近娇，1913 年出生，梅县黄塘人。他自己 1940 年在印尼的廖内岛出生，4 岁以后就在新加坡长大。他姐姐 1936 年出生，大妹妹

---

① 谢世涯：《新加坡华语运动的成就与反思》，1995 年。见 http：//www. huayuqiao. org/articles/xieshiya/ Simplified/2_ XinJiaPoHuaYuYunDong. htm。

② http：//www. zaobao. com/zaobao/special/pages/2607a. html，《联合早报》有关方言政策的报道。

③ 陈晓锦：《马来西亚的三个汉语方言》，中国社会科学出版社 2003 年版；哈玛宛（温戴奎）：《印度尼西亚西爪哇客家话》，中国社会科学出版社 1994 年版。

④ http：//www. ntu. edu. sg/cclc/research/graduates. asp。

1949 年出生，弟弟 1950 年出生，最小的妹妹 1955 年出生。其中前面四位均会讲客家话。早年居住在武吉班让，福建人很多，因此他们兄弟姐妹都会讲福建话。但是那一带也有不少客家人，20 世纪 50 年代武吉班让客属公会还有 500 多位会员，20 世纪 50～60 年代，采石场 Hill View 附近有几十户客家人。他的客家话主要是从父母亲处学来的，父亲 1958 年过世，随后的年岁跟母亲说客家话最多。

他 12 岁时开始做工。在社会上遇到客家人（主要来自大埔、兴梅、鹤山、惠州、永定等），彼此间都讲客家话。目前在会馆、家庭、朋友之间会使用客家话，周围人都认为他的梅县话还比较地道。他回过梅县 7 次，与叔父及同父异母的兄弟交往甚密。高先生通晓多种方言，潮州话、广府话、福建话均能说，也能用马来语进行日常交际，但不太会英语。

高先生的太太是福建人，高中毕业，彼此之间习惯用华语。育有两子一女（1974—1978 年间出生）。长子会一些客家话，小的则不太会。家庭中与子女使用华语比较多。

2. 新加坡梅县话的语音系统

（1）新加坡梅县话的声调系统。

其声调有 6 个，如下表：

调类	调值	例字	中古音来源
阴平	44	多、车、坐、有、毛	清声母平声（全部）、浊声母上声（少数）、次浊声母平声（个别）
阳平	11	茄、爬、寻、年、龙	浊声母平声（全部）
上声	31	火、写、短、老、远	清声母上声（全部）、次浊声母上声（半数）
去声	53	去、带、袋、大、路	清声母去声（全部）、全浊声母上声（多数）、浊声母去声（全部）
阴入	2	搭、八、北、六、肉	清声母入声（全部）、次浊声母入声（少数）
阳入	5	十、学、局、热、辣	浊声母入声（全部）、次浊声母入声（多数）

声调系统以数字表示调值高低，1 为低，5 为高。44 为高平，11 为低平，31 为低降，53 为高降。入声比较短促，2 表示低短的调，5 表示高短的调。

就声调而言，高先生的口音与今天的梅城口音几乎一致，只有少数浊入字偶尔读成短促的升调，因无音位对立，不单独列出。这种读法，在梅县郊区也偶有所闻。

（2）新加坡梅县话声母（17 个）及其中古音来源。

p　来自中古的帮母及少数白读层的非母字：宝 pau^{31}、饱 pau^{31}、表 $piau^{31}$、八 pat^{2}、板 pan^{31}、搬 pan^{44}、拨 pat^{2}、笔 pit^{2}、北 pet^{2}、冰 pen^{44}、百 pak^{2}、

兵 pin^{44}、柄 piaŋ^{53}、壁 piak^{2}、帮 poŋ^{44}、飞 pi^{44}、分 pun^{44}、放 pioŋ^{53}。

p^{h} 来自中古的滂母及並母，少数敷、奉母：派 p^{h}ai^{53}、拍 p^{h}ak^{2}；爬 p^{h}a^{11}、排 p^{h}ai^{11}、败 p^{h}ai^{53}、赔 p^{h}oi^{11}、皮 p^{h}i^{11}、办 p^{h}an^{53}、白 p^{h}ak^{5}、病 p^{h}iaŋ^{53}、肥 p^{h}i^{11}。

m 来自中古的明母，少数来自微母：磨 mo^{53}、买 mai^{44}、卖 mai^{53}、米 mi^{31}、妹 moi^{53}、眉 mi^{11}、毛 mau^{44}、母 mu^{44}、面 mien^{53}、满 man^{44}、民 min^{11}、门 mun^{11}、墨 met^{5}、麦 mak^{5}、木 muk^{2}、问 mun^{53}。

f 来自中古的非、敷、奉母及晓、匣、溪母的合口：府 fu^{31}、飞 fi^{44}、法 fap^{2}、分 fun^{44}、放 foŋ^{53}、风 fuŋ^{44}、肺 fi^{53}、副 fu^{53}、蜂 fuŋ^{44}、浮 feu^{11}、犯 fam^{53}、饭 faŋ^{53}、罚 fat^{5}、防 foŋ^{11}；火 fo^{31}、花 fa^{44}、虎 fu^{31}、灰 foi^{44}；苦 fu^{31}；户 fu^{53}、活 fat^{5}、还 faŋ^{11}、红 fuŋ^{11}。

v 来自中古的匣、云、微、影母的合口：换 voŋ^{53}、还 vaŋ^{11}、黄 voŋ^{11}、横 vaŋ^{11}；芋 vu^{53}、围 vi^{11}、王 voŋ^{11}；万 vaŋ^{53}；温 vuŋ^{44}。

t 来自中古的端母，个别来自知母：多 to^{44}、带 tai^{53}、对 tui^{53}、钓 tiau^{53}、搭 tap^{2}、胆 tam^{31}、店 tiam^{53}、端 toŋ^{44}、短 toŋ^{31}、墩 tuŋ^{44}、灯 teŋ^{44}、顶 taŋ^{31}、东 tuŋ^{44}、懂 tuŋ^{31}、冻 tuŋ^{53}、冬 tuŋ^{44}；知 ti^{44}、中 tuŋ^{44}。

t^{h} 来自中古的透母及定母：剃 t^{h}i^{53}、讨 t^{h}au^{31}、贪 t^{h}am^{44}、塔 t^{h}ap^{2}、贴 t^{h}iap^{2}、炭 t^{h}aŋ^{53}、天 t^{h}ieŋ^{44}、脱 t^{h}ot^{2}、托 t^{h}ok^{2}、厅 t^{h}aŋ^{44}、通 t^{h}uŋ^{44}、桶 t^{h}uŋ^{31}、痛 t^{h}uŋ^{53}、统 t^{h}uŋ^{31}、大 t^{h}ai^{53}、袋 t^{h}oi^{53}、地 t^{h}i^{53}、豆 t^{h}eu^{53}、潭 t^{h}am^{11}、淡 t^{h}am^{44}、淡 t^{h}am^{53}、甜 t^{h}iam^{11}、糖 t^{h}oŋ^{11}、铜 t^{h}uŋ^{11}、动 t^{h}uŋ^{44}、动 t^{h}uŋ^{53}、洞 t^{h}uŋ^{53}、毒 t^{h}uk^{5}。

n 来自中古的泥母：泥 nai^{11}、脑 nau^{31}、南 nam^{11}、暖 non^{44}、嫩 nun^{53}、脓 nuŋ^{11}。

l 来自中古的来母：路 lu^{53}、雷 lui^{11}、梨 li^{11}、老 lau^{31}、老 lau^{53}、料 liau^{53}、楼 leu^{11}、流 liu^{11}、拉 lai^{44}、蓝 lam^{11}、林 lim^{11}、立 lip^{5}、兰 lan^{11}、辣 lat^{5}、连 lien^{11}、莲 lien^{11}、乱 lon^{53}、力 lit^{5}、冷 laŋ^{44}、零 laŋ^{11}、聋 luŋ^{44}、弄 luŋ^{53}、六 liuk^{2}、龙 liuŋ^{11}、绿 liuk^{5}。

ts 来自中古的知、庄、章、精母：猪 tsu^{44}、罩 tsau^{53}、张 tsoŋ^{44}、摘 tsak^{2}、中 tsuŋ^{44}、竹 tsuk^{2}；抓 tsa^{44}、找 tsau^{31}、皱 tsiu^{53}、皱 tseu^{53}、装 tsoŋ^{44}、侧 tset^{2}、争 tsaŋ^{44}；主 tsu^{31}、纸 tsɿ^{1}、照 tsau^{53}、州 tsu^{44}、砖 tson^{44}、章 tsoŋ^{44}、织 tsət^{2}、肿 tsuŋ^{31}、烛 tsuk^{2}；租 tsɿ^{4}、做 tso^{53}、资 tsɿ^{4}、醉 tsui^{53}、早 tsau^{31}、走 tseu^{31}、酒 tsiu^{31}、尖 tsiam^{44}、接 tsiap^{2}、节 tsiet^{2}、浆 tsioŋ^{44}、井 tsiaŋ^{31}、粽 tsuŋ^{53}、足 tsiuk^{2}。

ts^{h} 来自中古的昌、初、彻、清、从、崇、邪、澄等母，个别来自书、心等母：车 ts^{h}a^{44}、吹 ts^{h}oi^{44}、春 ts^{h}un^{44}、出 ts^{h}ut^{2}、唱 ts^{h}oŋ^{53}、尺 ts^{h}ak^{2}；初

ts^{h}ɿ^{44}、抄 ts^{h}au^{44}、插 ts^{h}ap^2、策 ts^{h}et^2；抽 ts^{h}u^{44}、拆 ts^{h}ak^2；菜 ts^{h}oi^{53}、刺 ts^{h}ɿ^{53}、草 ts^{h}au^{31}、糙 ts^{h}au^{53}、切 ts^{h}iet^2、七 ts^{h}it^2、寸 ts^{h}un^{53}、清 ts^{h}in^{44}；坐 ts^{h}o^{44}、坐 ts^{h}o^{53}、罪 ts^{h}oi^{44}、全 ts^{h}ien^{11}、贼 ts^{h}et^5；锄 ts^{h}o^{11}、柴 ts^{h}ai^{11}、床 ts^{h}oŋ^{11}；谢 ts^{h}ia^{53}、祠 ts^{h}ɿ^{11}、寻 ts^{h}im^{11}、松 ts^{h}iuŋ^{11}；茶 ts^{h}a^{11}、柱 ts^{h}u^{44}、迟 ts^{h}ɿ^{11}、锤 ts^{h}ui^{11}、传 ts^{h}on^{11}、长 ts^{h}oŋ^{11}、撞 ts^{h}oŋ^{53}、直 ts^{h}it^5、虫 ts^{h}uŋ^{11}；鼠 ts^{h}u^{31}、试 ts^{h}ɿ^{53}、深 ts^{h}əm^{44}；碎 ts^{h}ui^{53}。

s　来自中古心、生、书、禅、船、崇、从等母：写 sia^{31}、西 si^{44}、岁 se^{53}、四 si^{53}、丝 sɿ^{44}、笑 siau^{53}、三 sam^{44}、心 sim^{44}、线 sien^{53}、酸 son^{44}、雪 si-et^2、新 sin^{44}、孙 sun^{44}、笋 sun^{31}、想 sioŋ^{31}、削 siok^2、僧 sen^{44}、星 sen^{44}、锡 siak^3、宿 siuk^2；师 sɿ^{44}、瘦 seu^{53}、衫 sam^{44}、参 sem^{44}、山 san^{44}、产 san^{31}、杀 sat^2、刷 sot^2、双 suŋ^{44}、色 set^2、生 saŋ^{44}；书 su^{44}、世 se^{53}、试 sɿ^{53}、水 sui^{31}、烧 sau^{44}、手 su^{31}、扇 san^{53}、身 sən^{44}、升 sən^{44}；树 su^{53}、十 səp^5、城 saŋ^{11}；舌 sat^5、船 son^{11}、顺 sun^{53}；柿 sɿ^{53}、愁 seu^{11}；字 sɿ^{53}。

k　来自中古的见母：歌 ko^{44}、过 kuo^{53}、嫁 ka^{53}、箍 ku^{44}、古 ku^{31}、锯 ki^{53}、该 koi^{44}、盖 koi^{53}、戒 ke^5、街 ke^{44}、鸡 ke^{44}、怪 kuai^{53}、挂 kua^{53}、桂 kui^{53}、寄 ki^{53}、几 ki^{31}、鬼 kui^{31}、高 kau^{44}、交 kau^{44}、叫 kiau^{53}、钩 keu^{44}、九 kiu^{31}、敢 kam^{31}、急 kip^2、割 kot^2、间 kien^{44}、建 kien^{53}、肩 kin^{44}、结 ket^2、官 kuon^{44}、关 kuan^{44}、刮 kuat^2、根 kin^{44}、劲 kin^{53}、滚 kun^{31}、骨 kut^2、橘 kit^2、军 kiun^{44}、姜 kioŋ^{44}、光 kuoŋ^{44}、郭 kuok^2、讲 koŋ^{31}、角 kok^2、国 kuet^2、更 kaŋ^{44}、梗 kuaŋ^{31}、耕 kaŋ^{44}、镜 kiaŋ^{53}、公 kuŋ^{44}、谷 kuk^2、宫 kiuŋ^{44}。

k^h　来自中古的溪、群母，个别来自见母：苦 k^{h}u^{31}、去 k^{h}i^{53}、区 k^{h}i^{44}、开 k^{h}oi^{44}、溪 k^{h}ai^{44}、快 k^{h}uai^{53}、亏 k^{h}ui^{44}、欠 k^{h}iam^{53}、肯 k^{h}en^{31}、刻 k^{h}et^2、轻 k^{h}iaŋ^{44}、哭 k^{h}uk^2；茄 k^{h}io^{11}、棋 k^{h}i^{11}、跪 k^{h}ui^{31}、桥 k^{h}iau^{11}、件 k^{h}ien^{53}、权 k^{h}ien^{11}、近 k^{h}iun^{44}、共 k^{h}iuŋ^{53}、局 k^{h}iuk^5；箍 k^{h}eu^{44}、滚 k^{h}un^{31}、菊 k^{h}iuk^2。

h　来自中古的晓、溪（少数）及匣母：好 hau^{31}、孝 hau^{53}；糠 hoŋ^{44}、壳 hok^2、肯 hen^{31}、客 hak^2；鞋 hai^{11}、后 heu^{44}、厚 heu^{53}、含 ham^{11}、盒 hap^5、咸 ham^{11}、汗 hon^{53}、还 han^{11}、恨 han^{53}、学 hok^5；需要指出的是，晓匣母在细音前实际音值是龈腭音［ç］，因不构成音位对立，当作h的音位变体来对待。

ŋ　来自中古的日、疑母，个别来自泥母：二 ŋi^{53}、热 ŋiet^5、软 ŋion^{44}、肉 ŋiuk^2；牙 ŋa^{11}、瓦 ŋa^{31}、外 ŋoi^{53}、熬 ŋau^{11}、牛 ŋiu^{11}、严 ŋiam^{11}、眼 ŋien^{31}、颜 ŋien^{11}、月 ŋiet^5、银 ŋiun^{11}、硬 ŋaŋ^{53}；年 ŋien^{11}。

Ø　零声母，来自中古的影、日、云、以母，极个别来自匣母：恶 ok^2、矮

ai^{31}、衣 i^{44}、腰 iau^{44}、儿 i^{11}、闰 iun^{53}、雨 i^{31}、有 iu^{44}、园 ien^{11}、云 iun^{11}、远 ien^{31}、荣 iuŋ^{11}、药 iok^{5}、夜 ia^{53}、余 i^{11}、油 iu^{11}、盐 iam^{11}、叶 iap^{5}、样 ioŋ^{53}、铅 ian^{11}、痒 ioŋ^{44}、用 iuŋ^{53}；县 ien^{53}。

(3) 新加坡梅县话声母与原乡梅县话声母的比较。

新加坡梅县话的声母，与现今原乡梅县话差别不大。值得一提的一处差异是：古代见组声母细音条件下已经龈腭化为 ȶ、ȶ^{h}、ȵ，比如原乡梅县话：简 ȶan^{31}、犬 ȶhan^{31}、眼 ȵan^{31}，而新加坡的客家话则保持不变，这三个字读：kien^{31}、k^{h}ien^{31}、ŋien^{31}。高先生的父母已经过世，无法录制来对照，因此很难确定他父母是否腭化，也就无法断定是新加坡梅县话保留原貌（未发生龈腭化）还是受其他大埔、惠阳客家话影响而变读 k、k^{h}、ŋ 的。

(4) 新加坡梅县话韵母（64 个）及其与中古音的对应。

先列出韵母，再列出该韵母的古音来源（古摄、开合口等），最后是例字：

ɿ 韵　遇摄合口一、三等：租 tsɿ^{44}、初 ts^{h}ɿ^{44}

　　　蟹摄开口三等：世 sɿ^{53}

　　　止摄开口三等：刺 ts^{h}ɿ^{53}、纸 tsɿ^{31}、资 tsɿ^{44}、迟 ts^{h}ɿ^{11}、师 sɿ^{44}、字 sɿ^{53}、丝 sɿ^{44}、祠 ts^{h}ɿ^{11}、柿 sɿ^{53}、试 ts^{h}ɿ^{53}

i 韵　遇摄合口三等：锯 ki^{53}、去 hi^{53}、去 k^{h}i^{53}、余 i^{11}、区 k^{h}i^{44}、雨 i^{31}

　　　蟹摄开口四等：米 mi^{31}、剃 t^{h}i^{53}、泥 ni^{11}、西 si^{44}

　　　蟹摄合口三等：肺 fi^{53}

　　　止摄开口三等：皮 p^{h}i^{11}、儿 i^{11}、寄 ki^{53}、戏 hi^{53}、眉 mi^{11}、地 t^{h}i^{53}、梨 li^{11}、四 si^{53}、二 ŋi^{53}、棋 k^{h}i^{11}、几 ki^{31}、气 hi^{53}、衣 i^{44}

　　　止摄合口三等：飞 pi^{44}、飞 fi^{44}、肥 p^{h}i^{11}、围 vi^{11}

u 韵　遇摄合口一等：谱 p^{h}u^{31}、路 lu^{53}、箍 ku^{44}、古 ku^{31}、苦 fu^{31}、虎 fu^{31}、户 fu^{53}

　　　遇摄合口三等：猪 tsu^{44}、书 su^{44}、鼠 ts^{h}u^{31}、府 fu^{31}、柱 ts^{h}u^{44}、主 tsu^{31}、树 su^{53}、芋 vu^{53}

　　　流摄开口一等：母 mu^{44}

　　　流摄开口三等：副 fu^{53}、抽 ts^{h}u^{44}、州 tsu^{44}、手 su^{31}

a 韵　假摄开口二等：爬 p^{h}a^{11}、茶 ts^{h}a^{11}、嫁 ka^{53}、牙 ŋa^{11}

　　　假摄开口三等：车 ts^{h}a^{44}、蛇 sa^{11}

　　　假摄合口二等：瓦 ŋa^{31}、花 fa^{44}

ia 韵　假摄开口三等：写 sia^{31}、谢 ts^{h}ia^{53}、夜 ia^{53}

ua 韵　假摄合口二等：瓜 kua^{44}、挂 kua^{53}

e 韵　蟹摄开口二等：戒 ke^{53}、街 ke^{44}

　　　蟹摄开口三等：世 se^{53}

蟹摄开口四等：鸡 ke^{44}、洗 se^{31}、细 se5^{2}、婿 se^{53}；

蟹摄合口三等：岁 se^{53}

止摄开口三等：舐 se^{44}、羁 ke^{44}

o 韵　果摄开口一等：多 to^{44}、歌 ko^{44}

果摄合口一等：磨 mo^{53}、坐 ts^{h}o^{44}、火 fo^{31}

遇摄合口一等：做 tso^{53}

遇摄合口三等：锄 ts^{h}o^{11}

io 韵　果摄开口三等：茄 k^{h}io^{11}

果摄合口三等：靴 hio^{44}

uo 韵　果摄合口一等：过 kuo^{53}

ai 韵　果摄开口一等：大 t^{h}ai^{53}、我 ŋai^{11}

蟹摄开口一等：带 tai^{53}

蟹摄开口二等：排 p^{h}ai^{11}、派 p^{h}ai^{53}、败 p^{h}ai^{53}、买 mai^{44}、卖 mai^{53}、柴 ts^{h}ai^{11}、鞋 hai^{11}、矮 ai^{31}

蟹摄开口四等：泥 nai^{11}、溪 k^{h}ai^{44}

uai 韵　蟹摄合口二等：怪 kuai^{53}、快 k^{h}uai^{53}

oi 韵　蟹摄开口一等：袋 t^{h}oi^{53}、菜 ts^{h}oi^{53}、该 koi^{44}、盖 koi^{53}、开 k^{h}oi^{44}

蟹摄合口一等：赔 p^{h}oi^{11}、妹 moi^{53}、罪 ts^{h}ui^{53}、外 ŋoi^{53}、灰 foi^{44}

止摄合口三等：吹 ts^{h}oi^{44}、睡 soi^{53}

ui 韵　蟹摄合口一等：对 tui^{53}、雷 lui^{11}、罪 ts^{h}oi^{44}、碎 ts^{h}ui^{53}

蟹摄合口三等：岁 sui^{53}

蟹摄合口四等：桂 kui^{53}

止摄合口三等：亏 k^{h}ui^{44}、跪 k^{h}ui^{31}、醉 tsui^{53}、锤 ts^{h}ui^{11}、水 sui^{31}、鬼 kui^{31}

au 韵　效摄开口一等：宝 pau^{31}、毛 mau^{44}、讨 t^{h}au^{31}、脑 nau^{31}、老 lau^{31}、老 lau^{53}、早 tsau^{31}、草 ts^{h}au^{31}、糙 ts^{h}au^{53}、高 kau^{44}、熬 ŋau^{11}、好 hau^{31}

效摄开口二等：饱 pau^{31}、罩 tsau^{53}、找 tsau^{31}、抄 ts^{h}au^{44}、交 kau^{44}、孝 hau^{53}

效摄开口三等：照 tsau^{53}、烧 sau^{44}

iau 韵　效摄开口三等：表 piau^{31}、笑 siau^{53}、桥 k^{h}iau^{11}、腰 iau^{44}

效摄开口四等：钓 tiau^{53}、料 liau^{53}、浇 ŋiau^{11}、叫 kiau^{53}、尿 ŋiau^{53}

eu 韵　流摄开口一等：豆 t^{h}eu^{53}、楼 leu^{11}、走 tseu^{31}、钩 keu^{44}、后 heu^{4}、厚 heu^{53}

流摄开口三等：浮 feu^{11}、皱 tseu^{53}、愁 seu^{11}、瘦 seu^{53}

iu 韵　流摄开口三等：流 liu^{11}、酒 tsiu^{31}、皱 tsiu^{53}、九 kiu^{31}、牛 ŋiu^{11}、有 iu^{44}、油 iu^{11}

am 韵　咸摄开口一等：贪 t^{h}am^{44}、潭 t^{h}am^{11}、南 nam^{11}、含 ham^{11}、暗 am^{53}、胆 tam^{31}、淡 t^{h}am^{44}、淡 t^{h}am^{53}、蓝 lam^{11}、三 sam^{44}、敢 kam^{31}

咸摄开口二等：咸 ham^{11}、衫 sam^{44}

咸摄合口三等：犯 fam^{53}

iam 韵　咸摄开口三等：尖 tsiam^{44}、盐 iam^{11}、欠 k^{h}iam^{53}、严 ŋiam^{11}

咸摄开口四等：店 tiam^{53}、甜 t^{h}iam^{11}、嫌 hiam^{11}

em 韵　深摄开口三等：参 sem^{44}、森 sem^{44}

əm 韵　深摄开口三等：深 ts^{h}əm^{44}、斟 tsəm^{44}

im 韵　深摄开口三等：林 lim^{11}、心 sim^{44}、寻 ts^{h}im^{11}、音 im^{44}

an 韵　山摄开口一等：炭 t^{h}an^{53}、兰 lan^{11}

山摄开口二等：办 p^{h}an^{53}、山 san^{44}、产 san^{31}、板 pan^{31}

山摄开口三等：扇 san^{53}

山摄合口一等：搬 pan^{44}、半 pan^{53}、满 man^{44}

山摄合口二等：还 fan^{11}

山摄合口三等：饭 fan^{53}、万 van^{53}

臻摄开口一等：恨 han^{53}

uan 韵　山摄合口二等：关 kuan^{44}

en 韵　臻摄开口一等：根 ken^{44}、恩 en^{44}

曾摄开口一等：灯 ten^{44}、僧 sen^{44}、肯 hen^{31}

曾摄开口三等：冰 pen^{44}

梗摄开口二等：生 sen^{44}、争 tsen^{44}

梗摄开口四等：星 sen^{44}

ien 韵　山摄开口二等：间 kien^{44}、眼 ŋien^{31}、颜 ŋien^{11}

山摄开口三等：面 mien^{53}、连 lien^{11}、线 sien^{53}、件 k^{h}ien^{53}、建 kien^{53}

山摄开口四等：面 mien^{53}、天 t^{h}ien^{44}、年 ŋien^{11}、莲 lien^{11}、肩 kien^{44}、烟 ien^{44}

山摄合口三等：全 ts^{h}ien^{11}、权 k^{h}ien^{11}、园 ien^{11}、远 ien^{31}

山摄合口四等：县 ien^{53}

on 韵　山摄开口一等：汗 hon^{53}、安 on^{44}

山摄合口一等：端 ton^{44}、短 ton^{31}、暖 non^{44}、乱 lon^{53}、酸 son^{44}、换 von^{53}

山摄合口三等：传 ts^{h}on^{11}、砖 tson^{44}、船 son^{11}

ion 韵　山摄合口三等：软 ŋion^{44}

uon 韵　山摄合口一等：官 kuon^{44}、管 kuon^{31}

ən 韵　臻摄开口三等：身 sən^{44}、辰 sən^{11}、神 sən^{11}

曾摄开口三等：升 sən^{44}、称 ts^{h}ən^{53}

in 韵　山摄开口四等：肩 kin^{44}

臻摄开口一等：根 kin^{44}

臻摄开口三等：民 min^{11}、新 sin^{44}

梗摄开口三等：劲 kin^{53}、兵 pin^{44}、清 ts^{h}in^{44}

iun 韵　臻摄开口三等：银 ŋiun^{11}、近 k^{h}iun^{44}

臻摄合口三等：闰 iun^{53}、军 kiun^{44}

un 韵　臻摄合口一等：门 mun^{11}、墩 tun^{44}、嫩 nun^{53}、孙 sun^{44}、滚 kun^{31}、温 vun^{44}

臻摄合口三等：笋 sun^{31}、春 ts^{h}un^{44}、顺 sun^{53}、分 pun^{44}、分 fun^{44}、问 mun^{53}

aŋ 韵　梗摄开口二等：冷 laŋ^{44}、生 saŋ^{44}、更 kaŋ^{44}、硬 ŋaŋ^{53}、争 tsaŋ^{44}、耕 kaŋ^{44}

梗摄开口三等：城 saŋ^{11}

梗摄合口二等：横 vaŋ^{11}

梗摄合口四等：顶 taŋ^{31}、厅 t^{h}aŋ^{44}、零 laŋ^{11}

iaŋ 韵　梗摄开口三等：柄 piaŋ^{53}、病 p^{h}iaŋ^{53}、镜 kiaŋ^{53}、影 iaŋ^{31}、井 tsiaŋ^{31}、轻 k^{h}iaŋ^{44}

uaŋ 韵　梗摄开口二等：梗 kuaŋ^{31}

oŋ 韵　宕摄开口一等：帮 poŋ^{44}、糖 t^{h}oŋ^{11}、糠 hoŋ^{44}

宕摄开口三等：张 tsoŋ^{44}、长 ts^{h}oŋ^{11}、装 tsoŋ^{44}、床 ts^{h}oŋ^{11}、章 tsoŋ^{44}、唱 ts^{h}oŋ^{53}

宕摄合口一等：黄 voŋ^{11}

宕摄合口三等：放 foŋ^{53}、防 foŋ^{11}、王 voŋ^{11}

江摄开口二等：撞 ts^{h}oŋ^{53}、讲 koŋ^{31}

ioŋ 韵　宕摄开口三等：浆 tsioŋ^{44}、想 sioŋ^{31}、姜 kioŋ^{44}、响 hioŋ^{31}、痒 ioŋ^{44}、样 ioŋ^{53}

宕摄合口三等：放 pioŋ^{53}

uoŋ 韵　宕摄合口一等：光 kuoŋ^{44}、广 kuoŋ^{31}

iuŋ 韵　梗摄合口三等：兄 hiuŋ^{44}、荣 iuŋ^{11}

通摄合口三等：宫 kiuŋ^{44}、雄 hiuŋ^{11}、龙 liuŋ^{11}、松 ts^{h}iuŋ^{11}、共 k^{h}iuŋ^{53}、用 iuŋ^{53}

uŋ 韵　通摄合口一等：东 tuŋ^{44}、懂 tuŋ^{31}、冻 tuŋ^{53}、通 t^{h}uŋ^{44}、桶 t^{h}uŋ^{31}、

痛 t^{h}uŋ^{53}、铜 t^{h}uŋ^{11}、动 t^{h}uŋ^{44}、洞 t^{h}uŋ^{53}、聋 luŋ^{11}、弄 luŋ^{53}、粽 tsuŋ^{53}、公 kuŋ^{44}、红 fuŋ^{11}、冬 tuŋ^{44}、统 t^{h}uŋ^{31}、脓 nuŋ^{11}

通摄合口三等：风 fuŋ^{44}、中 tsuŋ^{44}、虫 ts^{h}uŋ^{11}、蜂 fuŋ^{44}、肿 tsuŋ^{31}

江摄开口二等：双 suŋ^{44}、窗 t^{h}uŋ^{44}

ap 韵　咸摄开口一等入声：搭 tap^{2}、踏 t^{h}ap^{5}、盒 hap^{5}、塔 t^{h}ap^{2}

咸摄开口二等入声：插 ts^{h}ap^{2}、鸭 ap^{2}

咸摄合口三等入声：法 fap^{2}

iap 韵　咸摄开口三等入声：接 tsiap^{2}、叶 iap^{5}

咸摄开口四等入声：贴 t^{h}iap^{2}

əp 韵　深摄开口三等入声：十 səp^{5}、湿 səp^{2}

ip 韵　深摄开口三等入声：立 lip^{5}、急 kip^{2}

at 韵　山摄开口一等入声：辣 lat^{5}

山摄开口二等入声：八 pat^{2}、杀 sat^{2}

山摄开口三等入声：舌 sat^{5}

山摄开口四等入声：结 kat^{2} ~煞

山摄合口一等入声：拨 pat^{2}、活 fat^{5}

山摄合口三等入声：罚 fat^{5}

uat 韵　山摄合口二等入声：刮 kuat^{2}

et 韵　山摄开口四等入声：结 ket^{2}

曾摄开口一等入声：北 pet^{2}、墨 met^{5}、贼 ts^{h}et^{5}、刻 k^{h}et^{3}

曾摄开口三等入声：侧 tset^{2}、色 set^{2}

梗摄开口二等入声：策 ts^{h}et^{2}

iet 韵　山摄开口三等入声：热 ŋiet^{5}、歇 hiet^{2}

山摄开口四等入声：节 tsiet^{2}、切 ts^{h}iet^{2}、结 kiet^{2}

山摄合口三等入声：雪 siet^{2}、月 ŋiet^{5}

山摄合口四等入声：血 hiet^{2}

uet 韵　曾摄合口一等入声：国 kuet^{2}

ot 韵　山摄开口一等入声：割 kot^{2}

山摄合口一等入声：脱 t^{h}ot^{2}

山摄合口二等入声：刷 sot^{2}

ət 韵　臻摄开口三等入声：侄 ts^{h}ət^{5}

曾摄开口三等入声：织 tsət^{2}、识 sət^{2}、食 sət^{5}、

it 韵　臻摄开口三等入声：笔 pit^{2}、七 ts^{h}it^{2}、一 it^{2}、橘 kit^{2}

曾摄开口三等入声：力 lit^{5}、直 ts^{h}it^{5}

ut 韵　臻摄合口一等入声：骨 kut^2、窟 fut^2

　　　　臻摄合口三等入声：出 ts^hut^2

ak 韵　梗摄开口二等入声：百 pak^2、白 p^hak^5、拆 ts^hak^2、客 hak^2、麦 mak^5、摘 $tsak^2$

　　　　梗摄开口三等入声：尺 ts^hak^2、石 sak^5

iak 韵　梗摄开口三等入声：席 ts^hiak^5

　　　　梗摄开口四等入声：壁 $piak^2$、锡 $siak^2$

uak 韵　□~硬：很硬

ok 韵　宕摄开口一等入声：托 t^hok^2、恶 ok^2

　　　　江摄开口一等入声：剥 pok^2、角 kok^2、壳 hok^2、学 hok^5

iok 韵　宕摄开口三等入声：削 $siok^2$、药 iok^5

uok 韵　宕摄合口一等入声：郭 $kuok^2$

iuk 韵　通摄合口三等入声：六 $liuk^2$、宿 $siuk^2$、肉 $ŋiuk^2$、菊 k^hiuk^2、绿 $liuk^5$、足 $tsiuk^2$、局 k^hiuk^5

uk 韵　通摄合口一等入声：木 muk^2、谷 kuk^2、哭 k^huk^2、毒 t^huk^5

　　　　通摄合口三等入声：竹 $tsuk^2$、烛 $tsuk^2$

m 韵　唔（否定词）

n 韵　鱼

（5）新加坡梅县话韵母与原乡梅县话韵母的比较。

新加坡的梅县话与本土相比，少了如下三个辖字比较多的韵母：

iai 界、街、戒，一般记作 kiai，新加坡梅县话为 ke。

ian 坚、简、建、见，一般记作 kian，新加坡梅县话为 kien。

iat 结、决、洁，一般记作 kiat，新加坡梅县话为 kiet。

另外，知、章组声母条件下拼读 ən/ət，发音人有时会像大埔、惠阳那样发音：in/it，如身、阵、神、直。其他方面与梅县大同小异。

（二）大埔口音调查

1. 发音人介绍

谢世康，男，1942 年出生于新加坡。曾祖父 19 世纪 90 年代从大埔长治丰村出南洋，一同出来的还有堂兄弟多人。起初在马来西亚开药材店、做中医，后迁徙到新加坡。曾祖父娶了三房太太，谢先生的祖父是第一房生的，有七兄弟。谢先生的祖父买了锡矿，早年也曾发达，不期 27 岁感染伊蚊身故，留下子女各一。谢先生父亲膝下 6 子 3 女。

其祖母是大埔洋门人，母亲是百侯杨氏（第二代的），谢先生的兄弟姐妹都会客家话，彼此之间也多用客家话交谈。除了早先的家庭，与客家朋友之间也常常使用客家话。父亲与人合股经营布匹生意，一度占行业鳌头。

谢先生1964年华校毕业后从事眼镜行业。太太为南海人，会唱客家歌，但是不会客家话，家里使用华语比较多。

谢先生的大哥1937年前后出生，在洋行工作，太太是海南人，早年独立离开大家庭，家里使用华语比较多。二哥教书，后转到服务行业，太太是大埔人，家里使用华语比较多。四弟是工程师，太太非客家人，家里用英文交流比较多。五弟是会计师，太太是日本人，去了加拿大，家里用英文交流比较多。六弟50多岁了，在新航公司，太太是惠州人，家里用英文及华语交流。大妹妹嫁给梅县人，妹夫的父亲是南大会计学教授，孩子也不会说客家话了，可能跟政府鼓励多说华语、少说方言有关。

谢先生1998年加入茶阳会馆，2003—2007年担任总务，2007年起担任南洋客属总会的文娱股主任，致力于推广客家歌谣，发动第一届客家歌谣比赛。谢先生对南洋客总、茶阳会馆内少用客家话的现象感到很无奈。他发现有些会馆人员对自己的方言缺乏信心，与他本人认识有偏差。谢先生也会广府话（从广播里学到不少）和闽语（从社会上学来的）。

据了解，大埔人在新加坡约有7~8万人，是客家人中的大宗，占了40%，经商的比较多，比如经营当铺、杂货、药材、布匹的特别多。茶阳会馆有2 000多会员，加入会馆的只是其中的少数。新加坡大埔人祖籍地为湖寮、百侯、大麻、枫朗这些乡镇的比较多。

2. 新加坡大埔话（长治口音）的语音系统

（1）新加坡大埔话的声调系统。

其声调有6个，如下表：

调类	调值	例字	中古音来源
阴平	44	多、车、坐、有、毛	清声母平声（全部）、浊声母上声（少数）、次浊声母平声（个别）
阳平	11	茄、爬、寻、年、龙	浊声母平声（全部）
上声	31	火、写、老、袋、用	清声母上声（全部）、次浊声母上声（半数），浊声母去声（部分），全浊上部分
去声	51	去、带、大、豆、问	清声母去声（全部）、全浊声母上声（多数）、浊声母去声（部分）
阴入	3	搭、八、北、六、肉	清声母入声（全部）、次浊声母入声（少数）
阳入	4	十、学、局、热、辣	浊声母入声（全部）、次浊声母入声（多数）

值得注意的是，浊声母去声及全浊上声字在大埔话中出现了分化，其中袋 t^{h}ɔi^{31}、办 p^{h}an^{31}、洞 t^{h}uŋ^{31}、共 k^{h}iuŋ^{31}、料 liau^{31}、万 van^{31}、硬 ŋaŋ^{31}、弄 luŋ^{31}、用 iuŋ^{31}、件 k^{h}ien^{31}、后 həu^{31}、近 k^{h}un^{31}、厚 həu^{31}、动 t^{h}uŋ^{31}、恨 hen^{31}、病 p^{h}iaŋ^{31}等字读同上声，而这些字在梅县都是读同去声的。

但是，并非所有的浊声母去声字都是读上声的，例如：大 t^{h}ai^{51}、谢 ts^{h}ia^{51}、户 fu^{51}、树 su^{51}、败 p^{h}ai^{51}、罪 ts^{h}ui^{51}、地 t^{h}i^{51}、字 ts^{h}ɿ^{51}、柿 ts^{h}ɿ^{51}、跪 k^{h}ue^{51}、豆 t^{h}əu^{51}、淡 t^{h}an^{51}、犯 fan^{51}、汗 hon^{51}、换 van^{51}、饭 fan^{51}、县 ien^{51}、顺 sun^{51}、撞 ts^{h}ɔŋ^{51}；磨 mou^{51}、夜 ia^{51}、路 lu^{51}、芋 vu^{51}、卖 mai^{51}、妹 mɔi^{51}、外 ŋai^{51}、二 ŋi^{51}、面 mien^{51}、乱 lɔn^{51}、万 van^{51}、闰 iun^{51}、问 mun^{51}、样 iɔŋ^{51}。

发音人谢先生祖籍是大埔北部的长治，根据吉川雅之的报告，该点所有浊声母去声字都读同上声。[1] 由此看来，新加坡大埔（长治口音）读同上声应该是原先读音的保留，而读同去声，则可能是其他客家话（梅县、惠阳）影响的结果。

大埔客家话阳入调比较低，本文记作 4。

连读变调：阴平 44 在阳平、上声、阴入前变为 24。去声 51 作为前字时在阳平、上声、阴入前变为 55。

（2）声母（18 个）及其中古音来源。

p　来自中古的帮母及少数白读层的非母：宝 pou^{31}、饱 pau^{31}、表 piau^{31}、八 pat^{3}、板 pan^{31}、搬 pan^{44}、半 pan^{51}、拨 pat^{3}、笔 pit^{44}、帮 pɔŋ^{44}、剥 pok^{3}、北 pet^{3}、冰 pen^{44}、百 pak^{3}、兵 pin^{44}、柄 piaŋ^{51}、壁 piak^{3}、分 pun^{44}、放 piɔŋ^{51}。

p^{h}　来自中古的滂母及並母，少数来自敷、奉母：派 p^{h}ai^{51}、拍 p^{h}ok^{3}；爬 p^{h}a^{11}、排 p^{h}ai^{11}、败 p^{h}ai^{51}、赔 p^{h}i^{11}、皮 p^{h}i^{11}、办 p^{h}an^{31}、白 p^{h}ak^{4}、病 p^{h}iaŋ^{31}；肺 p^{h}e^{51}、蜂 p^{h}uŋ^{44}；肥 p^{h}ue^{11}、浮 p^{h}ou^{11}。

m　来自中古的明母，少数来自微母：磨 mou^{51}、买 mai^{44}、卖 mai^{51}、米 mi^{31}、妹 mɔi^{51}、眉 me^{11}、毛 mou^{44}、母 mou^{44}、面 mien^{51}、满 man^{44}、民 min^{11}、门 mun^{11}、墨 met^{4}、麦 mak^{4}、木 muk^{3}；问 mun^{51}、蚊 mun^{44}。

f　来自中古的非、敷、奉母及晓、匣合口：府 fu^{31}、飞 fue^{44}、法 fat^{3}、分 fun^{44}、放 fɔŋ^{51}、风 fuŋ^{44}；副 fu^{51}；浮 fəu^{11}、犯 fan^{51}、饭 fan^{51}、罚 fat^{4}、防 foŋ^{11}；火 fou^{31}、花 fa^{44}、虎 fu^{31}、灰 foi^{44}；户 fu^{51}、活 fat^{4}、红 fuŋ^{11}。

v　来自中古的匣、云、微、影母的合口：换 van^{51}、还 van^{11}、黄 voŋ^{11}、横 vaŋ^{11}；芋 vu^{51}、围 vue^{11}、王 voŋ^{11}；万 van^{31}；温 vun^{44}。

t　来自中古的端母，个别来自知母：带 tai^{51}、对 te^{51}、钓 tiau^{51}、搭 tat^{3}、

① 吉川雅之：《大埔县客家话语音特点简介》，见李如龙主编：《客家方言研究》（第二辑），暨南大学出版社 1998 年版。

胆 tan^{31}、店 tian^{51}、跌 tiet^{3}、贴 tiat^{3}、端 ton^{44}、短 ton^{31}、墩 tun^{44}、灯 ten^{44}、顶 ten^{31}、东 tuŋ^{44}、懂 tuŋ^{31}、冻 tuŋ^{51}、冬 tuŋ^{44}；知 ti^{44}。

t^{h} 来自中古的透母及定母：剃 t^{h}e^{51}、讨 t^{h}ou^{31}、贪 t^{h}an^{44}、踏 t^{h}at^{4}、塔 t^{h}at^{3}、贴 t^{h}iat^{3}、炭 t^{h}an^{51}、天 t^{h}en^{44}、脱 t^{h}ɔt^{3}、托 t^{h}ɔk^{3}、厅 t^{h}en^{44}、通 t^{h}uŋ^{44}、桶 t^{h}uŋ^{31}、痛 t^{h}uŋ^{51}、统 t^{h}uŋ^{31}；大 t^{h}ai^{51}、袋 t^{h}ɔi^{31}、地 t^{h}i^{51}、豆 t^{h}əu^{51}、潭 t^{h}an^{11}、淡 t^{h}an^{44}、甜 t^{h}ian^{11}、糖 t^{h}ɔŋ^{11}、铜 t^{h}uŋ^{11}、动 t^{h}uŋ^{44}、洞 t^{h}uŋ^{31}、毒 t^{h}uk^{4}、择 t^{h}ok^{4}。

n 来自中古的泥母：泥 ne^{11}、脑 nou^{31}、南 nan^{11}、暖 nɔn^{44}、嫩 nun^{31}、脓 nuŋ^{11}。

l 来自中古的来母：路 lu^{51}、雷 lui^{11}、梨 li^{11}、老 lou^{31}、料 liau^{31}、楼 ləu^{11}、流 liu^{11}、拉 lai^{44}、蓝 lan^{11}、林 lin^{11}、立 lit^{4}、兰 lan^{11}、辣 lat^{4}、连 lien^{11}、莲 lien^{11}、乱 lon^{51}、力 lit^{4}、冷 len^{44}、零 len^{11}、聋 luŋ^{44}、弄 luŋ^{31}、六 liuk^{3}、龙 liuŋ^{11}、绿 luk^{4}。

ts 来自中古的精、庄、知、章母：租 tsɿ^{44}、做 tsou^{51}、资 tsɿ^{44}、醉 tse^{51}、早 tsou^{31}、走 tsəu^{31}、酒 tsiu^{31}、尖 tsian^{44}、接 tsiat^{3}、节 tsiet^{3}、浆 tsiɔŋ^{44}、井 tsiaŋ^{31}、粽 tsuŋ^{51}、足 tsuk^{3}；抓 tsa^{44}、找 tsau^{31}、皱 tsiu^{51}、装 tsɔŋ^{44}、争 tsaŋ^{44}；猪 tsu^{44}、罩 tsau^{51}、张 tsɔŋ^{44}、摘 tsak^{3}、中 tsuŋ^{44}、竹 tsuk^{3}；主 tsu^{31}、纸 tsɿ^{31}、照 tsəu^{51}、州 tsiu^{44}、砖 tsɔŋ^{44}、章 tsɔŋ^{44}、织 tsit^{3}、肿 tsuŋ^{31}、烛 tsuk^{3}。

ts^{h} 来自中古的昌、初、彻、清、从、崇、邪、澄等，个别来自书、心等声母：车 ts^{h}a^{44}、吹 ts^{h}oi^{44}、春 ts^{h}un^{44}、出 ts^{h}ut^{3}、唱 ts^{h}ɔŋ^{51}、尺 ts^{h}ak^{3}；初 ts^{h}ɿ^{4}、抄 ts^{h}au^{44}、插 ts^{h}at^{3}、策 ts^{h}et^{3}；抽 ts^{h}iu^{44}、拆 ts^{h}ak^{3}、菜 ts^{h}oi^{51}、刺 ts^{h}ɿ^{51}、草 ts^{h}ou^{31}、糙 ts^{h}ou^{51}、切 ts^{h}iet^{3}、七 ts^{h}it^{3}、寸 ts^{h}un^{51}、清 ts^{h}in^{44}；侧 ts^{h}et^{3}、坐 ts^{h}ou^{44}、罪 ts^{h}ui^{51}、字 ts^{h}ɿ^{51}、蚕 ts^{h}an^{11}、全 ts^{h}ien^{11}、贼 ts^{h}et^{4}；谢 ts^{h}ia^{51}、祠 ts^{h}ɿ^{11}、寻 ts^{h}in^{11}、松 ts^{h}iuŋ^{11}、锄 ts^{h}u^{11}、柴 ts^{h}ai^{11}、柿 ts^{h}ɿ^{51}、床 ts^{h}oŋ^{11}；茶 ts^{h}a^{11}、柱 ts^{h}u^{44}、迟 ts^{h}ɿ^{11}、锤 ts^{h}e^{11}、传 ts^{h}on^{11}、长 ts^{h}oŋ^{11}、撞 ts^{h}oŋ^{51}、直 ts^{h}it^{4}、虫 ts^{h}uŋ^{11}；产 ts^{h}an^{31}、鼠 ts^{h}u^{31}、试 ts^{h}ɿ^{51}、深 ts^{h}in^{44}；碎 ts^{h}ui^{51}。

s 来自中古的心、生、书、禅、船、崇、云、晓等声母：写 sia^{31}、西 si^{44}、岁 se^{51}、四 si^{51}、丝 sɿ^{4}、笑 siəu^{51}、三 san^{44}、心 sin^{44}、线 sien^{51}、酸 son^{44}、雪 siet^{3}、新 sin^{44}、孙 sun^{44}、笋 sun^{31}、想 sioŋ^{31}、削 siok^{3}、星 sen^{44}、锡 siak^{3}、宿 siuk^{3}；师 sɿ^{44}、瘦 səu^{51}、衫 san^{44}、参 sen^{44}、山 san^{44}、杀 sat^{3}、刷 sot^{3}、双 suŋ^{44}、色 set^{3}、生 saŋ^{44}；书 su^{44}、世 se^{51}、试 sɿ^{11}、水 sue^{31}、烧 səu^{44}、手 siu^{31}、扇 sen^{51}、身 sin^{44}、升 sin^{44}；树 su^{51}、十 sit^{4}、城 saŋ^{11}；愁 səu^{11}；舌 set^{4}、船 son^{11}、顺 sun^{51}；雄 suŋ^{11}；歇 set^{31}、血 set^{31}、响 soŋ^{31}、兄 suŋ^{44}。

z　来自中古的云、以、日、影母：余 zɿ^{11}、雨 zu^{31}、儿 zɿ^{11}、衣 zɿ^{44}。

k　来自中古的见母：歌 kou^{44}、过 kou^{51}、嫁 ka^{51}、古 ku^{31}、锯 ki^{51}、该 kɔi^{44}、盖 kɔi^{51}、戒 kai^{51}、街 ke^{44}、鸡 ke^{44}、怪 kuai^{51}、挂 kua^{51}、桂 kue^{51}、寄 ki^{51}、几 ki^{31}、鬼 kue^{31}、高 kou^{44}、交 kau^{44}、浇 kiau^{44}、叫 kiau^{51}、钩 kəu^{44}、九 kiu^{31}、敢 kan^{31}、急 kit^{3}、割 kɔt^{3}、间 kien^{44}、建 kien^{51}、肩 kien^{44}、结 kiet^{3}、结 kat^{3}、官 kuan^{44}、关 kuan^{44}、刮 kuat^{3}、根 ken^{44}、劲 kin^{51}、滚 kun^{31}、骨 kut^{3}、橘 kit^{3}、军 kiun^{44}、姜 kiɔŋ^{44}、光 kuɔŋ^{44}、郭 kɔk^{3}、讲 kɔŋ^{31}、角 kɔk^{3}、国 kuet^{3}、更 kaŋ^{44}、梗 kuaŋ^{31}、耕 kaŋ^{44}、镜 kiaŋ^{51}、公 kuŋ^{44}、谷 kuk^{3}、宫 kuŋ^{44}。

k^h　来自中古的溪、群母，个别来自见、晓母：苦 k^{h}u^{31}、去 k^{h}i^{51}、区 k^{h}i^{44}、开 k^{h}ɔ^{44}、溪 k^{h}ai^{44}、快 k^{h}uai^{51}、气 k^{h}i^{51}、亏 k^{h}ue^{44}、欠 k^{h}ian^{51}、糠 k^{h}ɔŋ^{44}、肯 k^{h}en^{31}、刻 k^{h}et^{3}、客 k^{h}ak^{3}、轻 k^{h}iaŋ^{44}、哭 k^{h}uk^{3}；茄 k^{h}iau^{11}、棋 k^{h}i^{11}、跪 k^{h}ue^{51}、桥 k^{h}əu^{11}、件 k^{h}ien^{31}、权 k^{h}ien^{11}、近 k^{h}iun^{44}、共 k^{h}iuŋ^{31}、局 k^{h}iuk^{4}；箍 k^{h}əu^{44}、菊 k^{h}iuk^{3}；戏 k^{h}i^{51}。

h　来自中古的晓、匣母，少数来自溪母：好 hou^{31}、孝 hau^{51}；鞋 he^{11}、后 həu^{44}、厚 həu^{31}、含 han^{11}、盒 hat^{4}、咸 han^{11}、嫌 hian^{11}、汗 hɔn^{51}、还 han^{11}、恨 hen^{31}、学 hɔn^{5}；壳 hɔk^{3}、肯 hen^{31}。

ŋ　来自中古的疑、日母，个别来自泥母：牙 ŋa^{11}、瓦 ŋa^{31}、五 ŋ^{31}、鱼 ŋ^{11}、外 ŋai^{51}、熬 ŋau^{11}、牛 ŋəu^{11}、严 ŋian^{11}、眼 ŋien^{31}、颜 ŋien^{11}、月 ŋiet^{4}、银 ŋiun^{11}、硬 ŋaŋ^{31}；二 ŋi^{51}、热 ŋiet^{4}、软 ŋiɔŋ^{44}、肉 ŋiuk^{3}；年 ŋien^{11}。

ø　零声母，来自中古的有：影、以、云、日，极个别来自匣母：矮 e^{31}、腰 iəu^{44}、暗 an^{51}、鸭 at^{3}、音 in^{44}、安 ɔn^{44}、烟 ien^{44}、恩 en^{44}、一 it^{3}、恶 ɔk^{3}、影 iaŋ^{31}；夜 ia^{51}、油 iu^{11}、盐 ian^{11}、叶 iat^{5}、铅 ien^{11}、痒 iɔŋ^{44}、样 iɔŋ^{51}、药 iɔŋ^{4}、用 iuŋ^{31}；有 iu^{44}、园 ien^{11}、远 ien^{31}、云 iun^{11}、荣 ïuŋ^{11}；闰 iun^{51}；县 ien^{51}

（3）新加坡大埔话声母与梅县话声母的比较。

新加坡大埔话与梅县话相比，声母特点主要有：

第一，大埔话有浊擦音声母 z，梅县话无。

新加坡大埔话与梅县话几乎相同，不过多了一个［z］声母，辖字也不多。从目前大埔原乡各地话普遍有的浊擦音 z 来看，新加坡大埔口音的只有几个字读 z，似乎是残余而非创新，只在高元音、单元音韵母 ɿ、u 韵条件下还保留了 z 声母：余 zɿ^{11}、雨 zu^{31}、儿 zɿ^{11}、衣 zɿ^{44}。

第二，大埔话的溪母读 k^h，比梅县话多几个：去、溪、气、糠、壳、客，这几个字的声母梅县话多读 h，“苦”、“裤”两字声母梅县话读 f（k^{h}u→hu→fu），大埔话依然读 k^h。

第三，个别晓、匣、云母在细音前，大埔话读为擦音 s：响 soŋ^{31}、兄 suŋ^{44}、雄 suŋ^{11}、歇 set^{3}、血 set^{3}。

第四，大埔原乡乡镇（包括长治）话语多数有两套对立的塞擦音、擦音声母（ts ts^{h} s－tʃ tʃ^{h}ʃ 或 ts ts^{h} s－tʂ tʂ^{h} ʂ），然而新加坡大埔话已经不存在这个对立，与梅县话、惠阳话等一样了。如：

足＝竹＝tsuk^{3}；祠 ＝ 迟 ＝ts^{h11}；岁＝世＝se^{51}

（4）新加坡大埔话韵母（52 个）及其中古音来源。

先据以上顺序列出韵母，再列出该韵母的古音来源（古摄、开合口等），最后是例字：

ɿ 韵　蟹摄开口三等：世 sɿ^{51}

遇摄合口一等：租 tsɿ^{44}

遇摄合口三等：余 zɿ^{11}、初 ts^{h}ɿ^{44}

止摄开口三等：衣 zɿ^{44}、祠 ts^{h}ɿ^{11}、丝 sɿ^{44}、儿 zɿ^{11}、师 sɿ^{44}、迟 ts^{h}ɿ^{11}、资 tsɿ^{44}、柿 ts^{h}ɿ^{51}、纸 tsɿ^{31}、字 ts^{h}ɿ^{51}、试 ts^{h}ɿ^{51}、刺 ts^{h}ɿ^{51}

i 韵　遇摄合口三等：区 k^{h}i^{44}、锯 ki^{51}、去 k^{h}i^{51}

蟹摄开口四等：西 si^{44}、米 mi^{31}

止摄开口三等：几 ki^{31}、气 k^{h}i^{51}、棋 k^{h}i^{11}、皮 p^{h}i^{11}、梨 li^{11}、地 t^{h}i^{51}、四 si^{51}、二 ŋi^{51}、寄 ki^{51}、戏 k^{h}i^{51}

u 韵　遇摄合口一等：户 fu^{51}、谱 p^{h}u^{31}、古 ku^{31}、苦 k^{h}u^{31}、虎 fu^{31}、路 lu^{51}

遇摄合口三等：芋 vu^{51}、树 su^{51}、雨 zu^{31}、府 fu^{31}、主 tsu^{31}、柱 ts^{h}u^{44}、鼠 ts^{h}u^{31}、锄 ts^{h}u^{11}、猪 tsu^{44}、书 su^{44}

流摄开口三等：副 fu^{51}

a 韵　假摄开口二等：爬 p^{h}a^{11}、嫁 ka^{51}、牙 ŋa^{11}、茶 ts^{h}a^{11}

假摄开口三等：车 ts^{h}a^{44}、蛇 sa^{11}

假摄合口二等：瓦 ŋa^{31}、花 fa^{44}

ia 韵　假摄开口三等：写 sia^{31}、谢 ts^{h}ia^{51}、夜 ia^{51}

ua 韵　假摄合口二等：瓜 kua^{44}、挂 kua^{51}

e 韵　蟹摄开口二等：街 ke^{44}、鞋 he^{11}、矮 e^{3}

蟹摄开口三等：世 se^{51}

蟹摄开口四等：泥 ne^{11}、鸡 ke^{44}、剃 t^{h}e^{51}、弟 t^{h}e^{44}

蟹摄合口一等：对 te^{51}

蟹摄合口三等：岁 se^{51}

蟹摄合口三等：肺 p^{h}e^{51}

止摄开口三等：眉 me^{11}、舐 se^{44}、羁 ke^{44}

止摄合口三等：锤 ts^{h}e^{11}、醉 tse^{51}

ou 韵　果摄开口一等：多 tou^{44}、歌 kou^{44}

果摄开口一等：坐 ts^{h}ou^{44}、火 fou^{31}、磨 mou^{51}、过 kou^{51}

流摄开口三等：母 mou^{44}

流摄合口三等：浮 p^{h}ou^{11}

效摄开口一等：脑 nou^{31}、宝 pou^{31}、老 lou^{31}、草 ts^{h}ou^{31}、糙 ts^{h}ou^{51}、讨 t^{h}ou^{31}、好 hou^{31}、早 tsou^{31}、毛 mou^{44}、高 kou^{44}

ue 韵　蟹摄合口一等：碎 ts^{h}ue^{51}、雷 lue^{11}、罪 ts^{h}ue^{51}

蟹摄合口四等：桂 kue^{51}

止摄合口三等：肥 p^{h}ue^{11}、围 vue^{11}、飞 fue^{44}、鬼 kue^{31}、亏 k^{h}ue^{44}、水 sui^{31}、跪 k^{h}ue^{51}

ai 韵　果摄开口一等：大 t^{h}ai^{51}、我 ŋai^{11}

蟹摄开口一等：带 tai^{51}

蟹摄合口一等：外 ŋai^{51}

蟹摄开口二等：排 p^{h}ai^{11}、派 p^{h}ai^{51}、败 p^{h}ai^{51}、买 mai^{44}、卖 mai^{51}、柴 ts^{h}ai^{11}

蟹摄开口四等：溪 k^{h}ai^{44}

uai 韵　蟹摄合口二等：怪 kuai^{51}、快 k^{h}uai^{51}

oi 韵　蟹摄开口一等：袋 t^{h}oi^{51}、菜 ts^{h}oi^{51}、该 koi^{44}、盖 koi^{51}、开 k^{h}oi^{44}

蟹摄合口一等：赔 p^{h}oi^{11}、妹 moi^{51}、灰 foi^{44}

止摄合口三等：吹 ts^{h}oi^{44}、睡 soi^{51}

au 韵　效摄开口一等：熬 ŋau^{11}

效摄开口二等：饱 pau^{31}、罩 tsau^{51}、找 tsau^{31}、抄 ts^{h}au^{44}、交 kau^{44}、孝 hau^{51}

iau 韵　果摄开口三等：茄 k^{h}iau^{11}

效摄开口三等：表 piau^{31}

效摄开口四等：钓 tiau^{51}、料 liau^{51}、浇 ŋiau^{11}、叫 kiau^{51}、尿 ŋiau^{31}

əu 韵　流摄开口一等：豆 t^{h}əu^{51}、楼 ləu^{11}、走 tsəu^{31}、钩 kəu^{44}、后 həu^{44}、厚 həu^{51}

流摄开口三等：浮 fəu^{11}、愁 səu^{11}、瘦 səu^{51}、牛 ŋəu^{11}

效摄开口三等：烧 səu^{44}、照 tsəu^{51}、桥 k^{h}əu^{11}

iəu 韵　效摄开口三等：腰 iəu^{44}，笑 siəu^{51}

iu 韵　流摄开口三等：流 liu^{11}、酒 tsiu^{31}、皱 tsiu^{51}、九 kiu^{31}、有 iu^{44}、油 iu^{11}、抽 ts^{h}iu^{44}、手 siu^{31}、州 tsiu^{44}

an 韵　咸摄开口一等：贪 t^{h}an^{44}、潭 t^{h}an^{11}、南 nan^{11}、含 han^{11}、暗 an^{51}、

胆 tan^{31}、淡 t^{h}an^{44}、蓝 lan^{11}、三 san^{44}、敢 kan^{31}、蚕 ts^{h}an^{11}

咸摄开口二等：咸 han^{11}、衫 san^{44}

咸摄合口三等：犯 fan^{51}

山摄开口一等：炭 t^{h}an^{51}、兰 lan^{11}

山摄开口二等：办 p^{h}an^{51}、山 san^{44}、产 ts^{h}an^{31}、板 pan^{31}

山摄合口一等：搬 pan^{44}、半 pan^{51}、满 man^{44}、换 van^{51}

山摄合口二等：还 fan^{11}

山摄合口三等：饭 fan^{51}、万 van^{51}

ian 韵　咸摄开口三等：尖 tsian^{44}、盐 ian^{11}、欠 k^{h}ian^{51}、严 ŋian^{11}

咸摄开口四等：店 tian^{51}、甜 t^{h}ian^{11}、嫌 hian^{11}

uan 韵　山摄合口一等：官 kuan^{44}

山摄合口二等：关 kuan^{44}

en 韵　深摄开口三等：参 sen^{44}

山摄开口三等：扇 sen^{51}

臻摄开口一等：根 ken^{44}、恩 en^{44}、恨 hen^{51}

曾摄开口一等：灯 ten^{44}、僧 sen^{44}、肯 hen^{31}

曾摄开口三等：冰 pen^{44}

梗摄开口二等：生 sen^{44}、争 tsen^{44}、冷 len^{44}、梗 ken^{31}

梗摄开口四等：星 sen^{44}、顶 ten^{31}、零 len^{11}、厅 t^{h}en^{44}

ien 韵　山摄开口二等：间 kien^{44}、眼 ŋien^{31}、颜 ŋien^{11}

山摄开口三等：面 mien^{51}、连 lien^{11}、线 sien^{51}、件 k^{h}ien^{51}、建 kien^{51}

山摄开口四等：面 mien^{51}、天 t^{h}ien^{44}、年 ŋien^{11}、莲 lien^{11}、肩 kien^{44}、烟 ien^{44}

山摄合口三等：全 ts^{h}ien^{11}、权 k^{h}ien^{11}、园 ien^{11}、远 ien^{31}、铅 ien^{11}

山摄合口四等：县 ien^{51}

on 韵　山摄开口一等：汗 hon^{51}、安 on^{44}

山摄合口一等：端 ton^{44}、短 ton^{31}、暖 non^{44}、乱 lon^{51}、酸 son^{44}

山摄合口三等：传 ts^{h}on^{11}、砖 tson^{44}、船 son^{11}

ion 韵　山摄合口三等：软 ŋion^{44}

in 韵　深摄开口三等：林 lin^{11}、心 sin^{44}、寻 ts^{h}in^{11}、音 in^{44}、深 ts^{h}in^{44}

臻摄开口一等：根 kin^{44}

臻摄开口三等：民 min^{11}、新 sin^{44}、身 sin^{44}、辰 sin^{11}、神 sin^{11}

曾摄开口三等：升 sin^{44}、称 ts^{h}in^{51}

梗摄开口三等：劲 kin^{51}、兵 pin^{44}、清 ts^{h}in^{44}

iun 韵　臻摄开口三等：银 ŋiun^{11}、近 k^{h}iun^{44}

臻摄合口三等：闰 iun^{51}、军 kiun^{44}

un 韵　臻摄合口一等：门 mun^{11}、墩 tun^{44}、嫩 nun^{51}、孙 sun^{44}、滚 kun^{31}、温 vun^{44}

臻摄合口三等：笋 sun^{31}、春 tshun^{44}、顺 sun^{51}；分 pun^{44}、问 mun^{51}

aŋ 韵　梗摄开口二等：生 saŋ^{44}、更 kaŋ^{44}、硬 ŋaŋ^{51}、争 tsaŋ^{44}、耕 kaŋ^{44}

梗摄开口三等：城 saŋ^{11}

梗摄合口二等：横 vaŋ^{11}

iaŋ 韵　梗摄开口三等：柄 piaŋ^{31}、病 p^{h}iaŋ^{51}、镜 kiaŋ^{51}、影 iaŋ^{31}、井 tsiaŋ^{31}、轻 k^{h}iaŋ^{44}

uaŋ 韵　梗摄开口二等：梗 kuaŋ^{31}

oŋ 韵　宕摄开口一等：帮 poŋ^{44}、糖 t^{h}oŋ^{11}、糠 hoŋ^{44}

宕摄开口三等：张 tsoŋ^{44}、长 ts^{h}oŋ^{11}、装 tsoŋ^{44}、床 ts^{h}oŋ^{11}、章 tsoŋ^{44}、唱 ts^{h}oŋ^{51}、响 soŋ^{31}

宕摄合口一等：黄 voŋ^{11}

宕摄合口三等：放 foŋ^{51}、防 foŋ^{11}、王 voŋ^{11}

江摄开口二等：撞 ts^{h}oŋ^{51}、讲 koŋ^{31}

ioŋ 韵　宕摄开口三等：浆 tsioŋ^{44}、想 sioŋ^{31}、姜 kioŋ^{44}、痒 ioŋ^{44}、样 ioŋ^{51}

宕摄合口三等：放 pioŋ^{51}

uoŋ 韵　宕摄合口一等：光 kuoŋ^{44}、广 kuoŋ^{31}

iuŋ 韵　梗摄合口三等：荣 iuŋ^{11}

通摄合口三等：龙 liuŋ^{11}、松 ts^{h}iuŋ^{11}、共 k^{h}iuŋ^{51}、用 iuŋ^{51}

uŋ 韵　通摄合口一等：东 tuŋ^{44}、懂 tuŋ^{31}、冻 tuŋ^{51}、通 t^{h}uŋ^{44}、桶 t^{h}uŋ^{31}、痛 t^{h}uŋ^{51}、铜 t^{h}uŋ^{11}、动 t^{h}uŋ^{44}、洞 t^{h}uŋ^{31}、聋 luŋ^{44}、弄 luŋ^{51}、粽 tsuŋ^{51}、公 kuŋ^{44}、红 fuŋ^{11}、冬 tuŋ^{44}、统 t^{h}uŋ^{31}、脓 nuŋ^{11}

通摄合口三等：风 fuŋ^{44}、中 tsuŋ^{44}、虫 ts^{h}uŋ^{11}、蜂 p^{h}uŋ^{44}、肿 tsuŋ^{31}、兄 suŋ^{44}、宫 kuŋ^{44}、雄 suŋ^{11}

江摄开口二等：双 suŋ^{44}、窗 ts^{h}uŋ^{44}、棒 puŋ^{31}

at 韵　山摄开口一等入声：辣 lat^{4}

山摄开口二等入声：八 pat^{3}、杀 sat^{3}

山摄开口三等入声：舌 sat^{4}

山摄开口四等入声：结 kat^{3} ~煞

山摄合口一等入声：拨 pat^{3}、活 fat^{4}

山摄合口三等入声：罚 fat^{4}

咸摄开口一等入声：搭 tat^{3}、踏 t^{h}at^{4}、盒 hat^{4}、塔 t^{h}at^{3}
咸摄开口二等入声：插 ts^{h}at^{3}、鸭 at^{3}
咸摄合口三等入声：法 fat^{3}

iat 韵　咸摄开口三等入声：接 tsiat^{3}、叶 iat^{3}
咸摄开口四等入声：贴 t^{h}iat^{3}

uat 韵　山摄合口二等入声：刮 kuat^{3}

et 韵　山摄合口四等入声：血 set^{3}
山摄开口三等：舌 set^{4}、歇 set^{3}
曾摄开口一等入声：北 pet^{3}、墨 met^{4}、贼 ts^{h}et^{4}、刻 k^{h}et^{3}
曾摄开口三等入声：侧 ts^{h}et^{3}、色 set^{3}
梗摄二等入声：策 ts^{h}et^{3}

iet 韵　山摄开口三等入声：热 ŋiet^{4}
山摄开口四等入声：节 tsiet^{3}、切 ts^{h}iet^{3}、结 kiet^{3}
山摄合口三等入声：雪 siet^{3}、月 ŋiet^{4}

uet 韵　曾摄合口一等入声：国 kuet^{2}

ot 韵　山摄开口一等入声：割 kot^{3}
山摄合口一等入声：脱 t^{h}ot^{3}
山摄合口二等入声：刷 sot^{3}

it 韵　深摄开口三等入声：立 lit^{4}、急 kip^{3}、十 sip^{4}、湿 sip^{3}
臻摄开口三等入声：侄 ts^{h}it^{4}、笔 pit^{3}、七 ts^{h}it^{3}、一 it^{3}、橘 kit^{3}
曾摄开口三等入声：织 tsit^{3}、识 sit^{3}、食 sit^{4}
曾摄开口三等入声：力 lit^{4}、直 ts^{h}it^{4}

ut 韵　臻摄合口一等入声：骨 kut^{3}、窟 k^{h}ut^{3}
臻摄合口三等入声：出 ts^{h}ut^{3}

ak 韵　梗摄开口二等入声：百 pak^{3}、白 p^{h}ak^{4}、拆 ts^{h}ak^{3}、客 k^{h}ak^{3}、麦 mak^{4}、摘 tsak^{3}
梗摄开口三等入声：尺 ts^{h}ak^{3}、石 sak^{4}

iak 韵　梗摄开口三等入声：席 ts^{h}iak^{4}
梗摄开口四等入声：壁 piak^{2}、锡 siak^{2}

ok 韵　宕摄开口一等入声：托 t^{h}ok^{3}、恶 ok^{3}
宕摄合口一等入声：郭 kok^{3}
江摄开口一等入声：剥 pok^{3}、角 kok^{3}、壳 k^{h}ok^{3}、学 hok^{4}
梗摄开口二等：拍 p^{h}ok^{3}

iok 韵　宕摄开口三等入声：削 siok^{3}、药 iok^{4}

iuk 韵　通摄合口三等入声：六 liuk^{3}、宿 siuk^{3}、肉 ŋiuk^{3}、菊 k^{h}iuk^{3}、局 k^{h}iuk^{4}

uk 韵　通摄合口一等入声：木 muk^{3}、谷 kuk^{3}、哭 k^{h}uk^{3}、毒 t^{h}uk^{4}

　　　　通摄合口三等入声：竹 tsuk^{3}、烛 tsuk^{3}、绿 luk^{4}、足 tsuk^{3}

m 韵　唔 m^{44}

ŋ 韵　鱼 ŋ^{11}

（5）大埔（长治）话与梅县话对比可见的韵母差异。

第一，大埔语缺乏［io］［uo］韵，如茄读 k^{h}iau^{11}，过读 ko^{51}。

第二，大埔话韵尾简化：梅县话的 -m、-p，大埔话变为相应的 -n、-t。这涉及 am、iam、ap、iap、im、ip、əm、əp、em 等韵母，分别变为 an、ian、at、iat、in、it、in、it、en 各韵。这些变化在原乡的茶阳话、长治话等已经如此，应该不是到新加坡才发生的变化。

第三，大埔话无 ən、ət 韵，对应的是 in、it，如身、辰、神、升、称读 in 韵；侄、织、识、食 读 it 韵。

第四，大埔话无 ui 韵，如碎、雷、罪、桂、肥、围、飞、鬼、亏、水、跪都是读 ue 韵。

第五，大埔话 au 韵使用范围比较小，其中效摄一等，大埔读 ou，如脑、宝、老、草、糙、讨、好、早、毛、高；效摄三等知、章组大埔话读 əu，如照、烧、少。

第六，梅县话能够分别山摄合口一、二等，如官 kuon^{44} 与关 kuan^{44}，大埔话不分，都是 kuan^{44}。

第七，大埔话效摄开口三等读 iəu 韵，如腰 iəu^{44}、笑 siəu^{51}，梅县话读 iau。

第八，大埔话 e 韵辖字范围比梅县话多，如街、鞋、矮、泥、弟，梅县话读 ai 韵，而大埔话读 e 韵。

第九，大埔话流摄三等知、章组读 iu 韵，梅县话则是混同于模韵，读 u，如抽 ts^{h}iu^{44}、手 siu^{31}、州 tsiu^{44}。

第十，大埔话山摄开口三等在知、章组读 en、et，如扇 san^{51}、舌 set^{4}，梅县话则是读 an、at。

第十一，大埔话 en 韵辖字范围比梅县话多，如冷、星、顶、零、听、厅（梗摄二、四等），梅县话读 aŋ 韵，而大埔话读 en 韵。

六、新加坡客家话研究的展望

新加坡是中西文化交汇的国际都市，100 多年来，客家人作为汉族南方族群的重要分支，在这个美丽的南洋小岛参与了历史创造，谱写了真实生动的篇章。客家话作为客家人思想感情交流与身份认同的凭借，在新加坡延续了很长的时间，但是因时代的发展，有书面形式并且有政治经济势力支持的英文及华文在新加坡占据了优势，客家话与其他汉语方言共同面临着发展上的困境，目前在新加坡的确是日益式微了。

从文化多元的角度看，客家话的存在丰富了当地的社会语言生活。若能珍爱历史、善待遗产，进而对濒危语言进行抢救、扶植，是有其意义的。为此，我们期待语言学界、社会团体继续重视这个宝贵的语言资源，对新加坡的客家话进行更多的描写与记录，必要的话，对岛上的惠阳、河婆、丰顺、永定等地客家口音也进行专门的调查研究。如果有充足的资源，这些口音都可进行大规模的录音及转写，内容不必限于少数的词条，可以编辑大型的词典，并且收集谚语、俗语等。在大型调查的基础上，可以作更充分的语言比较，以便理解各种口音的客家话在南洋这个复杂的语言交际环境下是如何积淀与演进的。

客家话的延续，需要与族群自尊心的维护、族群交际的频繁接触联系起来才有希望。这不仅仅需要语言研究界学人的进言、规划，更需要客属团体人士群策群力，积极构建客语交际环境。客家话的现代化、书面化及文艺加工十分必要，近年来"新加坡客家歌谣会"如火如荼地展开，这对提升客家话的地位是有一定帮助的。新加坡客家话的语用建设计划，如果能与印尼、马来西亚客家社区甚至包括中国台湾的客家话推广结合起来，将会更有生命力。

作者谢词：本文写作，得到新加坡国立大学中文系主任黄贤强教授的大力支持。调查采访得到当地高华昌、陈波生、谢世康、梁金华、张振兴等客家贤达的协助。稿成之后，经由南洋理工大学梁纯菁教授、新加坡国立大学访问学者钟荣富教授批评指正。在此对以上先生的帮助表示衷心的感谢！

泰国曼谷华人潮汕话记略

华侨大学文学院　王建设

泰国首都曼谷（Bangkok）地处湄南河东岸，南邻泰国湾，是全国政治、经济、贸易、文化、社会、科技、教育等方面的中心，被誉为“佛教之都”。曼谷目前注册人口超过800万，占泰国全国人口的1/8，其中有华人血统的人口约占1/4，这些华人大多来自潮汕地区，因此，潮汕话成了当地的第二大语言。

本文从语音、词汇两方面介绍泰籍潮人后代的潮汕话情况。调查对象之一——刘淑华（本文取材的主要来源），祖籍饶平，1965年生于曼谷郊区，爷爷、奶奶都是饶平人；调查对象之二——林美玉，祖籍揭阳，1959年生于佛统府（距离曼谷56公里）挽铃县，爷爷、奶奶均为揭阳人。两人虽同为第三代的泰籍华人，但在语音上还是有些差别。

一、语音特点

1. 声母（18个，包括零声母）

p 八爬飞	p^h 谱派皮	b 麦米磨	m 问门毛
t 多东毒	t^h 讨天柱	l 老路来	n 脑年泥
ts 资早租	ts^h 寸清草	dz 字热日	s 丝三酸
k 高九久	k^h 开轻权	g 月牛疑	ŋ 熬硬严
h 好灰响	ø 安用下		

说明：在声母方面，第三代泰籍华人的潮汕话同本土的潮汕话基本一样，没有明显的差别。

2. 韵母（65个）

（1）单元音韵母。

a 饱芭　ɔ 歌多路　e 茶牙　ɯ 猪师　i 戏　u 副

（2）复元音韵母。

ai 大开　au 豆　ia 写寄　io 笑　iu 油树　ua 纸　ue 鞋过怪街　ui 对　iau 柱　uai 快

（3）鼻音韵母。

am 南　im 心　iam 参　uam 犯　aŋ 东　ɤŋ 近　eŋ 用升　iŋ 新　ŋo 公

中　uŋ春　iaŋ响　ioŋ雄　uaŋ风

（4）鼻化韵母。

ã三　ɔ̃五两虎　ẽ硬　ĩ年　ãĩ蚕肩　ãũ熬　ĩã兄　ĩɔ̃想样　ãũ山半

ũẽ妹横　ũĩ县　ũãĩ木羡

（5）塞音韵母。

ap盒十　ip急　iap贴　ak壳学　ɔk托　ek竹色　ik笔　uk出　iak热

iɔk育　uap法　uak罚

aʔ塔鸭　eʔ白　ɔʔ落雪　iʔ接　uʔ窟　ueʔ刮八　iaʔ锡　ioʔ药尺

uaʔ热活　ueʔ节月郭

（6）声化韵母。

m姆　ŋ床

说明：

（1）在韵母方面，第一位调查对象刘淑华完整保留着鼻化韵母，而第二位调查对象林美玉则没有鼻化韵母，鼻化韵均发成丢失鼻化成分的纯口韵。这种丢失鼻化成分的现象与柬埔寨籍第三代华人一样。[①] 这种不谋而合的现象也许预示着在海外，这是一种发展趋势。

（2）在曼谷华人的潮汕话中，中古咸摄合口三等至今还保留着闭口韵uam（犯）/uap（法）。而这两韵在潮汕地区不少人已经读作uaŋ/ uak[②]，而马来西亚新山潮州话则读成了uaŋ/ uaʔ[③]。

3. 声调（8个）

阴平33 东该灯风　阳平55 门龙牛油　阴上53 懂古鬼九　阳上35 动罪五硬

阴去31 冻怪半四　阳去22 洞地饭树　阴入2 谷百搭节　阳入5 六麦月毒

说明：阳上调中有来自次浊上声的字（如：老、五、有）和次浊去声的字（如：硬、乱）。

二、词汇特点

在词汇方面，曼谷华人的潮汕话基本沿用本土潮汕话的说法。如下面的这些词语与本土潮汕话完全相同：

日头—太阳　月娘—月亮　雷公—雷　落雨—下雨

沃雨—淋雨　天狗食日—日食　天时—天气　寒天时—冬天

---

① 详见潘家懿：《柬埔寨第三代华人潮汕话记略》，见李如龙主编：《东南亚华人语言研究》，北京语言文化大学出版社2000年版，第208页。

② 详见丘学强：《交际潮汕话九百句》，广东嘉应音像出版社2002年版，第2页。

③ 陈晓锦：《马来西亚的三个汉语方言》，中国社会科学出版社2003年版，第142~143页。

热天时—夏天　　今日—今天　　吗日—明天　　下挂—下午
眠起早—早晨　　许时—那时　　暝暗—晚上　　若久—多久
孥囝—小孩儿　　丈夫人—男人　　查某人—女人　　某—妻子
丈夫囝—儿子　　头毛—头发　　乜个—什么　　顶爿—上面
下爿—下面　　厝—房子　　起厝—盖房子　　电涂—电池
鸡母—母鸡　　地豆—花生　　菜头—白萝卜　　荔枝—荔果
芎蕉—香蕉　　猪脉—猪肉　　乌糖—红糖　　猛猛—快
闹热—热闹　　凄凝—脏　　如、雅—漂亮　　呾话—讲话
转内—回家　　过身—去世　　上堂—上课　　做生理—做生意

说明：前为曼谷潮汕话，后为汉语普通话。

但也有部分本土潮汕话的词语，在第三代泰籍华人口中发生变异。如：

街廊—五骹砌—街廊　　拐杖—洞葛—拐杖
木拖鞋—柴屐—木拖鞋　　汽车—风车—汽车
磁石—摄石—磁石　　杀鱼—刣鱼—割鱼
金鱼眼—吐目—金鱼目　　西红柿—番茄—红毛茄

说明：前为汉语普通话，中为本土潮汕话，后为曼谷潮汕话。

还有个别本土潮汕话的词语则在第三代泰籍华人口中完全消失，如“镭”（钱）、“三角钱”的“角”等。

吉隆坡现代粤语阳上变阴去现象解因①

暨南大学中文系　邵　宜
马来西亚霹雳州太平市华联中学　冼伟国

一、吉隆坡粤语阳上变阴去的现象

1. 吉隆坡粤语的调类系统（8个声调）

阴平55	多居杯高偷班真汤轻风	阳平21	罗蛇皮桃刘琴钱唐瓶从
上声35	火写比好酒胆简准讲总	阴去33	错醉见唱送买有厚近重
阳去22	大谢树旧饭望病共近重	上阴入5	急执笔骨出北黑激速竹
下阴入3	答甲接法八铁血脚百客	阳入2	杂集辣热活落学石熟局

阳上读同阴去我们比较了一些字，举例如下：坐=错、倍=配、被=屁、似=柿=次、市=试、妇=富，旱=汉、伟=慰、染=厌、耳=意、瓦=亚、柱=处、远=怨，等等。阳上变阴去几乎包括全部的全浊和次浊字，少数全浊上归入阳去，还有一些兼有阴去和阳去两种读音，读为阳去的有“惰祸夏部户在弟痔士技罪赵受犯件丈静动”等；两读的有“断淡近造”等。次浊上读为阴去的情况十分整齐，几乎涵盖了全部，比通常见到的客家话归阴平的现象还要整齐。

上面所列的是发音人冼伟国先生所说粤语的声调系统。据曾在电视台工作过的冼先生介绍，他所认识的吉隆坡说粤语的华人都是这种情况，为此他还做过一份古全浊上声字的读音表，和本文所说的情况完全吻合。与香港、广州等地粤语的声调系统比较起来，吉隆坡粤语声调系统的有两个显著特点：一是没有阳上调；二是古阳上和阴去同调。古阳上调在现代粤语中基本得到保留（见表一），虽然不少常用的阳上字同时也有阳去的读法，但独用的时候基本上都保留阳上调的读法，如“近”单独说的时候一定是阳上调，但在“近代”、“近视”、“附近”、“接近”、“最近”等双音节词语中读阳去调，再如“重”单独说时一定读阳上调，在“重视、重点、重大、重量、重任、重心、重要、保重、尊重、严

① 本文的发音人有两位：吉隆坡粤语的发音人是冼伟国先生，1948年生于彭亨州，在吉隆坡长大，是第二代移民，祖籍广东鹤山；客家话的发音人是梁中义先生，1979年出生于吉隆坡，在吉隆坡长大，是第三代移民，父亲由南部的雪兰莪州加影县锡米山迁至吉隆坡。两位现在马来西亚的居住地都是吉隆坡。和许多马来西亚华人一样，两位发音人都能讲多种语言和方言。作者对他们的合作与帮助表示诚挚的谢意。

重、贵重”等词语中则读阳去调。香港和广州的粤语都是这样。不读阳去而变读阴去调的现象令人费解，香港和广州的情况显示，即使不读阳上调，其选择也应该是阳去（除非它的去声是不分阴阳的，如表一中的四会话）。这个现象是不是粤方言古阳上调的一个特殊的演变路径呢？

二、古阳上调在现代粤语中的演变规律

汉语方言的阳上调是最不稳定的一个调类，现在的汉语方言中保留阳上调的为数不多，大部分方言的阳上调都归并到其他调类中了，其中归入阳去调（如果有阳去调的话）是主流趋势。粤语是为数不多的保留阳上调的汉语方言，而且各地粤方言在这一点上还十分一致。以下我们列举若干粤方言点的材料：

表一　　粤方言古全浊上声今读类型

方言点	古调类	今调类	例字	方言点	古调类	今调类	例字
广州	阳上	阳上 13	坐倍被淡断近重	廉江	阳上	阳上 13	坐倍被似断近重
		阳去 22	坐淡断近			阳平 11	近
顺德	阳上	阳上 13	坐倍被似淡断近	台山	阳上	阳上 21	坐倍被似
		阳去 21	坐淡断近			去声 31	断近
		阴上 24	重			阴平 33	重
中山	阳上	阳上 213	坐倍被淡断近重	德庆	阳上	阳上 13	坐倍被似市厚近
		去声 33	坐淡断近			阳去 21	断重
东莞	阳上	阳上 13	坐被似淡重	怀集	阳上	阳上 13	坐被似厚淡断近
		去声 32	坐倍淡断近厚舅			阴上 53	倍重
斗门	阳上	阳上 13	坐被似近重	郁南	阳上	阳上 13	坐倍被淡断近重
		去声 21	倍断近			阳平 21	近重
四会	阳上	去声 24	坐被舅淡断近重	信宜	阳上	阳平 13	坐倍被似断重
		阴平 42	舅	开平	阳上	阳上 21	坐倍被似断
云浮	阳上	阳上 13	坐社肚倍似淡断			去声 31	近
		阳平 21	被淡近			阴平 33	重

除了四会外，其余各点都保留阳上调。信宜的情况比较特殊，古阳上调今读阳平，类似的情况在云浮、新兴也有反映。究其原因，其演变的路径应该是古阳上先变入阳去，然后再跟随阳去调变成了阳平。阳去调变为阳平调见于云浮、罗

定和郁南等地，是粤西粤语调类系统的一个特点。由此也可以看出，信宜阳上变入阳平的现象应该是比较晚起的。从这个意义上讲，信宜阳上调的演变类型与四会是相似的（只不过是变为去声后又跟随阳去变为阳平罢了）。

以上所分析的各类现象都无法解释吉隆坡粤语阳上归阴去的现象。看来从其内部语音系统的历史演变无法找到答案。

三、古阳上调在现代汉语方言中的一般演变规律

那么从古阳上调（全浊）在汉语其他方言中的演变类型中能否寻找到解释吉隆坡粤语这一现象的例证呢？我们把各大方言主要代表点的情况列表如下：

表二　　汉语方言古全浊上今读类型

方言点	古调类	今调类	例字	方言点	古调类	今调类	例字
北京	阳上	去声 51	坐被舅淡断近重	双峰	阳上	阳去 33	坐被舅淡断近重
太原	阳上	去声 45	坐被舅淡断近重	南昌	阳上	阳去 21	坐被舅淡断近重
济南	阳上	去声 21	坐被舅淡断近重	梅县	阳上	去声 52	坐淡断近重
成都	阳上	去声 13	坐被舅淡断近重			阴平 44	坐被舅淡断近重
扬州	阳上	去声 55	坐被舅淡断近重	厦门	阳上	阳去 33	坐被舅淡断近重
西安	阳上	去声 55	坐被舅淡断近重	潮州	阳上	阳上 35	坐被舅淡断近重
苏州	阳上	阳去 31	坐被舅淡断近重	福州	阳上	阳去 242	坐被舅淡断近重
温州	阳上	阳上 22	坐被舅淡断近重	建瓯	阳上	阳去 44	坐被舅断近重
长沙	阳上	阳去 21	坐被舅淡断近重			阳入 42	淡
		阴去 55	坐舅淡近重			上声 21	重

北方方言的表现基本一致，阳上字都读成了去声，没有发现例外的情况。由于各个北方方言点去声不分阴阳，比较的意义不大。上表中更多的点是阳上归入阳去，如苏州、长沙、双峰、南昌、厦门、福州和建瓯。长沙部分阳上字同时可以读为阴去与吉隆坡粤语的类型相似，但不同质，应该是受了普通话去声调值影响而产生的折合现象。需注意的是，上述各点的阳上归阳去的读法只包括全浊上

声字，次浊上声字不在其列。保留阳上调的方言点不多，上表中只有温州、潮州两个方言点的阳上调都包括了次浊字。从这个意义上说，它们与吉隆坡粤语的情形类似。但一类是保留的静止的状态，另一类是变化的运动的状态。从这个意义上讲，二者又是有区别的。因为根据对大多数方言阳上调变化规律的考察，温州、潮州的阳上调很有可能遵循一般阳上调的演变规律，全浊字变入去声（阳去），而次浊字则并入阴上调（或上声）。很显然，吉隆坡粤语没有遵循这样一条演变规则，走的是另外的一条路径。

梅县的情形倒引起了我们的注意，梅县话古阳上调的演变有两个路径：一是变为阴平调，这是主流方向；二是变为去声（梅县去声不分阴阳）。变为阴平调属于较老的层次，读为去声的是受了汉语演变主流规律的影响。前者包括了全浊和次浊，后者只表现在全浊字。梅县的古阳上调的演变规律在绝大多数客家方言中都有反映，是客家话语音最重要的区别性特征。

客家话阳上字读为阴平调的类型与吉隆坡粤语的情况比较相似。那么吉隆坡粤语与客家话之间存在什么关系呢？如果吉隆坡粤语的古阳上调也读为阴平调，这个问题基本上就解决了。但是一个读为阴平，一个读为阴去，二者之间能否系联起来呢？

四、吉隆坡粤语古阳上变阴去现象解析

1. 马来西亚汉语方言及其人口的分布

马来西亚总人口约 2 100 万，华人有 526 万，约占了 25%，华人中约有 87% 居住在西马，只有 9.2% 居住在砂朥越，3.8% 居住在沙巴（资料由冼伟国先生提供）。

马来西亚华人使用的语言主要是他们在中国大陆祖居地使用的汉语方言，也有部分人使用华语（当地华人对汉语普通话的称呼）。汉语方言主要有福建话、广东话、客家话、潮州话、海南话、福州话、莆仙话和广西话。这些名称都是当地华人的习惯称谓。

华人大规模移居马来西亚是在 18 世纪末和 19 世纪初（陈晓锦，2003）。当年的华人移民大都是没有文化的劳工，主要来自福建、广东、海南和广西等中国的沿海省份。所以后来在马来西亚的几个重要的汉语方言就是由那时候的移民带去的。马来西亚的华人有个特点，就是说同一种方言的人一般聚居在一起，这对于保留他们的母语无疑起到了积极的作用。现在马来西亚汉语方言的分布与移民的来源形成了紧密的联系：吉隆坡的华人主要使用广东话，槟城则主要使用福建话，新山的华人主要说潮州话，沙巴及其他乡村包括城市边缘地带的华人则通用客家话，马六甲地区的华人通用华语（陈晓锦，2003）。

福建话、潮州话、广东话和客家话是马来西亚华人社区的强势方言。从历史渊源来说，福建话和潮州话今天的地位和影响力与他们是最早并且大规模移居这块土地的华人有关。不过这种优势开始受到来自两方面的挑战：一是华语的地位开始上升，二是粤语随着粤语电视、电影和歌曲等的强势涌入而为越来越多的人所掌握。据有关的调查数据显示，目前掌握广东话的人数已经超过了掌握福建话的人数（陈晓锦，2003）。

首都吉隆坡的华人目前主要通用广东话，城市郊区还有一些地方的华人讲客家话。根据发音人介绍，吉隆坡很多华人原来并不讲广东话，而是说客家话，目前还有一些人回到自己的社区和家里同街坊、家人讲客家话。这个信息为我们解开前文提出的疑惑提供了重要的启示。联系到前文说到的梅县话的情形，我们提出一个假设：吉隆坡粤语古阳上调变读阴去是受了当地客家话的影响。而且我们已经有了一个靠得住的前提，就是吉隆坡更早些时候绝不是“广东话”（粤语）的天下，而是汉语的其他方言的天下，这个方言现在看来应该就是客家话。

2. 吉隆坡客家话的调查与分析

根据有关的调查（陈晓锦，2003），马来西亚的客家人主要来自中国广东客家人比较集中的粤东地区，尤以惠阳、揭西、大埔和海陆丰等地为多，而且各地客家话内部一致性相当强。我们简单记录了吉隆坡客家话的声调系统，排列如下：

阴平 33	歌批杯江东坐买有近重	阳平 21	婆茶来桥头咸田群墙雄
上声 31	左洗起考手胆拣想请董	去声 42	错坝气笑瘦步二轿病洞
阴入 2	塔湿八铁血七脚百色哭	阳入 5	杂集滑月袜学落白石读

由于发音人受多种语言（方言）的影响，为了避免归类错误，我们同时找了一位家在芙蓉市的客家人（张天业同学）协助发音人，部分字拿不准的读音由他来提醒发音人，并经发音人认可方作记录。结果发现，吉隆坡客家话的古阳上字（包括全浊字和次浊字）多数（常用字）读成了阴平调 33，全浊字的少数和次浊字的一部分分别归入了去声 42 和上声 31，归入去声的全浊上声字如“部夏惰罪犯件”等，有些字有阴平和去声两读，如“厚近”，还有一个字归入了上声（蟹）。归入上声的次浊字有“米旅女母舞努鲁雅伟脑老渺了舀亩扭偶某柳览眼演卵网两$_{几\sim}$永五”等，少数字读去声，如“染奶”。次浊上归入上声的多为非常用词。

前面说过，在古代的四声八调当中，阳上是比较特别的一个调类，由于字（特别是全浊字）少，使其成为最易变动的调类。从今天的汉语方言很少有阳上调这一点即可印证。客家人在学习粤语的时候既受到粤语声调系统的制约，又受到来自母语声调系统的影响，例如粤语的阳上是一个独立的调类，而客家话不是，这就需要把客家话古阳上调从阴平调里剥离出来，而事实上客家人做到了这一点。他们的粤语中阴平字与古阳上字是绝对不会混淆的，这很不容易。但是在把古阳上字剥离出来之后，他们没有接着完成调类的转换，而是采取了调值直接对接的办法，在目标语中寻找调值相同或相近的调类，结果就产生了我们今天看到的现象：古阳上字由客家话的阴平调剥离出来，又并入了粤语的阴去调。

3. 第二语言习得的规律与应用

第二语言（方言）习得过程中经常因为母语迁移而产生过渡语现象，学界一般称作“中介语”现象。母语迁移表现为两种类型：正迁移和负迁移。负迁移是形成中介语中所谓不规范成分的主要原因。母语迁移的原因源自对于目标语和母语之间语言成分关系的认知。有的认知符合两者之间的真实关系（即两种语言/方言之间相对应的成分完全相同），有的认知则是误解，即误把存在差异（往往对学习者来说是细微的差异）的两个对应成分当作是完全相同的成分。

早期定居吉隆坡的客家人在习得粤语的过程中，不可避免地受到了来自母语——客家话的影响。在调类习得过程中误把浊上调当作阴去调，就是一个典型的例子。由于本文调查的对象基本是中年以上的吉隆坡华人，我们还无法判断在年青一代华人当中，是否也存在类似现象。陈晓锦描写的吉隆坡粤语面貌基本上与香港粤语一致，如果这个描写属实的话，那就印证了第二语言习得的一个学说——第二语言习得是一个动态的过程，将越来越靠近目标语。不过，这个结论必须在大量的社会语言学调查之后才能给出确切的答案。

五、结论

就语言（方言）接触对语音产生的影响而言，更多地体现在借词的读音方式上，一般来说有两种情形：一种是将借词纳入自己的语音系统，整个系统结构并未发生变化；另一种是借入新的语音成分，从而导致系统发生了变化。汉语一直以来借入了大量的外来词，除了词形必须是汉字外，其读音形式必须符合汉语本身的语音系统。这种状况近十几年发生了变化，随着字母词的成批出现，不但汉语词形的传统规矩将要打破，固若铁桶的语音系统也面临巨大挑战。关于字母词的读音，有人主张接纳外文字母的读音，而且有关的调查数据显示，越来越多的人接受和使用外文字母的读音。人们在学习一种新的语言（方言）的时候，过渡语是必经的阶段，全国各地的地方普通话就是典型的过渡语。吉隆坡的客家人学习粤语也绕不过这个规律。

出于生存和发展的需要，人们经常被迫或自愿去学习一种新的语言（方言），这种情形非常普遍。吉隆坡的粤语大多是客家人后天习得之后形成的，因为客家人不得不面临一次语言的选择。由于以香港为代表的粤语文化从天而降，并逐渐成为优势文化，代表这一优势文化的方言——粤语遂成为人们希望掌握的目标语，客家人开始走出单一语言的框架，逐渐向双语过渡。双语（双方言）使用最常见的特征就是你中有我、我中有你。随着弱势语言使用人群的逐渐萎缩和新一代对于语言纯正化的追求，过渡语呈现逐步靠近标准目标语的动态过程。粤语在吉隆坡成势也就是近几十年的事，客家话已经退守到街坊邻里和家庭家族之间使用。我们可以断言，随着大量粤语文化的进入以及两地华人之间的频繁往来，吉隆坡的粤语在未来很短的时间内就会向标准音靠拢。或许这种进程已经开始了呢。

参考文献

1. 陈晓锦：《马来西亚的三个汉语方言》，中国社会科学出版社 2003 年 6 月版。
2. 李如龙主编：《东南亚华人语言研究》，北京语言文化大学出版社 1999 年 10 月版。

百年前缅甸粤籍华人使用的一些词语

——评介昂麾应的《缅甸粤人曾用过的俚语、俗语》[①]

暨南大学文学院中文系汉语方言研究中心

陈晓锦　高　洵

一、关于《缅甸粤人曾用过的俚语、俗语》

刊登于缅甸仰光广东公司《观音古庙重修落成庆典暨观音古庙一百七十九周年纪念特刊》（2002 年 11 月）中的《缅甸粤人曾用过的俚语、俗语》一文，作者昂麾应为曾在缅甸仰光大学历史系担任教职、已故的粤籍华人陈孺平，“昂麾应”为其缅甸名之音译。

昂麾应文章里的“粤籍华人”指的是缅甸祖籍地为广东四邑，即台山、恩平、新会、开平等地，使用粤语台山话的华人。据记载，早在数百年前，就已经有为数不少的华人在缅甸定居，粤人有自中国广东迁去的，也有辗转来自马来半岛的，民间估计，缅甸来自中国广东的华人（不仅限于四邑）的数量，在 1964 年以前，若包括来自广东潮汕平原的潮州人和来自广东丰顺、梅州等地的客家人，大约占全缅华人总数的 30%。当年广东籍华人的人气和势力可从以下情形略窥一二：仰光市中有一条建于 100 年前的“广东大街”，今日仍为华人聚居地，虽然现在略显破旧，但依然热闹非凡，有仰光唐人街之称，满布华人的店铺、会馆、庙宇，有建于 180 多年前的观音庙，甚至还有一间“缅甸华侨图书馆”（图书馆的名字系郭沫若题写）。

缅甸广东籍华人的数量在多次战乱和华人的二次移民等的影响下，如今已大大减少，粤语台山话的使用者也仅限于四邑籍的中老年华人。昂麾应的《缅甸粤人曾用过的俚语、俗语》（下文统一以“昂文”指称）向世人披露了当年四邑粤人的一些方言情况，保存了一些珍贵的方言资料。作者的写作动机，诚如其在文章开篇的几段文字所说的：

> 在 18 世纪末叶到 19 世纪末叶的 100 年之间，自马来半岛迁徙移入南缅的粤人为数颇众。后来，那些粤人之中，有一大部分的人，因参与

① 本文为国家社科基金项目“东南亚华人社区汉语方言比较研究”（07BYY017）的阶段性成果之一。

北至密支那，南至丹老、高桑的各项建设，其足迹乃遍布全缅。于19世纪期间自马来半岛移入缅甸的粤人，除将在马来半岛居留的时期所常用的俚语、俗语带入缅甸之外，又在缅甸创造了一些新的俚语、俗语。那些曾在马来半岛常用的词语，以及在缅甸所创造的词语，是直接从中国广东来的新客难以明了的，因为那些词语，有的是马来语（巫语）的译音，有的是闽南语译音，有的则为缅语的直译。

自幼年时期即对诸长辈所说的那些俚语、俗语颇为熟悉的我，长大以后，时常会追溯其语源。但于太平洋战役结束以后，缅甸粤人社会已有甚大的转变，于言谈之间，应用那些词语的人日益稀少。

时至今日，眼见先辈曾用过将近有200年的词语，已乏人注意，甚感可惜，乃趁缅甸仰光广东观音古庙出版特刊的机会，粗略地集辑在20世纪30年代时，粤人社会常用的一些俚语、俗语，以资保存，供同侨参考，并提供给对缅甸粤人的传统有兴趣的人士研究。

本文列举了粤籍华人使用过的一些词语，并将这些词语与今日粤籍华人使用的词语作比较。今日四邑籍华人的方言材料是笔者在缅甸仰光的实地调查所得。

二、文章的体例及收词

昂文所列的词语包含“甲、源出自马来语（巫语）者，乙、源出自缅语（直译或音译）者，丙、自马来半岛带来的闽南语，丁、粤人创造的词语，附录、战后粤人所用的缅语直译”5个部分，共计90个词条，其中“甲”20条，“乙”15条，“丙”7条，“丁”40条，“附录”8条。

以下是昂文所辑的91个词，每一类词的分类、排列顺序按原文，加圆括号与否也依原文，词条的释义则参照原文作了必要的修正或添加：

甲、源出自马来语（巫语）者：

条目	释义	条目	释义
坐廊	提拔，帮助，照顾	（马打仔）	普通警员
猛杀	流氓，无赖，游民	（马打头）	警官
猛杀卡	流氓，无赖，游民	（马打寮）	警察局
加固	监狱	华华	混血华人
加固头	狱吏	镭	钱
老举	妓女	（镭水）	钱
（老举头）	老鸨	疴公多公	罚款
（老举上街）	妓女从良	公班野	公司
（老举寨）	妓院	挂沙状棍	委任律师，特约律师
马打	警察	艟舡	载货木船

乙、源出自缅语（直译或音译）者：

条目	释义	条目	释义
行	班级，年级	闩街市	市场停止营业，休市
大先生	男校长	风衣	僧袍
（大先生婆）	女校长	风衣亭	僧寺
先生婆	女教师	风衣袍	僧袍
买街市	买菜	大写	书记长，文书长
卖街市	在市场做小买卖	写字	文书，书记
街市镭	买菜钱	安斗	管理城镇的官
街市婆	市场女贩		

丙、自马来半岛带来的闽南语：

条目	释义	条目	释义
头路	工作、职业，立足之处	交关	交易
摆卡	跛脚	康	家当，财势
卡	脚	好办头	好家伙，好东西
大坐山	大财主，大老板		

丁、粤人创造的词语：

条目	释义	条目	释义
文兵头	担任行政工作的英军军官	打衙门	打官司
武兵头	担任警察工作的英军军官	状棍楼	律师事务所
大兵头	担任行政区专员（省长）的英军军官	保家信	挂号信
二兵头	担任行政区副专员（副省长）的英军军官	买保家	买保险
百二	两星警官	海皮	专指缅甸伊江三角洲的乡镇
六十五	一星警官	喊码	出价竞标
公仔头	邮票，印花	喊码官	主持竞标者
士担	邮票，印花	博屎	小费
土库	洋行，售卖洋货的店铺	出粮	发工资，领工资

（续上表）

条目	释义	条目	释义
土库仔	售卖洋货的小店铺	打唐人工	在唐人的店铺做工
公馆	俱乐部，赌馆	打番鬼佬工	在白种人的店铺做工
红毛皇	英皇	祖家仔	在英国出生的英人
红毛书馆	英文学校，缅文学校	伯礼书馆	天主教会学校
读红毛书	念英文学校，上英文学校	女伯礼书馆	天主教会女修道院学校
红毛先生	白种人教师，教英文的白种人教师	打皇家工	在政府部门工作
吃红毛粮	打欧美人的工	红毛鬼冬至	圣诞节
红毛话	英语	菲市	办事处，事务所，办公厅
红毛书	英文书	崩厂	白鸽票厂或字花厂因中彩者过多而庄家赔光，以致倒闭。
返祖家	白种人或印度人回其祖国	使妈	年长的女佣人
喊冷	拍卖	妹仔	年轻的女婢

附录、战后粤人所用的缅语直译：

条目	释义	条目	释义
电火	电灯	无火来	电流中断，停电
两盏火	两盏电灯	坏火	电流中断，停电
开火	开电灯	停火	将供电切断
闩火	关电灯	跌下来	（申请书等）批下来

有的词语，作者虽无单独列出，但却在其他词语的释义部分出现，如“街市（菜肴）、支街市（支买菜肴的费用）”等，如加上这些，词语的数量就不只90条，而是103条了。这样的词语有（依在文章中出现的先后顺序排列）：

条目	释义	条目	释义
吃咖哩饭	坐牢	支街市	支买菜肴的费用
吃加固饭	坐牢	支买街市	支买菜肴的费用
山狗	混血华人	熟街市	烹饪过的菜肴
山狗仔	混血男华人，在缅甸出生的男华人	生鲜街市	刚煮好的菜肴

(续上表)

条目	释义	条目	释义
山狗女	混血女华人，在缅甸出生的女华人	写字仔	低级文书
买燕梳	买保险	猪卡	猪脚
街市	菜肴		

文章采用先列条目，再加注和必要的例句的方式，作者认为有多义的词，会逐一列明、解释。例如：

“行”(读若“堂”)，为缅语[①]的直译，指学校的班级。例如，“七行”是指“七年级”，“十行”是指“十年级”。在英治时期，能读到七年级就令人羡慕。“佢嘅女真係聪明啰，考起七行哇!”

又如“公仔头”：①邮票；②印花。

由一个词再派生出来的词，用加括号的方式在那个词的后面列出，例如：

马打：(马打仔)、(马打头)、(马打寮)。

加了括号的词，有的是由一个词派生出来的，例如：

镭(镭水)：粤人又称“钱”为“镭水”。如“好镭好水”、“有镭有水”。“镭水松动”意指“手头宽裕”；“镭水紧”意指“手头拮据”，“镭水”就是由“镭”派生而来的。

但也有的括号内的词是“又说(又作)”，例如：

艟舡(东更)：巫语 Tong - Kang 的译音。闽人译作“艟舡”，粤人译作“东更”，系一种载货木船。此条中的“(东更)”就是“艟舡”的另一写法。

如是借词，词条下会注明来源——原词，有的还注明了读法，然后再作解释。例如：

坐廊：马来语 To - Long(读若 taw - lawng)的译音。义为“提拔、帮助、照顾”等。此词的注释，在“读若”的拉丁文字样后还加了汉语的注音符号。

三、对《缅甸粤人曾用过的俚语、俗语》之评说

这虽是一篇不太长的短文，但却是一篇不可多得的关于缅甸华人方言的宝贵资料。难能可贵的是，作者在收录这些词语的同时，还注意溯源，对它们作了较详尽的解释。

(1) 文章阐述了台山话里包含的多种语言、方言的成分：马来语、缅甸语、

① 为打印方便，昂文中列出的缅语词和汉语的注音符号，本文都从略。

英语、福建闽南话等，分析了台山话中的自创词，为我们提供了一个海外汉语方言在异国他乡多语多方言的环境下产生变化的鲜活例子。

（2）文章为世人留下了将近100年前，来自广东四邑、生活在缅甸的华人使用的，不少中国本土的粤籍人士闻所未闻，但有的今天仍旧活在缅甸中老年华人（不仅祖籍地为广东四邑）口中的词语，例如，把华人的组织称为“公司”，广东籍华人的组织就是“广东公司”，时至今日，仰光缅甸广东工商总会的大楼外，依然标着“广东公司”几个清晰的大字。读了昂文，才明白将组织叫做“公司”，乃是“仿效英国与荷兰的东印度公司”所得，缅甸曾是英国的殖民地，其时，在殖民地的荷兰和英国的东印度公司，都是这两个国家的代表。又如，“街市”本义为“市场”，笔者在田野调查时记录到“街市（菜肴）、买街市（买菜）、煮街市（做菜）”几个词所表达的括号内的意义，但发音人并不知为何这么说。看了昂文的描述，才明白以“街市”指称“菜肴”源于缅甸语表示“前往市场买菜（买物）”一词的直译，“街市镭、卖街市、街市婆、煮街市”等“街市系列词”就从“买街市（买菜）”衍生而来。再如，称警察为“马打”——这是个源自马来语的词，警署就是“马打寮”，不仅缅甸华人，中南半岛华人现今的说法都与昂文列举的一样。

此外，文章中还有相当部分今日就连中老年缅甸四邑籍华人也不说的词语，例如（例子的条目和解释均按原文，例子后括号内的文字为笔者所加，下同）：

①红毛鬼冬至：圣诞节。早期之粤人，见白种人于唐人的冬至以后，即庆祝耶稣诞（圣诞节），故称“圣诞节”为“红毛鬼冬至”。（华人称欧美等国的白种人为“红毛鬼”，国内的粤方言区也有此说）

②崩厂：白鸽票厂或字花厂因中彩者过多而庄家赔光，以致倒闭。在马来半岛称为“爆厂”。

③祖家仔：来自英国之英人；出生于英国者。

④返祖家：白种人返回其祖国，有时亦称“印度人回印度”为“黑鬼返祖家”。（“黑鬼”为不敬的称呼，现缅甸华人还偶有使用）

⑤百二：两星警官——称之为“百二”者，因其薪俸有120盾云。（“盾”为缅甸币单位，下同）

⑥六十五：一星警官——称之为“六十五”者，因其薪俸有65盾云。

⑦文兵头：任行政工作的英军军官。

⑧武兵头：担任警察工作的英军军官。

⑨大兵头：担任行政区专员（省长）的英军军官。

⑩二兵头：担任行政区副专员（副省长）的英军军官。

上面10个例子是殖民统治在粤籍华人方言中留下的痕迹，这些词虽大都随着殖民统治在缅甸的结束而逐渐被人们淡忘了，但“红毛鬼冬至”一词直观的表达今日听来依然令人发笑；“崩厂”一词所指的事物今日缅甸已无，昂文在记录这个词的同时，还以在马来半岛的华人社区，表达同一意义的“爆厂”一词与之对比；例⑤、例⑥以警官的收入来区分、指代他们的级别，亦足见华人的智慧。这些词记录的也是一段历史。

(3) 文章注重收集借词，并对借词的来源作了语源的分析。到目前为止，流行在海外的汉语方言与本土汉语方言一个最大的差别，就是词汇中的借词比本土的母体方言多。昂文中的借词应可分4类：来自马来语的，来自缅甸语的，来自英语、荷兰语等的，还有来自兄弟汉语方言闽南话的。

来自马来语的词被排在文章的第一部分，如：

①坐廊：马来语 to－long（读若 taw－lawng）的译音。义为“提拔、帮助、照顾”等。老前辈带小孩拜神、拜佛、拜菩萨时，会教孩子说：“请菩萨坐廊”，在此的“坐廊”，乃指“庇佑”。（例句中括号“读若”后本还有汉语的注音符号）

②华华：在马来半岛各地的华人译作“哇哇”，而缅甸华人则译作“华华”，两者均为巫语（马来语）ba－ba（土生华人）的译音，闽人译音作“峇峇”，粤人发音作 va－va，盖因 b 与 v 两音易于互转之故。肇庆府粤人称“板”为 van。其实，ba－ba 一词，于曩时本为巫人（马来人）对葡萄牙人的尊称。后来，巫人将该语转称“土生华人”，尤其是“混血华人”。于是，南洋华人亦以该语称“混血华人”（迦比亚）。但缅甸粤人 ba－ba 选择“华华”作为 ba－ba 的译音。“唐山来”（来自唐山的粤人）除称混血华人为“华华”之外，又称“混血华人”及在缅甸出生的粤人为“山狗”、“山狗仔”、“山狗女”。据我所知，数十年来，无人在意。

③挂沙状棍：出庭律师。在任何等级之法庭均可出庭的大律师。英语 Barrister-at-law，缅语（略）。“挂沙”乃巫语（马来语）kua－va（委托）的译音。“挂沙状棍”亦即“委任律师”、“特约律师”。

以上3例，包含了语源、释义、例句，如例①和例③，明明白白。例②甚至将缅甸粤人的译音比对“闽人”福建籍华人的译音，并且指出“山狗、山狗仔、山狗女”等词无贬义。只是例②中的“(迦比亚)”为何意昂文却没说明。另，粤语广州话无唇齿浊擦音 v 声母，但是四邑片却有，“肇庆府粤人称‘板’为 van”一句，说明其时仰光的台山话与今日本土的母语一样，有唇齿浊擦音 v。

来自缅甸语的词（包括附录）如：

④大先生：为缅语（略）sayagyi 之直译。英语为 head-master，为小学、中学的男性校长。

⑤大先生婆：为缅语（略）sayamagyi 的直译。英语为 head-mistress，为小学、中学的女校长。“大先生婆”并非男校长的老婆。

⑥大写：是缅语（略）sayay－gyi 的直译，英语为 head-clerk“书记长”、“文书长”。

⑦写字：是缅语（略）sayay 的直译，即是“文书”、“书记”。粤人常称“低级文书”为“写字仔”。

例④、⑤、⑥、⑦缅语词后面的音表示的是缅语的读音。4 个例子均与汉语普通话及广东粤方言广州话等写法相同的词的意义完全不同，由“写字”派生出的指“低级文书”的“写字仔”也很风趣。昂文中与汉语普通话形同义不同的词还有附录中所列的“开火（开电灯）”、“停火（将供电切断）”等。

来自英语、荷兰语等的词昂文中并没有单独列出，但我们不难在文章中分辨出来，例如，在“源出自马来语（巫语）者”中列出的“公班野”条，作者有如下解释：

⑧公班野：乃荷兰语 compagnie（公司）的译音，亦即英语的 company。在曩时，无论荷兰东印度公司或英国东印度公司，均为其国之代表。第二次英缅战争结束，英国东印度公司建立市区，重新核发地契。华人寺庙地皮及初期坟场地皮，以英国东印度公司名义，免费发给。在英治时期，对“政府会予以罚款”一语，粤人就会说，“公曼野会多你个公”。粤人将“公班野”发音作“公曼野”。（“多公”意为“罚款”，是马来语的译音）

又如，在“粤人创造的词语”中列出的“士担、菲市”条：

⑨士担：邮票或印花，为 stamp 之音译。

⑩菲市：亦作“匪市”，乃英语 office 之略，即“办事处”、“事务所”、“办公厅”。

此 3 个词的语源都很清楚，老广州话也用译音词“士担”指代“邮票”。显然，作者的归类出了问题。类似的词还有，如也是列在“粤人创造的词语”部分的“博屎：小费，为印语 buckshi 之译音”，作者的解说就告诉了读者，这也是个借词。

来自闽南话的，这部分所收的词一共只有 7 个，作者注明是“自马来半岛带来的闽南语”，对此笔者有所疑问，因为缅甸也有人数不少（比粤籍的多）的闽南籍华人，福建籍华人虽有的是辗转从马来半岛迁移来的，但也有直接来自中国大陆的，“自马来半岛带来”之说恐不一定准确。但作者所列的词如“头路（工作、职业、立足之处）、交关（交易）”等，都是地道的闽南语词；再如“摆卡（“跛脚”的译音）”、“卡（“脚”的译音），‘猪卡’就是‘猪脚’”等词也是地道的闽南话词，“卡”的本字应是“骹”，“猪卡”应是“猪骹”，作者在排列词条时若能把“卡”摆在“摆卡”之前，就更有条理。不过，此部分的“康、大坐山、好办头”等几条，则不知是不是已经死亡了的闽南话词，抑或是海外闽南籍华人的自创词。查厦门大学中文系汉语方言研究室主编的《普通话闽南方言词典》（福建人民出版社，1982）及周长楫的《厦门方言词典》（江苏教育出版社，1993）均无此 3 条，咨询闽南籍的学者也不得要领。

（4）文章中列举的例子中，有的词是外语借自汉语方言的，还是汉语方言借自外语的，值得商榷。例如，在“源出自马来语（巫语）者”部分列出的“老举”一词，昂文注明是“马来语及印尼语 lo - ki 的译音”，而此词一直都在国内粤方言区广泛流行（近年来有被“鸡”取代的可能）。据了解，在印尼语中，这个词也拼作“lo - kio”，有的学者认为应该是印尼语借自汉语方言的，因为是借汉语方言的，所以才会有不同的拼写。[①] 其实，海外汉语方言与各所在国诸语言的互动已过百年甚至数百年，相互之间的学习借用肯定相当多，互借互用表现在什么地方，以什么样的方式表现，等等，都是颇需深入探讨的。

（5）文章所列的“粤人创造的词语”，不少也同样在国内的粤方言区和海外的其他华人社区流行，有些更是老粤语词。如称西洋人为“红毛鬼”，由此产生“红毛系列词”：红毛话、红毛书、红毛书馆、红毛先生、红毛皇、吃红毛粮等。称“发薪、领薪”为“出粮”，至 20 世纪五六十年代，广州话还是这么说。“出粮、红毛鬼”等，现在国内外操粤语的人士都已少用，但以“书馆”指“学校”国内粤语区虽已不说了，不过据我们调查，在海外，不但缅甸粤籍华人这么说，马来西亚和中南半岛越南、柬埔寨、泰国等华人社区的粤语都还在使用。这可以说从一个小方面印证了粤方言内部的同一性。

参考文献

1. 昂麼应：《缅甸粤人曾用过的俚语、俗语》，缅甸仰光广东公司《观音古庙重修落成庆典暨观音古庙一百七十九周年纪念特刊》，2002 年 11 月。

2. 陈晓锦：《中南半岛五国华人社区语言现状》，见陈晓锦、张双庆主编：《首届海外汉语方言国际研讨会论文》，暨南大学出版社 2009 年版。

3. 汪大年：《缅甸语与汉藏语系比较研究》，昆仑出版社 2008 年版。

---

① 笔者曾就此咨询过同事——印尼归侨杨启光教授，他持此看法。

汉语方言对印尼城市中文名的影响

暨南大学华文学院　Thea Sairine　孙玉卿

一、受闽语影响的印尼城市中文名

印尼华人社会的历史悠久，中印民族长期的和平共处与文化的交流也体现在汉文化及其方言影响了印尼城市的中文名称。这些中文名称中音译和半音半译部分名称蕴涵了汉语方言的特色。通过对这些音译城市中文名的用字分析，我们可发现这些方言的特色，也不难发现这些城市中早期华人的聚居情况。以下我们对部分城市中文名与汉语方言的联系予以展示。为了便于对比，我们分别列举了闽语（厦门话为代表）、潮州话、粤语、客家语的对译音。

（一）印尼城市名中浊音 b 的对译

部分印尼城市名中有浊音［b］，这个音在汉语普通话中已经消失，但是在闽语中仍有存在，所以在音译时，即会使用浊音［b］为声母的字来对译。如：

印尼城市		闽（厦门）	潮	粤	客
民礼	Binjei	bin^{11}le^{52}	min$^{55-21}$li^{51}	man^{21}lɐi^{23}	min^{11}li^{44}
实武牙	Sibolga	sit$^{23-21}$bu$^{53-24}$ga^{23}	sik$^{4-21}$bu$^{51-213}$ge^{51}	ʃat^{22}mou^{23}ŋa^{21}	sət^{5}vu^{31}ŋa^{11}
万隆	Bandung	ban$^{22-21}$liɔŋ^{24}	bueŋ$^{11-33}$loŋ^{55}	man^{22}luŋ^{21}	van$^{52-54}$luŋ^{11}
茂物	Bogor	bɔ$^{22-21}$but^{23}	mou$^{35-11}$mueʔ^{4}	mɐo^{22}mɐt^{2}	miu^{52}vut^{5}
万丹	Banten	ban$^{22-21}$tan^{22}	bueŋ$^{11-33}$taŋ^{33}	man^{22}tan^{55}	van$^{52-54}$tan^{44}
井里汶	Cirebon	tse$^{53-24}$li$^{53-24}$bun^{24}	tse$^{51-35}$li$^{51-35}$buŋ^{55}	tʃɛŋ^{35}lei^{23}mɐn^{21}	tsiaŋ^{31}li^{31}vun^{11}
任抹	Jember	lim$^{22-21}$buat^{5}	zim$^{213-55}$buaʔ^{21}	jam^{22}mat^{33}	im^{11}mat^{21}
厨闽（杜板）	Tuban	tu$^{24-21}$ban^{24}	tou$^{55-21}$paŋ^{55}	tʃ^{h}y^{21}mɐn^{23}	ts^{h}u^{11}mɛn^{11}
安汶	Ambon	an^{33}bun^{24}	aŋ^{33}buŋ^{55}	ɔn^{53}mɐn^{21}	ɔn$^{44-45}$vun^{11}
的鹿勿洞	Telukbetung	tik^{5}lɔk$^{23-21}$but^{5}toŋ^{22}	tek$^{21-4}$lɔk$^{4-21}$ mãi$^{11-33}$toŋ^{33}	tɐk^{5}lʊk^{2}mɐt^{2}tʊŋ^{22}	tɛk^{21}luk^{5}vut^{5}tuŋ^{44}
岩望 Gembong	Pasuruan	gam$^{24-21}$baŋ^{22}	ŋam^{55}buaŋ^{35}	ŋam^{21}mɔŋ^{22}	ŋam^{11}mɔŋ^{52}
外南梦 Blambangan	Banyuwangi	gua$^{22-21}$lam$^{24-21}$ baŋ^{22}	gua$^{11-33}$lam$^{55-21}$ maŋ^{11}	ŋɔi^{22}nam^{21}mʊŋ^{22}	ŋɔi$^{52-54}$nam^{11}muŋ^{52}

以上所举出的民、勿、茂、万、汶、武、望等字在古汉语中都是明母字，在现代汉语多数方言，包括粤、客家方言中声母都是双唇音的［m］，但是在厦门话和潮州话中表现却十分特别，古明母字读音在厦门话和潮州话中多读如双唇的全浊音 b，这正与印尼语言中浊音［b］对应，如此，这些明母字就用于对译印尼语的声母［b］。上表所举印尼城市中文译名用字反映了部分闽语的特点。

（二）印尼城市名中浊音 g 的对译

印尼城市		闽（厦门）	潮	粤	客
丁宜	T. Tinggi	tiŋ^{33} gi^{24}	teŋ$^{33-22}$ ŋi^{55}	tiŋ^{53} ji^{21}	tɛn$^{44-54}$ ni^{11}
峇眼亚比	Bagan Siapi - api	ba$^{53-24}$ gan^{53}	ba$^{51-213}$ ŋaŋ^{51}	ba^{35} ŋan^{35}	ba^{31} ɳian^{31}
实武牙	Sibolga	sit$^{23-21}$ bu$^{53-24}$ ga^{23}	sik$^{4-21}$ bu$^{51-213}$ ge^{51}	ʃat^{22} mou^{23} ŋa^{21}	sət^{5} vu^{31} ŋa^{11}
北加浪岸	Pekalongan	pak^{5} ka^{33} lɔŋ$^{53-24}$ gan^{22}	pak$^{21-4}$ ke$^{33-22}$ laŋ$^{35-11}$ ŋãĩ^{35}	pɐk^{5} ka^{53} lɔŋ^{22} ŋɔn^{22}	pɛt^{21} ka$^{44-45}$ lɔŋ$^{52-54}$ ŋan^{52}
牙律	Garut	ga$^{24-21}$ lut^{23}	ge$^{55-21}$ luk^{4}	ŋa^{21} lθt^{22}	ŋa^{11} lik^{5}

全浊声母［g］在现代汉语普通话和多数方言中已经消失，但是在闽语中仍有存在。比如“牙”字，在闽语中读［ga］。这个字汉语古音为疑母字，在现代汉语普通话中声母消失，成为一个零声母字，在粤语、客家语中多数保留疑母的读音，即［ŋ］，但是古疑母字在部分闽语中声母读全浊音［g］，实为一大特色。这一读音正与印尼语中的全浊音［g］对应。其他如宜、眼、岸等字也是此类情况。我们可以肯定，如果是用汉语普通话或多数方言来翻译印尼语中的［g］，当不会使用这些疑母字来翻译，而用这些字来对译印尼语中的全浊音［g］，应是闽语发音特点的反映。

根据（一）和（二）中总结的特点，“岩望”（Gembong）也可以断定是一个闽语译名。“岩”古汉语是疑母字，现代普通话中多变为零声母，粤语、客家语和部分闽语（如福州、潮州、建瓯）仍保留疑母古音，而厦门话中疑母字多读如全浊音 g，以“岩”字对译正是厦门话的特点。“望”是微母字，现代普通话、多数方言，包括粤、客家方言都读双唇的 m，但是古微、明母字在厦门、潮州话文读音中多读如双唇的全浊音 b。以“望”字对译印尼城市名中的全浊唇音 b 正是厦门话、潮州话的反映。

（三）印尼城市名舌头音 t 的对译

印尼城市		闽（厦门）	潮	粤	客
直葛	Tegal	tit$^{23-21}$ kat^{5}	tik$^{4-21}$ kuaʔ^{21}	ʧik^{22} kɔt^{33}	ts^{h}ət^{5} kɔt^{21}

“直”中古汉语为澄母字，上古归舌头音定母，即读 t。在现代普通话和多数方言中该音读翘舌的舌尖后音［ʈʂ］，粤方言中多读如舌叶音［ʧ］，客家方言中则读舌尖音［ts^{h}］，而在闽语中保留了上古汉语的读音，仍读舌头音［t］，那么，以“直”对译 Tegal 的前音，就十分契合。显然，“直葛”这一音译形式是受闽语影响的结果。

（四）印尼城市名舌头音 d 的对译

印尼城市		闽	潮	粤	客
棉兰	Medan	mi$^{24-21}$ lan^{24}	mi$^{55-21}$ laŋ^{55}	min^{21} lan^{21}	miɛn$^{11-45}$ lan^{11}
万隆	Bandung	ban$^{22-21}$ liɔŋ^{24}	bueŋ$^{11-33}$ loŋ^{55}	man^{22} luŋ^{21}	van$^{52-54}$ luŋ^{11}

棉兰以福建人居多，从“棉兰”的发音来看，“兰”对译印尼名 Medan 的后半部分，即是以 l 对应全浊的 d。万隆，据闽语中部分明母字读全浊音 b 的特点，这一城市中文名应是反映了闽语的特点。根据 d—l 的对应，可以推定以下一些城市的中文译名是受了闽方言的影响，见下：

印尼城市		闽	潮	粤	客
楠榜	Lampung	lam$^{24-21}$ pɔŋ^{53}	lam$^{55-21}$ paŋ^{51}	nam^{21} pɔŋ^{35}	nam^{11} pɔŋ^{31}
南海樟	Lumajang	lam$^{24-21}$ hai$^{53-24}$ tsiɔŋ^{33}	lam$^{55-21}$ hai$^{51-35}$ tsiaŋ^{33}	nam^{21} hɔi^{35} ʧœ^{53}	nam^{11} hɔi^{31} tsɔŋ^{44}

“南”、“楠”的声母在现代汉语普通话和多数方言中均是前鼻音 n，粤、客家方言也是如此，但是在闽语区，厦门、潮州等地 n 声母字多读如 l。“楠”、“南”的声母在闽语中多读如边音 l，这正与印尼名的 l 对应，而粤、客方言当不会以“楠”、“南”对译 l。从这一特点看，能确定以上两个城市中文名也是闽语译名。

"外南梦"（Blambangan），从以上提及的闽语对译的特点，也基本可以断定是闽语译名。闽语中 n、l 多有不分，双唇鼻音 m 多读如双唇塞音 b，所以闽语中"南"的声母读如边音"l"，"梦"的声母读如双唇塞音"b"，都正与印尼音对应。

经过人口资料调查，苏门答腊岛的棉兰、丁宜、民礼、实武牙、峇眼亚比、楠榜等地华人社会早期都是闽南人居多，目前的社会交际语言仍是闽南语。印尼城市的华人社会是历史原因造成的。比如棉兰，19 世纪荷兰殖民者侵占印度尼西亚后，为了夺取印尼的丰富资源，利用各种手段招募华工到苏门答腊岛北部日里种植烟叶。1890—1931 年，在棉兰的勿拉湾码头登陆的契约华工达 30. 5 万人。在棉兰市白蒂沙广场，有座纪念 5 名华工因反抗荷兰殖民者压迫而牺牲的五祖庙。19 世纪 70 年代，福建同安县凤翔十三都（今新店乡）渔民洪思返、思银等 11 人开发了世界著名的峇眼亚比渔场并建造船厂。峇眼亚比华侨多数来自中国福建南部，闽南话是峇眼亚比社会的公共交际语言，甚至少数的印尼原住民也会讲闽南话。

再如，地处北苏门答腊岛西海岸的港口城市实武牙（Sibolga），以及西苏门答腊省的省会巴东（Padang）的华人社会历史悠久，其社会交际语言是印尼当地方言。据了解，该地的华人以福建人为多数，他们在当地多有住了五代以上的历史，家庭成员也以印尼当地方言沟通。客家人或其他方言人在该地历史较晚，最多三代，客家人牢记祖训"宁卖祖宗田，不忘祖宗言"，至今家庭成员仍以客家话沟通。

关于苏门答腊的奇沙兰、先达、占碑及加里曼丹的坤甸，通过译名很难确定受何种方言影响，但通过文献考查和人口调查，我们可以确定这些城市名是受了潮州语影响。

据 1962 年先达市政府华侨人口统计，华人有 2 万左右，潮州人占 40%。

二、受粤语影响的印尼城市中文名

在印尼城市中文译名中，粤方言译名相对少一些。举例如下：

印尼城市		闽	潮	粤	客
锦石（新村）	Gresik	gim$^{53-24}$tsio^{23}	kim$^{51-213}$tsieʔ^{4}	kɐm^{35}sɛk^{22}	kim^{31}sak^{5}
日惹	Yogyakarta	lit$^{23-21}$lia^{53}	zit$^{4-21}$zia^{51}	jɐt^{22}jɛ^{23}	nit^{21}ȵia^{31}

锦石（Gresik），"锦"是见母三等字，在普通话和汉语多数方言中声母已经腭化，但是闽、粤、客家等方言中仍读舌根音。如果只看"锦"字，闽方言中"锦"字声母读如全浊 g，与 Gresik 的首音相同，用"锦"字对译，似是闽语的

反映。但是“石”字闽语读 tsio^{23}，与印尼名相去甚远，而粤语“石”字读 sɛk^{22}，与印尼名最为相近。全浊音 g 与清音 k 相近，古汉语文献中见母字与群母字也多有互谐声关系，所以“锦”石的粤语音 kɐm^{35} sɛk^{22} 与印尼名应该最为接近，以“锦石”对译印尼城市名 Gresik，多半应是受粤语的影响。

“日惹”（Yogyakarta）这个中文译名不是印尼名的全部音译，只是前半部分的音译。“日”和“惹”汉语普通话中都是翘舌音，闽语（厦门话）中读为边音声母，潮州话中读如舌尖音的浊音 z，客家话中则读如前鼻音声母，这些都与印尼音相去甚远，只有粤语中 j 的发音与印尼音对应比较贴切，所以可以推测“日惹”可能是一个粤语译名。

文献也记载“新村”村主为广东人，因此，可证明 Grisik 的中文名称“锦”石是广东人给予对译的粤语方言地名。从人口资料调查可确定历史名都日惹（Yogyakarta）是粤语译名。

三、受客家方言影响的印尼城市中文名

印尼城市		闽	潮	粤	客
展玉	Cianjur	tiɛn$^{53-24}$ giok^{23}	tieŋ$^{51-213}$ gek^{4}	tʃiŋ^{35} jʊk^{22}	tsaŋ^{31} iuk^{5}
邦加	Bangka	paŋ^{33} ka^{33}	paŋ^{33} ke^{33}	pɔŋ^{53} ka^{53}	paŋ^{44} ka^{44}
勿里洞	belitung	but$^{23-21}$ li$^{53-24}$ tɔŋ^{22}	mãĩ$^{11-33}$ li$^{51-35}$ toŋ^{33}	mɐt^{22} lei^{35} tʊŋ^{22}	vut^{5} li^{31} tuŋ^{44}
山口洋	Singkawang	san^{33} k^{h}ao$^{53-24}$ iɔŋ^{24}	sũã^{33} k^{h}ao$^{51-35}$ iaŋ^{55}	ʃan^{53} hɐo^{35} jœŋ^{21}	san$^{44-45}$ k^{h}ɛo^{31} iɔŋ^{52}
茉莉芬	Madiun	buat$^{23-21}$ li$^{22-21}$ hun^{33}	muek$^{4-21}$ li$^{35-11}$ huŋ^{33}	mut^{2} lei^{22} fen^{53}	mat^{5} li$^{52-54}$ fun^{44}
亚齐	Aceh	a$^{21-53}$ tse^{53}	a$^{33-22}$ ts^{h}i^{35}	a^{33} tʃɐi^{21}	a$^{44-45}$ ts^{h}ɛ^{11}
古打拉夜	Kotaraja	kɔ$^{53-24}$ tã$^{53-24}$ la^{33} ia^{21}	kou$^{51-35}$ ta$^{51-35}$ la^{33} ia^{11}	ku^{35} ta^{35} la^{55} jɛ^{22}	ku^{31} ta^{31} la^{44} ia^{52}
望加锡（锡江）	Makasar	baŋ$^{22-21}$ ka^{33} siaʔ^{5}	m õ$^{11-33}$ ke^{33} siaʔ^{21}	mɔŋ^{22} ka^{53} sɛk^{33}	mɔŋ^{52} ka^{44} siak^{21}
三发	Sambas	sam^{33} huat^{5}	sam^{33} huak^{21}	ʃam^{53} fat^{33}	sam$^{44-45}$ fat^{5}

“展玉”（Cianjur）一名首先可以断定不是闽语译名，“展”的声母在闽语，包括在潮州话中仍保留汉语古音，读如舌尖中音 t，所以不可能与印尼名对译。我们还可以对比“井里汶”的翻译。这一译名通过“汶”字的对译，我们可以断定是闽语译音，其中印尼音中的 ci，闽语对译的汉字为“井”（声母 ts），是个舌尖前音，那么 Cianjur 的首音闽语中就不可能用一个舌尖中音来对译，从此我们也可以断定“展玉”一名不是闽语译名。在粤语中“展”读如舌叶音声母，主要元音也与印尼音相去甚远，只有客家话中“展玉”的发音与印尼音比较契

合，所以我们大致可以推定“展玉”为客家方言译名。

“茉”在闽语中声母（不包括潮州话）多读如全浊音 b，如以“万隆”对译“Bandung”。对比潮州话、粤语和客家话，从译名用字的主要元音可声调看，应该大致可以推定是受客家话的影响。

上述城市，如邦加、勿里洞、山口洋、亚齐、古打拉夜、望加锡（锡江）、三发，通过译名很难确定受何种方言影响，但通过文献考查和人口资料调查，及其社会公共语言是客家话，我们可以确定这些城市名的翻译是受了客家话影响。

四、结论

古代移居印尼的中国人各自带着母语方言、中华文化来到居住地，并用自己的母语方言称呼所在地城市的名称。因此，印尼城市中文名称多数是用汉语方言命名的，即方言译名。

通过汉语方言对印尼城市中文名的影响的语音分析，从闽南、潮州、粤语和客家各自对方言地名音译差异比较进行研究，这些城市中文名称中音译和半音半译部分名称蕴涵了汉语方言特色。如部分印尼城市名中有浊音 b 和浊音 g，这两个音在汉语普通话中已经消失。但是在闽语中仍有存在。闽语中部分明母字多读如全浊的 b，疑母字多读如全浊的 g，所以，闽语就会用明母字与疑母字对译印尼城市名中的 b、g。那么，在这些城市的中文译名中就烙下了闽语的痕迹。

有些印尼城市名中的中文译名仅凭名称用字很难准确判断是受何种方言影响，即带有闽、潮、粤、客家方言的一些共同特色，如“邦加”（Bangka），“加”字汉语古音为舌根音声母，在现代多数汉语方言中，三等韵里的这个声母都出现了颚化现象，变成了一个舌面音声母，但是闽、潮、粤、客家等方言中都还保留古读，即都可用“加”对译 ka。不过我们通过历史资料的查阅和相关的实地考察，得知这一中文译名应是一个客家话译名。

总之，通过本文考查和研究，在印尼城市中文名称译名中的确隐含着丰富的中华文化和汉语方言特色。从而也证明了早期移居印尼的华族多数是闽、粤两省的移民，其中又以闽南人最多。

附：

印度尼西亚语音系统

1. 辅音（25 个）：b [b]　c [tʃ]　d [d]　f [f]　g [g]　h [h]
j [dz]　k [k]　k^h [k^h]　l [l]　m [m]　n [n]　ng [ŋ]
ny [ɳ]　p [p]　q [k]　r [r]　s [s]　sy [sy]　t [t]
v [f]　w [w]　x [ks]　y [j]　z [dz]

2. 元音（6个）：a é i o u e

3. 声调：单一声调

参考文献

1. 杨万秀：《海外华侨华人概况》，广东人民出版社1989年版。

2. 吴世璜：《印尼地理与经济》，椰城世界出版社1954年版。

3. 郑良树编、黄昆章著：《印度尼西亚华文教育发展史》，吉隆坡马来西亚华校教师会总会2005年版。

4. 李学民、黄昆章：《印尼华侨史》，广东教育出版社2005年版。

5. 孔远志：《中国印度尼西亚文化交流》，北京大学出版社1999年版。

6. 张晔：《东南亚华侨华人历史与现状》，旅游教育出版社2001年版。

7. 周南京：《风雨同舟——东南亚与华人问题》，中国华侨出版社1995年版。（马欢《瀛涯胜览》爪哇国、旧港国条）。

8. 李如龙：《东南亚华人语言研究》，北京语言文化大学出版社2000年版。

9. 杨启光：《试论中华文化对印尼社会的影响》，《华侨史论文集④》，暨南大学华侨研究所，1984年。

10. 严修鸿：《〈地名与语言学论集〉述评》，见李如龙编《汉语方言与音韵研究文集》，暨南大学出版社2002年版。

11. 李荣：《广州方言词典》，江苏教育出版社1998年版。

12. 袁家骅等：《汉语方言概要》，语言出版社2001年版。

13. 杨必胜、潘家懿、陈健民：《广东海丰方言研究》，语文出版社1996年版。

14. 梁立基：《新印度尼西亚汉语词典》，商务印书馆1989年版。

15. Shinta Devi ISR. *Boen Bio*, JP Books, Surabaya, 5 February 2005.

闽、粤、客三大方言对东南亚华语语音、词汇的影响例说

暨南大学中文系　刘新中　新加坡后港学校　韩慧灵

卢绍昌先生在《华语与方言》一书中说："华语是新加坡、马来西亚等地在独立运动期间产生的新名词，流行起来是50年代的事。当时是用来取代'国语'这个名词的。"它总的标准是以中国的普通话为标准，即以北京语音为标准音，以北方话为基础方言，以典范的现代白话文著作为语法规范。但是，华语所通行的东南亚等地区，所处的环境与中国的社会、历史人文背景以及生活方式有差异，反映在语言上，这里的华语与中国大陆普通话之间有一定差异，但是与中国南方福建、台湾、广东等地的地方普通话有许多相似之处。这种与大陆普通话有差异，在语音、词汇、语法等方面有自身特色的华语，一般就叫通俗华语。

东南亚华族人口祖籍大多为中国南方的福建、广东、海南、广西等省区，母语方言分别为闽方言（包括新加坡华人所称福建话、潮州话、海南话）、粤方言、客家方言。这几种方言之间的差异比较大，因此不同方言背景的华人之间的交流是有语言障碍的。这就需要有一种华人共同语用于沟通不同方言背景的华人，这种"华人共同语"被称为华语。"华语的意思是现代的、标准的，包括口语和书面语两种形式的华族共同语"，它在语音、词汇、语法等方面都受到了闽、粤、客这几大方言的强烈影响。本文拟对这些影响中的语音、词汇现象作一个简单分析，以求教于方家。

一、语音

在东南亚，年青一代都接受了汉语拼音教学，所以，发音除了带有南方口音特点外，较接近普通话发音。年长一代则是从方言基础上嫁接而来，所以闽、粤、客的方言口音较重。从声、韵、调三方面来看，华语的声调与大陆普通话最为接近，而声母、韵母跟普通话有一定的差异。

（一）声母特点

（1）没有唇齿音"f"。这是受闽方言影响，保留了"古无轻唇"的发音特点。

在没有f或者f、h的分类与普通话不同的现代汉语方言中，f的分化对应情

况主要有两种：一种情况是保留了重唇的“b”，如客家话把“分”读为“bun”，潮州话把“放”读为“baŋ”；另一种情况是许多在普通话中读 f 的字在方言中读 h，这种情况在闽、粤、客等方言中都很常见，东南亚华人的母语方言多为闽、粤、客中的一种，所以，在遇到唇齿、清、擦音“f”时，就会发成舌根、清、擦音“h”，如：“飞”→“灰”、“发”→“花”、“风”→“亨”等。

(2) 舌面后音“zh”、“ch”、“sh”读成舌尖前音“z”、“c”、“s”。这是所有南方方言区的人学习普通话时都可能产生的负迁移现象。如：“珠”→“租”、“智”→“字”、“有种感觉”→“有总感觉”、“翅”→“次”、“吵”→“草”；常说错的词语有：“师”→“丝”、“山”→“三”、“触摸”→“促摸”、“坚持”→“坚辞”、“超出”→“糙粗”、“冲出”→“匆粗”、“赏识”→“丧丝”、“上马”→“丧马”、“山水”→“三髓”、“结束”→“结素”、“十全十美”→“四全四美”等。

(3) 舌尖后、浊、擦音“r”发成“y”。这主要源于客家方言特点所造成的影响，在中国大陆的两广、海南都很常见。如：“热”→“夜”、“软”→“远”、“让”→“样”、“荣”→“颙”。人们常把“很热”说成“很夜”，把“忍一忍”说成“饮一饮”，把“容易”说成“愿易”等。

以上（2）、（3）所列现象，是因为闽、粤、客三种方言都没有翘舌音，只有平舌音，所以在发上述音时，会出现这种情况。

(4) 边音“l”发成“n”。这种情况主要出现在以粤语为母语的人群中。如：“梁”→“娘”、“伊宁”→“伊零”等。

(5) 舌尖后、浊、擦音“r”读成舌尖中边音“l”。这是闽语以及吴语区的人说普通话时常见的问题。如：“人”→“路”、“吃软不吃硬”→“吃卵不吃硬”等。

（二）韵母特点

根据我们搜集到的资料以及对华语的韵母发音的观察，华语的韵母与普通话的韵母差异较为突出的有以下几点：

(1)“a”读成“o”。这主要是客家话的发音特点，客家人常常把“wǎ”读为“wò”，“瓦”发成“握”。

(2)“ü”读为“i”。如：“鱼”→“疑”、“去”→“气”，经常发音错误的词语有：“早于”→“早疑”、“与往日不同”→“以往日不同”、“与日俱增”→“以日记增”等。

(3)“üe”读成“ie”。如：“越”→“夜”、“风花雪月”→“风花写夜”、“越来越好”→“夜来夜好”等。

(4)“ün”发成“in”。如：把“匀”读成“银”、“军港”读成“金岗”、

"裙带"读成"琴带"、"薰衣草"读成"新衣草"等。

以上(2)、(3)、(4)的发音特点是由于闽方言、客家方言等把撮口呼韵母读成齐齿呼韵母的习惯造成的，即把"ü"和"ü"开头的音读成了齐齿呼。

(5)"en"发成"eng"、"an/ian"发成"ang/iang"、"in"发成"ing"。如："伸"→"声"、"禅"→"常"、"烟"→"央"、"阵"→"郑"、"官"→"光"、"音"→"英"、"银"→"赢"等。

常说错的词语有："下沉"→"下乘"、"本身"→"本生"、"身体"→"声体"、"开战"→"开仗"、"紧张"→"景张"、"如今"→"如经"、"亲切"→"轻切"、"频频进攻"→"平平竟攻"等。

这种发音特点主要是受闽南话的潮州话没有前鼻音的影响，所以就把前鼻音都发成后鼻音。

东南亚华语的发音特点与南方闽、粤、客三大方言有直接的关系，语音上受到这些南方方言的影响比较大，特别是在中年人中体现突出，因为他们大都是从说方言转为说华语的。

（三）声调特点

华语的声调特点，除了语音调查表中反映出来的不同特点之外，还有大量生活中的口语语料也显示出其与普通话的诸多不同，综合起来共有以下几点：

(1) 保留旧音或其他读法，如："成绩（jì）"的"绩"读"jī"、"休息（xi）"的息读"xí"、"古迹（jì）"的"迹"读"jí"、"拆（chāi）"读"chè"等。

(2) 分不清多音字声调的不同。汉语自古就有"四声别义"的现象，在普通话中有很多的多音字都是要靠改变声调来区别意义的，但是在以南方方言为母语的人群当中很难区别这些多音字，华语中不能区别多音字的声调的现象也很突出。如："物价上涨（zhǎng）"的"涨"读成"zhàng"、"钻（zuān）出去"读成"钻（zuàn）出去"、"炸（zhá）油条"读成"炸（zhà）油条"等。

(3) 读不准变调。普通话第三声以及"一"、"不"等字都是根据出现的环境而发生变化的，这对于以闽、粤、客等方言为母语的人来说都是难点，在东南亚华语中变调问题较多，如："好主（zhú）意"的"主"读"zhǔ"，"一（yí）半"读成"一（yī）半"，"不（bú）去"读成"不（bù）去"等。

(4) 有一个特殊的"第五声"。这是华语的一个重要特点。所谓"第五声"，是指本地人发的一个短促的下降调（陈重瑜，1993）。其特点是：

①它是一个下降调值，有时是51，有时是53。而不同于普通话的四声。

②它持续时间较短，有突然中断的感觉。

③带这个声调的音节都有一个喉塞音的韵尾［-ʔ］。

④这个塞音韵尾使音节的韵腹韵头变为强音，因而近似浊音。

这种特殊的短促调值出现于“入声字”。这种入声出现的原因是方言闽、粤、客都以不同形式保留了古汉语的入声。而今普通话中的入声已完全消失，原先的入声字都并入了现今的阴平、阳平、上声、去声里。新加坡常被读成入声的字有：吸、湿、八、合、汁、匹、鸭、活、喝、擦、割、七、屈、失、级、杀、漆、压、刮、色、屋、约、夕、踢、绩、辑、集、碟、习、实、达、蝠、壳、石、局、拾、直、敌、竹、职、蚀、加（“加”字并不在入声源流字中，但东南亚华人常常把这个字读成第五声，如在买食物时要不要“加料”的“加”读成第五声）。

二、词汇

词汇主要反映在运用方言词语上。由于东南亚华人移民多来自中国南方，以闽、粤方言为主的方言词有很多运用在华语的使用中。这一部分主要以闽、粤两种方言的影响为例。

（一）闽方言词语

新加坡等东南亚国家有很多母语是闽语的族群，因此词汇很多都是直接搬用闽语的方言词，如：“女性化男子”叫“阿官”、“丛林”叫“山笆”、“红茶”叫“茶乌”、“土地神”叫“大伯公”、“打”叫“扁”、“合作”叫“公司”、“包菜”叫“高丽菜”、“文书兼会计”叫“财库”、“付钱”叫“还钱”、“新鲜”叫“美”、“吝啬、小气、挑剔”叫“猫”、“五花肉”叫“三层肉”、“没有见过世面”叫“山龟”、“热、烫”叫“烧”、“带状疱疹”叫“生蛇”、“锁”叫“锁头”、“鲜美”叫“甜”、“老板”叫“头家”、“一向”叫“一路来”等。

（二）粤方言词语

粤语在东南亚尤其是在马来西亚等国有很大的影响，东南亚华语中吸收了很多粤方言的词语，如：“洗澡”叫“冲凉”、“荸荠”叫“马蹄”、“限水”叫“制水”、“非法放高利贷者”叫“大耳窿”、“女阿飞”叫“飞女”、“停车”叫“泊车”、“出差错”叫“摆乌龙”、“摩托车”叫“电单车”、“绿豆羹”叫“豆爽”、“附身”叫“降头”、“酒的样品”叫“酒办”、“不能按计划完成”叫“烂尾”、“恋爱”叫“拍拖”、“黑鱼”叫“生鱼”、“铁哥们”叫“死党”、“塑料”叫“塑胶”、“糊涂”叫“乌龙”、“干杯”叫“饮胜”等。

（三）闽、粤、客几种方言都使用的词语

有一些词语是闽、粤、客几个大的方言都使用的，这些词在东南亚华语中也

很常见，如："卖力气"叫"落力"、"开心"叫"爽"、"钥匙"叫"锁匙"、"甜豆腐脑"叫"豆花"等。还有一些词语来源不太清楚，但是在以这几大方言为母语的人们中间也十分常用，如："超车"叫"割车"、"会馆管家"叫"座办"、"换名"叫"割名"、"豆浆"叫"豆花水"等。

在关注方言在海外的变化演变的时候，我们也应该适当地关注通用语在海外的使用与变化的情况，这中间既有语言发展演变的一般情况，也有华语的特殊情况，对其进行研究有一定的意义。

参考文献

1. 陈重瑜：《华语研究论文集》，新加坡国立大学华语研究中心1993年版。

2. 李如龙：《东南亚华人语言研究》，北京语言文化大学出版社2000年版。

3. 卢绍昌：《华语与方言》，南洋理工大学中华语言文化中心1984年版。

4. 陆俭明、张楚浩、钱萍：《新加坡华语语法特点》，见周清海：《新加坡华语词汇与语法》，玲子传媒私人有限公司2002年版。

5. 汪惠迪：《新加坡特有词语词典》，联邦出版社1999年版。

6. 周清海：《新加坡华语词汇与语法》，玲子传媒私人有限公司2002年版。

7. 郑定欧：《香港粤语词典》，江苏教育出版社1997年版。

8. 陈晓锦：《马来西亚的三个汉语方言》，中国社会科学出版社2003年版。

9. 王惠、徐杰：《现代华语概论》，八方文化工作室2004年版。

10. 欧阳觉亚、饶秉才、周耀文、周无忌：《广州话、客家话、潮州话与普通话对照词典》，广东人民出版社2005年版。

11. 刘新中：《海南闽语的语音研究》，中国社会科学出版社2006年版。

多元文化格局中的多伦多粤语

广东省社会科学界联合会　陶原珂

一、多伦多使用粤语的人口情况

当今多伦多是加拿大最大的现代化城市。按2003年的统计，市内人口为248万（按大多伦多地区的概念算则有560万人口）。其中，市内华人为40多万（不一定都说华语），占1/6人口。但该市人口变化较快，在20世纪70年代，多伦多仍排在蒙特利尔之后，为加国第二大城市。后来因快速增长而同周围市区合并，到2000年，多伦多人口已经达到加国第二大城市的两倍。19世纪中叶，多伦多的华人人口最初来自广东珠江三角洲地区，20世纪60年代开始出现大量来自香港的移民，70—80年代还接收了不少来自越南的华裔难民（他们多能操粤语），90年代开始增加从内地移民，其中也有大量粤语区人口。

作为英联邦女皇治下的海外国家，加拿大与香港有着共同的英国文化背景，尽管作为文化背景的历史形成方式不同。加拿大主要靠早期欧洲移民立国，以此继承了欧洲文化，主要是以英语为依托的英国民族文化和以法语为依托的法国民族文化，并因此形成了两种官方语言。香港因受英国殖民统治近百年，发展成以英语和本地汉语（香港广州话）为官方语言。也许正是由于与加拿大有着共同的英国文化背景，香港移民是中国移居加拿大较多、较早的一个移民人群。而且，香港移民还往往有经济实力或经济积累，投资移民、技术移民都比较早。因此，在加拿大的华人中较早形成了以粤语（香港广州话）为交际语的汉语社群。

由于多伦多的华人众多，粤语为华人间的主要通行语言，因此，粤语成为在该市排于英语和法语之后的第三大语言，或说是第一大少数族裔语言。由于珠三角粤语以广州话为标准，50年代的香港话与广州话在语音上无明显差异，因此，多伦多的粤语口音接近于今天广州话的老派（50岁以上）口音。多伦多20多万粤语人口以中区的中国城（China Town）为聚居地和语音代表区域，并主要分布于万锦市（Markham）、烈治文山市（Richmond Hill）、密市（密西沙加，Mississauga）、士嘉堡（Scarborouch）和北约克（North York）等城区。粤语华人的这几个聚居地，都是在多伦多市比较繁荣和人口较为密集的城区。

市容也明显地留有受香港影响的印记，店铺和广告的中文均用繁体字，华人经营的服务业主要提供英语和粤语服务，个别以法语及其他语言为辅。

据“多伦多在线”报道统计[①]，这几个区的华人人口还在逐步增多，普通话居民和粤语居民的比例有所变动，但是，粤语居民仍占绝大多数。其中，万锦市的粤语居民由2001年的2.96万人增至2006年的4.11万人，普通话居民则由2001年的2 420人增至2006年的5 600人，尽管前者增幅只有39%，后者增幅达131%，但是，普通话居民与粤语居民的比仍只有1∶7左右。

烈治文山市的粤语居民由2001年的1.29万人增至2006年的1.57万人，增幅只有22%；普通话居民则由2001年的1 465人增至2006年的2 395人，增幅达63%；而粤语居民与普通话居民的比为1∶6左右。

密西沙加（密市）的普通话居民人数增加得最快，由2001年的3 205人增至2006年的7 160人；粤语居民则由2001年的1.15万人增至2006年的1.33万人，普通话居民与粤语居民的比例接近1∶2强。

北约克区的普通话居民则由2001年的3 845人增至2006年的7 085人，粤语居民由2001年的1.12万人增至2006年的1.28万人，普通话居民与粤语居民的比也接近1∶2。

士嘉堡北区两个华语人群的增长甚至向反向发展，普通话居民由2001年的5 505人增至2006年的1.17万人，增幅达113%；粤语居民则由2001年的3.36万人减至2006年的3.29万人，但普通话居民与粤语居民的人口比仍维持在1∶3的水平。

多市有牌坊叫“中国城”（China town）的区域有两个。一个是中区华埠地区（包括整个士巴丹拿及圣三一选区）的中国城，粤语居民由2001年的5 630人升至2006年的6 950人，增幅达23%；但大陆内地移民则开始“撤离”该华埠地区，普通话居民由2001年的2 915人降至2006年的2 600人；普通话居民与粤语居民的比为1∶3。另一个是东区华埠地区（包括整个多伦多及丹佛选区）的中国城（即士嘉堡南区），粤语居民近年减少的幅度最大，由2001年的7 290人减至2006年的6 585人，跌幅达10%；而普通话居民则由2001年的1 445人增至2006年的1 730人，增幅达20%；但普通话居民与粤语居民的比仍在1∶4的水平。粤语居民和普通话居民在两个中国城的人口增减情况呈逆向变化的趋势。

以上各区粤语居民和普通话居民的分布及其变化情况可简单概括为下表：

---

① 资料来源：http：//windsor8.com/canada/cities-5.html。

居民（人） 地区	粤语 （2001）	粤语 （2006）	普通话 （2001）	普通话 （2006）	变化（粤/普）	总计 （2006）
万锦市	29 600	41 100	2 420	5 600	39% /131%	46 700
烈治文山	12 900	15 700	1 465	2 395	22% / 63%	18 095
密西沙加	11 500	13 300	3 205	7 160	16% /123%	20 460
北约克	11 200	12 800	3 845	7 085	14% / 84%	19 885
士嘉堡北区	33 600	32 900	5 505	11 700	2% /113%	44 600
中区中国城	5 630	6 950	2 915	2 600	23% / -10%	9 550
东区中国城	7 290	6 585	1 445	1 730	-10% / 20%	8 315
总计	111 720	129 335	20 800	38 270	16% / 84%	167 605

注：据“多伦多在线”报道的数据制作。

从以上各区的统计数据来分析，大多伦多各区的华语居民中粤语居民都占了绝对多数，尽管普通话居民的人口增长率（84%）远比粤语居民的人口增长率（16%）高得多，但是，普通话居民与粤语居民的人口平均比在2006年仍维持着3:10的比例关系，粤语居民仍占华语居民的绝大多数。这是多伦多华语在华人聚居地区以粤语为主要通行语的基本人口基础。

二、多伦多粤语的历史积淀和文化现实

多伦多粤语作为先入该市落地生根的华语底层语言，已经显露出若干文化积淀的因素。这首先表现在现有当地的中译地名通常都是以香港广州话语音为依据的。例如上述几个早已形成的城区名称，“万锦市”和“士嘉堡”是纯粹按粤语译的音；“烈志文山市”和“北约克”两个地名则半译音半译义；其中的音译部分都是按广州话近似音对译的。

其次，在社会组织层面，粤语体现出较大的组织力量，粤语是华语中的代表性工作语言，安大略省（Ontario）以粤语为主的移民服务机构有34家进入SPO（服务机构组织，Service Provider Organization）及相关的省市社区服务系统，而国语移民社区团体却没有一家进入该系统。[①] 这反映了社会服务工作对华语代表性语言的选择。

再次，粤语课程成了大陆新移民的工作资格准备课程，而且，在多伦多大学

① 据“多伦多在线”报道：《多伦多新移民猛增　社区服务引人关注》，http：//www. ewedu. net/f/t/10001/13489/html。

的东亚系里，学生要想学习中国文化，按该系的学分要求必须先学习两年粤语，以此作为学习中国文化的学术语言基础。这种语言准备的要求，反映出实际工作语言的要求，反映出华语交流认同的通行语言为粤语，反映出华人圈中历史形成和仍然坚守的语言生存空间。

以上三方面是多伦多华人长期使用粤语作为华语的代表性语言而业已形成的历史格局。

再从现实生活中粤语使用的实际情况来看。如果说，由于历史文化形成的原因，加拿大的英语文化生活自觉或不自觉地形成了一种 chasing（“追赶”或可译作“追风”）的风气，英语区追风英国或美国的生活文化时尚，那么在华语社会的生活文化中，多伦多的华语文化则是明显地以香港文化为基本导向的。粤语的娱乐文化取向突出地受到香港的影响，影视节目主要来源于香港，港式消费文化占据了华人文化消费市场，“本土关怀”和“香港情怀”成了业内人士关注却扯不清的问题，甚至可以说尚未形成本地的粤语消费文化。三家中文广播台，即新时代传媒集团旗下的加拿大中文电台（Fairchild Radio）、《多伦多星报》报业集团（Torstar Newspaper Group）间接控制的星岛 CHIN 中文电台，以及唯一以副波来广播的中文电台——美加华语电台，也主要以粤语广播为主，文娱、体育的主持通常都使用粤语，普通话（国语）节目每天只占 3 个小时非黄金时段。当地主销的中文报纸《世界日报》、《明报》和《星岛日报》的行文也表现出明显的香港风格，使用繁体字和香港报刊的文本语言方式是其基本的语言特征，新闻文体较纯正，娱乐、体育方面则纯为港式报刊文本语言[①]。

主导着多伦多当地面向华语居民的社区生活和文化活动的组织机构，粤语和英语是基本的工作语言。如基督教会、道教会，主导着当地的华人精神文化和道友的联谊活动，由于道友以老一辈华人为主，布道语言通常都使用粤语，主教或主持当初接受的文化训练即是粤语或来自粤语区（特别是香港）。又如社区中心（community center），负责组织社区生活文化活动和解决生活问题（提供就业和社会福利信息，安排幼儿托管，辅导产前产后知识，接受社会生活的相关法律咨询，开展社区的文娱活动和相关培训等），其主要工作语言也是粤语和英语，因为多伦多是英语区。

多伦多的医疗机构主要以大量小规模的“家庭医生”诊所和少量较大规模的公立医院构成，华人通常选择去华人家庭医生诊所就诊。而这些华人家庭医生的工作语言通常也是英语和粤语（对华人），因为他们大多数都有香港或当地的语言背景，并且需要长期接受当地医疗和文化教育才可以从事此职业，从业执照一

① 陶原珂：《粤方言词语和民族共同语的相关性》，陈恩泉主编：《双语双方言（四）》，香港汉学出版社，1996。

般需有8年加拿大的医疗教育基础才能够取得。在这种长期的职业本地化过程中，其中包含有职业保护的性质，同时也构成了以粤语为华人生活圈主导语言的必然选择。使用普通话（国语）就诊，总让人感到是一种权宜、将就的语言策略。只有少量的中医（针灸）诊所配备有近年来自大陆的医务人员，他们的医疗用语才是用普通话支撑的，因为大陆的从医资格只有针灸学为当地政府认可。

饮食文化有较强的民族特性。华人的饮食文化，也以粤式餐饮、点心为基本特色，融入和呈现于多伦多的饮食业之中，粤式菜是华人餐馆围餐的基本菜式，港式的茶餐厅和餐馆盒饭是中式快餐的代表，中餐馆的早茶点心也是粤式的，因此，多伦多的华人餐饮制作和服务也是以粤语和英语为主要工作语言的，尽管也逐渐发展起来了个别的北京烤鸭、重庆火锅、兰州拉面等专门饮食店铺。

超市服务的根植性不明显，文化取向较开放，民族性较弱，因此，多伦多的华人超市的服务语言相对来说比较多元。特别是21世纪以来，随着大陆非粤语区的移民及台湾移民增多，多伦多的华人超市服务员也大都随之逐渐置换或培养成能操英语、粤语和普通话（国语）的员工了。但是，越南华人开的超市，在华语选择上似乎更情愿坚守以粤语服务的底线，少有主动提供普通话（国语）服务的。

新一代华人，不论是新移民的年幼子女，还是落地生根的华人后代，由于生活在以使用粤语为主的华人服务圈子里，在习得英语的同时，很快便习得了当地的粤语，以英语和粤语融入当地社会生活之中。因此，尽管近十余年来，来自中国非粤语区的移民比例越来越大，粤语在多伦多的华人社区中仍然保持着主导语言的地位。

以上情况反映出，多伦多在英语、法语、华语及其他少数族裔语言共存的多元文化格局中，粤语作为华语代表性语言在社会文化各方面的现实存在及其存在的相关原因或合理性。语言是社会生活中人们生存和交往的基本工具，粤语在多伦多作为华语先入为主的代表性语言，或构成多伦多华语的底层语言，首先也体现着粤语族群先入为主而形成的语言生存文化圈的意义，它在现实中的普遍认同体现着语言族群的生存利益。

三、余论：华语格局的新变迹象

然而，也是在语言生存环境的现实意义上，尽管粤语先入为主，占据着多伦多市华语社会的几个中心地区、日常生活和娱乐体育方面的基础性位置，但是，20世纪90年代以来中国非粤语地区移入多伦多市的居民迅速增加，从上文表中的情况来看，21世纪以来其增加的速度远比粤语华人增加的速度要快。尽管新一代华人为了生存也在努力认同粤语，使自己成为粤语居民，但是，假如普通话

（国语）华人的增加速度比其被粤语同化及粤语新居民增加的速度合起来还要快的话，普通话（国语）就会有朝一日成为该市后来居上的华语代表性语言。实际上，由于迫切感到语言生存的需要，来自大陆非粤语区的华人新移民为了争取自身使用母语生存的语言权利，2001 年 9 月 29 日在多伦多的 High Park 公园曾经举行过一个“加拿大北方华人联合会主办的国庆中秋大聚会”[①]，会上提出“讲普通话，结一条心”的口号，发起公众签名以求得支持，得到了 40 多个团体和个人赞助，有 500 个普通话语者参加了会议，试图打着以普通话联结华人的旗号，改变华人的生活文化一向以粤语为主导的局面。这一行动与 90 年代以来大陆技术移民逐渐增多的趋势相迎合。这是历史上前所未有的华人语言聚会，它对多伦多今后的华人语言生活肯定会产生一定的影响。但是，粤语毕竟早已经在多伦多生根，而且不断地被华人新生代（包括大陆新移民的小孩）所习得和认同，成为来自非粤语区的华人本地化的一种标志，而且是已有粤语华人生存的依托。因此，粤语和普通话（国语）在进退消长的发展中，融会着族群生存竞争的较量，实在不宜以国内推普的理念来简单理解和处理。

① 资料来源：74. 55. 210. 41/news/canada/2001/09/30/1393/shtml。

泰国北部的西南官话

泰国皇太后大学中文系　袁　方　厦门大学中文系　刘镇发

一、引言

(一) 泰北清莱府和中国云南的地缘关系

清莱府位于泰国北部，是历史上著名的金三角，距首都曼谷约900公里。澜沧江—湄公河流经清莱府清孔（Chiang Kong）、清盛（Chiang Saen），从中国云南景洪港到泰国清盛港，航程为340公里。清莱府毗邻老挝、缅甸，也与中国云南地理上十分接近，由于山水相连，彼此之间有着地理和民族上的亲缘关系，自古以来就与云南地区发生着密切的经济文化联系。（王筑生，2001：82）

(二) 云南移民迁徙泰北历史

泰北与中国云南有着类似的文化背景，泰北清莱府是云南籍华裔聚集的地方，这些中国云南移民以及他们的后代至今还保留着中国云南人传统的生活方式。大部分人会讲汉语、云南方言、泰语、缅甸语，他们散布在泰国北部山区，关于这些云南移民迁往泰国的原因和历史错综复杂。

中、缅、泰边界是一个复杂的地方，一直以来在中、缅、泰边界生活着大批云南华裔，他们讲云南方言、缅甸语、泰语，在泰国的云南移民多是经缅甸进入泰国境内的，他们主要生活在泰北地区。

从史书记载的情况来看，在西汉张骞通西域之前，就有一条商道通过中国云南、缅甸到达印度。到了唐代，云南和东南亚的交通更为顺畅。从国内外现有的可靠文献资料看，最早具体提到云南人出现在泰北地区的是《兰那法律汇编》，一般认为，它是对13—18世纪泰国北部情况的记录。书中记载了云南人到泰国北部做生意的时间，多数学者认为可能在13世纪左右，云南人就在泰北的一些集镇零星地定居下来了。早期到泰国北部经商并留居的云南人并不多，大批云南人移居泰国的时间开始于明末清初，第一次移民高潮是19世纪70年代，在此后一段时间，仍不断有一些云南人辗转迁徙到泰国北部，期间迁入人数较多的是抗战时期和国共内战时期，多是云南难民。第二次移民高潮是1949年前后，国民党残军和其家属构成的“难民潮”，他们最初散落在泰、缅边境的山区，最后进入泰国，定居在清迈、清莱府的边远地区。据2000年资料显示，仅泰北“前国民党军官及其子女”的人数就已近7万。那么历史上陆续进入泰国以及两次大规模的移民浪潮，进入泰国的云南人总数应该远远超过7万。在泰北，祖籍是云南的华裔多被泰国人称为“Chin－Ho”，关于这个泰语词，许多学者都作过考证。现在普遍认为“Chin”是“中国”、“中国人”的意思，“Ho”是“云南人”的意思，这个词就是泰国人指称在泰北的云南华裔。(何平，2005：67～69)

根据我们调查所得，这些中国云南移民主要居住在泰国北部清莱、清迈两府的城乡及山区，以清莱府居多。整个泰北地区（包括清莱府、清迈府）有大大小小76个1949年以后形成的云南移民村，当地人习惯称之为“难民村”。这些云南移民的村落以前大多是原始森林或无人区，这些村落的形成是伴随着近代中国云南移民的政治避难、躲避战争和寻求生活出路而形成的，主要是近代以来国民党残军及其家属逃难到泰北形成的。

二、本研究背景资料

（一）清莱府的华人分布

在清莱府的云南籍华裔分布在湄岁县（Mae Suai）、万伟乡（Ban Wawi）的茶房村（含回宗坡）、湄占县（Mae Chan）、满星迭（Ban Hin Taek）、美斯乐（Doi Mae Salong）、湄塞县（Mae Sai）、满堂村（Ban Tam）、辉鹏村、老象塘村、回海村、清孔县的联华新村、清盛县的密额村和清莱城。Ban是泰语“村寨”、“聚落”、“聚居区”的意思或城镇里的“小区”、“街道”之意，汉语云南方言发音作“王”、“汪”、“万”。Doi则是“山村”或“村寨”的意思，汉语云南方言发音作“堆”。其中美斯乐、满星迭、满堂村、茶房村、辉鹏村、回海村、老象塘村、联华新村和密额村云南人聚居较为集中；而湄塞县、湄占县和清莱城中云南人多分散居住，与泰国人、少数民族、华裔潮汕人、客家人等杂而居之。在湄塞设有泰国云南会馆清莱分馆，负责处理清莱云南华裔的事务。[①]

（二）调查点——美斯乐的概况

整个泰北地区（包括清莱府、清迈府）的76个难民村中，清莱府皇太后县的美斯乐山寨（以前隶属湄占县）是最大的难民村，它是前国民党93师残军第5军段希文的总指挥部所在地，泰文发音拼作Doi Mae Salong，又拼作Ban Santikiri。美斯乐傈僳语叫作“密苏鲁”，最早的中国人于1961年1月22日进驻这个深山区，当时是一片原始森林，还有老虎出没，只有零星的几户少数民族居住在

① 资料由泰国清莱府皇太后大学云南籍华裔教师纳静安、思美琴口述。

这里。残军到来后，改名为美斯乐，泰语意为“和平山丘”。美斯乐最初就是一个以国民党残军93师士兵和眷属为主，少量马帮商人、难民共同组成的难民山寨。1971年残军归顺泰国后，泰国政府特别设立了美斯乐自治区，行政级别为乡级，共由11个自然村组成，面积15 000莱（1莱=1 600平方米）。（据《美斯乐简史》，作者不详，出版年月不详）

现在美斯乐居民多是云南籍残军眷属及后裔，有合法身份的中年人和一些青年人离开了美斯乐到清莱、清迈、曼谷等城市打工，现居住人口约有6 000人，村民多是老年人、妇女和正在上学的青年人。这些云南移民占当地人口的90%，另外还有其他一些少数民族，如哈尼族、傈僳族、瑶族、拉祜族等。汉人和这些少数民族一向友好相处，46年来对美斯乐的发展作出了很大贡献。46年过去了，美斯乐由以前的荒蛮之地渐渐发展为一个小村落，到现在已经发展成为泰北的一个旅游景点。（雷雨田，书名和出版年月不详）

这些居民的祖籍多是中国云南省，他们对中国文化有深深的认同感。当地仍有浓厚的中国传统文化氛围，保留着中国云南的习俗。居民们普遍会说云南话或汉语普通话，这里的日常生活用语多为云南方言。为了能在海外让后辈继续中国的语言和传统文化的学习，段希文于1964年创办了华文学校——兴华中学。据在兴华中学任教过的罗国华先生讲，当年刚创办的时候，由于师资不足，都是请本村有文化的人来教汉语，授课用语多是云南方言。后来台湾对泰北云南村进行资助，派遣台湾教师来到泰北教授汉语，并捐献大批台湾版中小学教材，这为泰北的华文教育奠定了一定的基础。在泰国政府严密控制华文教育的年代，美斯乐的兴华中学是泰北最好的华文学校，许多邻近华人村的华人子女都来这里求学。由于当时泰北云南难民村的国民党残军和家属不愿撤台，再加上身份特殊，段希文考虑到年青一代华裔的前途和与泰国政府的关系，便开始向泰国政府申请派遣泰语教师教学生泰语，当时他们以学习汉语为主，泰语为辅。老一辈希望年青一代能懂得双语，将来也许可以在泰国生存下去。1971年美斯乐归顺泰国后，兴华中学于1984年7月被泰国政府接管，遂加大了对泰语授课的力度，学校实行双语教育。学校以学习泰语为主，中文学习的时间是周一至周五每天早晨5点学习一个小时汉语，下午4点放学以后学习两个小时汉语，周六则全天学习汉语。

我们根据美斯乐居民何英台先生（72岁）的介绍，美斯乐华人祖籍多是滇西，主要是澜沧、腾冲、镇康、耿马、龙陵、施甸、梁和、保山等地。这些居民多通过缅甸进入泰国，他们在缅甸流亡了十几年，由于生活所迫、战争避难等各种原因逃亡到泰北美斯乐。

在走访中，我们了解到在美斯乐有3种说得较多的云南次方言，它们是：①美斯乐澜沧话；②美斯乐腾冲话；③美斯乐果敢话。

美斯乐澜沧话是说得最多的云南次方言，又被称为“倮黑话”，云南华裔称

"澜沧人"为"倮黑人"，据美斯乐当地人讲述，这可能和云南省境内澜沧县有倮黑族有关。

"美斯乐腾冲—龙陵"可以作为一个片，两者差别不大，从移民比例考虑，我们重点调查了美斯乐腾冲。

果敢是缅甸境内的一个县，接近中国云南省镇康、耿马，据当地居民介绍，缅甸东部以前有大片领土（包括果敢）原属中国，在英国占据缅甸时期强行割给缅甸。现在在中缅边界的缅甸班弄、滚弄生活的人虽然是缅甸国籍，但是他们的祖籍是中国云南。他们说云南方言、缅甸语和泰语，这是历史造成的。果敢的移民多是从中国镇康、耿马迁徙过去的，其中又有不少果敢人迁到泰北，他们认为自己的云南方言和中国镇康、耿马方言差别不大。美斯乐当地人习惯称祖籍是镇康、耿马、果敢的人讲的话为"果敢话"，又称作"麻栗坝话"，因为果敢盛产麻栗，"坝"是滇西南方言对山区平地的称呼。他们觉得自己说的云南方言和国语互懂度较高，差别不大。

虽然"美斯乐澜沧、美斯乐腾冲、美斯乐果敢"是3种主要的口音，但是他们认为在这46年中，应该有内部的接触和混合，尤其是40岁以下的中青年一代，他们的口音更是一种混合音。三点发音合作人的情况如下：

云南澜沧籍：罗兴华，男，60岁；黄淑兰，女，60岁；罗平安，男，38岁；思美琴，女，29岁；王强康，男，21岁；熊恩涤，女，22岁。

云南腾冲籍：张孝威，男，62岁；董白如，女，47岁；熊庆辉，男，35岁；纳静安，女，29岁；张隆基，男，21岁；李珊珊，女，21岁。

云南镇康籍：罗国华，男，57岁；何秀莲，女，47岁；王伟国，男，45岁；张秀英，女，48岁；方治邦，男，22岁；曾美云，女，22岁。

三、美斯乐澜沧话音系

（一）声母（21个，包括零声母）

p 不分帮八	pʰ 怕盘剖泼	m 摩门马满	f 户浮飞反	v 无吴微湾
t 大跌堆单	tʰ 推涛挑贪	n/ȵ 奶诺拿难/你年鸟		l 罗拉辣兰
ʦ 左坐站曾	ʦʰ 茶错叉斩	s 缩说沙星	z 肉日然弱	
ʨ 接鹊居脚	ʨʰ 区确交究	ɕ 西徐学修		
k 哥介街干	kʰ 磕开枯看	x 胡蟹孩含	ŋ 癌崖	
ø 蛙余哀用尤以				

（二）韵母（29个）

a 麻爸诈拉	ia 家恰霞哑	ɿ 紫匙师日	i 笔居菊浴	iɛ 别靴雪月
ɔ 波破暮鹅	uɔ 哥壳何凿	u 卜没肉屋	ua 瓜夸花抓	ə 北拍麦儿
ai 摆阶革蟹	ei 杯陪非为	ao 包抛饶袄	ɛu 兜谋偷欧	iuɔ 疟脚确药
iao 标飘苗要	iɛu 流牛丢有	uei 堆内退锐	uai 乖会国或	ɯ 给去
ĩ 鞭兵令旋	aŋ 班帮潘湾	iaŋ 娘两将央	uaŋ 端团暖软	əŋ 奔吞温硬
uəŋ 敦嫩准闰	oŋ 崩萌风东	ioŋ 兄荣穷用	in 眉	

说明：除“眉”字发生音变，韵母为in和鼻化韵ĩ以外，中古鼻音韵尾全是后鼻音收尾。

（三）声调（4个）

阴平33，阳平213，上声55，去声35。

中古清平归入阴平。中古浊平、次浊平、入声归入阳平。中古清上、次浊上归入上声。中古浊上、去声归入去声。（除入声外跟普通话相同）

（四）文白异读

美斯乐澜沧话当地人认为最接近国语，澜沧话中文白异读不多，只有少数几个字。如：

下，文读为ɕia，白读为xa。

猫，文读为mao，白读为miao。

尿，文读为ȵiao，白读为suei。

四、美斯乐腾冲话音系

（一）声母（23个，包括零声母）

p 菠包班本	p^{h} 婆爬潘朋	m 磨麻满猛	f 夫飞方风
t 都对耽东	t^{h} 他妥贪唐	n 拿奶难能	l 罗来灵冷
ʦ 姐在精曾	$ʦ^{h}$ 才秋清仓	s 媳碎星松	
tʂ 渣诸站中	$tʂ^{h}$ 茶朱馋宠	ʂ 傻书杉盛	ʐ 乳弱入肉
tɕ 家居监今	$tɕ^{h}$ 茄渠钳勤	ɕ 虚靴欣勋	
k 瓜介高甘	k^{h} 可楷考看	x 河许孩汗	ŋ 我崖岸昂
ø 鱼微二沃			

说明：声母n和ȵ是同一音位的条件变体，n只与开口呼和合口呼韵母相拼，ȵ只与齐齿呼韵母相拼。零声母齐齿呼前有个半元音j。

（二）韵母（35 个）

a 麻怕沙拉	ai 栽才介鞋	ao 包遭抄巢	ia 家鸭瞎牙
ua 瓜划画刷	uai 乖快怀外	iao 交表吊萧	
ɔ 波魔儿各	u 布肉母屋	ɛ 遮涩黑客	iɛ 茄瘸姐月
i 居西师立	ɿ 紫滋资次	ʅ 知执诗日	
ei 贝佩废美	uei 最脆累内	ɛu 斗亩茂勾	iɛu 流求纠幽
an 南半凡衔	ien 监间圈元	uan 官顽川软	
aŋ 帮堂房巷	iaŋ 娘将详样	uaŋ 光庄狂望	
ən 奔根人真	uən 敦嫩温文	in 心斤均冰琼杏	en 灯争正硬
oŋ 朋风梦弘	ioŋ 永荣雄穷	iu 橘窟畜域	iɔ 虐雀脚学
uæi 阔国或	ɯ 给去	uɔ 着	

（三）声调（4 个）

阴平 55，阳平 213，上声 53，去声 35。（几乎跟澜沧话一样）

中古清平归入阴平。中古浊平、次浊平、入声归入阳平。中古清上、次浊上归入上声。中古浊上、去声归入去声。（除入声外跟普通话相同）

（四）文白异读

少量，不赘述。

五、美斯乐果敢话音系

（一）声母（24 个，包括零声母）

与腾冲话大致相同，但比腾冲话多了一个 v，来自影母与疑母合口以及微母字。

（二）韵母（32 个）

a 麻爸拉达	ia 家恰瞎辖	ua 瓜夸花抓	ai 摆阶台蟹
uai 乖会衰歪	ɿ 资次死寺	ʅ 知执诗日	i 批里季笔
iɛ 别灭爹列梨	u 都数没肉	y 女驴需剧	ye 茄靴薛
ao 包抛饶袄	iao 标飘苗要	ɛu 兜谋偷欧	iɛu 流牛丢有
ei 杯陪非未	uei 妹内退锐	ə 去给麦儿	uə 国或
uɔ 波哥蓑勺	iuɔ 觉学却药	iu 菊曲宿浴	
ã 班帮潘庞	iã 娘两将央	uã 端团暖软	ĩ 鞭林丁星映
ə̃ 奔吞温硬	uə̃ 敦嫩准闰	iũ 琼捐迅员	õ 崩萌风东
iõ 兄荣穷用			

（三）声调（4 个）

平声 33，阳平/上声 213，去声 55，入声 42。

中古清平归入阴平。中古浊平、次浊平归入阳平。中古清上、次浊上归入上声。中古浊上、去声归入去声。中古入声韵尾消失，不论阴阳，独立为入声调类。

调查中发现，美斯乐果敢话古浊平声字和清上字为一个声调，因此，我们将阳平归入上声，平声只包括古清平字。入声韵尾消失，但是独立为一个调类，不论阴阳，调值为 42。

（四）文白异读

少量，不赘述。

六、美斯乐西南官话方言的特点

各种方言之间有微小的差别（例如卷舌声母和［y］是否存在，入声是否独立），但互相之间可以通话，跟云南的方言相差也不大（杨时逢，1969）。说普通话的人跟他们通话也没有太大的困难。

年轻人之间已经把三种口音混杂，三种口音正在磨合为一种口音。

由于美斯乐的中国云南移民迁徙时间不长，再加上交通闭塞、民系单一，云南方言仍是日常生活交际的主要用语，它的词汇具有中国云南方言词汇的特点。

但是，由于在当地已经生活了 46 年，再加上在缅甸流亡的十几年，和少数民族、外族的接触很多，语言接触不可避免。在美斯乐云南方言词汇中，借用了西双版纳傣语词、泰语词和缅甸语词，这些词的数量虽然不多，但却是美斯乐云南方言词汇的一大特点。另外，美斯乐云南方言词汇中儿化韵极少，几乎不见。我们从调查的 2 638 条词汇中抽出一部分，来说明美斯乐云南方言的词汇特点。

（一）不同于共同语却有云南方言词汇特点的词

太阳：热头

日亏：太阳坏

月亮：太阴

流星：小星屙屎、星子屙屎

天昏地暗：天不亮地不亮

彗星：扫星

毛毛雨：细沫雨，牛毛细雨

连阴雨：连天雨，连跟雨

暴雨：大猛雨

淋雨：涿雨꜁tuɔ꜄y / ꜁tɔ꜄i

虹：虹꜁kaŋ，虹吃水꜁kaŋ꜀tʂʰʅ꜄ ʂuei

雨停了：雨晴

冰雹：雪果，雪①
下冰雹：下雪②
霜：霜，麻牙霜
晴天：干天
天气：气候
平地：坝子，大平掌
旱地：干田，旱谷地
沙土地：香面土地
山堆：山包，山包包
山坳：山窝子，山窝，凹腰地
河滩：河平掌
温泉：热水塘
垃圾：粪草
泥浆：稀拉巴
地方：哪里，哪点
赶集：赶街子
午前：□午꜀ ʂao ᶜu
昨天晚上：昨□꜀ tsuɔ꜀ ɕiɛ
稻穗：谷穗③
稻子：谷子

（二）借用西双版纳傣语、泰语、缅甸语的词

这些词有时候用云南方言，有时候借用西双版纳傣语、泰语、缅甸语的词指称，借词和原有词的使用频率差不多。列表如下：

汉语普通话	云南方言	借
木瓜	酸□□꜀ suan꜀ pɔ ᶜtɕi	傣语 ma˧ tsʰɑŋ˥ pʰu˦ ma˧ sã˩ pʰu˩ 泰语 ma˩ la˦ kɔ˧ 缅甸语 pie˧ ao˦
煤油	洋油、煤油	缅甸语 ie˦ naŋ˥ tɕi˥
芒果	□□果꜀ ma꜁ mu꜁ kuɔ	傣语 ma˩ moŋ˧
枣	枣	傣语 ma˩ kʰɔ˩ kuɔ˧ 泰语 ma˩ kʰɔ˩ kuɔ˧
缝纫机	缝衣机、脚踏机器	缅甸语 tsɛ˥
司机	司机、开车人	缅甸语 kʰa˥ fu˥
鸦片	鸦片、大烟、鸦片烟、芙蓉膏、黑货	缅甸语 a˩ fu˧ ioŋ˦
牢房	通房	缅甸语 tʰoŋ˥
蜡烛	□□灯꜀ pʰu꜁ ioŋ꜀ təŋ	pʰu˩ ioŋ˦ təŋ˩
毯子	毯子、毛毯、□毯 tsoŋᵓ ᶜtʰα̃	缅甸语 tsoŋ˨˩˦
柚子	□□ ᶜma꜀ uɔ	泰语 ma˧ ɔ˩
鱼露	□□꜁ nan꜀ pa	泰语 nam˧ pla˨˩˦
虾酱	꜀kɛ꜀ pɛ	泰语 kɛ˩ pi˥ koŋ˦
表示土地面积，亩	亩	泰语 rai˩，当地人多说莱꜀ lai，写作“莱”，1 莱 =1 600 平方米

①② 泰北无雪，只有霜，当地云南华裔称下冰雹为“下雪”，冰雹为“雪果”或“雪”。
③ 美斯乐云南方言稻、谷不分。

这些借词在借用的时候，大都根据汉语的声韵系统和构词特点，作了一番调整，进入到美斯乐云南方言的词汇系统。如“芒果”借了傣语的 ma˩ moŋ˧˩，变为“□□果꜀ma꜁mu꜁kuɔ”，“鸦片”借了缅甸语 a˩ fu˧˩ ioŋ˥˧，变为“芙蓉膏”，“牢房”借了缅甸语的 tʰoŋ˥，变为“通房꜀tʰoŋ꜁f ã”，表示土地面积的泰语 rai˩，借用时改变辅音，作꜀lai。

“香皂”美斯乐云南方言有“香胰子、香皂膘”的说法，发音合作人说缅甸语为 tsʰao˥ piao˥，究竟是云南方言借自缅甸语还是缅甸语借自云南方言，这还需要进一步考证。

七、美斯乐人语言心态的比较

在我们和当地人的访谈中，发现老年人和中青年人的语言心理和语言态度存在差异。

老年人的语言态度较为顽固，老年人在村中都使用云南方言。他们对泰语没有认同感，泰语习得的自觉性相当低。有些老人完全不懂泰语；有些只会听不会说；有些会听会说，但是不会认读，泰语掌握的流利程度很低。即使儿孙对老人讲泰语，老人也坚持讲云南方言。针对我们等外来探访美斯乐的华人，老人们有的不会讲汉语普通话，只讲云南方言，有的会用带有云南方音的汉语普通话进行交谈。老人认为美斯乐的华裔是大汉人的后代，中华文化的血脉不能断，他们坚持让后代学习汉语，继承中国的传统文化和道德礼仪，但是对于后代的泰语学习，老人表示无所谓。

中年人一般在美斯乐出生、成长，他们在汉泰双语环境中长大，他们的中小学都是在华校就读，泰语的学习大多不是正规的学校教育。中年人交谈也都讲云南方言，他们对汉语、对云南方言仍有浓厚的乡眷情感。但与老年人不同的是，他们有意识地学习泰语，泰语习得的自觉性较高，对泰语的掌握程度也较老年人好。在家庭内部、村里，中年人仍以讲云南方言为主，但有时子女用泰语和他们交谈，他们也会夹用泰语跟子女交流。对外来的中国人，他们讲带有“台湾腔”的国语，这是当年台湾的国语老师对他们的影响。中年人认为在现在的泰国社会，汉语、英语、泰语都很重要，他们特别希望子女能精通汉语、英语、泰语，便于今后的谋生。

青年人由于接受的泰语教育比较正规，泰语的课时也较多，他们的泰语程度是最好的。青年人在家庭内部、村里多讲云南方言，他们认为对长辈讲云南方言是对长辈的尊重，也较亲切、自然。在华校课堂上他们必须讲国语，课后和自己的华裔朋友在一起时，大家都是双语使用者，对云南方言和泰语都很熟悉，他们认为云南方言和泰语使用都很方便、自然。他们的云南方言已经不如长辈好，常常遇到一些词语不会用云南话讲，这时会换用相应的泰语词。在泰语学校或者和泰国人交际时讲泰语。对外来的中国人他们讲国语，他们的发音比父辈好，但对汉语学习，他们存在着畏难情绪，认为汉语比较难学，泰语则相对容易。在日常生活中，云南方言和泰语两者之间的语码转换非常自然。他们对语言的态度完全取决于社会环境和今后的生活、工作需要，他们普遍认为要掌握好英语、汉语、泰语，才能比较好地谋生。

八、美斯乐云南方言的展望

现在，美斯乐居民日常生活仍以云南方言为主。由于移民来自中国滇西、滇中的不同县市，几十年的共同生活，造成了方言内部的接触、融合和调整，美斯乐的云南方言逐渐变为一种以滇西方言为主的混合体，这主要表现在语音方面和不同年龄段的移民中。

美斯乐中老年人的口音多是澜沧音、腾冲音、果敢音，青年人的口音以澜沧口音为主的混合音，和汉语普通话相比，声母只有舌尖前音 ts 组，汉语普通话声母为 ʐ 的都读 z，韵母没有撮口呼，阳声韵都是 ŋ 收尾，声调无多大差别，一些在老年人口中听到的特殊字音，在他们口中无法听到，特别是一些入声字的读法，他们多折合成汉语普通话的读音。

美斯乐云南方言的词汇和语法仍然保留了云南方言的特色，由于语言接触，一些词语借了泰语和缅语，这些词语数量不多，但是也是美斯乐云南方言词汇的一大特点。在词汇的使用上，青年人容易将泰语词代入云南方言中，两者之间的语码转换相当自然。

由于中文教育在泰国的良好发展，促进了美斯乐的华文教育。云南方言究竟会不会在美斯乐消失，这就要取决于泰国的语言政策的制定和新移民的语言心理和语言态度了。

参考文献

1. 王筑生：《泰国北部的云南人》，《华夏人文地理》，2001 年，第 82 ~ 87 页。

2. 何平：《移居东南亚的云南人》，《云南大学学报》，2005 年，第 62 ~ 74 页。

3. 《美斯乐简史》，未出版稿，藏于美斯乐义民文史馆，年份不详。

4. 雷雨田：《从战乱到升平看泰北蜕变》，未出版稿，藏于美斯乐义民文史馆，年份不详。

5. 杨时逢：《中央研究院历史语言研究所专刊之五十六·云南方言调查报告》，台北中央研究院历史语言研究所印行，1969 年。

新加坡华语的句法特征及成因

新加坡国立大学中文系　林素娥

新加坡华语是通用于新加坡华人各方言社区的标准语，是华族的高层语言，也是汉语普通话的境外变体之一。作为新加坡华人社会的高变体语言，它在语音、词汇和语法等要素方面都有鲜明的特色，学界对其关注也颇多。如周清海（2002），徐杰、王惠（2004）等先后对新加坡华语的语音、词汇、语法进行了较详细地描写，陈重瑜（1983）、吴英成（1986）、朱淑美（1995—1996）等则探讨了新加坡华语语法中的底层方言成分；周清海（2002）从变异角度对新加坡华语的语音、词汇及语法进行了概说。以上的探讨或较全面或有所侧重，突出了差异的零散描述，但新加坡华语的系统特征仍模糊不清。本文拟结合语言类型的研究成果，探讨新加坡华语的句法特征，讨论成因，观察演变。

全文分两大部分：第一，描写并分析新加坡华语的句法特征：话题优先较弱、主语优先较典型、VO语序特征明显，这些句法特征表明新加坡华语是一种SVO较典型的汉语变体；第二，新加坡华语句法特征的成因有：现代汉语普通话影响弱、英语强大作用、底层方言特征保留。这些成因尽管分别对应于不同的句法特征，但并非一一对应，也并不是相互矛盾的，而是相互和谐、共同作用，形成新加坡华语鲜明的句法特征。

本文主要以自然口语［文中语料随处作注，为忠于原语料，不对句中所出现的符号进行改写，“＿、∨、^、/、\”等符号都表示调型，用“//”表示音节，（0.2）表示停顿时长0.2秒］为语料，结合相声、话剧（主要为当地华人相声和话剧脚本）等书面语体不太浓厚的语言，考察新加坡华语的句法特征。

一、新加坡华语的话题特征

话题理论是汉语句法类型研究的重要内容。Li & Thompson（1976）以“话题”为基本概念，提出“主语优先”与“话题优先”二分式的语言类型理论，英语和汉语分别为这两类语言的代表。这种“主语—话题”二分式的语言类型观及英、汉语言类型特征，也得到国际国内语言学界的普遍认同[①]。作为汉语普通话的境外变异形式之一——新加坡华语，虽仍是话题优先的语言，但话题优先的典型性较弱，主要表现在话题结构类不太丰富，话题标记的专职性不强等方面。

（一）新加坡华语的话题句

话题优先是汉语最突出的句法类型特征，汉语有丰富多样的话题句。在汉语等话题优先的语言或方言中，话题句主要指由话题—说明构成且话题成分常用停顿、特定的虚词或语素（即话题标记）在句法上表现出来的句式，所以本文所考察的话题句主要为有标记话题句。按照话题与说明之间所体现的（语义）关系类型，话题结构大体可以分为论元及准论元共指性话题、语域式话题、拷贝式话题、分句式话题、分裂式话题等（曹逢甫 1979/1995；徐烈炯、刘丹青，1998：121；刘丹青，2003b）。话题结构类型的丰富性和多样性是话题优先语言的特征，同时不同结构对体现语言话题优先性质有不一样的价值，其中语域式话题和拷贝式话题、分裂式话题的分布和高频使用更突出语言及其变体的话题优先性。新加坡华语自然口语中话题结构类型较多样，但各类结构的使用并不平衡。

1. 论元共指性话题结构

这种结构是新加坡华语中最常见的话题形式，话题成分与说明部分 VP 的关系可以是受事、施事、对象、与事等论元成分。其中最常见的是施事、受事成分，若话题成分为被处置对象，也常用代词复指。如：

（1）母亲：书，要给我念好；念不好，看我不把你剐掉！你听好：这个家，不准再有像我这种让人看不起的东西！（郭宝崑：《萍》，柯思仁主编，2005）

（2）but 他的那个戏/hor \/，夸张，很离谱/leh \/。（陈佩诗，2006 会话转录 4）

（3）甲：cancer？不，这个病我已经从脑子里把它“cancel”了。（谭天：《怪病》，1984）

（4）那些 chingay 的车/hor \/，他们 run on the expressway /leh \/。我不懂他们要去那里/lah \/。（陈佩诗，2006 会话转录 3）

（5）以前动物/hor_ /，它们都不会连体/leh \/，现在连乌龟都有连体的，而且你看以前的人不是没有那么多疾病的/lor//？（陈佩诗，2006 会话转录 4）

（6）/ei \/，那些 hongkong drama serials，他们的 dialogue 不是比较自然，比较 smooth。（陈佩诗，2006 会话转录 7）

---

① 尽管学界对话题属于句法成分还是话语（语用）概念仍有颇多争议，但这种讨论也推进了汉语为话题优先语言观；标准英语语言学词典收录 topic prominence，Trask（1993）收录并注明，根据 Li & Thompson，认为汉语为 topic prominence 语言。（Trask，R. L. *A Dictionary of Grammatical Terms in Linguistics*. USA：Routledge）

(7) 你纸掉了。(陈佩诗，2006 会话转录 7)

例 (1) ~ (6) 中，句首 NP 为话题成分，都作主话题，在语义上可以看作说明部分 VP 的受事、施事、对象、与事等，例 (3) 话题成分“这个病”为处置对象，说明部分用代词“它”复指，例 (4) ~ (6)，句首话题成分，述题部分都以第三人称代词复指，这也是新加坡华语话题句较鲜明的句法特点。例 (7) 中代词成分与 VP 存在明显的施动关系，为句子主语，居于次位的受事性名词成分“纸”做句子次话题。

2. 语域式话题结构

语域式话题句中，话题成分与说明部分的语义关系很松散，主要为说明部分提供一个时空背景或个体框架。如：

(8) 我就是，ah，拜六礼拜 hor，我就会回来了 (苏明美，1994：60)

(9) 那层楼/hor^/，连男厕都没有/e_ /！(陈佩诗，2006 会话转录 5)

(10) 我那几个孙子是很吵，照顾他们很辛苦，很烦…… (苏明美，1994 会话转录 10)

(11) 甲：我这姐姐，真给化妆品害苦了，为了买化妆品，电影也少看。(谭天：《怪病》，1984)

(12) 甲：拍马屁嘛，他们是自由竞争，各显神通。(谭天：《拍马屁》，1988)

(13) 甲：对，香肠，我有把握破纪录…… (谭天：《破纪录》，1988)

例句 (8)、(9) 中话题成分为说明部分的内容提供了一个时空范围，例 (10)、(11) 话题成分“我”为说明部分主语“那几个孙子”、“这姐姐”提供领属范围，而例 (12)、(13) 话题成分与说明间的语义关系更为松散，主要依靠背景知识和谈话内容建立联系，这就是汉语中的“背景语域式”话题结构，体现了汉语话题优先的典型特征。

3. 拷贝式话题结构

拷贝式话题结构中话题成分与说明部分的施事、受事等 NP 或谓词 VP 同形，这类结构也是话题优先语言及其变体中常用的句式。如：

(14) 乙：临时又加班啦？甲：车间的机器坏了，要加也加不成。(谭天：《送票》，1984)

(15) Miss lam：不是我要去的，我跟他在楼下喝了几杯酒，也不知道为什么整个头昏沉沉的，站也站不稳。(郭宝崑：《喂，醒醒！》，柯思仁主编，2005)

(16) 小妹：算好了，叫你面试，多数睬都不睬你。是吗？我叫你申请你不要？(郭宝崑：《喂，醒醒！》，柯思仁主编，2005)

(17) 祖父：后来，我父亲在南洋死去的消息传来了，我母亲哭都哭不出来了……后来，母亲还是送我走了…… (郭宝崑：《口羔哑店》，柯思仁主编，

2005）

（18）/aiyah/，丑就丑/lar/，直接讲［出来］。（陈慧芬，2002会话转录2）

（19）Miss soon：急着要用，只好改天啦。今天窄点就窄点吧，我那天去蔡主任的宴会，真不好意思……（郭宝崑：《喂，醒醒！》，柯思仁主编，2005）

（20）丙：……老是老了，但是孩子还有常常来看我们 mah。（苏明美，1994会话转录10）

（21）甲：要赔是赔得起，可是我只穿一套医院里的睡衣，身上一个钱都没有。（谭天：《撞车》，1984）

（22）乙：你有什么办法使色狼怕你？快传授一点儿经验？

甲：办法有是有，还得看你有没有胆量。（谭天：《遇狼记》，1988）

（23）甲：何止寒酸，我含在嘴里，说又说不出来，吞又吞不下，怪难受的！（谭天：《拍马屁》，1988）

（24）坐好来，腿放下来，脚不可以摇，小孩子坐要有坐相……（水晶集96）（陆俭明等著，2002：109）

以上例句，从结构上来看，都为话题成分与谓词同形类，在语料中我们未发现主语或宾语等成分被拷贝的结构；从表义来看，主要表达假设、让步等关系，带有强调语气，同时，有些结构也表达了一定的范畴意义，形态化程度较高。如，例（14）~（17）"V也VP"、"V都不VP"构成表让步、强调的专用格式，例（18）、（19）中"V就V"通过拷贝式话题结构强调对既定事实的接受，例（20）~（22）"V是V"式拷贝结构，常用在转折复句的前一小句中，表示一种让步关系，这种话题句也常见于普通话；例（23）"V又VP，V又VP"式话题结构，一般不单独出现，而是由两个或多个同类小句整齐地并列出来，前后通常还有表示总括意义的小句，大体相当于普通话"说吧，又说不出来，吞吧，又吞不下去"的意思；例（24）"V要有V相"是一种非常固定的话题结构，表示"如果V（P）的话，就应该有V（P）的样子"的意思，在普通话中一般不用拷贝式话题结构表达。

4. 分句式话题结构

赵元任（1979：68~69）指出汉语主谓之间关系最大的特点是可以添加停顿或停顿助词，所以表条件、原因、时间、处所等的小句，与主句之间构成主谓关系。赵元任先生所说的主谓即为话题—说明，所以条件、因果、时间等小句也就是分句式话题。在普通话中一般用"……的话/的时候/的地方"表示条件、时间、处所等分句式话题，它们也大多已经弱化为一个后附（enclitic）的助词，附属于前面的分句式话题上。新加坡华语假设分句、时间分句后大多附加上停顿助词，增强话题性质。如：

（25）如果我要 quit 的话，I have to give one month's notice，然后我要 pay

back 一个月/leh∨。(何丽娴，2003 会话转录 4)

(26) 如果你的体内有两个 baby 的话/hor_ ∕，他们 develop 到一半，连体的可能性好高/orh∨。(陈佩诗，2006 会话转录 4)

(27) 如果我有 1.8m 的话/hor//，当我看演唱会的时候/hor//，我就不用踮脚了。(陈佩诗，2006 会话转录 33)

(28) ……if she can talk 的话/hor∨/，then 就应该不是 stroke/leh_ ∕。(陈佩诗，2006 会话转录 3)

(29) 如果他的 genes 是 normal 的话/lah∨，是比较少机会，可是如果两个 twins 的话/ hor_ ∕，then 他们 develop 到一半，连体的机会就好高/orh∨ (0.2)，then 到时候就要 decide 谁，要分开谁/hor//。(陈佩诗，会话 2006 转录 4)

(30) 我觉得 if the movie/hor/值得给我们拍一个 series 的话，我们应该去追/lor//。(陈佩诗，2006 会话转录 39)

(31) 你看那时候我去演唱会的时候/hor//，每次/hor//就是高的人站在我前面，then 然后我就整个 block 住，then 就看不到。(陈佩诗，2006 会话转录 33)

例 (25) ~ (30) 都为表示条件的假设分句，除例 (25) 外，其他假设分句后均添加停顿助词，增强假设分句的话题性，这也是新加坡华语分句式话题结构的一大特点，尽管极少"……的话，……"的结构，而是多以"如果/if……的话 (停顿助词)，……"的结构出现，但借助停顿助词，表明话题性质；例 (31) 表时间的分句后同样以停顿助词表现话题性质。

5. 分裂式话题结构

刘丹青 (2003b) 指出分裂式话题结构是由于"适于充当宾语的受事论元经部分话题化"而形成。"衬衫他买了三件"，"衬衫"为分裂式话题成分。这种结构虽然符合"框架大于内容"的话题指称性原则，但违背了语言单位的接近度原则，因此，分裂式话题结构的自然度和常见度对表明一种方言或语言的话题优先特征较之其他话题结构，更具有代表性。

这种结构在新加坡华语中极少使用，我们仅收集到个别例句，且都出现在相声脚本中。如：

(32) 乙：是应该劝。

甲：可是她理由有一大箩，我劝不了，就骂。(谭天：《怪病》，1984)

(33) 乙：manga 哪里有这样大粒的？你会不会看的？不会看不要乱说。(谭天：《讲华语》，1988)

(34) 乙：力气我倒是有几分。(谭天：《遇狼记》，1988)

以上三例中充当谓词"有"的宾语"一大箩理由"、"大粒的 manga"、"几分力气"中"理由、manga、力气"均被话题化。这种结构一般只能在话题优先比较显著的语言或方言中才能成立，新加坡华语虽有，但很少使用。

新加坡华语话题句主要有以上5类，其中（1）、（2）类居多，（3）类虽结构固定，且不少带有特定的语法意义，但日常口语中并不常见，（4）类较常用，（5）类则极为少见。从句法特点来看，（1）类论元共指性话题结构中，大多以第三人称代词复指论元话题，以使述题部分拥有比较完整的主谓结构，这种现象在青年人的自然口语中表现最突出；（3）类拷贝式话题结构，大多拷贝的是述题部分中的V或VP成分，结构固定；（4）类分句式话题结构，在假设分句、时间分句后大多添加停顿助词，是它的突出特点，同时，表假设的分句，在日常口语中一般要求使用"如果/if……的话"结构，即用假设连词来介引分句式话题，这应该与新加坡华语以书面语为基础有关。

（二）新加坡华语的话题标记

在话题优先语言中，话题常用显性形式表现出来，即通过语音（如停顿）、词汇（句中语气词或其他专职的话题标记）和句法（句首位置、前置等语序）等不同形式表现出来；而拥有专用的话题标记（即可以用来表现话题信息功能的虚词或语素）是话题突出语言的重要特征。

汉语句中语气词有标记话题的功能，赵元任（1979：50）指出，"a、ne、me、ba四个助词都有表疑问和停顿这两种作用"，其中"表停顿"时即为话题标记，如"丈夫吧，找不着事儿；孩子们吧，又不肯念书"中"吧"显然起着引进对比性话题的功能；屈承熹（2000）等也指出普通话用"啊、呢、么、吧"将话题与述题部分隔开；张伯江、方梅（1996：40）在自然口语分析中得出：从表达的角度看，句中语气词前的部分不是句子的重要信息，而是说话人选择的讲话起点；句中语气词则是口语里特有的标示主位的标记。徐烈炯、刘丹青（1998：89）进一步指出，提顿词（即句中语气词）基本上是北京话的一种专用话题标记，只是存在一些类推或泛化的用法；不少学者也把它当作汉语话题化的重要手段。可见，学界对汉语句中语气词可作话题标记的看法还是挺一致的。句中语气词也是新加坡华语话题标记的主要形式。

在新加坡华语话题句中，话题成分也大都以停顿、句中语气词等手段为句法表现形式。非正式谈话中高频使用的/hor/、/leh_ /、/ah/、/lah/等语气词，也常出现在话题成分后，具有标示话题信息的功能，其调值和调型无固定形式，表现出较强的依附性，同时做话题标记使用，也大多与其句尾语气词的功能有一脉相承性。

1. 话题标记"/hor/"

"/hor/"是新加坡华语中最常见的语气词，也是出现在话题成分后频率最高的话题标记。话题功能也很典型，可引进新话题、对比性话题，也可以激活间隔出现的话题，同时，用作话题标记时，其调型也呈现多样性，无固定形式。如：

(35) 那个John/hor∨/，在那个building里面move来move去你懂吗？with the video/leh_ /。(陈佩诗，2006会话转录2)

(36) 两个egg/hor_ /，两个zygote这样/hor_ /，他们连体的机会越来越高了/leh∨。(陈佩诗，2006会话转录4)

(37) J：then她mother/hor^/，她的mother-in-law/lah^/，她很bad/leh_ /，/erm_ /……(陈佩诗，2006会话转录6)

(38) 我们学校的女孩子/hor//都很喜欢他/eh/。他是GP老师。(陈佩诗，2006会话转录34)

(39) 她昨天/hor//，就去访问David Gan，莫小玲长得怎样/leh//。(同上)

(40) Actually我的face/hor//并不圆/leh∨，我有看过更圆的人/leh∨，我妹妹/hor//她这么瘦/hor∨，她脸比我圆/leh∨。我的脸还比她长/eh∨。(陈佩诗2006，会话转录33)

(41) 以前hougang Mall/hor//是一个很popular的宣传地/yeh//，现在没有人来/liao_ /。(陈佩诗，2006会话转录33)

(42) Polyclinic /hor_ /我妈妈去排队/leh_ /，她排半年/leh//，她排半年才轮到她。她/hor//，上个月去排，那个人跟她讲，/erm_ /，until July。(陈佩诗，2006会话转录38)

以上用例中/hor/，从语音形式上来看，调型并不固定，可读为平调、升调、降调、升降调等不同形式，但都用于话题成分后或单独或与停顿一起标注话题信息功能，具体功能稍异。例(35)～(40)/hor/出现在句首主话题后，主要用来引进新话题，例(39)时间名词后/hor/，表明“昨天”的次话题性质，以引起读者对“昨天”发生事情的关注，例(40)/hor/引进对比性话题“我的face”、“我妹妹”，例(41)引进话题“hougang Mall”，以便对比它的曾经与现在，由于说听者彼此明白，所以现在的情况无须言明，例(42)/hor_ /首先引进新话题“Polyclinic”，然后激活话题“她”，以便引起听者对后来在她身上所发生的新情况更加注意。

/hor/也是新加坡华语中使用最频繁的句尾语气词，可读为平调、降调、升调等不同语调，分别表示解释、请求、询问、陈述等不同语义。如：

平调：表示解释，如：

(43) ……eh，老师说hor，e，烧釉hor，要直接烧leh……

降调：表示请求，如：

(44) ah，你记得跟老师请假hor。

升调：表示询问，如：

(45) 问他为什么都不会干hor……

平调：表示陈述，如：

(46) 我看我礼拜天没有去 hor，那么你自己去 lo……（苏明美，1994：49～50）

尽管句尾语气词/hor/声调和表义不同，但它都是一种旧信息的标志（苏明美，1994：49），这种功能语用特点也决定了它可以出现在话题成分后，凸现话题的旧信息性。可见，/hor/的话题标记功能与其句尾语气词有渊源关系。

2. 话题标记“/leh_ /”

话题标记“/leh_ /”，主要见于老年人，中青年少用，一般多用来引进新话题和激活上文已提到的话题，读为平调。

(47) 丙：aiya，老人/leh_ /，最好就是不要给年轻人麻烦，自己可以照顾自己最好，如果有什么病 ah^{314}，痛 ah^{314}就惨 lah^{31}。（苏明美，1994 会话转录 10）

(48) 那个/leh_ /，ai ya（1”）不懂他叫什么名 lah^{31}。（苏明美，1994 会话转录 2）

(49) 这样/leh_ /，别人也不会嫌我们烦（2”）。当然 lah^{31}，我们老人家也不好太过分 lah，如果整天吵人家来，吵久了，人家当然讨厌我们 lor。（苏明美，1994 会话转录 10）

(50) J：arms and legs /leh_ /，他们就把他的脚啊，全部 screw 出来/lor/，然后那里 then/horV/，他们有些，有些，有说，还没有用/ah_ /，他们还看到那个……（陈佩诗，2006 会话转录 2）

“leh”也是常见的句尾语气词，主要用来表示对言语行为的解释说明。如：

(51) /eh/，有些人真的会功夫的/leh_ /。（苏明美，1994：67）

表示对已知事实的进一步说明或肯定。上文例（47）～（51）句尾“/leh/”都带有解释说明的作用，同时，作句尾语气词用的“/leh/”可读成平调、升调、降调等不同形式。与“/hor/”话题标记、语气词功能都很活跃不同的是，“/leh/”的话题标记用法不是很常见，而语气词功能更活跃。

3. 话题标记“/ah/”

“/ah/”不仅是新加坡华语中常用的停顿标记，也成为华语话题特征在新加坡英语中的有力表现，即成为新加坡英语的话题标记。在华语中也是较常见的话题标记形式。

(52) 乙：你算不错了，还有时间做自己喜欢的事。我/ah V/（2″）每天都得帮女儿看孩子。（苏明美，1994 会话转录 10）

(53) Richard 的那个脸/ah//，很像那种很欠扁脸，你懂/mah_ /？我看了他就想扁他几次/leh V。（何丽娴，2003 会话转录 3）

(54) 那个 century square /ah V，最近/hor V/，它在装修/e V，then in fact/hor_ /，它那边有很多店。（陈佩诗，2006 会话转录 5）

(55) 那个女人/ah V，她/er V/，现在再 investigate on 这个，这个，这个男

孩子他爸爸的事情。(陈佩诗，2006 会话转录 6)

(56) 那种七八十年代的衣服/ah_ /，至少有十年这样久/ah_ /。(何丽娴 2003 会话转录 3)

话题标记“/ah/”一般用在句首主话题后，可引进对比性话题，如，例(52)，也可引进新话题，如，例(53)，或激活上文已经提到的话题，如，例(54)、(55)、(56)，此外，“/ah/”作话题标记使用时也无固定的调型，可读为降升调、升调、降调、平调等不同形式。

4. 话题标记“/lah/”

陆俭明(2002)等指出，语气词“啦”为新加坡华语中所特有的，它相当于“啊”，表示确认的语气。其实“/lah/”也可以做话题标记。

(57) 她的衣服/lah ∨，因为去 china/mah_ /。then 他们讲说/oh ∨那些衣服不要紧/lah ∨，长袖的/mah_ /，可以穿/ah_ /。(何丽娴，2003 会话转录 3)

(58) Twin/lah_ /，twin 最好一男一女。(陈佩诗，2006 会话转录 4)

作话题标记时，述题部分表达的是对话题成分的进一步确认或解释说明。不过，作话题标记的用法还不是很常见。

“/hor/、/leh/、/ah/、/lah/”等语气词在新加坡华语中虽可作话题标记，但它们同时也是功能活跃的句尾语气词，作话题标记，只是功能兼用。其中/hor/、/ah/作话题标记的功能活跃且使用频率较高，/leh/、/lah/则话题功能远不及句尾语气词活跃。看来，新加坡华语话题标记的主要类型——语气词类也只是兼职而已。

新加坡华语仍具有话题优先性，但并不典型。松散的主谓关系型句子仍是当地华语的主流，句中语气词具有标示话题信息的功能，话题结构较多样。但相对于吴语上海话(徐烈炯、刘丹青，1998)、北京话自然口语(袁毓林，2002)来说，它的话题优先性并不典型。主要表现在：新加坡华语中句中语气词只是兼用为话题标记，没有发展出较专职的标记形式，从话题结构来看，论元共指型、语域式话题结构普遍使用，而拷贝式话题结构、分裂式话题结构使用频率较低，成立的语用动因也很明显。

二、新加坡华语的 VO 语序特征

新加坡华语较普通话 VO 特征典型，主要表现在方所题元做宾语、特殊比较结构、副词后置修饰谓词、不及物动词带宾语等句法特征上。

(一)“来/去 + 方所题元”句与由“V 来/去/进 + 方所题元”

新加坡华语中“来/去”句与“来/去”作趋向补语的动词句中方所题元—

律后置。

(59) 你来我家啦！(陈重瑜，1983：18)

(60) Miss soon：……我那天去蔡主任的宴会……(郭宝崑：《喂，醒醒！》，柯思仁主编，2005)

(61) Then 那时你有没有穿去学校？(陈慧芬，2002 会话转录 2)

(62) 母亲：(坐去床头折衣服) 念几年书，真就不同，电灯坏了也能修修……(郭宝崑：《喂，醒醒！》，柯思仁主编，2005)

(63) 他一动不动，眼睛直直看进我的眼睛。我呢，也一动不动，眼睛眨都不眨，只看回他，因为我要叫他明白我是很认真的。(郭宝崑：《单日不可停车》，柯思仁主编，2005)

以上各例中"来/去"作谓词或"V + 来/去/进"等动趋式谓语句都直接带宾语，与普通话"到 + 终点 + 来/去"等方所题元状语化结构不同，刘丹青(2001) 指出，粤语方所题元后置是 VO 语序典型的句法表现。新加坡华语方所题元后置也反映了它的 VO 语序突出的特征。

(二) 特殊的比较句

新加坡华语仍常使用"A + Adj. + 过 + B + 其他"的差比句和"A + 不 + 同 + B"的不等比句式。如：

(64) 他去好过你自己去。(陈重瑜，1983：20)

(65) 一个女的，她不喜欢吃东西的，她喂她的 mouse 吃多过她自己吃。(陈佩诗，2006 会话转录 40)

(66) I mean 你有东西做，好过给人家裁掉/mah_ /。(我的意思是，你有事做，比被人裁员要好) (何丽娴，2003 会话转录 2)

(67) 华文文学不同中国文学。(陈重瑜，1983：29)

以上比较结构是新加坡华语中常见句式。在语序类型学中，比较句一直是语序类型的重要参项，与 VO 语序和谐的比较句式为"形容词(比较结果)—比较标记—基准"，与 OV 语序和谐的为"基准—比较标记—形容词"。新加坡华语这种特殊的比较句线性序列与 VO 语序相一致。

(三) 处置句较少用

尽管"把"字处置句是当地华语中常用句式，但相对于普通话来说，使用频率稍低，一些普通话中必须或更倾向于用"把"字句的，当地华语仍可用普通动宾句式，也可直接用话题句表达。如：

(68) 你穿白袜子，then 你塞进你的脚，你的脚里面，出来还是一个臭袜子/lor/。(陈慧芬，2002 会话转录 2)

(69) 丙：/ah V/，对/lo_ /，那个/lo_ /，眼睛大大粒的，好像要吃掉我一样/leh_ /，"xiao"（闽：神经病）的，我只是拿回我的东西而已/mah/，这样凶做什么。(陈佩诗，2006 会话转录 1)

(70) 这课书要抄到完！(要把这课书抄完！)(陈重瑜，1983：24)

(71) 这些书收收起来！(把这些书都收起来！)(陈重瑜，1983：8)

例（68）"塞进你的脚"、例（69）"拿回我的东西"两例直接在"V + 趋向动词"后带宾语，而普通话则对应为"把 + NP + V + 趋向动词"结构。如"把你的脚塞进去"、"把我的东西拿回去"；例（70）、（71）对应的普通话形式也多用处置式。新加坡华语处置句应不及普通话发达。

（四）各类副词后置修饰动词

表示动词次序的"先"、动作发生时间"早"、修饰动作进行方式的状态形容词等，一般都接在动词后，起修饰作用，甚至"没有"也用在 V 后表示否定。

(72) 吃饭先！

(73) 今天吃早一点啦！(陈重瑜，1983：4)

(74) 你再去看好好！那样大大的格子，哪里可能是给汽车 park 的？！……(郭宝崑：《单日不可停车》，柯思仁主编，2005)

(75) 你们要跑快快啊！(快一点跑！)

(76) 要迟到了，他还走慢慢！(慢慢地走！)(陈重瑜，1983：9)

(77) 去联络所下棋，那些人"怕输"，走没有一盘就要吵架……(郭宝崑：《口羔呸店》，柯思仁主编，2005)

(78) 然后我解释为什么我会犯规，而且那也不是全部我的错，我很坦白、很客气地指出说他们的牌子放得有点不清不楚。(郭宝崑：《单日不可停车》，柯思仁主编，2005)

例（72）、（73）中"先"、"早"等形容动作发生的时间副词，接在动词或整个动宾词组后；（74）~（76）例中"好好、快快、慢慢"等表示动词进行方式的状态形容词也都后附于动词；例（77）中否定副词"没有"也用在动词"走"后；例（78）中副词"全部"用于判断动词"是"后起修饰作用。这些"动词 + 副词/状态形容词修饰语"的词序也是 VO 语序的典型表现。

（五）不及物动词与一些常用的形容词作谓词，直接带宾语

"帮忙"、"提名"等离合词，"近"、"耐烦"、"紧张"等形容词可以直接带受事宾语。如，

(79) 乙：我帮忙你拿，使节目紧凑。(谭天：《魔术》，1984)

(80) 小五那年我以为自己没有机会参加作文比赛了，但他仍提名我。(陆

俭明等，2002：100）

（81）我家很近学校。（我家离学校很近）（陈重瑜，1983：29）

（82）那个 attendant 不耐烦我，我也不耐烦他，一下子就讲到没有得讲了。（郭宝崑：《单日不可停车》，柯思仁主编，2005）

（83）那个男的就打电话来问她为什么："为什么你没有联络我？你是不是很忙还是有什么事？"（陈佩诗，2006 会话转录 24）

（84）I thought 通常妈妈都会很紧张孩子的成绩。（陈佩诗，2006 会话转录 35）

以上用例中"帮忙"、"提名"、"近"、"耐烦"、"联络"、"紧张"等不及物动词和形容词都可以直接带宾语。

三、新加坡华语的主语优先特征

新加坡华语基本小句中主语优先的特点比普通话突出。主要表现在"被"字句的广泛使用、话题句中代词复指的现象丰富等方面。

（一）"被"字句

不论口语还是书面语，新加坡华语"被"字句广泛使用，也突破了表消极意义的句式语义限制。如：

（85）信已被投入了邮筒。（都市）

（86）君子抛弃了仁德，怎么还能被称为君子呢？（陆俭明等，2002：127）

（87）方言中的流行词语，如"怕输"、"怕死"、"siao"、"sian"等词语，都被新加坡学生融会贯通，很自然地加进了普通话对话里。一些方言中的语法，也被用进了普通话里。（摘自《南洋女子中学生书面报告》）

例（85）~（87）的普通话对应形式都可使用意念被动式表达，而新加坡华语则多用带标记被动句。Li & Thompson（1976）指出："主语优先语言经常使用有明确形式标记的被动句，如英语 be 加动词的过去分词构成的被动句，而话题优先语言很少使用这种句子或使用时有明显的附带意义。"新加坡华语"被"字句的广泛使用，应体现了这种句法类型特征。

（二）话题句中第三人称代词复指话题成分，作述题部分的主语

在自然口语中，第三人称代词多用来复指前面话题成分，充当述题部分的主语，这种现象突出表现在年轻大学生日常交谈中。

（88）这个 ticket/hor V/，它是 like 很像（0.2），它已经要 end/lor//……我们［会］。（陈佩诗，2006 会话转录 1）

（89）那个 century square /ah∨，最近/hor∨/，它在装修/e∨，then in fact/hor_ /，它那边有很多店。（陈佩诗，2006 会话转录 5）

例（88）、（89）为话题句，但述题部分都以第三人称代词“它”复制句首话题成分，而普通话则使用零形回指（zero anaphora），正如 Gundel（1980，1988）指出，话题优先越典型的语言，零形回指的使用更自由，反之亦然。新加坡华语多用代词复指话题成分，与汉语普通话多用零代替的差异表明，普通话话题优先特征比新加坡华语更明显，而主语优先特征不及新加坡华语。

以上句法特征表明，新加坡华语是一种话题优先不典型、VO 语序典型、主语优先特点较突出的汉语变体。这三方面彼此和谐：话题优先弱则 VO 语序典型、主语优先特点较突出，若以 S、V、O 为核心参项，那么新加坡华语无疑属于较普通话 SVO 语序更典型的语言。

四、新加坡华语句法特征的成因

新加坡华语主要以五四前后汉语书面语为基础形成[1]，在以英语为顶层语言且马来语、泰米尔语等多种官方语言并存的语言生态环境中生存，在闽、粤等底层方言的长期渗透中发展、丰富，这种历史的、现实的语言背景，形成了当地华语语序的鲜明特色。因此，其句法特征的成因也可以从 3 个方面来讲：现代汉语普通话影响弱、英语强大作用、底层方言特征保留。

因历史和现实的语言使用，新加坡华语受现代汉语普通话口语影响弱。1949 年后，新、中断交长达 20 多年，这样新加坡华语在汉语书面语基础上形成，缺少普通话口语的特征。尽管在当今新加坡社会中，口语表达为新加坡华语交际主要形式，书面表达甚少，但它的使用也远不及英语。它只是学校教育里单科的语言科目，也只是日常交际的次要用语。根据对新加坡国立大学中文系主修汉语和汉学学生的家庭交际用语调查，有 90% 的学生在家中以讲华语为主，交谈对象主要为父母，对弟兄姐妹交谈用华语者为 70%，而在社会公共场合，他们则以英语为主要交际用语。中学生以华语为家庭用语的比例很低，根据对南华女子中学中一到中四共 200 名学生的调查，在家庭中使用华语学生的比例仅为 32%，社会公共场合更是极少用华语。因此，我们可以说，新加坡华语的形成基础以及日

---

① 周清海：新加坡是一个以英语为行政语言的多语社会……新加坡是在没有普通话口语基础、没有普通话直接影响的情况下推广华语的。新加坡人所接触的书面语……而是五四前后期的汉语书面语。再加上新加坡是个多元种族的社会，英语是新加坡的顶层语言，又是教育的媒介语，华语只是学校教育里单科的语言科目，因此英语所给予华语的压力与影响，是非常巨大的。在这样的情况下发展起来的新加坡华语，无论是口语或书面语，都难以避免地有自己的特色。http：//www. kzxy. com. cn/Article/ArticleShow. asp？ArticleID＝2652&Page＝1，2007－08－22。

常使用率低，是形成它话题特征不典型的重要因素。

新加坡华语是新加坡华人社区的高层语体，与各华人社区使用的粤、闽、客等低层语体和谐并存，这些低层语体的方言也是新加坡华语的底层方言，是形成其 VO 语序典型特征的最主要因素。如方所题元做宾语、特殊的差比结构、处置结构少用、副词后置修饰动词等，与粤、闽、客等方言表现一致。陈重渝（1983）等也先后指出，新加坡华语中这些句法现象是粤、闽、客等方言长期渗透的结果。若从语言演变来看，底层方言的句法特征是影响新加坡华语有序演变的最重要因素。同时，新加坡华语句法对方言句法的移用是有选择的，是有序的，这形成了新加坡华语 VO 语序典型的特征。

新加坡华语也深受顶层语言——英语的巨大影响，形成其主语优先的特征。英语与华语虽都为官方语言，但英语是新加坡各族人通用的语言，也是行政语言。长期以来，英语对华语产生了巨大影响，这从家庭日常用语的使用也可以表现出来，国立大学中文系主修汉学和汉语的学生家庭用语为英语的比例也高达30%，对于中学生来说，这种比例更高，根据调查，南华女子中学的学生家庭用语绝大部分以英语为主，除非家长强调必须使用华文交流，学生们才会使用语码混杂的华语。如：I tell you hor，那个 Chinese Assignment 很难 leh！（我告诉你呀，那个华文作业很难呢），仅少数中学生能说一口稍微流利的华语。华语使用率低和交际的困难，英语的高频使用，这种不平衡现象，反映了英语对新加坡社会和华语的强大影响，这种影响也触及新加坡华语的句法结构。英语是一种主语优先的语言，被动句广泛使用，形式主语成为强制性句法成分，他们也成为新加坡华语的句法特征。而这些句法特点与 VO 语序典型相互和谐，形成新加坡华语 SVO 语序较典型的语序类型特征。

在汉语走向世界的当今，华语研究作为“汉语研究的拓展”（郭熙，2006），其理论意义和实践意义都显得更为重要。从句法类型及成因来看，新加坡华语有鲜明的句法特征，这些特征形成了一个有序的和谐的整体，尽管各自成因不同，但相互作用，整合为较典型的 SVO 语言。通过本文的初步考察，在理论上，我们认为，从语言演变来看，新加坡华语是语言在复杂的语言生态环境中有序演变的缩影。

尽管学界对话题属于句法成分还是话语（语用）概念仍有颇多争议，但这种讨论也推进了汉语为话题优先语言观；标准英语语言学词典收录 topic prominence，Trask（1993）收录并注明，根据 Li & Thompson，认为汉语为 topic prominence 语言。（Trask，R. L. *A Dictionary of Grammatical Terms in Linguistics*. USA：Routledge）

参考文献

1. 周清海:《新加坡华语变异概说》,《中国语文》2002 年第 6 期, 第 508 ~514 页。

2. 游汝杰:《方言和普通话的社会功能与和谐发展》,《修辞学习》2006 年第 6 期, 第 1 ~8 页。

3. 陈重瑜:《新加坡华语——语法与词汇特征》, 新加坡国立大学华语研究中心编印, 1983 年。

4. 吴英成:《新加坡华语语法研究》, 新加坡文化研究会 1986 年版。

5. 朱淑美:《新加坡华语语法、词汇中的方言成分》, 新加坡国立大学中文系荣誉学士学位论文 , 1995—1996。

6. 陆俭明、张楚浩、钱萍著:《新加坡华语语法的特点》, 见周清海主编《新加坡华语词汇与语法》, 新加坡玲子传媒私人有限公司 2002 年版。

7. 徐杰、王惠主编:《现代华语概论》, 新加坡八方文化创作室 2004 年版。

8. 魏岫明:《汉语词序研究》(唐山论丛 6), 台北唐山出版社 1992 年版, 另见张振兴:《现代汉语方言的语序问题的考察》,《方言》2003 年第 2 期。

9. 刘丹青:《粤语句法的类型学特点》, 香港《亚太语文教育学报》2000 年第 2 期。

10. 刘丹青:《语序类型学与介词理论》, 商务印书馆, 2003a。

11. 刘丹青:《方所题元的若干类型学参项》, 香港《中国语文研究》, 2001 年。

12. 曹逢甫(谢天蔚译):《主题在汉语中的功能研究》, 语文出版社, 1979/1995。

13. 徐烈炯、刘丹青:《话题的结构与功能》, 上海教育出版社 1998 年版。

14. 刘丹青:《吴语的句法类型特点》,《方言》第 4 期, 2001a。

15. 刘丹青:《汉语方言的语序类型比较》, 日本《现代中国语研究》创刊 2 期, 2001b。

16. 袁毓林:《汉语话题的语法地位和语法化程度基于真实自然口语的共时和历时考量》,《语言学论丛》第 25 辑, 商务印书馆 2002 年版。

17. 刘丹青:《论元分裂式话题结构初探》, 见徐烈炯等主编:《话题与焦点新论》, 上海教育出版社, 2003b。

18. 赵元任著、吕叔湘译:《汉语口语语法》, 商务印书馆 1979 年版。

19. 屈承熹:《话题的表达形式与语用关系》, 日本《现代中国语研究》2000 年第 1 期。

20. 张伯江、方梅:《汉语功能语法研究》, 江西教育出版社 1996 年版。

21. 苏明美:《新加坡华语中的言谈标志研究》新加坡国立大学中文系荣誉学士学位论文, 1994—1995。

22. 郭熙:《论华语研究》,《语言文字应用》2006 年第 2 期。

23. Li, Charles N. /Sandra A. Thompson. *Subject and Topic*: A New Typology of Languages, in: Li, *Charles N.* (*ed.*) *Subject and Topic*, New York/San Francisco/London: Academic Press, 1976, pp. 457 –490.

24. Joseph H. Greenberg(陆丙甫、陆致极译). *Some universals of grammar with particular reference to the order of meaningful elements*.《国外语言学》, 1963, 1984。

25. Chao Yuanren. *A grammar of spoken*. University of California Press, Berkeley, 1968.

26. Jeanette K. Gundel . *Universals of topic—comment structure Studies in syntactic typology*. edi-

ted by Michael Hammond, Edith A. Moravcsik & Jessicar Wirth. John benjamins publishing company, 1988, pp. 209—242.

27. Gundel J. K. *Zero - anaphora in Russian*: a case of topic—prominence?" In: J. Kreiman and A. E. Ojeda (eds), proceedings of the parasession on Anaphora, *Chicago Linguistic Society*, 1980, pp. 139—146.

28. Tsao feng - fu. *sentence and clause structure in Chinese*: *a functional perspective*, Student Book Co., Ltd., 1990.

附录

本文语料来源主要为：新加坡国立大学中文系荣誉学士论文后附自然口语录音转写、新加坡华人戏剧家郭宝崑戏剧对白和相声脚本、新加坡华人相声表演艺术家谭天相声作品集等。其中口语录音转写约 12 小时，共计 8～9 万字的语料，会话录音虽涉及不同年龄阶层，但主要以中青年谈话为主。具体如下：《陈佩诗新加坡华语中的话语标记“BUT”和“SO”（会话转录)》，新加坡国立大学中文系荣誉学士学位论文，2006；陈重瑜：《新加坡华语——语法与词汇特征》，新加坡国立大学华语研究中心编印，1983；陈慧芬：《会话中的打岔现象与性别关系（会话转录)》，新加坡国立大学中文系荣誉学位论文，2002—2003；苏明美：《新加坡华语中的言谈标志研究（会话转录)》，新加坡国立大学中文系荣誉学士学位论文，1994—1995；陆俭明、张楚浩、钱萍著：《新加坡华语语法的特点》，见周清海主编：《新加坡华语词汇与语法》，新加坡玲子传媒私人有限公司 2002 年版；朱淑美：《新加坡华语语法、词汇中的方言成分》，新加坡国立大学中文系荣誉学士学位论文，1995—1996；谭天：《谭天相声集》，《文学书屋》，1984；谭天：《谭天相声二集》，南方丛书编委、南方艺术研究会 1988 年版；郭宝崑：话剧《喂，醒醒!》、《口羔呸店》、《萍》，相声《单日不可停车》；柯思仁主编：《郭宝崑全集》，世界科技出版公司总部及海外分公司 2005 年版。

致谢：感谢南洋女子中学中二学生孔艺桥、罗玮婷、张倚虹、胡雪岩等四名同学协助调查。

印尼华人的语言状况

印度尼西亚基督教大学　黄玉婉　印尼金狮集团　许振伟

一、前言

印度尼西亚华人是海外华人中命途多舛、最为坎坷不平的一群。历史上多次政治动荡皆使其备受株连，成了无辜的陪葬品，“屠杀、压迫、剥削、歧视”总与印尼华人不即不离。印尼华人经历了数百年的沧桑及凄风苦雨，写下了血泪斑斑、可歌可泣的史篇。到了20世纪末，他们仍然逃脱不了被屠杀的噩运。然而，经历了1998年5月排华浩劫之后，印尼华人却否极泰来，绝处逢生，如凤凰浴火重生，可谓“沉舟侧畔千帆过，病树前头万木春”。

印尼华人是炎黄子孙里特殊的一群，同样的黑眼珠、黄皮肤，却被剥夺了祖宗留传下来的名和姓，乡音也几乎成了绝响。幸好，苏哈托30多年来苦心经营的独裁同化政策在烈火莫熄（Reformasi/Reformation）的烽火中谱下休止符。受尽煎熬压迫的印尼华人终于可以呼吸到自由的空气，潜伏多年的中华文化也枯木逢春，拨开云雾见明月。印尼华人重新向中华文化认同，国内亦掀起一股汉语热。这股热潮，不只在华人社区里沸腾，印尼的非华裔也争相赶搭汉语热潮的列车。

研究印尼华人的课题，学者们都集中在政治与历史的范畴，有关的资料与档案，可谓汗牛充栋、车载斗量。但是，有关华人语言方面的研究却相当冷门，针对华人方言的研究几乎更是一片空白。

本文欲探讨印尼华人的语言状况，着墨处除了取自一些书报杂志外，有些是依据笔者在印尼生活6年的观察与体验，某些论点可能失之偏颇与主观，希望能借此抛砖引玉，吸引更多人向这方面研究。

二、印尼华人“讲什么话”

一位语言学家欲研究某个族群的语言状况，首先得掌握一些根本的数据，如该族群的人口数量、分布地区及应用的语言。但是，欲探讨印尼华人的语言状况可不容易，首要的难题是如何确定印尼华人的数量。

印尼有多少华人？人言人殊。2000 年的官方人口普查显示只有 1 738 936 人[①]。与 1930 年荷兰殖民时代的普查 1 190 014 相去不远，实在令人难以置信，不仅专家学者质疑这些官方数据，连前总统美加华蒂也不相信。有的认为官方刻意降低华人人口的数据，有的则说受同化的华人否认自己的华人身份，也有的说许多华人不敢承认自己为华人以免被政府迫害。因此，有的学者推论印尼现有 600 万华人，有的则说 700 万，较后还有 800 万、1 000 万的说法，最高的甚至估测1 500万，众说纷纭，莫衷一是。最流行的说法是印尼有 1 000 万华人，列居印尼第四大种族[②]，也是中国以外拥有最多华人的国家。

印尼有多少华人到目前仍不可考证，若要进一步知道各籍贯华人的分布资料更不可得。要厘清这些数字，有待于印尼政府下一轮的人口普查。官方的华人数据有误，更甭说华人籍贯的正确数目。若以身边的华裔朋友的籍贯来计算，客家与闽南应是华人里数量最多的籍贯，接着是广府、潮州及福州。

根据荷兰东印度政府（独立前的印尼）1930 年的普查，华人总人口计有 1 190 014人，582 431 人住在爪哇，共有 63.5% 的华人在印尼出生，36.5% 的新客移民大多住在外岛[③]。土生华人（也被称为侨生 Peranakan）在好几个世纪前已在印尼定居，落地生根，中国对他们而言是遥远且陌生的外国，一般都不会华语，使用有浓厚闽南色彩的马来混合语；新客（Totok/Singkeh）则指清末、民国初年移居南洋的华人，他们把广东、福建的全套文化习俗搬来南洋。他们使用各自籍贯的方言，认同中华文化及华文教育。

黄昆章的《风雨沧桑五十年》提到印尼华人籍贯的数量及分布，不过那是 1930、1956 及 1961 年的数据。根据推算，1961 年，50.2% 的华人住在爪哇，28.2% 住在苏门答腊，12.9% 住在西加里曼丹。外岛的华人在 1930 年曾超越爪哇及马都拉岛，进入 50 年代后，新客已很少，爪哇的土生华人很多，这样，爪哇的华人人口也就稍多于外岛。1961 年，爪哇及马都拉土生华人与新客的比例是 17∶8。华人一般都聚居在大中城市[④]，一些城镇的华人高度集中，超过当地人口 20% 的有：西加里曼丹（20.5%）、勿里洞（25.2%）、廖内（27.9%）、邦加（32%）、山口洋（95%）。华人的祖籍若按省份划分，1930 年时，福建籍者超过广东籍，此后由于粤籍人增加，人数当已超过闽籍人。如以方言划分，印尼

① Leo Suryadinata. Understanding the Ethnic Chinese in Southeast Asia. *Institute of Southeast Asia Studies*, Singapore, 2007, p. 288.

② 李卓辉编著：《迎接落地生根时代》，雅加达联通华文书业有限公司 2003 年版，第 171～174 页。

③ Lohanda, Mona, Growing Pain, the Chinese and the Dutch in Colonial Java, 1890—1942. *Yayasan Cipta Loka Caraka*, 2002, p. 220.

④ 苏加诺当权年代，贸易部长 Rachmat_ Muljomiseno 通过总统 10 号法令（1959），禁止华人在乡村居住营业，几十万华人被迫迁驱逐。

华人主要有福建帮、客家帮、广肇帮及潮州帮，其余讲海南话、江苏话、浙江话、山东话、湖北话等。以客家人为例，1930 年外岛客家人约为 125 000，爪哇约 75 000。西加里曼丹的客家人约 38 000 人，占华人总人口 66 000 人的 57%[①]。

根据笔者的观察，印尼语是印尼华人最通用的语言。在雅加达及西爪哇，印尼语是华人的共同语言；在中爪哇及东爪哇，印尼语与爪哇语并行不悖，成为当地华人的常用语。雅加达的土生华人，会操华语或汉语方言者可谓凤毛麟角。也许因为是首都的关系，雅加达是苏哈托专政时期中华文化受创的重灾区，即使是第三代新客后裔，也甚少会操华语或方言，往往只有 50 岁以上、受过中文教育的华人才会讲华语或方言。近年来，在雅加达可听到越来越多的华人讲华语或方言，他们当中绝大部分人来自外岛。

印尼的外岛（爪哇以外的岛屿）在当年实行同化政策时较首都宽松，因此外岛的华人之间仍以方言或华语来沟通，会操方言的华裔年轻人甚至多于操华语者。在北苏门答腊的棉兰，闽南语是华人的共同语；在西加里曼丹的坤甸，华人的交流语则以潮州语、客家语及华语三分天下。

陈玉兰曾在 2002 年 3 月至 7 月进行调查[②]，范围是印尼五大岛屿，即苏门答腊、爪哇、加里曼丹、巴布亚及苏拉威西，她只针对 100 名年龄介于 20 岁至 45 岁有华文基础者进行调查，她得到的结论是：苏门答腊华人中操华语人口的比率比其他岛屿高，爪哇岛虽为人口之冠，但比率却偏低，因为苏门答腊位于新、马、印的三角地带，商贸、文化等方面的交流为该岛提供了学习华文的优势。陈玉兰并没对方言进行调查。

李卓辉在新马印华人国际学术研讨会上披露，在爪哇岛以外的地区，如棉兰、西加里曼丹、巨港、廖岛、邦加、勿里洞等，估计 50% ~60% 的华人会讲华语，不过读写的比例相对少于 20%。根据《编辑周刊》于 1990 年对雅加达华人的调查，发现只有 5.42% 的雅加达华人能流利地读写华文，35.37% 能听懂（被动地）一些华语。总的来说，在全印尼 1 000 万华人中，能讲华语的约只有 30%，即 300 万，其他 700 万华人对华文已十分陌生，能流利读写华文的只有 6%[③]。

三、印尼华人与印尼语

印尼语源于马来语，是在马来语的基础上形成的一种现代语文。马来语流通

---

① 黄昆章.《风雨沧桑五十年》，香港丹青出版社有限公司 2007 年版，第 24 ~29 页。

② 陈玉兰：《印尼华文教育与对华文文学认识的现况调查报告》，载雅加达《国际日报》，2002 年 11 月 12 日。

③ 同上，第 175 ~177 页。

于廖内、马来半岛及苏门答腊，原是马来人的母语。马来人是印尼民族中的一支少数民族，约占印尼总人口的1.6%[①]，然而，这个少数民族的语言却凌驾于多数人的语言爪哇语，成为印尼的国语。

20世纪上半叶形成的印尼语是世界上发展较快的语言之一。[②] 在极短的时间内，一个少数民族的语言，一跃成为世界第四人口大国的国语。印尼语十分活泼，兼容并蓄，语法简单，且具备充沛的生命力。马来群岛拥有13 000多个岛屿，2.5亿人口，东西横跨5 000公里[③]，这里有746种方言[④]，唯独马来语一枝独秀。从室利佛逝的昆仑语，经历郑和下西洋时的马六甲王朝的中期马来语，到殖民地时期以罗马化形式出现，走向现代化的道路，终于成为印度尼西亚、马来西亚及文莱的国语。虽然马来语是印尼少数民族的母语，但自古以来却是马来群岛的“普通话”（lingua-flanca）及通商语言。荷兰殖民地时期，荷兰人已采用马来语为行政语言。100多年以来，马来语一直是人种大杂烩的巴达维亚（今天的雅加达）的通用语。

马来语如大海不择细流，在传播与发展过程中，不断吸收大量的外来语。远古时期，吸收了大量的梵语，回教化时期则容纳了许多阿拉伯词汇，殖民地时期又加入了葡萄牙语、英语及荷兰语的词语，爪哇语、巽他语、米南加保语等方言更不断地渗入马来语，形成印尼各民族广泛使用的“混合语”。这种在马来语基础上发展起来的“混合语”具备成为印尼多元民族共同语的条件。1928年，印尼青年代表大会提出“青年誓言”（Sumpah-Pemuda/Youth-Pledge），议决印尼语（马来语）作为印尼民族的共同语，印尼语就成了宣扬爱国主义的工具。

可惜的是，一些民族主义的历史学家因政治短视，时常有意无意地否定汉语方言及华人对印尼语的巨大贡献。翻开任何一部印尼语字典，我们可发现许多的闽南语出现在该字典里。再听听印尼贩夫走卒的讲话，时常不自觉地渗入闽南方言。据统计，印尼语中的汉语借词多达1 300个[⑤]。

据中国史书记载：汉顺帝永建六年（公元131年），中国与印尼已有正式关系。[⑥] 唐代义净和尚取海道到印度取经求法，曾三次在苏门答腊的室利佛逝（巨港）羁留，他在《高僧传》中曾多次提及“昆仑语”（古马来语），这是马来语发展史上的珍贵文献。郑和下西洋期间，汉语，尤其是闽南方言丰富了印尼语的

---

① 梁敏和、孔远志编著：《印度尼西亚文化与社会》，北京大学出版社2002年版，第29页。

② 同上，第138页。

③ “Indonesia”6thedition，Lonely_ Planet，Footscray，Australia，2000，p. 17.

④ 蔡金城：《参加印度尼西亚两个重要会议有感》，载《印尼焦点半年刊》，2007年12月，香港：印尼研究学社，第57页。

⑤ 同①，第145页。

⑥ 梁立基主编：《印度尼西亚语—汉语大词典（Kamus Lengkap Indonesia—Tionghoa）》，雅加达：PT Elex Media Komputindo，2000，前言vii页。

词汇。印尼语朝向现代化的道路，华人学者及出版商扮演着十分关键的角色。19世纪末至20世纪初叶，东西文化开始交流频繁。处在转捩点的马来文因得到华人知识分子及出版商的支持而获得新生。

1549年，由华人通事杨林校订的《满剌加国译语》是历史上第一部马来语词典。1878年，巴达维亚华人林采达编纂的《通语津梁》（Kitap Tong Gi Tjin Liong），是第二部马来语汉语词典，这部词典有三大特点：①介绍经商知识；②供新客学习马来语，又可供土生华人学习汉语及闽南方言；③收录马来混合语。该词典亦显示马来语借用许多的汉语词汇，而闽南方言占了汉语借词的90%。马来混合语亦被称为“市场马来语”、“巴刹马来语”、“低级马来语”、“巴达维亚马来语”、“华人马来语”。这种不甚规范的语言，却奠定了现代印尼语的基础。19世纪末至20世纪初印尼民族主义运动兴起，民族主义者和许多激进派报刊皆运用马来混合语来宣传印尼独立的主张。在推广马来混合语过程中，华人营办的报刊起了推波助澜的作用。在19世纪70年代至20世纪60年代，印尼华人作家、翻译家有806人，他们创作和翻译的作品有2 757部。[①] 李金福（1853—1912）编写了印尼第一部马来文的语法书：《巴达维亚马来语》，他后来办学校、搞印刷、协助出版印尼文书报，是最早以马来文撰写文学作品和办报的华人，他一生共出版了25部作品，包括第一部用马来文介绍孔子的《孔夫子传》。这位对印尼语文作出重大贡献的名人，却不曾出现在印尼统治者撰写的官方历史中。印尼已故的大文豪安南达托尔曾写道：“如果没有华人传播巴刹马来文，我们就不会认识印尼语文，我们还是讲着巽他语或爪哇话或其他的话。”[②] 他在谈到被誉为“华人马来语之父”的李金福时写道：“李金福的华人马来语在印尼人的马来语报界影响很大，后来它成为一种微妙的、美好的、形象化的混合语的标准语。”

综观当时的马来混合语或“华人马来语”的发展，显示出华人在促进印尼语形成过程中作出了不可磨灭的贡献。

四、印尼华人使用华语及方言的概况

之前，笔者是在探讨印尼语与华人及汉语方言的关系。虽然印尼语已经成了时下印尼华人的第一语言，但是，中华文化具有坚韧的生命力，华族语文绝不会因苏哈托政权的压制而销声匿迹。在苏哈托时期，雅加达的同化政策取得极大的效果。华人一直以来并不排斥印尼语，甚至为印尼语的现代化作出了巨大的贡

---

① 梁敏和、孔远志编著：《印度尼西亚文化与社会》，北京大学出版社2002年版，第148页。

② 李卓辉编著：《印华先驱人物光辉岁月》，雅加达联通华文书业有限公司2003年版，第217～237页。

献。苏哈托上台之后关闭了所有的华校，禁止售卖华文书报刊物，解散所有的华人社团，孔教被列为非法宗教，华人不能公开庆祝华人的传统节日，华人们纷纷改名换姓，脱离孔教。中华文化的传承走入地下，许多华裔子女在暗地里补习中文，有的则通过佛教的幌子（佛教是印尼的官方宗教之一），以大乘佛教包装中华文化，逃避苏哈托爪牙的耳目，达到传承中华文化的目的。

礼失求诸野，中华文化在印尼首都几乎断根，但外岛的同化政策却相对宽松。因此，在棉兰、巨港、坤甸、山口洋、巴淡岛等地的华人仍然可以用方言沟通。到苏哈托政权的后期，由于台湾商家涌入及同中国在1990年建交，印尼的同化政策开始松动，中华文化在印尼又见曙光。苏哈托政权以1998年5月惨案告终。印尼华裔再次经历蹂躏，任人鱼肉，却迎来“民主自由”之光。

在后苏哈托的民主时代，印尼的总统如走马灯般迅速更替，从哈比比到今天的直选总统苏西洛，许多歧视华人的法令逐步被纠正，2006年修正的国籍法让印尼华人在法律上享有与其他民族同等的权利。中华文化重获新生，华语、华文报、华文教育、华人社团又开始在印尼的土地上萌芽，华人方言也重见天日。

根据温北炎在2002年1月的考察报告①，100%的调查对象（来自雅加达、万隆及日惹的华人）皆会说印尼语，会讲英语的占62.5%，会讲华语的占60%，但大部分只掌握初级华语，只有少数者能进行一般的华语交谈。在与朋友交往时，98.2%的调查对象采用印尼语，用华语者占27.4%，方言占4.8%，英语占4.2%；至于家里使用的语言，98.2%用印尼语，36.9%用华语，13.1%用方言，只有4.2%用英语。值得指出的是，华人中用客家方言排第一，福建话（闽南语）排第二，广府话排第三，潮汕话排第四。

笔者在2008年6月走访雅加达各阶层人士19人，初步了解了印尼华人的籍贯分布和汉语方言在印尼各地的流通情况。他们的回馈综合如下：

（一）爪哇岛（P. Jawa）

雅加达（Jakarta）：早期以福建闽南人为主，后来各种籍贯移民陆续抵达，计有客家、广府、潮州、福清等各地移民，方言群较杂。早期来的闽南人经过几个世代的繁衍生息，早已和当地的原住民水乳交融，不分你我。后来的新客，由于方言群较杂，一般亦不用自己的方言，而是选择以华语或印尼语与他人进行交流。因此，过了第三代的华人基本上已不谙本身的方言，有人甚至从第二代就遗失了母语方言。目前能听到的方言主要是客家话与闽南语，而他们这些人大多数是后来从其他外岛移居过来的。尤其是来自棉兰的闽南人和山口洋、坤甸的客家人最多。

---

① 温北炎：《关于印尼华人融入当地主流社会的问卷调查》，载《东南亚研究》2002年第2期。

茂物（Bogor）：方言群杂。籍贯有福建、客家、广府等，客家稍多。从事农业。

万隆（Bandung）：方言群杂。籍贯以福清稍多。大多从事纺织业。

苏加巫眉（Sukabumi）：方言群杂。大多经营小商店，从事小买卖。大都以当地原住民方言巽他话或印尼语与当地人交流，家中亦甚少用汉语方言，第三代就已完全遗失了母语方言。

文登（Tangerang）：华人人口约占25%。主要为闽南人，以泉州人居多。早期移民，从事农耕和小买卖。经历了许多世代，与当地原住民通婚现象普遍。基本上已完全同化，不谙华语与本身的方言，自认为是印尼原住民。

井里汶（Cirebon）：方言群杂。福建、客家人稍多。靠海为生，从事渔业较多。

三宝垄（Semerang）：福建、福清人稍多。三宝垄与三宝太监郑和有很大的渊源。在三宝垄，至今还保留着完整的三宝公庙以纪念明朝的郑和对此地开埠的巨大贡献。郑和当时留下的一批干部发展了三宝垄。后来从福建沿海又陆续来了一些移民。这些移民多从事农耕，带领了中爪哇人积极耕种并授予先进的耕种技术。他们这些土生华人已融入爪哇文化，不谙汉语和方言，中国的传统文化习俗却依然保持着。

日惹（Yogyakarta）与梭罗（Solo）：福建、福清人稍多。早期移民较多，新客为少。土生华人一般受荷语教育，不谙华语。华人大多以当地方言爪哇语或印尼语与当地人交流。土生华人的母语和方言几乎遗失，然而仍保留着中国的传统文化习俗。年轻人向老一辈问好时仍会拱手作揖，却说着带有浓厚闽南语色彩的爪哇话。

泗水（Surabaya）：华人占当地人口的6%。土生华人与新客平分秋色。方言群杂。籍贯有福建、福清、客家、潮州等，以福建、福清稍多。印尼第二大城市。华人多从事工商贸易。新客50岁以上者会讲华语和方言，40～50岁者仅能听懂华语和方言，40岁以下者一般不谙华语和本身的方言。然而，在客籍家庭里，20～30岁的年轻人有好一些，还会听、说客家话，说明客家文化相对保守。另一有趣现象是，泗水的一些宗亲会馆，如福清同乡会和客家同乡会近来各开办了福清话补习班和客语补习班，以让年轻一辈捡拾回祖籍方言。

（二）苏门答腊岛（P. Sumatra）

棉兰（Medan）：华人人口约占36%。方言群杂。籍贯有福建、福清、客家、潮州、广府等。一般棉兰人掌握多种汉语方言，然而，此地华人有70%～80%为闽南籍，是闽南人较为集中的聚居地。因此，闽南语成为此区域的通用语和强势方言，势头凌驾于华语，甚至连当地的原住民也能略懂一二。华人子弟一般在家说闽南语，与朋友交流亦习惯说闽南话。能操华语的年轻人也比其他地方多一些。华族传统文化保留得相对比较完整。棉兰的地理位置靠近马来西亚的槟城，两地不管是水上还是空中航线皆来往频密，这无疑对棉兰的语言文化产生巨大的影响。（棉兰的闽南语与槟城的闽南话基本相近）

廖内（Riau）：闽南籍为主。由于地理位置近新、马，一般华人皆能操流利华语和本身方言。如巴淡岛（P. Batan）和民丹岛（P. Bintan）。另外，苏岛沿海的巴眼亚比（Bangansiapiapi）华人人口高度集中，占当地人口的95%，闽南语是巴眼亚比的强势方言，不仅华人之间用此方言作为日常用语，有些原住民也能说流利的闽南话。

邦加（P. Bangka）、勿里洞（P. Belitung）：以客家人为主。邦加岛的首府邦加槟港（Pangkalpinang）华人占34.5%，勿里洞华人人口约占26%，主要从事采锡活动。荷兰殖民地时期荷兰人从中国梅县招来大批壮丁，这些矿工后来有很大部分与当地人通婚。尽管如此，客家文化并没有因此消失，只是当地客家话却多了印尼语色彩，腔调已不像纯正的梅县客家话。

巨港（Palembang）：籍贯有福建、客家、潮州等，福建稍多。此地华人一般会说华语和少量的方言。特别是华语相当流行，成为巨港华人的通用语。甚至连一些原住民也能说简单的华语。不过大都不会读也不会写。

楠榜（Lampung）：籍贯有福建、客家、潮州、广府等，福建、客家稍多。华人习惯说夹带华语的印尼语。第三代会一点方言，不会华语。

占碑（Jambi）：潮州人为主。潮州话是当地华人的通用语。年轻人和小孩子都能说。

（三）西加里曼丹（West Kalimantan）

坤甸（Pontianak）：潮州人和客家人居多。华人约占32%。潮州人占华人人口的2/3，其次是客家人，海南和福建人较少。潮州话是当地华人的通用语。华人一般能讲华语和方言。然而会读和写的却很少。

山口洋（Singkawang）：客家人和潮州人居多，尤其是来自广东揭西河婆的客家人最为集中。因此揭西河婆话成为当地华人的通用语。华人与当地人通婚普遍。由于华人在当地的人口众多，华人的语言和文化自然形成一种强势文化。因此，当地的许多达雅族和马来族皆能说华人的方言——揭西河婆话，又称为山口洋话。

（四）苏拉威西岛（P. Sulawesi）

锡江（Makasar/Ujung Pandang）：方言群杂。籍贯有福建、客家、海南等。第二、第三代一般仍会讲华语和方言。第四代开始基本上不会方言。

万鸦老（Manado）：华人与荷兰人通婚多。受荷兰人同化，说荷语、英语和印尼语。一般不懂华文和方言，许多自认为是当地人。

当印尼华人回归中华文化时，在语言方面的回归，华语占据着主导的地位，他们首先学习的是华语，行有余力之后，才会学习方言。华语是华人的正式语文，华文教育的媒介语是华语，各华人社团也应用华语，方言将逐步被边缘化；闽南话和客家话属于强势方言，使用者甚众，生命力顽强，应可传承下去。然而，弱势方言的命运却岌岌可危，可能会在无情的时代洪流中消失。

五、闽南语与印尼语的互动

之前提到印尼语有大量的汉语借词，其中闽南语占了九成。闽南语在南洋俗称“福建话”，南洋的福建话也渗透了许多的印尼语借词。1900 年起，印尼华人开始自称为 Tionghoa（中华人）[1]，称中国为 Tiongkok。Tionghoa 或 Tiongkok 乃源自福建闽南方言。（在苏哈托时代，华人与中国被贬称为 Cina）

印尼语中有关饮食和家庭用具方面，吸收了大量的闽南语，譬如：茶 teh、糕 kue、萝卜 lobak、韭菜 kucai、龙眼 lengkeng、豆腐 tahu、瓜子 kuaci、肉面 bakmi、肉粽 bakcang、肉包 bakpao 等。印尼人说数目字时，也流行使用闽南化的印尼语，如 polisi_ citpek，意译为一百元警察，指在街上接受一百盾小费的看车童。华人庙宇印尼语称为 kelenteng，原来是取自闽南语“教人亭”，庙宇亦扮演私塾的角色。马来群岛的闽南人用 pandai 来称赞人家聪明，用 sayang 来表示疼惜人家，用 kahwin 来表示结婚，用 salah 来说明错误，生病时找老君（dukun），赶集叫去巴刹（pasar），托人帮忙时求多隆（tolong），喜欢吃果王榴莲（durian），穿纱笼（sarong）。笔者亦发现印尼及马来西亚的马来人最容易学会的华族方言是闽南话，由此可见，闽南话与印尼语的关系十分密切。

印尼华人语言有许多有趣的现象，譬如客家籍的华人人数最多，但与印尼语的交融方面，闽南语却站在外交的第一线，不知是客家人的性格比较保守还是因为闽南人先到印尼，所以能与印尼土著较早进行文化交流。再者，我们也发现印尼华人很难掌握华语的四声，即使会讲方言者，他们所讲的华语还是脱离不了印尼语的语调。还有，讲潮州语的潮州人一般都会闽南语，但是却少有闽南人会讲潮州语。本文无法对这些现象提供确切的答案，仍有待大家进行田野调查和研究，揭示其所以然。

---

① Leo Suryadinata. *Negara Dan Etnis Tionghoa*, Pustaka LP3ES, Indonesia, Jakarta, 2002, p. 102.

六、结语

印尼华人生于斯、死于斯，对印度尼西亚的忠诚毋庸置疑，印尼建国五基Pancasila亦倡导“殊途同归”（Bhinneka Tunggal Ika/ Unity in Diversity）[①]。作为国民的团结工具，印尼语是神圣及受尊崇的国家象征。它是印尼华人的第一语言，先国家、后民族是无可厚非的，然而，华语及方言是传承民族文化不可或缺的媒介。迩来的文化醒觉掀起一股回归祖籍文化的热潮。30多年的文化断层，不是一朝一夕可弥补的。

新客的后裔到了第三代，虽然都习惯讲印尼语，但在家里大多还讲方言或华语，仍信奉大乘佛教及中国传统民间宗教；土生华人的后裔则几乎彻底被同化，绝大部分皆不谙方言与华语，且信仰基督教，只有少部分信仰佛教及伊斯兰教，他们当中有些还自认为是巴达维亚族。

无论新客还是土生华人，在殖民地时期及苏哈托政权时期都面临同样的悲惨际遇。迈入民主改革的新里程碑，新客与侨生重新捡拾华人的身份，争取华人列为印尼民族不可分割的部族（sukubangsa/Indonesian regional ethnic groups）[②]。要复苏中华文化，首先要从语文着手，迎回华文华语。华语是各籍贯华人的共同语，就让它成为华人的母语吧！至于方言的传承，可让它放任发展，方言的变通性很强，在吸收外来文化时，方言比华语更具弹性，华语讲究规范及标准，方言少了这方面的羁绊束缚，偶尔还会意外地开出文化奇葩。只是方言语群有强有弱，客家语群人数众多及偏向保守；闽南语群偏向外交，使用者也甚多，再加上来自台湾的台语大众文化（pop-culture）的入侵，更让它如虎添翼，这两种强势方言将与华语在印尼华人社区里三足鼎立。但其他弱势方言的命运却不容乐观，若不挽回颓势，可能再过两代，就会向历史挥别。

---

① 印尼建国五基：信仰神道、民族主义、民主、人道主义、社会正义。梁立基主编：《印度尼西亚语—汉语大词典（Kamus Lengkap Indonesia-Tionghoa）》，雅加达：PT Elex Media Komputindo，2000年，第126、737页。

② Dahana, A. Pri and Non-Pri Relations in the Reform Era: A Pribumi Perspective, edited by Leo Suryadinata, *Ethnic Relations and Nation—Building in Southeast Asia*, Institute of Southeast Asia Studies, Singapore, 2004, p. 62.

西北地区海外方言研究

中国社会科学院语言研究所　周　磊

一、中亚回民的称谓

人口的迁变史就是语言的流变史。历史上随着大批的华人移民向世界各地迁移，汉语方言也随着海外华人的流动而流动，逐渐在海外和华人一同扎根。移民迁往海外和当年的丝绸之路相似，一是海路迁徙，一是陆路迁徙。不同的是古代丝绸之路主要的通道是陆路的欧亚通道，海上的数量和规模则相对都不如陆路。但是陆路通道在古代主要是经商通道，并没有大量的华人移民迁移到中亚。通过海上通道的海外移民特别是近代以来主要是沿海一带移居东南亚的较多，即通常所谓的下南洋，所以如今汉语方言在东南亚各国都有大量的分布。西北地区由于陆路交通的艰难，则很少有移民从这里移居海外，和我国西北地区接壤的国家没有大量的移民迁移，也就没有形成如东南亚那样有大量的汉语方言分布。在西北地区，近代由于战乱形成的数量较大的移民，主要是100多年前的陕西、甘肃一带的回民起义后先后移居中亚的说汉语的回民。这些回民主要居住在吉尔吉斯斯坦和哈萨克斯坦。也有的汉语作品把它们叫做“东干”。

“东干”一词，在新疆是突厥语民族对回民的不尊敬的称谓，在中亚地区也是如此。称为“tuŋgan”，汉语“东干”是它的音译。这不是回民对自己的自称，不论是我国回民地区的回族还是中亚地区的回族都是如此。他们的自称都是“回族”、“回回”等。就“东干”这个称谓，吉尔吉斯斯坦科学院回族学者张尔利夫博士就指出：“中亚的回族，他们与同民族的主体部分相比，在发展方面肯定产生了一个断层，但他们仍然具有很强的民族自我意识，表现在内部的民族称谓上，还是称自己为回族、回回、老回回等。”“都是同根同源的一个民族，都有着共同的民族归属。”“汉语作品中使用‘东干’这一称谓缺乏一定的明确性，针对中亚境内的回族而言也有失礼貌，是别人强加给他们的。”①

新疆最早出版的包尔汉编著的《维汉词典》收录了“tuŋgan”一词，相对的汉语使用的也是音译“东干”，而不是译作“回族”，可见包尔汉先生在当时也

① ［吉尔吉斯斯坦］张尔利：《中亚回族的民族意识与汉语论著中“东干”一词的使用问题》，崔红芬译，《西北第二民族学院学报》2002年第4期。

注意到了这个词的用法。

中亚的回民说汉语但不使用汉字，1928 年创制了拉丁字母为基础的拼音文字，使用到 1954 年，然后又创制了斯拉夫字母为基础的拼音文字，一直使用到现在。不仅有这种拼音文字编写的汉语教材，还有大量的文学作品、语言研究的专著和词典论文等。也有报纸，吉尔吉斯斯坦出版的叫《回民报》，哈萨克斯坦出版的叫《青苗报》。

我们再看东亚地区回民自己编写的语言教材：

小学生第一册叫做《识字课》，从第二册开始都叫做《回族语言》（2 号到 11 号）。

语文教材则叫做《父母语言》、《父母文学》、《咱们的文学》等。

中亚回民使用这种拼音文字用自己的语言创作的文艺作品也很少有叫做“东干语”的，如尤素福编著的《中原民人曲子》（伏龙芝，1959）、《回族古今儿》（伏龙芝，1960）、《苏维埃回族口传文学的样书子》（伏龙芝，1960）、《回族民人的古今儿》（伏龙芝，1968）、《回族的口溜儿、口歌儿、猜曲话连猜话》（伏龙芝，1984）、《苏维埃回族的口歌儿、口溜儿、猜曲话》（伏龙芝，1982）。哈茨霍夫编著的《苏维埃回族民人曲子》（伏龙芝，1965）、《苏维埃回族口传诗文上的材料》（伏龙芝，1968）。拉茨霍夫编著的《回族人民的口歌儿带口溜儿》。

中亚回族文学家和语言学家的研究专著和论文也是只使用“中原”或“回族”的说法。自 20 世纪三四十年代起，回族语言学家使用的就是这种称谓，如 1938 年杨善新的《甘肃带陕西方言》、1940 年的《中原话里头的声音带重音》、1960 年出版的专著《中原语言的阶段文法》和《中原语言的写法路数》以及 1968 年出版的《回族语言的托克马方言》，都是保持这种称谓。研究文学的如苏三洛的《苏维埃中原的文学：阶段习学》（伏龙芝，1957）、《苏维埃回族文学》（伏龙芝，1982），也是如此。再者就是用这种拼音文字编写的回民语言词典，如 1958 年杨善新等编写的《捷要的回族——俄罗斯话典》、1959 年《俄罗斯——中原话典》。20 世纪七八十年代依然如此，如 1971 年卡里莫夫编写的《俄罗斯——回族语言带文学研究的切尔明诺罗给亚话典：样法》，尤素福 1972 年编写的《俄罗斯——回族社会政治名词的词典》，丛娃子 1984 年编写的《回族语言的来源话典》等，都是自称中原话或回族话。

而苏联的非回族学者，则使用中亚或新疆等地突厥语言民族对回民的称呼“tuŋgan”，汉语翻译时音译为“东干”。最早大约是德拉古诺夫（龙果夫）的《东干语》一文。后来，凡是俄语的著作都把中亚的回民称作“东干”，回民的语言称作“东干语”。我国在翻译此类作品时都译作“东干语”，如 1959 年杜松寿编译的《拼音文字研究参考资料季刊》第一本《东干拼音文字资料》，这大概是我国最早提到东干语的著作。近来有人就“东干”两字上做文章，作为音译词，这两个汉字只是绝对的表音，而和所谓的“东岸”之类的猜测根本就是风马牛不相及的。

如上所述，关于中亚回民的称谓中亚回民从来都是自称为“回民、回族、回回”，中亚回民的语言中亚回民也从来都是自称为“中原话、回族话”。所以，笔者认为在论述中亚回民的语言时，最好尊重中亚回民的自称，如果在翻译俄罗斯作者关于中亚回民的文章或著作时，音译或意译均可，音译为“东干”（回民），但须作说明，意译就是“回民”。

二、中亚回民语言的性质

中亚回民的语言从其对自己的称谓我们就可以清楚地知道，中亚回民的语言性质就是陕西和甘肃两地的汉语方言。中亚回民的特征一是全民信仰伊斯兰教，二是说汉语，三是根据居住地域说此地域的汉语方言。至于回民所说的经堂用语，全国回民几乎是一致的，就是在经堂里或是有关宗教仪式等场合使用部分阿拉伯语和波斯语借词。但是这部分借词在生活中使用的比例有限，并不能改变其汉语方言的性质。就如汉民中有信仰佛教的，在诵念佛教经文时，所诵读的“揭缔揭缔波萝揭缔”之类，也是只有佛教徒之间才能够懂得宗教词语，并不影响诵读佛经的汉民自身的语言仍然是汉语。中亚回族移民所说的方言从其移民的源头看，主要是分为陕西和甘肃两大部分，其代表语以甘肃方言为基础。笔者在20世纪90年代曾对说甘肃方言的中亚回民做过一次调查，调查对象共有7人，是从吉尔吉斯斯坦来新疆做边贸生意的，可惜的是他们做生意的时间不是很长，而我只能利用他们工作之余做些调查。经过调查知道中亚回民语言的甘肃部分，其方言有平、上、去3个调类，平声不分阴阳，全浊上声归去声，入声全部归平声。调类调值和我调查的新疆吐鲁番方言几乎没有差别，声母韵母系统也基本相同。只是在词汇上有些许差异。笔者用吐鲁番话和他们通话，交流上没有任何障碍，双方都有一种熟悉的乡音感觉。可见中亚回民语言作为汉语方言是毫无疑问的。下面把新疆吐鲁番方言的音系和中亚回民的音系列举如下：

（一）吐鲁番汉语方言音系

1. 声母

p 巴饱边帮步	pʰ 怕派盘胖铺	m 麻买门妙母	f 发福饭税树	v 五蛙闻汪荣
t 达杜到当多	tʰ 踏太土天唐	n 拿南脑奴馕	l 拉来路连冷	
ʦ 争在子纸醉	ʦʰ 醋次迟茬炒	s 思师伞沙碎		
tʂ 直知召主抓	tʂʰ 吃抽初船成	ʂ 石蛇烧神商	ʐ 人热染让	
ʨ 酒借讲紧杰	ʨʰ 秋齐全敲缺	ȵ 女泥年娘	ɕ 新休斜玄雄	

k 尕街国告贵　kʰ卡开快葵客　x 瞎海花后红

ø 岸耳艾延云

吐鲁番话今读开口呼的字，知组二等、庄组、章组止摄开口三等读［ʦ ʦʰ s］声母，例如：茶 ʦʰa^{213}、撑 ʦʰɤŋ^{213}、沙 sa^{213}、斩 ʦan^{51}、史 sɿ^{51}、纸 ʦɿ^{51}、市 sɿ^{44}。

知组三等、章组（止摄开口三等除外）读［tʂ tʂʰ ʂ］声母，例如：知 tʂʅ^{213}、展 tʂan^{51}、制 tʂʅ^{44}、章 tʂʅ^{213}。

吐鲁番话今读和口呼的字，知庄章组都读［tʂ tʂʰ］声母（古生母、书母、禅母、船母字今读［f］声母的例外）。例如：桩 tʂuaŋ^{213}、猪 tʂu^{213}、拽 tʂuai^{44}、窗 tʂʰuaŋ^{213}、初 tʂʰu^{213}、赘 tʂuei^{44}、终 tʂuɤŋ^{213}。

北京话今读［ʂ］［ʐ］声母拼合口呼的字，吐鲁番话今分别读［f］声母和［v］声母，例如：书 fu^{213}、梳 fu^{213}、顺 fɤŋ^{33}、软 van^{51}、褥 vu^{213}、荣 vɤŋ^{213}。

古疑母、影母北京话今读零声母开口呼的字，吐鲁番话今分别读［n］声母和零声母不等，例如：岸 an^{44}、熬 nau^{213}、欧 ɤu^{213}、爱 nai^{44}。

北京话今读零声母合口呼的字，吐鲁番话今读［v］声母，例如：乌 vu^{213}、娃 va^{213}、维 vei^{213}、弯 van^{213}。

2. 韵母：

ɿ 紫刺师指痔　i 米体笔立皮　u 布猪图书木　y 吕取絮菊局

ʅ 知耻世尺直

ɚ 儿耳饵而二

a 巴爬麻法拔　Ia 家架虾鸭掐　ua 抓瓜夸画滑

ɤ 婆磨蛇格波　iɤ 爹写夜灭铁　uɤ 多托锅桌活　yɤ 靴绝缺学月

ai 买太改才宰　uai 揣拐快槐坏

ei 杯赔飞黑贼　uei 堆雷辉贵会

au 包毛闹早吵　iau 表庙郊笑腰

ɤu 偷漏周狗猴　iɤu 留酒秋秀油

an 班弯南山岸　ian 便免尖前烟　uan 端暖酸关环　yan 泉选元院娟

aŋ 帮方郎张汪　iaŋ 粮姜墙香羊　uɑŋ 庄创窗光黄

ɤŋ 本门针升成　iŋ 兵明林新影　uɤŋ 冬聪宏轮孙　yŋ 群云君兄熊

北京话今读［ən in uən yn］的韵母，吐鲁番话今读［-ŋ］尾韵母。

3. 声调 3 个

平声 213　上声 51　去声 33

吐鲁番话今平声字来自古平声和古入声。

吐鲁番话今上声字来自古上声清声母字和次浊声母字。

吐鲁番话今去声字来自古上声全浊声母字和古去声字。

平声字单字慢读时为213调，快读时为24调，本文按慢读记作213。

吐鲁番汉民和回民在语音上的差异主要是：

古端组四等字汉民读［t　t^h］，回民读［ȶ ȶ^h］。如：

	天	底	电	踢
汉民	t^hian^{213}	ti^{51}	$tian^{33}$	t^hi^{213}
回民	$ȶ^hian^{213}$	$ȶi^{51}$	$ȶian^{33}$	$ȶi^{213}$

（周磊：《吐鲁番汉语方言音系》，《方言》1998年第2期第122～131页。）

（二）中亚回民汉语方言音系

下面我们看林涛教授和海峰教授调查的中亚回民方言的声韵调系统。

林涛调查记录的语音系统：

1. 声母

p 巴比包	p^h帕皮抛	m 帽迷忙	f 风书水	v 娃绒软
t 刀单党	t^h滩掏汤	n 闹馕南	l 老浪兰	
ʦ 资纸增	$ʦ^h$次槽仓	s 思桑生		
ʈʂ 知张占	$ʈʂ^h$吃昌缠	ʂ 湿商扇	ʐ 日让然	
ȶ 基江坚	$ȶ^h$ 欺千腔	ç 希香锨		
k 哥甘钢	k^h科康看	ŋ 恶鹅讹	x 合汉航	
ø 咿呀也				

2. 韵母

ɿ 资雌诗	i 米皮黑	u 普主书	y 女居虚
ʅ 治池日			
a 爸大下	ia 牙夏假	ua 瓜夸化	
ə 我婆车	iə 夜业且	uə 多过挪	yə 雪决确
ɛ 买鞋奶		uə 怪坏揣	
ɔ 抱毛闹	iɔ 要鸟交	uəi 回会灰	
ei 杯美贼	uei 累国亏		
ou 斗口受	iou 牛流休		
æ̃盘贪站	iæ̃ 变天见	uæ̃ 关酸乱	yæ̃ 园捐劝
aŋ 帮仓双	iaŋ 羊良讲	uaŋ 汪光筐	
əŋ 蒙根丰	iŋ 因心星	uŋ 浓总同	yŋ 云兄俊

3. 声调

平声24 帮夯高妈谈娃敲西先鸦欺山

上声51 绑打搞马毯瓦考喜险哑起陕

去声44 棒大告骂炭袜靠细线轧气扇

古知系合口字与宕摄庄组字、江摄知庄组字及其他少数字不读［tʂtʂ^h ʂ］声母，而读作［pf pf^h f v］声母，如“猪出书入锥锤水”诸字，分别读［pfu pf^{h}u fu vu pfei pf^{h}ei fei］，书面语里标作［tʂ tʂ^h ʂ ʐ］声母。古知庄组开口二等字（江摄除外）和庄组止摄开口字，不读［tʂ tʂ^h ʂ］声母，读作［ts ts^h s］声母，如“茶柴炒馋山纸事”分别读作［tsa ts^{h}ɛ ts^{h}ɔ ts^{h}æ̃ sæ̃ tsɿ sɿ］。

汉语中古疑母字逢今齐齿呼韵母时，多读作［n］声母，如“咬硬眼宜业疑”分别读作［niɔ niŋ niæ̃ ni niə ni］。

（林涛：《东干语论稿》，宁夏人民出版社 2007 年版，第 37～41 页。）

海峰调查记录的语音系统：

1. 声母

p 不别帮	p^h 怕盘旁	m 摸门慢
pf 主中装	pf^h 撞处春	
f 说饭风	v 软绒忘	
t 到夺都	t^h 逃同太	
n 南能奴	l 兰路驴	
ts 增争祖	ts^{h}醋窜粗	s 思三苏
tʂ 招蒸真	tʂ^{h}产长潮	ʂ山商扇
ʐ 粘肉人		
tɕ 几结酒	tɕ^{h}秋齐全	ɕ 修玄先
ȵ 娘撵硬		
k 贵哥刚	k^h 开亏砍	x 红灰咸
ŋ 鹅讹恶		
j 姨音羊		
ø 阿耳嗯		

2. 韵母

ɿ 滋迟死	i 衣几气	u 哭路胡	y 雨驴句
ʅ 知吃拾			
a 沙马吓	ia 家掐压	ua 瓜夸花	
ɤ 饿车河	ie 夜写接	uɤ 火骡锅	yɤ 觉药学
ɛ 盖来开		uɛ 坏乖快	
ɔ 老饱靠	iɔ 桥笑浇		
ɚ 耳儿扔			
ei 客黑给		uei 亏累灰	
ɤu 狗口后	iɤu 九秀秋		
ɛn 安看闪	iɛn 连嫌奸	uɛn 宽乱算	yɛn 泉现圈

ã糠浪上　　　iã香墙亮　　　uã光狂黄

eŋ 根坑狠　　iŋ 金兵心　　uŋ 捆懂红　　yŋ 兄论群

3. 声调

平声 24 开天穷三才尊出百六说食合

上声 51 古展纸五老买丑好比走手粉

去声 44 是断盖对变害谢帽用望近坐

（见海峰：《中亚东干语言研究》，新疆大学出版社 2003 年版，第 31～37 页。）

从前面所列举的新疆吐鲁番方言音系和林涛、海峰调查记录的东亚回民方言的音系来比较，这两种方言在音系上相差无几，其中就［ʈʂ ʈʂʰ］读作［pf pfʰ］声母的问题稍有出入，笔者在调查中亚回民语言时发现，中亚回民方言里分为陕西方言和甘肃方言两部分，其中甘肃方言不读［pf pfʰ］仍然读作［ʈʂ ʈʂʰ］，中亚回族方言的代表方言是甘肃方言，这里的甘肃方言属于中原官话，而不属于河西走廊的兰银官话。中亚回民语言里的陕西方言是［ʈʂ ʈʂʰ］读作［pf pfʰ］，新疆吐鲁番方言属于中原官话南疆片，上面所列的吐鲁番方言和林涛、海峰所调查的中亚回民汉语方言（甘肃话）音系一致性很强，都是 3 个声调，平声不分阴阳。声调调值里的平声，在快读时为 24，慢读时为 213，吐鲁番记作 213 时按单字调慢读时的调值记的，都属于中原官话南疆片的方言。中亚回民方言分为两部分，另外一部分属于陕西移民，保留的汉语方言有 4 个声调，中亚回民方言中的陕西方言音系，详细情况请见林涛《中亚回族陕西话研究》（宁夏人民出版社，2008）和海峰的《中亚东干语言研究》（新疆人民出版社，2003）。根据以上调查证明，中亚回民语言里的代表语甘肃部分应该归属于汉语方言中原官话南疆片。

语言研究特别是汉语方言研究当以调查为本，近年来有不少人不是去调查语言，而是道听途说，不加调查地把中亚回民的语言说成是混合语，当然也无以为怪，因为，过去对这个方言研究得不够，有些人只好道听途说了。20 世纪 70 年代以前，几乎没有人去研究海外的汉语方言，对国内的学者来说也是不得已的事情。随着改革开放和我国国力的增强，近年来人们对海外汉语的研究逐步做了很多工作。就笔者所知的就有兰州大学的王森教授、宁夏大学的林涛教授、新疆大学的海峰教授等先后到吉尔吉斯斯坦和哈萨克斯坦进行了实地调查，均有论文和论著出版。除此之外，林涛教授还将中亚回民用拼音文字写成的作品转译为汉字出版。为更多的人了解和研究中亚回民的语言提供了难得的资料。

三、中亚回民语言的研究价值

作为一种汉语方言摆脱了原有的语言环境，独立存在于其他语言之中，而且和原有的书面语文化也没有任何联系，这个语言通常会出现两种现象：一是这个群体一直保留原有的语言，二是和本区域内的其他语言产生融合，中亚的回民语言在脱离了母体环境之后一百年的过程中，创立了自己的拼音文字，通过拼音文字固定了世代相传的语言系统，特别是拼音文字是可以直接记录口语，中亚回民语言的文学作品记录的就是口语文学，是汉语所有方言系统中唯一记录纯口语的文本，所处的语言环境和文化环境都完全摆脱了汉字和汉文化的传统影响，是不受传统书面语及统治语言即强势方言影响的方言，对这个方言百年来的变化研究就显得十分重要。这和世界各地任何海外汉语方言的发展都不相同，当然也有别于国内汉语的发展，从中我们可以找出汉语方言在不受汉字文化影响和书面语影响的状况下的发展模式，有助于我们对汉语历史发展的研究。

汉语和汉字的关系讨论的人很多，汉字既是汉语的表达工具，又是汉语的规范体系，它们是互受影响的，汉语书面语的发展更受汉字的影响，汉语方言通过书面语也受到汉字的间接影响，同时方言和书面语又对汉字的发展产生影响。

中亚回民方言虽然在 1928 年开始就制定了文字，但是其文字属于拼音文字，中亚回民的书面语作品完全是对汉语方言口语的描写。通过调查研究，我们发现在语音系统表面上变化并不是很大，仍然和新疆吐鲁番方言有很大的一致性，毫无疑义地应该归属于中原官话南疆片；在词汇方面则是保留了大量的口语词汇和历史词汇以及摆脱了汉语书面语影响而产生的新词，如“下苦、官家、风船（飞机）、吆车（新义为赶马车）”，而中亚回民的书面语，即使用拼音文字书写的文学作品，也是完全摆脱了汉语书面语和汉字的影响而自我发展的一种语体，除了作家文学艺术的表现力外，语言完全是实际口语的再现，也就是说完全是用方言书写的文学作品，在以往我们看到的文学作品，历史上如和吴语有关的《海上花列传》、《九尾龟》等小说也不过是有较多方言词汇的文学作品，还不能把整部作品拿来作为吴方言的语料集来研究，因为它仍然是在受书面语影响和汉字影响下而创作的汉语文学作品。自古以来，汉语自从有了汉字开始，就对汉语形成了一种不可分离的关系，汉字和汉语之间形成了一种互不分离的机制，汉语特别是书面汉语逐渐形成了一种规范，也就是我们平常说的“古汉语”，这是一种规范的汉语典籍语言，历朝历代虽然有所变化，但主要是受各朝代汉语统治方言也就是各个朝代的“通语”的影响，从现在的历史典籍来看，这个“通语”、“官话”都是以北部官话方言为主。从典籍上来考察汉语方言的历史是很难的，因为我们的历史典籍主要使用的是和汉字配套的规范汉语。

汉字标记汉语的方式是综合型的，自身的结构方式是立体化的，形音义是一体化的结构，文字的单位和语言的单位是相对应的。字形、字音、字义三位一体，这是汉字的构造，汉字和汉语的关系是一个汉字一个音节，这个音节又是词或语素。

中亚汉语自从有了文字后，是拼音文字，这种类型的文字是一个字母或几个字母组成一个音节，一个音节或几个音节组成一个有意义的词。语言与文字之间是浅层次的关联、外在的关系，文字（字母）只用于表音（音素），字母和音节只有组成词之后才与意义相关。确实，拼音字母大多只关乎语音而不关乎语意。这样的组合中，文字的单位（字母）少，规则单纯，拼读词语简易，但是掌握语意还是另外要做的事情。所以，我们在阅读中亚汉语时对词义和篇章的语义表达必须是完全掌握了此种方言的人才能够理解，否则是无法理解的，和汉字所表达的不同。如果从声韵调的系统来分析，中亚汉语方言和汉语一样也是十分简单明了的，如果只是从现有的文字表达系统来分析就很难分析这个语言，就要一个词一个词地逐步去理解分析。

语法方面的研究也是如此，汉语的书面语和汉语方言口语自古以来就是既分离又联系的，两者相互制约、相互补充。研究现代汉语语法主要是使用书面语的资料，近几年来方言语法的研究逐渐引起语言学界的重视，但是记录方言自然语料的历史资料现在来看只有中亚回民方言，记录了近百年来的口语实际语料，相信对它的语法研究一定会给汉语语法研究提供崭新的成就。关于中亚回民方言语法的介绍将另文论述。

参考文献

1. 林涛：《中亚回族陕西话与甘肃话语音的比较》，《咸阳师范学院学报》2009 年第 5 期。
2. 林涛：《中亚回族陕西话研究》，宁夏人民出版社 2008 年版。
3. 海峰：《中亚东干语言研究》，新疆人民出版社 2003 年版。
4. 周磊：《吐鲁番汉语方言音系》，《方言》1998 年第 2 期。

东干语特征词的年龄分布和衰变*

南京师范大学文学院　刘俐李

东干族是清朝末年陕甘回族起义者移居现址的后裔，主要分布于吉尔吉斯斯坦、哈萨克斯坦和乌兹别克斯坦。东干语有两个分支：陕西支和甘肃支。陕西籍东干族多聚居于哈萨克斯坦，其中江布尔州的新渠和营盘是最大的两个村，两村东干族人口均近万，分别占各村总人口的95%和89%。[①]2005年6月，我们初步调查了这两个村来中国求学的留学生。2006年7月又前往新渠和营盘，住在当地农民家里进行了实地系列调查。录音用Cool Edit Pro2.0软件，采样率22kHz，单声道，16bt。声卡用CREATIVE BLASTER AUDIGY2 ZS NOTEBOOK（PCMCIA接口）。标注、分析和数据提取均采用荷兰阿姆斯特朗大学开发研制的多功能语音信号处理软件Praat4.2.09。本文讨论东干语陕西支（下文简称“东干语”）特征词的变化。

东干语陕西支源自130年前的陕西关中话。130年来，东干语远离“母方言”，在与汉语“绝缘”的环境中独自发展。其语言系统的变化是我们关注的焦点。特征词是方言独有词汇，反映方言的个性，最先被列入考察重点。我们分20岁、40岁、50岁、60岁和70岁5个年龄段考查，每一年龄段间隔大体10岁。只有40岁和20岁间隔20岁，因为这几个年龄段的差异不大。调查词表选用关中话特征词[②]，其中一级特征词107个，二级特征词141个，合计248个。一级特征词是关中话独有词汇（含个别熟语类短语），二级特征词是关中话与周边方言共有而普通话没有的词汇，二者均含个别熟语类短语。发音人见表1。

---

* 本文系笔者承担的国家社科基金课题“同源异境之方言百年演变研究”（04BYY033）的成果之一。

① 丁宏：《东干文化研究》，中央民族大学出版社1999年版，第80、82页

② 见辛世彪：《关中方言特征词概说》（油印稿），首届官话方言国际学术讨论会论文，1997年，青岛。其中的二级特征词经方言学者、西安外国语学院的张崇、乔光明两先生核实，在用字和释义上略有改动。特致谢忱。

表 1　　　　东干语特征词发音合作人表

年龄段	名字	性别	出生年份	出生地和现居住地	语言情况	职业	录音时间
20 岁段	马斌	男	1986	哈萨克斯坦陕西村（新渠）	俄语/东干语/汉语普通话/哈萨克语	大学生	2005.6
40 岁段	尤素福	男	1963	哈萨克斯坦陕西村（新渠）	俄语/东干语	商人	2007.7
50 岁段	尔斯夫	男	1949	哈萨克斯坦陕西村（新渠）	俄语/东干语/哈萨克语/乌兹别克语/克尔克孜语/吉尔吉斯语	军官/教师	2007.7
60 岁段	巴给子	男	1938	新疆伊犁/哈萨克斯坦陕西村（新渠）	东干语/俄语	农民	2007.7
70 岁段	黑牙	男	1930	哈萨克斯坦陕西村（营盘）	东干语/俄语	乡土诗人	2007.7

注：发音人年龄为调查时的年龄。

一、东干语特征词表

东干语一级特征词见表 2，二级特征词见表 3。两表第一行的年龄为调查时发音人的年龄。表中所注均为词的实际读音。各年龄段读音的差异主要有二：一是声调调值略异，声调调值均根据声学实验值给出（另文报告）；二是词缀“子”，50 ~ 70 年龄段多读［ʦɿ］或［zɿ］（辅音浊化），20 ~ 40 年龄段多读［s］（音节辅音化）。这类辅音如在词中，标音时后“.”表示，如后文表 3 中词条“吆马什那（乃）/吆车 iɔ^{21} ma^{23} ʂ. nɛ^{52}”中的“什［ʂ.］”。个别词的词形有异，包括与原词的差异和东干语内部的差异，均在首列词项中列出，用斜线“/”间隔，词项后的小字是释义。各词不同年龄段的具体读音见各栏注音。无注音的表示无此词。词项排列以各年龄段出现的频次为序，高频次的排在前。频次为零的也列在表上，以便统计。

一级特征词我们最关注的是保留率。显然，表 2 的 5 个注音栏呈不规则的梯状——年龄越低特征词越少。表 3 尾行是保留词汇数和保留率统计数。表 3 同此，但词汇的分布却要整齐得多。

表 2　　　　　　　　东干语五年龄段保留关中话一级特征词表

词项	78 岁	69 岁	57 岁	43 岁	20 岁
细发	ɕi·^{55}fa^{21}	ɕi·^{44}fa^{21}	ɕi·^{44}fa^{21}	ɕi·^{55}fa^{31}	ɕi·^{54}fa^{31}
枵薄	ɕyɤ^{21}po^{34}	ɕyɤ^{21}po^{34}	ɕyɤ^{21}po^{23}	ɕyɤ^{31}po^{24}	ɕyɤ^{31}po^{24}
干铲	kæ̃^{21}tsæ̃^{53}	kæ̃^{21}tsʰæ̃^{52}	kæ̃^{21}tsʰæ̃^{52}	kæ̃^{31}tsʰæ̃^{52}	kæ̃^{31}tsʰæ̃^{52}
赖带	lɛ^{55}tɛ^{21}	lɛ^{44}tɛ^{21}	lɛ^{44}tɛ^{21}	lɛ^{55}tɛ^{31}	lɛ^{54}tɛ^{31}
摸着	mo^{21}tʂuo^{21}	mo^{21}tʂuo^{21}	mo^{21}tʂuo^{21}	mo^{31}tʂuo^{21}	mo^{31}tʂuo^{21}
熬娘家	nɔ^{34}ȵiaŋ^{34}tɕia^{21}	nɔ^{34}ȵiaŋ^{34}tɕia^{21}	nɔ^{23}ȵiaŋ^{23}tɕia^{21}	nɔ^{24}ȵiaŋ^{24}tɕia^{31}	nɔ^{24}ȵiaŋ^{24}tɕia^{31}
不胜	pu^{21}ʂəŋ^{55}	pu^{21}ʂəŋ^{44}	pu^{21}ʂəŋ^{44}	pu^{31}ʂəŋ^{55}	pu^{31}ʂəŋ^{54}
啬皮	sei·^{21}pʰi·^{34}	sei·^{21}pʰi·^{34}	sei·^{21}pʰi·^{23}	sei·^{31}pʰi·^{24}	sei·^{31}pʰi·^{24}
碎娃(儿)	suei·^{55}ua^{55}	suei·^{44}uar^{44}	suei·^{44}uar^{44}	suei^{55}ua^{55}	suei·^{55}ua^{55}
大谝	ta^{55}pʰiæ̃^{53}	ta^{44}pʰiæ̃^{52}	ta^{44}pʰiæ̃^{52}	ta^{55}pʰiæ̃^{52}	ta^{54}pʰiæ̃^{52}
伥	tʂʰaŋ^{55}	tʂʰaŋ^{44}	tʂʰaŋ^{44}	tʂʰaŋ^{55}	tʂʰaŋ^{54}
顽	uæ̃^{34}	uæ̃^{34}	uæ̃^{23}	uæ̃^{24}	uæ̃^{24}
胡粘	xu^{34}ʐæ̃^{34}	xu^{34}ʐæ̃^{34}	xu^{23}ʐæ̃^{23}	xu^{24}ʐæ̃^{24}	xu^{24}ʐæ̃^{24}
粘面	ʐæ̃^{34}miæ̃^{55}	ʐæ̃^{34}miæ̃^{44}	ʐæ̃^{23}miæ̃^{44}	ʐæ̃^{24}miæ̃^{54}	ʐæ̃^{24}miæ̃^{54}
粘糨子	ʐæ̃^{34}tɕiaŋ^{55}tsɿ^{21}	ʐæ̃^{34}tɕiaŋ^{44}zɿ^{21}	ʐæ̃^{23}tɕiaŋ^{44}zɿ^{21}	ʐæ̃^{24}tɕiaŋ^{55}s	ʐæ̃^{24}tɕiaŋ^{54}s
耍	fa^{53}	fa^{52}	fa^{52}	fa^{52}	
腰干	iɔ^{34}kæ̃^{21}	iɔ^{34}kæ̃^{21}	iɔ^{23}kæ̃^{21}	iɔ^{24}kæ̃^{31}	
摆嘴	pɛ^{34}tsuei·^{53}	pɛ^{34}tsuei·^{52}	pɛ^{52}tsuei·^{52}	pɛ^{24}tsuei·^{52}	
不受活/ 不舒坦	pu^{21}ʂou^{55}xuo^{21}	pu^{21}ʂou^{44}xuo^{21} pu^{34}f. tʰæ̃^{52}	pu^{21}ʂou^{44}xuo^{21}	pu^{31}ʂou^{55}xuo^{31}	
延和	tʂʰæ̃^{53}xuo^{34}	tʂʰæ̃^{53}xuo^{34}	tʂʰæ̃^{52}xuo^{21}	tʂʰæ̃^{52}xuo^{21}	
遭怪	tsɔ^{21}kuɛ^{55}	tsɔ^{21}kuɛ^{44}	tsɔ^{21}kuɛ^{44}	tsɔ^{31}kuɛ^{55}	
缘法	yæ̃^{34}fa^{21}	yæ̃^{34}fa^{52}	yæ̃^{23}fa^{21}	yæ̃^{24}fa^{31}	
秀溜	ɕiou^{55}liou^{21}	ɕiou^{44}liou^{21}	ɕiou^{44}liou^{21}		
颗摸	kʰuo^{53}mo^{21}	kʰuo^{53}m^{21}	kʰuo^{53}mo^{21}		
麻迷儿	ma^{34}mɚ^{53} （说小孩）	ma^{34}mɚ^{52}	ma^{23}mɚ^{52}		
囊哉	naŋ^{53}tsɛ^{21}	naŋ^{52}tsɛ^{21}	naŋ^{53}tsɛ^{21}		
扯面/捋面	tʂʰɤ^{53}miæ̃^{55}	ly^{52}miæ̃^{44}	ly^{52}miæ̃^{44}		

（续上表）

词项	78 岁	69 岁	57 岁	43 岁	20 岁
倔倯	tɕyɤ34 suŋ21	tɕyɤ34 suŋ21	tɕyɛ23 suŋ21		
爷坡/阳坡(儿)	iaŋ34 pho21	iaŋ34 pho52	iaŋ23 phor21		
耍麻达	fa53 ma34 ta21	fa53 ma34 ta21			
街皮	kɛ21 phi34	kɛ21 phi34			
劣倔	liɛ21 tɕyɤ21	liɛ34 tɕyɤ21			
膗/膗盖子	sa55		sa23 kɛ44 zɿ21（先前说今不说）		
殇咧	ʂaŋ21 liɛ21		ʂaŋ21 liɛ23		
塞黑拐/栽黑拐	sei34 xei21 kuɛ53	tsɛ34 xei21 kuɛ52			
试火	sɿ55 xuo21		sɿ44 xuo21		
大谝	ta55 piæ̃53		ta44 piæ̃52		
呆	tɛ21		tɛ21		
臭胎子/胳膀臭	tʂhou55 thɛ31 tsɿ21	kɤ21 lɔ34 tʂhou44			
水淹住了（睡魇）	fei53 iæ̃21 tʂu55 liɛ21		fei52 iæ̃21 tu11 liɔ11		
错腾	tshuo55 thəŋ34		tshuo44 thəŋ23		
窝蜷	uo32 tɕyæ̃21	uo21 tɕyæ̃52（少）			
一刬	i21 tsæ̃53				
咬尿	ȵiɔ53 tɕhiou34				
街楦	kɛ21 ɕyæ̃55				
聒人	khuo21 ʐəŋ34				
老碎	lɔ53 suei55				
嫽	liɔ34				
马卡	ma53 kha21（少）				
捱尿	nɛ34 tɕhiou34				
额目	ŋɤ32 mu21				
饿咧	ŋɤ55 liɛ21				

（续上表）

词项	78 岁	69 岁	57 岁	43 岁	20 岁
半争子	pæ̃^{55}tsəŋ^{21}tsɿ^{21}				
摆糟	pɛ^{53}tsɔ^{21}				
驳差	po^{34}ts^{h}a^{21}				
不卯	pu^{21}mɔ^{53}				
不气顺	pu^{21}tɕ^{h}i^{53}fuŋ^{21}（少用）				
臊	sɔ^{55}				
舍娃子	ʂɤ^{53}ua^{21}tsɿ^{21}				
手肘	ʂou^{53}tʂou^{53}				
卒干	suei^{55}kæ̃^{21}				
㞞管	suŋ^{21}kuæ̃^{53}				
㞞管娃	suŋ^{21}kuæ̃^{53} ua^{34}（少）				
打搅	ta^{21}tɕiɔ^{53}				
大猛	ta^{55}məŋ^{53}				
呆的	tɛ^{21}tɕi^{21}				
抬	t^{h}ɛ^{34}				
起发	tɕ^{h}i^{53}fa^{21}（比“打发”重）				
俏板	tɕ^{h}iɔ^{55}pæ̃^{53}				
鸡休眼	tɕi^{34}ɕiou^{21}ȵiæ̃^{53}				
减脚客	tɕiæ̃^{53}tɕyɤ^{21}k^{h}ei^{21}				
澱/澄	tiæ̃^{55}			təŋ^{55}	
揭挖	tɕiɛ^{34}ua^{21}				
丁谷儿	tiŋ^{21}kuə^{21}				
丢心	tɕiou^{34}ɕiŋ^{21}				
招嘴	tsɔ^{21}tsuei^{53}				
辙温	tʂɤ^{32}uən^{21}				

（续上表）

词项	78 岁	69 岁	57 岁	43 岁	20 岁
对挪	tuei^{55} nuo^{34}				
砸瓜	tsa^{34} kua^{21}				
炒面客	tsʰɔ^{53} miæ̃^{33} kʰei^{21}				
屋笃子水	u^{55} tʰu^{31} tsɿ^{21} fei^{53}				
软膗	uæ̃^{53} sa^{21}				
胡吹冒撩	xu^{34} tʂʰuei^{21} mɔ^{55} liɔ^{53}				
塬	yæ̃^{34}				
让	ʐaŋ^{55}				
睡失睡咧/睡过站咧		fei^{44} kuo^{33} tsæ̃^{33} liɛ^{21}			
显花			ɕiæ̃^{52} xua^{21}		
5 个年龄段均无之词：啼起　欺桑　牺惶　尺谋　喜拉　遗咧　麻食　家娃　老哇膗　屃干　灿火　趁谋　官碾子　龟兹手　红叶　见动弹　详　寻犊　窄　只忙					
总 107 词	85	36	38	23	15
保留率（%）	79. 4	33. 6	35. 5	21. 4	14

表 3　　东干语五年龄段保留关中话二级特征词表

词	78 岁	69 岁	57 岁	43 岁	20 岁
妗子	tɕiŋ^{55} tsɿ^{21}	tɕiŋ^{44} zɿ^{21}	tɕiŋ^{44} zɿ^{21}	tɕiŋ^{55} s	tɕiŋ^{54} s
背锅（子）	pei^{21} kuo^{21}	pei^{21} kuo^{34} zɿ^{52}	pei^{21} kuo^{44} zɿ^{21}	pei^{31} kuo^{21} s	pei^{31} kuo^{21} s
沟子	kou^{31} zɿ^{21}	kou^{31} zɿ^{21}	kou^{21} zɿ^{23}	kou^{31} zɿ^{21}	kou^{31} sɿ^{21}
精沟子	tɕiŋ^{34} kou^{31} zɿ^{21}	tɕiŋ^{34} kou^{31} zɿ^{21}	tɕiŋ^{23} kou^{52} zɿ^{21}	ɕiŋ^{24} kou^{31} s	tɕiŋ^{24} kou^{31} s
耳塞	ɚ^{53} sei^{21}	ɚ^{53} sei^{21}	ɚ^{53} sei^{21}	ɚ^{52} sei^{31}	ɚ^{52} sei^{31}
老鸹	lɔ^{53} ua^{21}	lɔ^{53} ua^{21}	lɔ^{53} ua^{21}	lɔ^{52} ua^{31}	lɔ^{52} ua^{31}
搌布	tʂæ̃^{53} pu^{11}	tʂæ̃^{53} pu^{21}	tʂæ̃^{53} pu^{21}	tʂæ̃^{52} pu^{11}	tʂæ̃^{52} pu^{11}
胰子	ji^{55} tsɿ^{21} mi^{55} la^{21}（俄语）	ji^{44} zɿ^{21}	ji^{44} zɿ^{21}	ji^{55} s	ji^{54} s
赶早	kæ̃^{21} tsɔ^{53}	kæ̃^{21} tsɔ^{52}	kæ̃^{21} tsɔ^{52}	kæ̃^{31} tsɔ^{52}	kæ̃^{31} tsɔ^{52}
垢圿	kou^{53} tɕia^{21}	kou^{53} tɕia^{21}	kou^{53} tɕia^{21}	kou^{52} tɕia^{31}	kou^{52} tɕia^{31}

（续上表）

词	78 岁	69 岁	57 岁	43 岁	20 岁
打捶/打架	ta^{53}pfʰuei$^{\cdot 34}$	ta^{53}tʂʰuei$^{\cdot 34}$	ta^{52}pfʰuei$^{\cdot 23}$/ tʂfʰuei$^{\cdot 23}$	ta^{52}pfʰuei$^{\cdot 24}$	ta^{52}pfʰuei$^{\cdot 24}$/ ta^{52}tɕia^{44}
单另	tæ̃^{21}liŋ^{55}	tæ̃^{21}liŋ^{55}	tæ̃^{21}liŋ^{44}	tæ̃^{31}liŋ^{55}	tæ̃^{31}liŋ^{54}
丢盹	tɕiou^{21}tuŋ^{53}	tɕiou^{21}tuŋ^{52}	tɕiou^{21}tuŋ^{52}	tɕiou^{31}tuŋ^{52}	tɕiou^{31}tuŋ^{52}
刁	tɕiɔ^{21}	tɕiɔ^{21}	tɕiɔ^{21}	tɕiɔ^{31}	tɕiɔ^{31}
搊	tsʰou^{21}	tsʰou^{21}	tsʰou^{21}	tsʰou^{31}	tsʰou^{31}
舔沟子	tʰiæ̃^{53} kou^{31}tsɿ^{21}	tʰiæ̃^{53} kou^{31}zɿ^{21}	tʰiæ̃^{53}kou^{31}tsɿ^{21}	tʰiæ̃^{52}kou^{31}s	tʰiæ̃^{52}kou^{31}s
日	zʅ^{21}	zʅ^{21}	zʅ^{21}	zʅ^{31}	zʅ^{31}
日鬼	zʅ^{21}kuei$^{\cdot 53}$	zʅ^{21}kuei$^{\cdot 52}$	zʅ^{21}kuei$^{\cdot 52}$	zʅ^{31}kuei$^{\cdot 52}$	zʅ^{31}kuei$^{\cdot 52}$
日囊	zʅ^{21}naŋ^{21}	zʅ^{21}naŋ^{52}	zʅ^{21}naŋ^{21}	zʅ^{31}naŋ^{21}	zʅ^{31}naŋ^{21}
日眼/日黑眼	zʅ^{21}ȵiæ̃^{53}/ zʅ^{21}xei$^{\cdot 21}$ȵiæ̃^{53}	zʅ^{21}ȵiæ̃^{52}	zʅ^{21}ȵiæ̃^{52}	zʅ^{31}ȵiæ̃^{52}	zʅ^{31}ȵiæ̃^{52}
爹	tsa^{55}	tsa^{44}	tsa^{44}	tsa^{55}	tsa^{54}
爹耳朵	tsa^{55}ɚ^{52}tuo^{21}	tsa^{44}ɚ^{52}tuo^{21}	tsa^{44}ɚ^{52}tuo^{21}	tsa^{55}ɚ^{52}tuo^{21}	tsa^{54}ɚ^{44}tuo^{31}
爹手	tsa^{55}ʂou^{53}	tsa^{44}ʂou^{52}	tsa^{44}ʂou^{52}	tsa^{55}ʂou^{52}	tsa^{54}ʂou^{52}
爹脚	tsa^{55}tɕyɤ^{21}	tsa^{44}tɕyɤ^{21}	tsa^{44}tɕyɤ^{21}	tsa^{55}tɕyɤ^{31}	tsa^{54}tɕyɤ^{31}
握/折	uo^{21}	vuo^{21}/tʂɤ^{52}	uo^{21}/tʂɤ^{52}	uo^{31}	uo^{31}
沟子松	kou^{21}dzɿ^{34}suŋ^{21}	kou^{21}tsɿ^{34}suŋ^{21}/ kou^{21}tsɿ^{34}suŋ^{241} （强调）	kou^{21}dzɿ^{23}suŋ^{21}	kou^{31}dzɿ^{24}suŋ^{31}	kou^{31}dzɿ^{24} suŋ^{31}
皮实	pʰi$^{\cdot 34}$ʂʅ^{21}	pʰi$^{\cdot 34}$ʂʅ^{52}	pʰi$^{\cdot 23}$ʂʅ^{21}	pʰi$^{\cdot 24}$ʂʅ^{31}	pʰi$^{\cdot 24}$ʂʅ^{31}
泼烦	pʰo^{31}fæ̃^{21}	pʰo^{34}fæ̃^{21}	pʰo^{21}fæ̃^{23}	pʰo^{31}fæ̃^{21}	pʰo^{31}fæ̃^{21}
茶	ȵiɛ^{21}	ȵiɛ^{21}	ȵiɛ^{21}	ȵiɛ^{31}	ȵiɛ^{31}
嘶气	sɿ^{31}tɕʰi$^{\cdot 21}$	sɿ^{31}tɕʰi$^{\cdot 21}$	sɿ^{21}tɕʰi$^{\cdot 44}$	sɿ^{31}tɕʰi$^{\cdot 55}$	sɿ^{31}tɕʰi$^{\cdot 21}$
垐	tsʰɿ^{34}	tsʰɿ^{34}	tsʰɿ^{23}	tsʰɿ^{24}	tsʰɿ^{24}
消停	ɕiɔ^{53}tɕʰiŋ^{21}	ɕiɔ^{21}tɕʰiŋ^{34}	ɕiɔ^{21}tɕʰiŋ^{23}		ɕiɔ^{52}tɕʰiŋ^{31}
精脚片（子）	tɕiŋ^{34}tɕyɤ^{21} pʰiæ̃^{55}	tɕiŋ^{34}tɕyɤ^{21} pʰiæ̃^{44}tsɿ^{21}	tɕiŋ^{24}tɕyɤ^{21} pʰiæ̃^{52}zɿ^{21}	tɕiŋ^{24}tɕyɤ^{31} pʰiæ̃^{52}z	tɕiŋ^{24}tɕyɤ^{31} pʰiæ̃^{52}z
娃子	ua^{34}tsɿ^{21}	ua^{34}tsɿ^{21}	ua^{23}tsɿ^{21}	ua^{24}tsɿ^{31}/ua^{24}s	ua^{24}s
娃每/们	ua^{55}mei$^{\cdot 21}$	ua^{34}məŋ^{52}	ua^{44}mei$^{\cdot 21}$	ua^{55}mei$^{\cdot 31}$	ua^{54}mei$^{\cdot 52}$

（续上表）

词	78 岁	69 岁	57 岁	43 岁	20 岁
贼娃子/贼娃儿	tsei^{34}ua^{52}tsɿ^{21}	tsei^{34}ua^{52}zɿ^{21}	tsei^{24}ua^{52}tsɿ^{21}（指大）tsei^{24}uar^{52}（指小）	tsei^{24}ua^{52}tsɿ^{21}	tsei^{24}ua^{52}s
笨（笨松）	pəŋ^{55}/pəŋ^{55}suŋ^{34}	pəŋ^{44}/pəŋ^{44}suŋ^{21}	pəŋ^{44}/pəŋ^{44}suŋ^{21}	pəŋ^{55}/pəŋ^{55}suŋ^{31}	pəŋ^{54}/pəŋ^{54}suŋ^{24}
屎叭牛	sɿ^{52}pʰa^{31}ȵiou^{34}	sɿ^{52}pʰa^{34}ȵiou^{34}	sɿ^{52}pʰa^{33}ȵiou^{44}	sɿ^{52}pʰa^{24}ȵiou^{24}	sɿ^{52}pʰa^{31}ȵiou^{24}
拉肚子/拉稀屎	la^{31}tu^{55}tsɿ^{21}/la^{24}ɕi^{21}sɿ^{53}	la^{34}ɕi^{21}sɿ^{52}	la^{23}ɕi^{21}sɿ^{52}	la^{24}ɕi^{31}sɿ^{52}	la^{24}ɕ. sɿ^{31}
谝闲传	pʰiæ̃^{53}xæ̃^{34} pfʰuæ̃^{34}	pʰiæ̃^{52}xæ̃^{34} tʂʰuæ̃^{34}	pʰiæ̃^{52}xæ̃^{23} tsuæ̃^{23}	pʰiæ̃^{52}xæ̃^{24} tsuæ̃^{24}	pʰi æ̃^{52} x æ̃^{24} pfʰuæ̃^{24}
跍蹴	kɤ^{34}tɕiou^{52}	kɤ^{34}tɕiou^{52}	kɤ^{21}tɕiou^{23}	kɤ^{24}tɕiou^{52}	ku^{24}tɕiou^{52}
帽（儿）盖/帽盖子	mɔr^{55}kɛ^{21}	mɔ^{44}kɛ^{34}tsɿ^{52}	mɔr^{44}kɛ^{31}zɿ^{21}	mɔ^{55} kɛ^{31}/mɔ^{55}kɛ^{31}s.	mɔr^{54} kɛ^{31}/mɔr^{54}kɛ^{31}s.
眼红	ȵiæ̃^{53}xuŋ^{34}	ȵiæ̃^{52}xuŋ^{34}	ȵiæ̃^{52}xuŋ^{23}	ȵi^{52}xuŋ^{24}	ȵiæ̃^{52}xuŋ^{24}
对面（儿）	tuei^{55} miæ̃^{55}	tuei^{44} miæ̃^{44}	tuei^{44} miæ̃^{44}	tuei^{55} miæ̃ r^{52}	tuei^{54} miæ̃^{44}/tuei^{54} miæ̃ r^{44}
跷尿臊	tɕʰiɔ^{21}ȵiɔ^{55} sɔ^{21}	tɕʰiɔ^{53}ȵiɔ^{44} sɔ^{21}	tɕʰiɔ^{21}ȵiɔ^{44}sɔ^{21}	tɕʰiɔ^{31}ȵiɔ^{55} sɔ^{31}	tɕʰiɔ^{31} ȵiɔ^{54} sɔ^{31}
潮（的）很	tʂʰɔ^{34} xəŋ^{53}	tʂʰɔ^{34}tɕi^{21} xəŋ^{52}	tʂʰɔ^{23}tɕi^{21} xəŋ^{52}	tʂʰɔ^{24} xəŋ^{52}	tʂʰɔ^{24} xəŋ^{52}
吆马什那（乃）/吆车	iɔ^{21}ma^{34} ʂ nɛ^{53}	iɔ^{34}ma^{34} ʂ.nɛ^{52}/iɔ^{34}tʂʰɤ^{21}	iɔ^{21}ma^{23} ʂ. nɛ^{52}	iɔ^{24}tʂʰɤ^{31}	iɔ^{31}ma^{24} ʂ. na^{52}（ma^{24} ʂ. nɛ^{52}）
苕子/瓜子	ʂɔ^{34}tsɿ^{21}	ʂɔ^{34} zɿ^{21} kua^{34} zɿ^{52}	ʂɔ^{23}tsɿ^{21}	ʂɔ^{24}s	ʂɔ^{24}s
骡子/骡马	luo^{34}tsɿ^{21}	luo^{34}ma^{52}	luo^{23}ma^{52}	luo^{24}ma^{52}	luo^{24}s
麻达	ma^{34}ta^{53}	ma^{34}ta^{52}	ma^{23}ta^{52}	ma^{24}ta^{52}	ma^{24}ta^{52}
零干	liŋ^{34}kæ̃^{53}	liŋ^{34}kæ̃^{52}	liŋ^{23}kæ̃^{52}	liŋ^{24}kæ̃^{52}	liŋ^{24}kan^{52}
奶干子/老干子/老疙瘩	nɛ^{53}kæ̃^{31}tsɿ^{21}	lɔ^{52}kæ̃^{31}zɿ^{21} lɔ^{52}kɤ^{21}ta^{34}	nɛ^{52}kæ̃^{31}tsɿ^{21}	nɛ^{52}kæ̃^{31}s	nɛ^{52}kæ̃^{31}s
恶水/槽水	ŋɤ^{21}fei^{53}	ŋɤ^{21}fei^{52}	tsʰɔ^{23}fei^{52}	tsʰɔ^{24}fei^{52}	tsʰɔ^{24}fei^{52}
呻唤呻吟	ʂəŋ^{21} xuæ̃^{21}	ʂəŋ^{21} xuæ̃^{44}	ʂəŋ^{21} xuæ̃^{23}	ʂəŋ^{31} xuæ̃^{31}	ʂəŋ^{31} xuæ̃^{31}
肉头/肉死鬼		ʐou^{44}tʰou^{34}		ʐou^{55}s. kyeu^{31}	ʐou^{54} tʰou^{24}
臊情	sɔ^{31}tɕʰiŋ^{21}		sɔ^{23}tɕʰiŋ^{21}	sɔ^{24}tɕʰiŋ^{31}	
怄（气）	ŋou^{21}		ŋou^{21}	ŋou^{31} tɕʰi^{55}	ŋou^{31}

（续上表）

词	78 岁	69 岁	57 岁	43 岁	20 岁
骂仗		ma^{44} tʂaŋ^{44}	ma^{44} tʂaŋ^{44}	ma^{55} tʂaŋ^{55}	ma^{54} tʂaŋ^{31}
坏偬/害货/害偬	xuɛ^{55} suŋ^{21}	xɛ^{44} xuo^{21}/xuɛ^{44} suŋ^{21}	xɛ^{44} xuo^{21}		xɛ^{54} xuo^{31}/xuɛ^{54} suŋ^{24}
闷偬	məŋ^{55} suŋ^{34}		məŋ^{44} suŋ^{23}	məŋ^{55} suŋ^{24}	məŋ^{54} suŋ^{24}
牙狗	ȵia^{34} kou^{53}	ia^{34} kou^{52}	ia^{23} kou^{52}	ia^{24} kou^{52}	
巴家/挑担	pa^{21} tɕia^{34}/tɕʰiɔ^{21} tæ̃^{55}	pa^{21} tɕia^{34}	pa^{21} tɕia^{23}	pa^{31} tɕia^{24}	
哈好	xa^{21} xɔ^{53}	xa^{21} xɔ^{52}		xa^{31} xɔ^{52}	xa^{31} xɔ^{52}
圪塄角落/拐角子	kɤ^{21} lɔ^{34}	kɤ^{21} lɔr^{34}	kɤ^{21} lɔ^{23}	kɤ^{31} lɔ^{24} s/kuɛ^{52} tɕyɤ^{21} s	
奶膀乳头外的乳座	nɛ^{53} pʰaŋ^{21}	nɛ^{53} pʰaŋ^{21}（指牛乳座）	nɛ^{53} pʰaŋ^{21}	nɛ^{52} pʰaŋ^{21}	
圪威坐着向前移；臀部摩擦着前移或原地摩擦挪动	kɤ^{31} uei^{21}	kɤ^{21} uei^{52}	kɤ^{23} uei^{21}	kɤ^{24} uei^{21}（发音人对此词不是很熟悉）	
碎嘴饶舌	suei^{55} tsuei^{53}	suei^{44} tsuei^{52}	suei^{44} tsuei^{52}	lɔ^{53} tsuei^{31}	
围人团结人	uei^{34} ʐəŋ^{34}	vei^{34} ʐəŋ^{34}	uei^{23} ʐəŋ^{23}	uei^{24} ʐəŋ^{24}	
干散/利索/声音洪亮	kæ̃^{21} sæ̃^{53}	kæ̃^{44} sæ̃^{21}	kæ̃^{21} sæ̃^{52}	kæ̃^{31} sæ̃^{52}	
墓囊慢	mu^{44} naŋ^{21}	mu^{44} naŋ^{52}	mu^{44} naŋ^{21}	mu^{55} naŋ^{31}	
搅团	tɕiɔ^{53} tʰæ̃^{21}			tɕiɔ^{53} tʰæ̃^{21}	tɕiɔ^{53} tʰæ̃^{21}
草驴/母驴		tsʰɔ^{52} ly^{34}（巧说）mu^{52} ly^{34}（笨说）	tsʰɔ^{52} ly^{23}	tsʰɔ^{52} ly^{24}	
溜沟子	liou^{55} kou^{31} tsɿ^{21}	liou^{44} kou^{31} tsɿ^{21}	liou^{55} kou^{31} tsɿ^{21}		
不拉	pu^{31} la^{21}	pu^{21} la^{34}	pu^{31} la^{21}		
儿马/骒马	ɚ^{55} ma^{53}	ɚ^{44} ma^{52}/kuo^{44} ma^{52}	ɚ^{44} ma^{52}		
倒牙	tɔ^{53} ȵia^{34}		tɔ^{52} ȵia^{23}	tɔ^{52} ȵia^{24}	
孽障		ȵiɛ^{21} tʂaŋ^{44}	ȵiɛ^{21} tʂaŋ^{23}	ȵiɛ^{21} tʂaŋ^{24}	
窟颅鸡/老鸡	ku^{53} lu^{34} tɕi^{21}/lɔ^{53} tɕi^{21}	lɔ^{53} uo^{55} mu^{52} tɕi^{21}（闹窝母鸡）	ku^{52} lu^{31} ɔi^{21}		
踢搭挥霍		tɕʰi^{21} tʰa^{21}	tɕʰi^{21} tʰa^{21}	tɕʰi^{31} tʰa^{31}	

（续上表）

词	78 岁	69 岁	57 岁	43 岁	20 岁
日塌（弄坏）	ʐʅ^{21} tʰa^{21}	ʐʅ^{21} tʰa^{52}		ʐʅ^{31} tʰa^{21}	
日噘（责骂）		ʐʅ^{21} tɕyɤ^{34}	ʐʅ^{21} tɕyɤ^{21}	ʐʅ^{31} tɕyɤ^{21}	
二杆子（新疆话）		ɚ^{44} kæ̃^{52} zɿ^{21}	ɚ^{44} kæ̃^{52} zɿ^{21}		
圪		kɤ^{21} iŋ^{21}	kɤ^{21} iŋ^{21}		
耳视	ɚ^{53} ʂʅ^{55}	ɚ^{52} ʂ.			
投	tʰou^{53}		tʰou^{52}		
孢牛/公牛/乳牛/母牛/骟牛（被阉割的公牛）		pɔ^{21} ȵiou^{34}/ vu^{52} ȵiou^{21}/ ʂæ̃^{44} ʂiou^{21}	（犍牛、公牛） tɕiæ̃^{21} niou^{23}		
疔痂		tɕiŋ^{34} tɕia^{52}	tɕiŋ^{21} tɕia^{21}		
顶住咧（哽住了）	tɕiŋ^{53} pfu^{21} liɛ^{21}	tɕiŋ^{53} pfu^{21} liɛ^{0}			
怯火	tɕʰiɛ^{21} xuo^{21}		tɕʰiɛ^{21} xuo^{52}		
少早晚出现的云彩	ʂɔ^{55}				ʂɔ^{55}
倒霉/倒灶/翻火炉咧		tɔ^{52} tsɔ^{44}		fæ̃^{31} xuo^{52} lu^{24} liɛ^{21}	
沤热（闷热）	ŋou^{55} ʐɤ^{21}		ŋou^{52} ʐɤ^{21}		
没囊稀（没志气）		mo^{34} naŋ^{52} ɕi^{21}	mu^{21} naŋ^{24} ɕi^{21}		
式子		ʂʅ^{44} zɿ^{21}			
连枷			liæ̃^{23} tɕia^{21}		
额楼/额楼盖子			ŋɤ^{31} lou^{21}/ŋɤ^{31} lou^{21} kɛ^{44} tsɿ^{21}		
叫驴子			tɕiɔ^{44} ly^{23} dzɿ^{21}		
坙实	tsʰɿ^{34} ʂʅ^{21}				
争点儿（差点）					tsəŋ^{31} tiæ̃ɚ^{53}
骚胡公羊		sɔ^{21} xu^{34}			
崽娃子（骂人话）	tsɛ^{53} ua^{31} tsɿ^{21}				
咥吃	tʂʅ^{21}				
挃揍	tʂʅ^{55}				
摆架子	tʂou^{55}				

（续上表）

词	78 岁	69 岁	57 岁	43 岁	20 岁
瞅（找对象）		ts^{h}ou^{52}（媳妇）			
弄折	tɕ^{h}yɤ^{21}				
片（砍下一小片）		p^{h}iæ̃^{52}			
就手/顺手	tɕiou^{55} ʂou^{53}				
务劳（精心培植）		vu^{44} lɔ^{34}			
下凉（乘凉）		ɕia^{44} liaŋ^{34}			
清/凝住咧	ȵi^{55} pfu^{21} liɛ^{21}				
心重（贪心）			xin^{21} tuŋ^{44}		
没相（不行）		mo^{21} ɕiaŋ^{52}			
以下词 5 年龄段均无： 难肠　操蛋　戳弄　矬子　躖　对茬　二气儿　二讨　佮　佮没　佮群　固住咧　活套 抠掐　捩　搂　卵子　日能　骚牛　臊搅　耍人　吸乎儿　咥二话　下［xa］ 数踅摸　咂咧　周正　烎［i］子					
总 141 词	92	91	89	78	66
保留率（%）	65．2	64．5	63．1	55．3	46．8

将表 2 和 3 的保留率汇集于表 4，再换算为衰变率［＝（100－保留率）%］，可清楚地看到年龄变化所导致的保留率或衰变率的变化。

表 4　　东干语五年龄段保留关中话特征词比率统计表

	年龄段	78 岁	69 岁	57 岁	43 岁	20 岁	平均保留率（%）	平均衰变率（%）
一级特征词	保留率（%）	79.4	33.6	35.5	21.4	14	36.78	63.22
	衰变率（%）	20.6	66.4	64.5	78.6	86		
二级特征词	保留率（%）	65.2	64.5	63.1	55.3	46.8	58.98	41.02
	衰变率（%）	34.8	35.5	36.9	45.7	53.2		

二、东干语特征词衰变结论

（1）一级特征词平均衰变率为 63.22%，二级特征词平均衰变率为 41.02%。一级特征词比二级特征词衰变速率高，前者高出后者 22.2 个百分点。而从实际保留的情况看，一级特征词在最年轻者中只保留了15个词，占总数的14%；二级特征词则保留66词，为总数的46.8%。

（2）一级特征词的衰变可分为3个年龄段：①78岁：20.6%；②69～57岁：64%左右；③43岁以下：78%以上。3个年龄段不成比例，从①到②年龄段的衰变猛增45个百分点，②到③只增加14个百分点。从保留率看，年龄最长的78岁以上的老人保留大80%，大都保留；而年龄最小的20岁年龄段只有14%，趋近消失。从演变趋势看，明显趋于消失。

（3）一级特征词的衰变方式与二级特征词不同。一级特征词在78岁与69岁间陡然变化，衰变率增加45.8%，然后平缓增加，每年龄段不超过10%。而二级特征词的衰变率则没有这种陡坡，变化平缓，从最老的78岁到最小的20岁共增长18.4%，平均每年龄段增长4.6%。

（4）二级特征词的衰变可分为3个年龄段：①57岁以上：衰变率在35%左右；②20～43岁之间：衰变率为45%；③20岁以下者：53%左右。很明显，二级特征词的衰变率比一级特征词平缓得多，每一年龄段相差约10个百分点，长幼两端的差率不到20个百分点，说明二级特征词尚有一定存活能力。但其总趋势是衰减。

（5）特征词衰变的方式有突变式和淡出式、斑驳式3种。

突变是代与代之间的变化，如一级特征词在第一年龄段到第二年龄段有45.8%的衰变率，这是历史社会环境使然。78岁以上的老者当与东干人第一代先祖同世生活过。78岁的发音人出生于1918年，东干之父白彦虎出生于1840年，两者相差78岁，如果白彦虎不是英年早逝（1882年7月26日去世，年仅42岁），应该同世。白彦虎的同辈人中比他略年轻而又长寿者大有人在，因此，东干人第一代先祖于今七八十岁的老人无疑有过耳提面命。词汇系口耳相传，今78岁以上的老者直接承袭第一代祖先的言语，保留了近80%的特征词是势之必然。但今五六十岁的人与第一代祖隔世而生，没有耳提面命之机，“母语”的标记词——特征词为隔代传递。隔代传递原本会走样，何况向他们传递言语的前辈其自身的语言已经发生变异，因为这些前辈处于一个全新的社会语言环境之中。于是言语链发生整段的断链，首当其冲的便是结构松散的词汇链，而词汇链中首当其冲的便是地域棱角突出、流通域窄的一级特征词。

但有些具体词汇的衰变却是淡出式和斑驳式的。

淡出式指逐渐消退。比如一级特征词“膗”，57岁的发音人叫“膗盖子”，并说先前说现今不说——他知道有这个词，只是现在已不用，而年长于他的69岁的发音人并不知道。另一个一级特征词“窝蜷”，69岁的发音人说“用得少”，而其后年龄段的人均已不识。在我们向78岁的发音人询问一级特征词时，其中不少词老人都不是第一时间说出，而是搜寻记忆后才说出，并强调“娃每都知不道（孩子们都不知道了）”。准确地说，这些词已经是记忆中的式微词了，与正在使用中的活词比，它们已经“退休”。随着保存记忆的老人们的去世，它们就完全消失了。

斑驳式指特征词在消退前先被改造，使原式斑驳不全，然后消失。例如“塞黑拐”和“臭胎子”到69岁段被改造成“栽黑拐”和“胳膀臭”，最后消失；“扯面”在69岁和57岁段改成“捋面”，最后消失；“爷坡”在78岁段就被该成“阳坡”，69岁和57岁段仍说，到43岁段消失。

三、东干语词语读音的异化

如前所述，各年龄段的词语读音有差异，一是声调调值略异（声调调值均根据声学实验值给出，另文报告）；二是词缀“子”在20～40年龄段多读［s］，即音节辅音化，这种语音的异化与年龄相关。表5是几个“子”尾词（不限于特征词）的读音。

表5　　东干语“子”尾音的年龄分布

年龄	妗子	精沟子	舔沟子	娃子	茬子
78	tsɿ^{21}	zɿ^{21}	tsɿ^{21}	tsɿ^{21}	tsɿ^{21}
69	zɿ^{21}	zɿ^{21}	zɿ^{21}	tsɿ^{21}	zɿ^{21}
57	zɿ^{21}	zɿ^{21}	tsɿ^{21}	tsɿ^{21}	tsɿ^{21}
43	s	s	s	tsɿ^{31}/s	s
20	s	s	s	s	s
8				s	

例词中的“子”音不一致，有3种：［tsɿ］、［zɿ］、［s］。但分布比较整齐：前两音出现在57岁以上，［s］音出现在43岁以下，43岁有一例［tsɿ］。

实际上，东干语新派“子”也有［tsɿ］音，老派也有［s］音，例如一个19岁的发音人说“阿伯子［a^{31} pei^{21} ṭṣʅ^{11}］”（大伯子），而一位80岁的老太说“鼻子［pi^{34} ṣ］”。

“子”读音的不一致及其年龄分布说明它在变化中，而变化的方向是［tsɿ］→［s］。这种变化在东干语老派中已有萌芽，中派也有浸染，到新派已成气候，但并未最后凝固。[①] 可以判断的是，从［tsɿ］到［s］变化的过程大致是：［tsɿ］→［dzɿ］→［zɿ］→［sɿ］→［s］。前 4 种都是 CV 型音节结构，符合汉语音节结构特征，但［s］就不符合汉语音节特征了。可以说，东干语的“子”尾音节正在辅音化。不仅词缀辅音化，有些词根也辅音化，例如双音节词“思量”的首音节“思”为［s］（下图 1 选中部分），三音节词“远视眼”中“视”为［ʂ］（下图 2 选中部分）。“思”和“视”语图显示为纯擦音，没有元音，但其长度与有元音的音节接近。

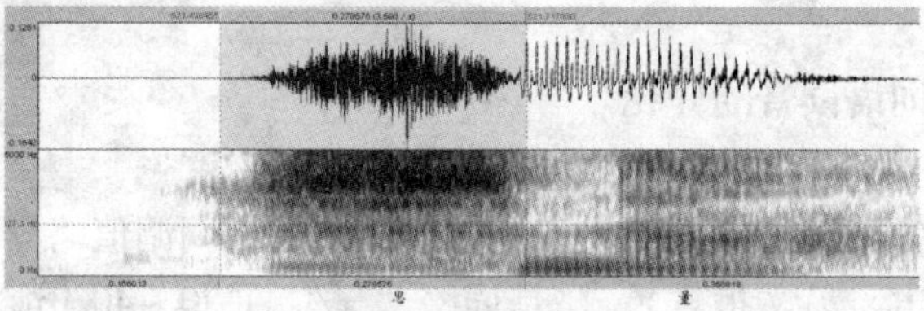

图 1　东干语新派“思量”语图

“思量”［s. liaŋ］总长 568 ms，［s］长 278 ms，［liaŋ］长 290 ms，［s］后的［ɿ］被吞噬，只剩辅音［s］。

东干语语音的异化另文讨论，此不赘。

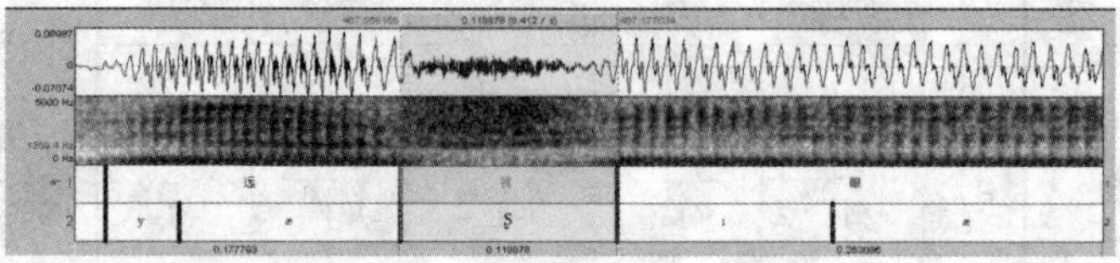

图 2　东干语中派“远视眼”语图

附记：2006 年在哈萨克斯坦的调查颇费周折。在此要特别感谢两位先生和一位女士。一位是西安外国语学院的孟长勇教授，因他的帮助，赴哈成行。另一位是我丈夫贺孟加先生，因他的伴行和帮助，才得以克服一些不曾预料的困难，顺利完成调查。在调查期间马兰女士曾给予非常及时的帮助。一并深致谢忱。

参考文献

1. 丁宏：《东干文化研究》，中央民族大学出版社 1999 年版。

2. 辛世彪：《关中方言特征词概说》（油印稿），首届官话方言国际学术讨论会论文，1997 年，青岛。

3. 刘俐李：《东干语、焉耆话、关中话同源异境之百年演化》，《中国社会语言学》，2003 年第 1 期。

① 根据本课题研究，东干语新派在 45 岁以下，中派在 45～70 岁之间，老派在 70 岁以上。

中亚回族话中的元明清白话词语

北方民族大学　北方语言研究院　林　涛

中亚回族是我国回族的一部分，现在专指在19世纪后期移居到沙俄所属中亚地区的西北陕甘宁回民及其后裔。

1862年，我国西北地区的回民由于忍受不了清朝政府的阶级压迫和民族歧视，爆发了声势浩大的反清斗争。起义军鼎盛时期曾达到30余万人，地域范围由陕西渭南、大荔一带开始，席卷了整个关中平原，发展到甘肃、宁夏，波及青海、新疆等地。起义被清朝政府残酷镇压后，幸存者在统帅白彦虎、大师傅、马大人等的带领下于1877—1878年间分三批进入中亚。其后，俄国将以前强占我国的领土伊犁地区归还，这里的部分回民于1882—1884年间又陆续进入俄国。

这些西北回民进入中亚比较集中地定居在现吉尔吉斯斯坦、哈萨克斯坦的楚河两岸和乌兹别克斯坦境内。1924年苏联在进行民族识别与划界时，把他们定为"东干族"，而他们自称是"中原人"、"中国西北老回回"。据有关资料记载，当时进入中亚的我国回族移民只有1万多人。1979年苏联第4次全国人口普查时发展到5万多人。1997年王国杰先生所著《东干族形成发展史》一书记载已达到10万人。2004年刘宝军先生所著《悲越天山》一书记载已有12万人。

中亚的回族有着神奇的历史和独特的语言文化。中亚回族话来源于我国晚清时期西北回民汉语方言，它是我国近代汉语在海外的分支或变体。130年来，中亚回族长期生活在俄罗斯、吉尔吉斯斯坦、哈萨克斯坦、塔吉克斯坦、乌克兰、日耳曼、鞑靼等多种民族的人群中间。由于社会生活的密切交往和语言方面的频繁接触，中亚回族语言和我国今天汉语的西北方言相比，不论在语音、词汇还是语法上都有了一定的差异，但是它的基本词汇和语法结构还和我国近代汉语里的西北方言保持一致。

中亚回族话的词汇里虽然吸收了不少多种民族和国家语言里的外来借词，但仍然保留了很多我国古代汉语和近代汉语词汇，尤其是元明清以来的大量古白话词语。诸如"造化、洪福、知感、营盘、营生、营干、衙门、大人、帮办、财东、掌柜、好汉、君子、对头、婆娘、使唤、丫头、脚户、连手、点卯、路数、情由、书字、码子、发市、养廉、野牲、头口、草鸡、虼蚤、端相、问当、看顾、谈羡、褒贬、淡话、声气、耳背、舒心、乖张、孽障、病疾、迭办、得济、口到、便当、菜蔬、茶饭、扁食、滚水、汤瓶、盖头、搭头、拾掇、做活、打围、跟头、绊子、垢圿、孤拐、背时、哀告、赍发、口外、支应、调唆、拌嘴、扯谎、唠叨、剪绺、拐带、耍笑、是笑、红火、热闹、无常、开年、年时、赶早、晌午、后晌、晚夕、泛常、平素、将才、兀那、真个、怪道、便宜、停当、勤谨、当紧、跷蹊、囫囵、耽搁、开剥、韶叨、问名、请期、纳彩、碧纱厨、主腰子、抄化子、夜猫子、二尾子、三下锅、仰八叉、使见识、打通关、打平火、不妨事、不上串、不相干、没包弹、黑头虫、绞肠痧、焦尾巴、白眉赤眼、死眉瞪眼、戴头识脸、波罗盖子、背旮旯子、秧秧跄跄、方保无事”等。这些中亚回族话里的常用词语，大都来源于我国唐代变文、宋代平话、元代杂剧、明清小说，其中元明清时期的古白话词语为最多。下面选择 44 条，进行标目、注音、释义并举以书证：

［褒弹］［pɔ^{24}t^{h}æ̃^{24}］指责，挑毛病。中亚回族话里说“这些货物没有啥～的!”元代郑庭玉《金凤钗》二折：“写染得无～，吟咏的忒风骚，真真字儿不带草。又不曾倒了平仄，差了韵脚。”元代郑国宾《罗李郎》三折：“彩画的红近着白，青间着紫，无～，无破绽，没瑕疵。”也写作“包弹”，如元关汉卿《拜月亭》四折：“我联单特故里的别，～遍，不嫌些蹬弩开弓，怎说他袒臂揮拳。”

［碧纱厨］［pi^{44}ʂa^{24}·tʂ^{h}u］用木制成框架，四周及顶部蒙以绿纱，可以移动的夏天防蚊用具。在中亚回族语言里保留有这个词。《醒世恒言》三一卷：“这个员外，冬眠红锦帐、夏卧～，两行珠翠引，一对美人扶。”《红楼梦》三回：“贾母便说：‘将宝玉挪出来，同我在套间暖阁里，把你林姑娘暂且安置在～里。’”

［不上串］［pu^{24} ʂɑŋ^{44}tʂ^{h}uæ̃^{44}］不成才，不入流。中亚回族话里用为“沾不上边”，如“你净说这～的话”。《西洋记演义》十一回：“门里闪出一个不稂不莠，不三不四，～的瘌痢头来。”

［财东］［ts^{h}ɛ^{24}· tuŋ］旧时称店铺老板为财东，也引申指有钱人。中亚回族话里保留了这个词，如中亚回族口歌：“有要当个老财东，家呢有个聚宝盆。”《品花宝鉴》三二回：“能够光光鲜鲜，不少吃，不少穿，识得几个～，也就心满意足了。”《梼杌萃编》六回：“晚上有时还要同着两位军机阔少、票号～到那石头胡同、韩家潭一带领略风景。”

［扯谎］［tʂ^{h}ə^{51}xuɑŋ^{51}］撒谎，说谎话。中亚回族话里常用这个词，如：“萨利子太直的很，连谎都扯不来。”中亚回话把爱说谎的人叫做“扯谎客”。《初刻拍案惊奇》五回：“大家笑道：‘这老妈妈惯扯大谎，这番不准了。’”《红楼梦》十九回：“黛玉笑道：‘这就～，自来也没有听见这～。’”

［草鸡］［tsɔ^{51}tɕi^{24}］母鸡。东干陕西话也说“草鸡”。《鲁斋郎》：“鲁斋郎，你夺了我的浑家，～也不曾与我一个。”

［打平伙］［ta^{51}piŋ^{24}xuə^{51}］大家平均摊钱聚餐。中亚回族话里也常用这个词。

《二刻拍案惊奇》五卷："而今幸得无事，弟兄们且～吃酒压惊去。"又三九卷："有个纱王三，乃是王织纱的第三个儿子，平日与众道士相好，常合伴～。"

［搭头］［ta^{24} t^{h}ou^{24}］本为头巾、围巾。中亚回族把头巾或盖头也都叫"搭头"，如："海买儿穿上衣服，搭好～，抱着狗娃儿打家呢出来。"《金瓶梅词话》二四回："姑夫你好歹略等等，娘们携带我走走，我到屋里搭上～就来。"

［淡话］［tæ̃^{44} xua^{24}］无关痛痒或不沾边的话。中亚回族话里常说，如："他好少的～，白吃馍还嫌小下哩。"《初刻拍案惊奇》二五卷："兄弟，你也是个中人，怎学别人说些～。"《二刻拍案惊奇》九卷："好～，若是不曾看着，拿来还了，有何消息。"

［当紧］［tɑŋ^{24} tɕiŋ^{51}］至关重要，至为要紧。中亚回族话里常用，如："这是个～事，要快些儿做呢。"元代高文秀《襄阳会》一折："哥哥，你兄弟非为酒食而来，城池～。"元人《刘弘嫁婢》楔子："这一桩最～，你当来乏嗣无儿也。"

［点卯］［tiæ̃^{51} mɔ^{51}］旧时官衙吏役卯时（早晨8～9点钟）办公，长官到时点名查验，谓之点卯。后来也泛指按时查点公务人员。中亚回族话里至今还保留了这个词语，如："师娘，你～的时候没叫我的名字。"《初刻拍案惊奇》三一卷："一行人离了石麟街，径往县前来，恰值相公坐晚堂～。"《冷眼观》二七回："那哨官见大帅亲自来～，已经有些害怕了。"

［对头］［tuei^{44} · t^{h}ou］仇人。中亚回族把敌人叫"对头"，如东干族小说："一个～接手儿跑到我帮个儿呢，咕哝的念的做哩一阵子乃玛子，弯弯刀子提上到哩我头跟前哩。"元人《谢金吾》楔子："那杨家须是我的～。我如今把这个'到'字添上个立'人'，做个'倒'字，则说拆倒清风无佞楼止。"《雪月梅》二六回："况听得说那个～不久也要离任，大相公还好去进大场。"

［泛常］［fɛ^{44} tʂ^{h}ɑŋ^{24}］寻常、等闲。中亚回族话里用为"时常"，表时间和一般程度，如："他们是英雄，民人～记想他们呢。"明代吴炳《西园记》二九出："凤鸾荣诰，非同～，频繁正位，须教忖量。"《水浒全传》六回："且说园内左近有二三十个赌博不成才泼皮，～在园内偷盗菜蔬，靠着养身。"明人《草庐记》二八出："不能经词违典章，不据理出言～，你作说客略不谦让。"

［孤拐］［ku^{24} kuɛ^{51}］脚踝骨，统称小腿和脚掌。中亚回族只把脚踝骨称作"孤拐"。元代宫大用《范张鸡黍》一折："你每说到几时，早不是腊月里，不冻下我～来。"《西游记》三二回："编这大谎，可不误了大事，快伸过～来，打五棍记心。"

［怪道］［kuɛ^{44} tɔ^{44}］怪不得，难怪。中亚回族也说"怪不知道"。明代吴炳《西园记》二九出："原来结识了私主顾，～不来求亲，待我把金钗暗扣琅玕响。"《八洞天》二卷："你只想着前夫人，～胜哥只把亲娘当娘，全不把我当

娘。”《金瓶梅词话》二五回：“来旺道：‘～箱子里放着衣服首饰！’”

［黑头虫］［xi^{24}t^{h}ouy^{24}tʂ^{h}uŋ^{24}］一种成虫后吃掉母虫的虫子。比喻忘恩负义的人。中亚回族话里常用，如中亚回族口歌：“黑头虫你叵救，救活结冤仇。”“宁救个死长虫，不救个～。”元代纪君祥《赵氏孤儿》二折：“那里是有血腥的白衣相，则是个无恩念的～。”《金瓶梅词话》九九回：“我寻得你来不是了，反恩将仇报，常言～不可救，救之就要吃人肉。”

［后晌］［xou^{44} ʂaŋ^{51}］后半天，下午。中亚回族话里常用，如：“～我们走滩道呢做活去。”《金瓶梅词话》二二回：“约～时分，西门庆从外来家，已有酒了。”又三五回：“西门庆家中又添买了许多菜蔬，～时分，在花园中翡翠轩卷棚内放下一张八仙桌儿。”又六五回：“西门庆那日不在家，同阴阳徐先生往坡上破土开圹去了，～方回，晚夕打发僧人散了。”

［回回］［xuɛi^{24} xuɛi^{24}］即“回族”，旧统称阿拉伯人。大都信奉伊斯兰教（也叫回教），因称。中亚回族自称是中国西北老回回。明代朱有墩《继母大贤》一折：“街上有那识宝货的～，雇觅与我路上做伴儿去。”

［囫囵］［xu^{24} lyŋ^{44}］完整、整个。中亚回族把完整、没有分割的东西说作“囫囵”，如：“你把～的放下，先吃掰开的。”元代李文蔚《燕青博鱼》二折：“把我这没口样～的浅盆，可早是打一条通长璺。”《野叟曝言》二一回：“一面抹桌，一面在地下拾起那杯，把手指弹了两个，说道：‘还好，若在砖地上，便不得～了。’”

［赍发］［tɕi^{44} · fa］给钱打发，多指赠以财物启程出发。中亚回族话里“出嫁女子”说“打发”，“给钱资助帮别人走”叫“赍发”。元人《举案齐眉》三折：“但得你肯～到皇都帝里，我敢便忘了你这深恩大德。”《金凤钗》三折：“他远不通时间贫困，卖诗词待守时分；我送金钗～寒儒，显的我言而有信。”《水浒传》二回：“（柳世权）写了一封书札，收拾些人事盘缠，～高俅回东京。”

［剪绺］［tɕi æ^{24}liou^{51}］剪破人的衣袋进行偷窃。中亚回族也把小偷称作“剪绺的”。明人《黄孝子》九出：“拐骗为生，穿窬技专精，掏摸～，遇我就遭瘟。”《歧路灯》四四回：“谭绍闻也挤在人当中一看，却不防～贼在挤挨中将瓶口割了一个大口子，将银子摸的去了。”

［焦尾巴］［tɕiɔ^{24}i^{51} · pa］指没有后代或没有生育能力的人。中亚回族话里常用，如：“那个人焦了尾巴哩，无儿无女。”《金瓶梅词话》七回：“张四道：‘你这个嚼舌头老淫妇，挣将钱来～！怪不得恁无儿无女！’”也说作“焦了尾巴梢子”。《红楼梦》一一七回：“如今焦了尾巴梢子，只剩了一个姐儿，只怕也要现世现报呢！”尾巴梢子，即“尾巴尖儿”。

［将才］［tɕiaŋ^{24}ts^{h}ɛ^{24}］刚才，方才。中亚回族话里常用，也说“才将”，表示动作行为已经发生的时间。《儿女英雄传》十三回：“～奴才来的时候，街上

正打道呢，说河台大人到马头接钦差去。”

［脚户］［tɕyə^{24} · xu］以赶牲口运输为业的人。中亚回族把“脚户”也叫做“拉脚的”。有汽车后，他们把“出租车司机”也叫“脚户”或“吆车的”。《醒世恒言》五卷：“又叫宅里再暖出一大瓶酒来与～吃，做刚做柔的，将～打发散去。”《歧路灯》一回：“你可引江南人到前院西厢房住……一切～头口，叫阎相公发落。”

［纳彩］［na^{24}ts^{h}ɛ^{51}］古时婚礼程式之一，女方同意婚事后，男方向其行订婚聘礼。在中亚回族婚俗中依然保留了这种做法，也叫“卡利姆”或“送大礼”。《镜花缘》十五回：“贤契不替令郎～，今反舍己从人，教老夫如何能安？”

［孽障］［niə^{24}tʂɑŋ^{44}］可怜。中亚回族话里常用，如中亚回族诗歌：“父母完掉二年哩，短哩精神。姊妹二位太～，眼泪淹心。”《金瓶梅词话》九回：“前月他嫁了外京人去了，丢下这个～丫头子，教我替他养活。”

［平素］［p^{h}iŋ^{24}su^{44}］往常、平时。中亚回族话里常用，如：“我们～不多来往，过开节气哩问当一下儿。”《水浒全传》一〇八回：“帅府前军士，～认得萧嘉穗，又晓得他是铁汉。”《梼杌萃编》十六回：“一位武官因为亏空军饷要正法，同他～却也认得，晓得他的脾气，叫妻子带了女儿奉送，求他挪借。”

［婆娘］［p^{h}ə^{24}niɑŋ^{51}］对年轻妇女的称谓。中亚回族话里常用，如中亚回族口歌：“官凭印，虎凭山，～凭的男子汉。”元代马致远《陈抟高卧》四折：“命不快遭逢着这火醉～，干误了我晚夕参圣一炉香。”《水浒全传》四五回：“我只以亲嫂嫂一般相待，原来这～倒不是个良人。”

［情由］［tɕ^{h}iŋ^{24}iou^{51}］事情的原委。中亚回族话里常用，如《回族语言报》：“最近编辑科放出来三个，按我的意见，有大～的‘回族语言报’。它是巴意儿给学生们出下的。”元代萧德祥《杀狗劝夫》四折：“俺哥哥花枝般媳妇，掌着那铜斗家资，这便是～终始，有甚的过犯公私。”《水浒全传》四六回：“知府叫拘本寺僧鞫问缘故，俱各不知～，知府也没个决断。”

［请期］［tɕ^{h}iŋ^{51}tɕ^{h}i^{24}］古时婚礼程式之一。男方和女方家商量结婚的日子。中亚回族现在叫“定日子”。《二刻拍案惊奇》九卷：“定了成婚吉日，先到冯家下那袍缎钗环～的大礼。”

［勤谨］［tɕ^{h}iŋ^{24}tɕiŋ^{51}］勤快、老成。中亚回族把女人、小孩子手脚勤快叫“勤谨”。《初刻拍案惊奇》十九卷：“这是我家雇工，极是老实～，可托的。”《水浒全传》十回：“因见小人～，安排的好菜蔬，调和的好汁水，来吃的人都喝采。”

［跷蹊］［tɕi^{h51}tɕ^{h}i^{24}］奇怪、可疑。中亚回族话里常用，如：“这是一个～事情！老哇不吃么，鸽下葱的做啥呢？”元代萧德祥《杀狗劝夫》四折：“相公啊，你恩也没慈，从来不受私，早分解了这一～事。”《初刻拍案惊奇》一卷：“张客

人见说的言语～，口中不道，心内思量。”

［三下锅］［sæ^{24} xa^{44} kuə^{24}］将肉、白菜、胡萝卜一起下锅先炒，然后炖一阵即成。这是中亚回族的传统菜肴，如：“今儿在巴扎上一个媳妇儿给我们做的～，送的来叫我们吃哩。”《老乞大》：“……第四道五软～。”

［头口］［t^{h}ou^{24} ku^{51}］指牲畜。牛马类牲畜因计数时多说几头、几口，故用“头口”代指牲畜。中亚回族话里常用，如：“我达（父亲）早前是看～的大夫，而今在家呢领养廉（退休金）的呢。”《金瓶梅词话》六二回：“走到前面，即差玳安骑～，往玉皇庙讨符去。”《水浒全传》二回：“小人母亲骑的～相烦寄养，草料望乞应付，一并拜酬。”《儿女英雄传》十四：“我的老爷，这两条腿的人比不得四条腿的～。”《老乞大》：“你这几个～，每夜吃的草料统该多少钱。”头口中的“口”在关中多数地区读作“骨”音，与中亚回族话读音相同。

［问当］［vəŋ^{44} tɑŋ^{24}］问、问候、问明白。中亚回族话中转作“问候”，如：“盼舍子是好娃娃，他～老人呢。”金代董解元《西厢记》一卷：“使作得似风魔，说了依前又～；颠来倒去，全不害心烦。”元人《金生阁》二出：“小丫环忙来呼唤，道衙内共我商量，岂敢行商，大走向庭前去～。”

［问名］［vəŋ^{44} miŋ^{24}］旧时婚制六礼之一。男方具帖问女方之名，求取女方的生辰八字。中亚回族的婚姻礼俗比较完整地保留了我国传统的“六礼”做法，不过程序的名称多口语化了。《古今小说》二八卷：“哥哥一口许下，纳彩、～都过了，约定来年二月娶亲。”《醒世恒言》十七卷：“因过善央媒再三来说，又闻其女甚贤，故此允了。少不得～纳彩，奠雁传书，赘入过家。”

［无常］［vu^{24} tʂ^{h}ɑŋ^{51}］旧时迷信称阴间专门掌管勾人魂魄的皂隶是黑白无常。其形象为穿长褂、戴高尖帽，手持铁索。因此也用“无常”来称指死亡。中亚回族话里把“人死了”常说作“无常哩”。元人《朱砂担》二折：“罢罢罢，我这性命啊，似半轮残月三更后，一日～万事休。”《西湖佳话·放生善迹》：“此身虚幻，酷似空花；百岁光阴，飞速如电。倘若～一到，难免分离。”

［兀那］［vu^{24} na^{24}］即“那”、“那里”。其中“兀”为语助词，以加强“那”的语气。中亚回族话里常用，如：“～有一个温泉，能治好少病呢。”元人《独角牛》一折：“我可敢一直儿走到他南头，你去～熟地里可都翻筋陡。”《金瓶梅词话》五六回：“～东西是好动不喜静的，曾肯埋没在一处？”

［衙门］［ia^{24} məŋ^{51}］旧时官署。官员办公的机关。中亚回族现在把政府办公的地方仍然叫“衙门”，如：“有百年的～，没百年的犯人。”元代关汉卿《窦娥冤》四折：“～从古向南开，就中无个不冤哉。”明代范受益《寻亲记》九出：“我替你写一纸状子，你去告。～一应使用，俱是我管。”

［丫头］［ia^{24} t^{h}ou^{51}］俗称女儿。中亚回族把女孩子都称“丫头”，如：“他到泉跟前找呢啥，一个碎～儿在泉眼上蹲的要水的呢。”明代杨素胜《玉环记》二

八出：“童儿与院子，押这不孝的～，送与王提领为妻，若不顺从，一步一棍，打下黄河。”《粉妆楼》十六回：“玉霜～，自从许了罗门，他每日描鸾刺凤，预备出嫁。”

［养廉］［iɑŋ^{51} liæ̃^{24}］旧时为戒官员贪污受贿，在工薪之外，又丰厚其薪俸，谓之养廉。取廉洁自奉之意。中亚回族话里转用作“退休金”，如：“来姆匝儿的爷爷虽然大早领～的呢也罢，可是在家呢他一天都坐不住。”《歧路灯》七二回：“这二百两，乃朝廷与我的～，没有一分一厘不明白的钱。”《文明小史》十二回：“有年十二月初，他的～银子，连着俸银，早经用尽。”

［做活］［tsu^{44} xuə^{24}］做工、干活。中亚回族话里常用。中亚回族把做工、做农活、到机关去上班、干事都叫“做活”，如 M. X. 伊玛佐夫小说：“尕底儿的哥哥气哼哼的，把猫娃子逮住，装到口袋呢，～去呢，撂到滩泥哩。”《龙图耳录》十回：“连忙立起身来赶入西间，只见母亲倚窗～。”也说“做生活”。《水浒全传》四回：“我这酒挑上去，只卖与寺内火工道人、直厅轿夫、老郎们～的吃。”《古今小说》十五卷：“阎待诏见雪下，当日手冷，不～，在门前闲坐也。”也写作“作活”。《五代史平话·汉》卷上：“所有存保幼小，叔叔若可收留，幸为养他成丁，看他自去～如何？”

［造化］［tsɔ^{44} xua^{44}］指大自然、变化及命运流年。中亚回族多喜欢讲“造化”、“运气”，在口语和书面语里经常用这个词，如依斯哈儿·十四的诗歌：“～连头的汗，太阳压山，设虑的歇缓去呢，捂掉黑暗。”明人《黄孝子》十七出：“～生奴作等闲，庄严全体具人言。”元代张国宾《合汗衫》二折：“且休说阴阳的这～，许来大个东岳神明，他管你什么肚皮里娃娃。”元代高文秀《黑旋风》二折：“今日～低，惹场大是非。”《水浒全传》一一〇回：“兄长既知～未通，何故不乐？万事分定，不必多忧。”《警世通言》二四卷：“小三，你这狗骨头，也没～吃这自在饭，快着走。”

［知感］［tʂʅ^{24} kæ̃^{51}］知恩感激。后为我国西北回民用语，表示知恩感谢、谢主的恩典好。中亚回族话里常用，如：“～主！托你的造化和洪福给我们带来哩这么好的光阴日子。”《南史·顾越传》：“二宫恩遇，有异风流，木石～，犬马识养，臣独何人，敢忘报德？”《元朝秘史》：“我使四杰将作桑昆的妻小、百姓、头匹都教与了你，又曾～来？”《初刻拍案惊奇》二七卷：“承蒙相公夫人抬举，人非木石，岂不～？”《金瓶梅词话》九六回：“前日多承官人厚意，奴铭刻于心，～不尽。”《儒林外史》二十回：“这一门亲，蒙老哥亲爱，我做兄弟的～不尽。”

从以上词例中我们不仅可以看出中亚回族和我国汉语的渊源关系，而且也有力地证明了中亚回族话是我国近代汉语的活化石的论断。中亚回族把他们的语言形象地称为“大清国的话”，这正好揭示了他们语言的本质和特点。

港式中文与语言接触理论

暨南大学中文系　邵敬敏

一、语言接触理论与港式中文变体

近二十年来，语言接触成为汉语研究的一个热点，成为汉语方言学、社会语言学以及民族语言学的关注对象。所谓的语言接触主要涉及3种类型：①外语跟本族语，比如英语跟汉语的接触，或者外族语跟本族语，比如维吾尔语跟汉语的接触。②汉语标准语（普通话）跟方言的接触，或者方言跟方言的接触。③口语跟书面语的接触。比如历史上文言文和当时口语的接触。

近年来，我们有机会接触到香港的书面语——俗称“港式中文”，发现这一特殊的书面语是语言变异的绝佳研究对象，是地域变体、社会变体和功能变体这3种语言变体的综合体，也包含了以上所述语言接触的3种类型，具有非常高的研究价值，可以给我们许多新鲜的理论启示。也许我们可以这样断言：港式中文是研究语言接触和语言变异的最佳窗口之一。

港式中文的形成经历了漫长的岁月，有其独特的历史背景和深层次的原因。在粤语口语一统天下的强大压力下，在英语日趋繁荣并且被视为进入上流社会标志的前提下，在香港书面语长期跟内地标准中文隔绝的形势下，原先意义的香港中文，要想继续保住原来的面貌，几乎是不可能了。在香港这个特定的社区里，客观上就构成了“两文三语”同时使用的特殊情景：两文三语，就是书面上的中文和英文，以及口语里的汉语、英语和粤语。

我们必须正视这样一个基本事实：

粤语在香港地区绝对是主流语言、强势语言。在中国其他方言区里，方言主要只是一种生活用语、辅助性语言，在正式场合使用的基本上都是普通话，这决定于中国内地的语言政策；而在香港，香港粤语，或者简称香港话，则不但用于日常生活领域，而且在法庭、商界、政界、教育界、演艺界乃至几乎所有的传媒，包括电台、电视台等正式场合中也全面使用，所以，香港粤语口语对香港书面语的影响和渗透是全方位的、立体的，绝对不可低估。

英语在当今世界上，不管你喜欢还是不喜欢，无可争辩地属于强势语言，香港由于长期处于英国的殖民统治下，英语一直是上流社会的标志之一。而且事实上，会说英语对找工作、开展业务，都会带来许多便利之处。尤其是在政界、法律界、教育界、医院等上层社会，不会说英语，几乎寸步难行。实际上，香港人，特别是香港的知识分子，英语是除了母语粤语之外掌握得最好的语言。这样在他们书写汉语书面语的时候，不可避免地带上深深的英语的烙印。这一影响，既包括口语的，也包括书面语的，是双重的。

还有一点需要特别说明的就是，香港的书面语事实上是脱离口语存在的，它只存在于学校的教科书上，存在于内地、台湾的文学作品中，存在于20世纪上半叶流传下来的文学作品之中。而且在香港的中文教育中大量的是文言文的教学，再加上粤语本来就存在许多文言词语和格式，所以，我们会发现港式中文里的文言文成分特别多。

事实一再说明：某个社区，在语言的实际使用过程中，如果有几种语言同时使用，这几种语言就会发生借用、代用、夹用、混用、褒用、贬用、交叉、错位、嫁接乃至于产生两种语言要素交融的新型变种。这就体现了语言交融方法的多元性，这显然不是语言内部的发展所造成的，而是由于语言接触而造成的。

所谓的“港式中文”，实际上形成于20世纪七八十年代，并且在90年代开始趋于成熟。应该说，这是在特殊的年代、特殊的地区，受到特殊的政策的影响，在特定的历史背景下形成的，充分体现了香港地区的特殊性：港式中文，是中文，但不是标准中文；属于汉语书面语，却几乎每句话、每个段落、每篇文章，处处可以发现粤语、英语、文言各方面的影响，却又都包容在中文的整体框架内，从而形成了与标准中文不同面貌的汉语书面语的变体。

二、港式中文的主体源头

我们以往关注的主要是口语的语言接触，现在我们开始关注的是书面语所反映出来的语言接触。作为香港书面语的主体，应该还是标准中文，但是明显带有香港味儿，不同于大陆内地的标准中文。粤语（主要是口语）、英语（包括口语和书面语）、文言文（书面语）这三股势力，渗透到标准中文里，就演变成为港式中文了。这一趋势可以用图画来表示：

粤语（口语）→ 标准中文
英语（口语、书面语）→ 标准中文 → 港式中文
文言文（书面语）→ 标准中文

导致港式中文形成的最重要的原因，其实就是语言接触。问题是这里的语言接触具有许多我们以往不太注意到的特点：

第一，作为书面语的主体，应该是1919年五四运动以来的现代白话文。这点，内地和香港应该是一脉相传的，只是后来才出现了分歧和差异。

第二，香港的口语和书面语，实际上是分家的，说的是一套，写的是另外一套。两套语言并行不悖，成为极为有趣的双轨车。这一双语现象尤其在20世纪五六十年代最为明显。

第三，香港地处粤语方言区，普通居民平时交际使用的口语是粤语，当地人也叫“白话”、“广府话”。即使有的是从江浙或者福建过来的，在香港这个社会里，也不得不以粤语为通行语言。

第四，中小学教材使用的汉语，主要指报纸、公文、书信等使用的语言，在五六十年代大体上或者说基本上是比较规范的汉语标准中文。香港人掌握这类书面语，主要依赖于教材、文学作品以及内地、台湾等地的汉语读物。

这种语言使用的双轨现象，到了20世纪70年代，开始发生急剧变化。由于历史的原因，内地忙于“文化大革命”，香港的经济开始起飞，内地跟香港的联系日益削弱。在香港使用的标准中文日渐式微，香港的书面语，尤其是报刊语言，开始发生不可逆转的变化，经过30多年的演变，终于变化成为特殊的“港式中文”。

三、粤语口语对汉语书面语的全面渗透

香港居民平时生活的交际语言是粤方言，从20世纪70年代以后，政治、经济、教育乃至文艺、新闻的口语都以粤方言为主。粤方言的普遍使用，必然对书面语产生冲击，而且主要是粤语口语对现代白话书面语的压倒性的影响。可以这样讲，对香港书面语影响最大的莫过于粤方言了，而且是全面的深刻的影响，涉及词语、句式乃至于修辞、语用。

从粤方言（白话）里借用最多的词语，往往是最常用的名词、动词以及形容词。例如：

（1）由于日久生锈，铁喉内孔会变厚，直径变小，使供水受影响。【铁管】

（2）女方多次要求买楼，但廖伯身家无几，唯有一直拖拉应付。【财产】

（3）作供凤姐有案底。【妓女】

（4）不错，香港人工贵，我每月要花大笔钱支付。【工资】

（5）警员接报拉人时，船民才恍然大悟。【抓人】

（6）容忍学生不交功课、不带打字机上堂。【上课】

（7）打尖插队？通宵排队等情况更是司空见惯。【插队】

（8）今次做廿四小时新闻，八号仔正密斟同亚视合作，而且双方倾得好埋。【谈话】

（9）依家临立会已经制衡得我地好犀利！【厉害】

(10) 人生真的是很化学，活着的时间很多时不珍惜，所以现在要懂得珍惜。【变化无常】

(11) 他不禁掩咀窃笑，取笑阿牛不够醒目。【机灵】

(12) 过来前预先电话拳手稳阵。【稳妥】

这样的例子举不胜举，其实不仅这三大类词，还包括一些副词和介词。例如：

(13) 想多点“沟通”，又容易被人看作“沟女”，认真不好受。【的确】

(14) 首先，将水箱的水透过胶喉输送到浇水器……【通过】

不过我们更关心的是词语的组合搭配，以及特殊的引申用法。

1. 名量词的搭配使用，这充分显示港式中文的粤语特色。

(1) 我不禁想，其实是不是正在把另一把声音排拒出去呢?

(2) 香港卫聪联会之所以有不错的发展，全赖我们一班热心的执委及会员的支持。

(3) 条女靓唔靓呀?

(4) 根据民众报案，这宗嚣张的歹徒持枪滥射案发生在九龙旺角。

2. 粤语还有不少生动的引申用法，港式中文里也大量使用

(1) 开闸放水过后，该股庄家再次拉抬股价，直到该股股价的累计涨幅达到300%左右，该庄家才肯放手。

(2) 网上有不少球迷的观点是伊拉克肯定给中国队“放水”。

此外，香港特殊社区的文化、生活造成了某些特别的词语，这些词语必然会进入港式中文。例如：

(3) 医生亦预测预产期在年初二，但男婴突然“抢闸”出世，给父母带来莫名惊喜。

(4) 但后者则被拒诸门外，唯有“偷鸡”走后门入内休息。

3. 某些词语的褒贬倾向跟汉语书面语不同，主要是贬义词的中性化

(1) 建立起广泛的关系网络中，和拉拢得广阔的草根支持力量。

(2) 朋友不是太多，最要好的死党是住在隔邻单位的一名黄姓朋友。

(3) 在7月21日举行部长级会议，检讨联合国在前南斯拉夫的任务。

其实不仅是词语的直接借用，还包括句法的间接仿造。比如“有吃过饭”、“吃多点饭”、“好过嫁给你”等。

四、英语对汉语书面语的双管齐下

由于香港原来接受英国的管辖，再加上香港是个国际都市，英语的普及率和使用率很高，所以，英语对汉语书面语的渗透，既有口语的，也有书面的；既有

直接的，也有间接的。可以说是双管齐下。

（一）直接借用

除了一般的音译词，我们还发现港式中文中的某些借词很特殊，常常把这些词语看作跟普通话构成了同形异义词。其实，这些词语究其来源，实际上都是音译词，借用时往往采用同音汉字直接音译，然后进入汉语的句子。例如：

（1）他们这次可是摆乌龙了。

（2）机场快车启用初期会采用七车卡，当中一卡会作为行李卡。

“乌龙”，标准中文指一种茶，半发酵的茶叶，黑褐色；港式中文指“误会、糊涂”，是英语 wrong（错误）的音译词。“卡”也不是说的卡片（港式中文写为“咭”），而是指车厢。

还有一种翻译法比较特殊，就是按照字面意思直译，可以叫“直译词”。例如：

（1）属于不同班别的学生可能会到相同的班房上同一科目。

（2）蓝牙技术不再是新鲜事。

（3）我们并已向约 15 万名前线公务员派发印有重要反贪污信息的袋装电话记事簿。

（4）商界对于这个来自北部农村的草根政党上台执政，却显得有点忧虑。

（5）各行各业的雇员若对资方不满，最后使出的武器，莫过于采取工业行动，意图令整个生产运作停顿。

班房（class room），就是上课用的教室，不等于标准中文里表示“监牢”的班房。“蓝牙”（Bluetooth）不是蓝色的牙或者芽，而是指一种无线通讯新技术。“前线”不是打仗的前线，而是指第一线。“草根”（grass roots）则指的是基层、下层。工业行动更是指罢工。可见不能按照字面意思去理解，必须首先理解英语的词汇意义。其实这种用法，内地普通话也是有的，例如热狗（hot dog），即面包夹香肠，是美国人非常欢迎的一种快餐食品。但是字面上，你怎么可能明白这只是一种美式食品？还有“黑马”（Dark horse），实际上指的是事先没有被看好却赢了比赛的马或者选手。

（二）间接利用

1. 借词的新构词

港式中文里这类音译词借用之后，由于频繁使用，常常会产生引申义，或者产生派生新词。有的构词能力还很强，往往可以构成大批新词。例如“批”，是指英语的 pie。结果就有许多由不同水果构成的“批”：

（1）鲜果雪糕批都是由新鲜果汁及粒粒生果肉制成。

(2) 你的嘴巴就像苹果批一样甜而不腻。

(3) 到了夏天，更有香甜美味的鲜草莓批，真令人垂涎三尺！

(4) 香橙批配云呢拉雪糕或纽约芝士饼。

台湾有人批评说香港人英语不好，把 pie 读成 pi，写成“批”。这显然是误解了，因为粤语的“批”的读音跟英语 pie 是非常接近的。大陆和台湾则按照北方话的读音，翻译成“派”。

2. 词义发展

外来词语借用之后，还可能产生新的引申义。例如，“波”（ball）是一个极其能产的音译词，除了能够跟大批动词组合成“踢波”、“打波”、“睇波”之外，还可以组合许多新的名词。例如：波恤、波板、波经、波楼。由于女性的胸部往往呈现半球形，就借用“波”来形容。这样就产生了许多跟女性乳房有关的新词。例如：

(1) 她情急下就扑向游泳健将邓浩光，向对方大送波饼也不自知。

(2) 有没有人同我一样钟意大波妹？

以至于有的词语可能出现两种不同的理解。例如“食波饼”，一个意思是被球打着了，另外一个意思就是碰到了女人的胸部。例如：

(3) 比赛十分激烈，走到气咳，我第一次“食波饼”，个面好痛！

(4) 兰子笑说要揽克勤才肯合照，之后即飞扑熊抱克勤，更请克勤食波饼。

3. 用法更新

更为有趣的是有些动词的用法发生了戏剧性的变化。例如有的动词本来应该是体宾动词（只能带名词性宾语），结果也可以带动词性宾语了。例如“完成”，这可能是因为英语里的“完成”就能够带动词性的宾语：

(1) 中电控股今天宣布已完成向 Singapore Power 全资附属公司 SPI Australia Group 收购其商业能源业务。

(2) 今年 3 月向中信泰富（0267）购入的元朗洪水桥大道村住宅项目已完成补地价。

还有一个值得关注的现象就是外来词的不同写法的并行使用。例如 show，香港翻译成“骚”，台湾翻译成“秀”，依照的都是本地的读音，结果在港式中文里就两者都出现了：

(1) 民主党这场政治公关骚的两个最主要目的是为克林顿。

(2) 新党合演喝咖啡的“大和解”之秀。

五、文言文对汉语书面语的两个渠道影响

文言文（古汉语）属于书面语范畴，对港式中文也颇有影响。港式中文里还

有比较多的文言成分，我们认为，它有两个来源：一是粤语本身保留了比较多的文言成分。换言之，这类文言的影响是通过粤语间接进入港式中文的。例如：

（1）为全香港饮杯！

（2）该名男子突然发难，手持半块砖头狂扑赵的头部。

（3）更多至抵机票或酒店优惠。

（4）据今期《东周刊》爆料，话田少准备出战新界东，还找来“食力简”简炳墀助阵。

（5）虽然警方利用扬声器着令他们离开，但居民始终没有就范。

（6）香港旅游，香港行山远足图片。

二是通过文言文的学习，直接从文言书面语进入港式中文。换言之，在粤语口语里并不这么说。例如：

（1）示威者企图强行越过港湾道，警方遂采取行动。

（2）本会调查显示超过八成被访者认为应加强管制报章色情内容，故本会对政府积极回应社会人士的要求很欢迎。

（3）期货商指在年初股市例旺之际，鲜有淡友敢沽空期指。

（4）发言人称，机上94名乘客及机员全部无碍。

六、港式中文特有的语言现象

我们在港式中文里最感到困惑的是，有些跟汉语书面语不同的用法，在粤语、英语、文言里都找不到语言接触的痕迹，可是港式中文里却大量使用。

1. 缺少定心结构中间的助词“的”

（1）对生活的一点小小【的】建议。

（2）小朋友开开心心【的】生日派对，首30位共3 000元。

（3）下次到青山远足，若看见地上长满红彤彤【的】像珊瑚的植物，别以为自己被太阳晒昏了头，它很可能是香港独有的香港蛇菰。

此外，在状态形容词的后面，尤其是出现在句尾时，往往需要出现“的”，否则，语气不顺，句义未完。但是港式中文里基本上都没有，这可能跟香港人书写书面语，口语里却不说，因此往往不注意具体的语气跟语气词有关。例如：

（1）您或许会觉得很奇怪，为什么自己的皮肤这儿就干巴巴【的】，那儿就油腻腻【的】，还出现不少暗疮和油脂粒呢！

（2）呼吸困难窒息感，手脚皮肤冰冷冰冷【的】。

（3）做事情老老实实【的】，能出十分力绝不会出九分力。

（4）衷心祝愿每位好友、同学，新一年读得开开心心【的】，顺顺利利【的】！

2. 连词"和"、"及"连接动词性联合短语

这在汉语书面语里要受到很大限制的，通常使用"并"、"并且"，但港式中文里却比比皆是。这可能是受到英语里 and 的影响，因为 and 可以连接名词短语或者动词短语。例如：

（1）这许多年以来，我曾经买楼和卖楼。

（2）她在日本可从来没有拍电视剧和出唱片，只拍电影和拍广告。

（3）被告事后仍冒险多次透过邮寄及托朋友带大批军火回本港。

（4）不但没有将人质释放，更将港商及女职员撕票及碎尸。

3. 连动短语在前一个动词之后出现动态助词"了"

这种汉语书面语里，通常都不能出现，如果表示动作行为完成，就要出现在后一个动词之后。例如：

（1）一天团完结后，我们去了韩加里利市场购物。

（2）米不肯放人，但他现在却外借到了摩纳哥。

4. "在……下"的泛用

"在……下"是汉语里常用的一种结构，比如"在老师的指导下……"。可是在港式中文里，"在……下"却有泛用的趋势。例如：

（1）最后，有一些叛乱分子在毫无防备下被行刺身亡。

（2）人在情绪失控下什么事情都做得出来。

（3）Peter Wong 在惶恐下赶赴医院，可惜为时已晚！

（4）7 月 26 日电波第二次南油之旅，在开心下完成。

在汉语书面语里，"在……下"有比较严格的条件限制，通常可以被直接插入一个动词或者形容词，而且要用"在……的情况下"，这些都是港式中文的特殊用法。

5. 动宾结构的动词再带上名词性宾语

（1）正在嘉兴避难的金九等韩国临时政府要员聚会于南湖的游船。

（2）晋国的铁器不准出口鲁国。

（3）"伊文"登陆雷州带来暴雨。

（4）华南师范大学编的那本书，我已去信主编者为你寄去一本，我想他们会寄的。

6. 名词接受否定副词、程度副词的修饰

（1）无论是摄影或 Art Direction 都很不中国，可以说是很欧洲化，又或可以说是很日本式那种欧洲化。

（2）她说自己根本就不夏天，不阳光，这样的名字，她很厌恶。

产生这种语言现象的原因可能比较复杂。前面 4 种现象，在汉语书面语里被看作病句。可是在港式中文里却不是个别现象，而是普遍现象，所以无法再用病

句来解释。我们认为，原因在于，内地居民学习书面语和口语基本保持一致，即使在方言区，由于普通话的普及，人们，尤其是学生，几乎人人都能够说，最多水平上略有差别而已，所以我们的语文教学提倡“我手写我口”，就是你想说什么就写什么。可是香港居民学习汉语书面语的途径却完全不同，他们平时口头上说的完全是粤方言，阅读的则是中国内地和台湾的中文作品，或者五四以来直到1949年之前的白话文作品，还包括大量的文言文。所以，他们如果要想写作，显然不可能是“我手写我口”，而是要先把粤语的意思翻译成汉语书面语，再来写作，这就导致他们几乎没有汉语普通话的口语语感，而所谓的助词“的”、“了”本来就是最难掌握的。积非成是，就造成了现在这样的局面。

至于后面两种语言现象，其实在当代汉语里也开始大量出现，我们认为，这是语言发展的必然。这说明我们现在的表达形式不能完全满足需要，语言的结构、词语的组合需要有一定的突破。

七、港式中文对语言接触理论的启示

港式中文为我们提供了一个非常值得研究的标本，同时，这一研究将对语言接触理论提出一些新的课题。

港式中文的范本为我们关于语言接触的研究提出了许多以前我们从未思考过的问题，并且开拓了新的思路。

第一，语言接触可能有哪些途径？在外向（母语跟外语）、内向（跟其他方言）、纵向（跟古代语言）的接触和渗透方面有哪些特点？我们发现，现代社会，尤其是经济高度发达地区的语言接触往往不是单一的模式，而是多重交叉模式，就是有若干种语言或者方言，还包括口语、书面语的多重交叉进行，因而情况远比以前调查的少数民族语言的接触演变复杂。这实际上也触及语言变异的最重要的探索：引起变异的多重内部原因。

第二，母语本体内部各个层面的互动和渗透有什么特色和规律？换言之，我们必须考虑到在语言接触而引起的变异中，语音、词汇、句法、语用乃至汉字等方面是如何发挥作用的，都发生了哪些变异，这些变异是否会互相影响。因此，我们发现在港式中文的形成过程中，这些因素不是单一起作用的，而是综合发挥作用的，从而产生了语言变异的综合变体。

第三，我们不仅需要关注口语的变异，也要关注书面语的变异，关注口语与书面语的互动关系。以前我们比较注意的是口语（包括方言和民族语）的接触和变异，现在我们发现书面语同样也存在这样的可能。港式中文的特殊性就在于它主要是书面的，这就形成语言接触和变异的多种形态，从而丰富了语言接触的基本理论。

参考文献

1. 邵敬敏：《香港词语比较研究》，浸会大学《人文中国》2005 年 8 月第 11 期。

2. 石定栩、邵敬敏、朱志渝：《港式中文与标准中文的比较》，香港教育图书公司 2006 年版。

客家启蒙课本《启蒙浅学》(1880)的方言用字研究*

中山大学中文系　刘颖昕

《启蒙浅学》(*First Book of Reading*)是巴色会(The Basel Missionary Society)于1880年编写和出版的,以当时香港新界一带客家方言为基础方言的儿童启蒙课本。与巴色会其他的客家方言出版物相比,《启蒙浅学》的口语化程度最高,内容也最为丰富。因为有内容完全相同的汉字本和罗马字注音本两种版本进行比照,《启蒙浅学》对于我们了解130年前香港新界客家方言的语音、词汇、语法等各方面的基本面貌具有相当高的研究价值。庄初升、刘镇发(2002)指出:"《启蒙浅学》共上、下两段,每段各上、下两卷,有汉字本和罗马字拼音本两种版本,这两种版本的内容完全一致。罗马字拼音版的扉页上注明是客家书,巴色会1879年出版,编者不详。从内容来看,这是供客家子弟读书识字的启蒙教材,也是反映客家社会的物种、风俗、习惯和观念等的一部百科全书。从遣词造句来看,《启蒙浅学》记录、描写了100多年前最为自然、最为地道的客家方言口语,其研究价值比上述客家方言圣经译本要高得多。"①

作为教授客家孩童读书识字,使其明辨事物、事理的启蒙课本,《启蒙浅学》力求贴近生活、深入浅出和通俗易懂,使用了大量口语化的方言词语。《启蒙浅学》汉字本的编写者为了书写这些方言词汇,在当地人的帮助下,通过借音、训读、造字等方法,造就了一套切合客家方言实际的、基本成熟的汉字书写体系。本文将对《启蒙浅学》汉字本的方言用字问题进行系统研究,总结其用字、造字的基本规律及特点,并阐明根据方言文献进行方言用字研究的价值与意义。

一、《启蒙浅学》方言用字的规律

与其他大部分的方言文献相同,《启蒙浅学》中的用字大致遵循:①用本字;②用同音字;③用训读字;④用生造字;⑤用俗字(惯用字)的基本规律。

---

* 本文为2005年度教育部人文社会科学研究规划基金项目"一百多年来香港新界客家方言的发展演变"(05JA740022)和2007年度国家社科基金项目"从巴色会文献看19世纪香港新界的客家方言"(07BYY013)的成果之一,主持人为庄初升教授。

① 庄初升、刘镇发:《巴色会传教士与客家方言研究》,《韶关学院学报》2005年第7期,第5页。

书中所引例字注音以《启蒙浅学》罗马字本为准，音标后标的是代表单字调类的数字，对应如下：

1－阴平，2－阳平，3－上声，4－去声，5－阴入，6－阳入

由于文献缺乏对应的语音材料，我们无法确定所记录方言单字的具体调值，因此不再标出。

（一）使用本字

在大多数情况下，《启蒙浅学》是直接使用与主流汉语同出一源，读音、意义都相符的字，即通常所说的本字，来书写所要表达的方言词语的。如：

皮［p^hi^2］片。如：一皮樹葉、一張鉸椅、一隻星、一頂帽，𠲿盡都係眼看得倒箇物。第一讲《说文解字》："皮，剥取兽革者谓之皮。"《高级汉语词典》中"皮"的词义为："指某些薄片状的东西。如：铜皮；铅皮；豆腐皮"。在客家话中又取其"轻、薄"之义引申为量词"片"。

牯［gu^3］：雄性动物。如：牛牯就用來耕田，牛嫲好捋𩞁來食。（第六讲）温美姬《梅县方言古语词研究》中提到："《玉篇·牛部》：'牯，牝牛。'此义季少峰（1994）、周云汉（1999）和邵则遂（2003）均已指出《玉篇》释意有误，'牯'当指'牡牛'。明代李实《蜀语》：'牡牛曰牯。'梅膺祚《字汇·牛部》：'牯，公户切，音古，牡牛。'"① 客家方言中将"牡牛"之义引申为各种雄性动物。

鼻［p^hi^4］：闻。如：狗行路箇時久不久愛鼻吓臊子。（第十六讲）温美姬《梅县方言古语词研究》中提到："'鼻'本作名词，指鼻子，但古代文献中也见作动词用，指用鼻子嗅。明代刘基《郁离子·牧豭》：'鼻粪壤而食腥秽。'清代李渔《闲情偶寄·种植下·草本》：'此皆言其可目者，可鼻则游荷叶之清香，荷花之异馥。'皆为其例。"②

晡［pu^1］：傍晚、夜晚。如：野獸專門夜晡辰出来討食。（第十六讲）《广韵》平声模韵博孤切："申时。"申时即下午 3 点至 5 点，傍晚时分。客家方言中称晚上为"暗晡"，由此义而来。

壢［lak^5］：沟、洼下去的地方。如：魚係喺河、海、坑壢、水湖裡生箇。（第三十四讲）《集韵》入声锡韵狼狄切："坜，坑也。"李如龙《客家方言本字考》："来母字不少读阴入，音合。客家人多开荒山而居，自多坑窪，小溪更是沿山坑而下，义亦合。"③

---

① 温美姬：《梅县方言古语词研究》，华东师范大学博士学位论文，2006 年，第 42 页。

② 同上，第 131 页。

③ 李如龙：《客家方言本字考》，《方言与音韵论集》，香港中文大学中国文化研究所 1996 年版，第 334 页。

界［kai^{4}］：分隔。如：雲石係界開成塊來又磨滑佢，都做得棹面、櫈板。（第五十六讲）“界”作动词时有“划分、分隔”之义。孙卓《游天台山赋》：“瀑布飞流以界道。”

着［tsok^{5}］：对。如：故此唔論乜箇東西唔好曩開佢，愛撿點好正着。（第六十三讲）温美姬《梅州方言古语词研究》：“‘着’表示‘对’或‘正确’，宋以降可见。”① 王实甫《西厢记》第五本第二折：“那风风流流的姐姐，似这等女子，张珙死也死得着了。”

甖/罌［ang^{1}］：瓶。如：燒陶儕就做缸瓦、甖公、鉢頭、杯碗盤碟挨各樣箇瓦器。（第九十四讲）《广韵》平声耕韵乌茎切：“罌，瓦器。”

邏［la^{2}］：探望。如：兩樣雖然唔係同姓箇，也係親親戚戚，你來邏倨，倨來邏你，時時來往。（第一百零七讲）《说文解字》：“逻，巡也。从辵罗声。”客家方言中取其“巡视”之义，引申为“探望”。

就［ts^{h}iu^{4}］：靠近。如：佢慣就人，唓人箇廳吓還之簷吓作藪。（第一百廿一讲）《广韵》去声宥韵疾僦切：“就，成也，迎也，即也。”《荀子·劝学》：“金就砺则利。”

整［tsang^{3}］：修。如：但係箇隻司傳整倒唔多周至，都還漏水。（第一百廿三讲）欧阳修《论罢修奉先寺等状》：“庆基殿如的有损漏，只令三司差官整补，不得理为劳绩。”

較［kau^{4}］：换、交换。如：醬斷嗲隻翼泊，咁樣較得啘子。（第一百廿九讲）《老子》：“长短相较，高下相轻”，“较”有“比较”之义，客家方言将其引申为以物换物，实际上就是比较事物之间的价值以进行交换。

舐［se^{1}］：舔。如：人係佢攬，惜吓子佢，佢就好得意，跳上人箇啌身裡來舐人箇手樣。（第一百卅四讲）《广韵》上声纸韵神纸切：“舓，以舌取物。”“舐”为“舓”之异体字。《康熙字典》引《正字通》：“舐，舓䑛同。”

綯［tau^{2}］：用绳索绑。如：狗賜狂醬倒倨今下倨綯竟裡佢。（第一百四十三讲）《尔雅·释言》：“綯，绞也。”“綯”指绞绳索。又有《广雅·释器》：“綯，索也”，“綯”即绳索。宋濂《五泄山水志》：“第四潭咸不敢往，或以綯围腰，系巨綯，俯崖而瞰。”客家方言中“捆绑”之义，应由“绳索”一义而来。

监［kam^{1}］：强迫。如：因為箇時冇人監佢做苦工，冇人打佢。（第一百五十七讲）《说文解字》：“监，临下也。”客家方言取其“监督”之义，引申为“强迫”。

攫［sung^{3}］：推。如：佢又想攫轉箇隻樽，拾出箇啘水來食。（第一百六十五讲）《集韵》上声肿韵笋勇切：“㧐，推也。”音义相合。“攫”字中“双”写

① 温美姬：《梅县方言古语词研究》，华东师范大学博士学位论文，2006年，第215页。

为繁体，应为本字“扨”之误。

掌［tsong³］：看管。如：佢就對箇隻掌牛仔咁樣話。（第一百七十八讲）由“主管、负责”之义引申而来。《周禮·天官》：“女史，掌王后之禮職。”《孟子·滕文公上》：“舜使益掌火，益烈山泽而焚之，禽兽逃匿。”

熝［luk⁶］：烫。如：係捉倒貓仔還之狗仔就斟口兜沸水去來熝死佢。（第一百八十七讲）《集韵》入声屋韵卢谷切：‘熝，炼也。”《客方言·释言二》原考为“烙”，李如龙《客家方言本字考》：“烙属铎韵，音未合，不确。”[①]

腈［tsiang¹］：瘦。如：箇隻鵰仔口腈箇，嗤主意想送俾你。（第二百讲）《集韵》平声清韵咨盈切：“腈，肉之粹者。”客家方言中把“瘦肉”称为“腈肉”。“腈”也用于形容动物体型瘦小、结实，应从古义引申而来。

（二）使用俗字

这里的俗字，是指在书写记录某一种方言的过程中被生造出来的方言字，这些字在不断地流通、传抄之下，受到大多数该方言使用者的认同，而逐渐成为了该方言书写系统中相对固定的常用字。

由于客家方言的书写系统相较于粤方言及潮汕话落后，再加上巴色会在香港新界地区传教，受粤方言的影响很大，《启蒙浅学》中专属于客家方言的俗字只有一个：

𠊎［ngai²］：我。如：挨同亞口亞爸就係較親箇。（第一百零七讲）在许多文献、书籍中都写作“涯”或“崖”，但“𠊎”字作为客家方言的特色俗字，不断地出现于各种客家文献、方言字典及相关书籍中。《启蒙浅学》也使用了这个俗字来代替“涯”和“崖”，表示“我”的意思。

《启蒙浅学》中的一部分俗字，在客方言、粤方言甚至是其他方言中都曾出现过，这类俗字有可能是客家方言受其他方言，特别是粤方言的影响而使用的：

佢［ki²］：他。如：雖然唔係属走獸，但係佢都係食箇。（第五讲）

冇［mau²］：没有。如：猪平素係極爛食箇，佢冇唔肯食。（第八讲）

咁［gan²］：这。如：谁不知係咁樣過開幾日，嗲脚就好瘡。（第一百六十讲）

啱啱［ngam¹］：刚刚。如：啱啱出來起身走，雷公就打箇翕樹聲吓唔知幾響。（第一百八十三讲）

在粤方言的影响下，《启蒙浅学》中有时会直接使用粤方言的俗字来书写客家方言中意义相同或相近的词汇。

---

① 李如龙：《客家方言本字考》，《方言与音韵论集》，香港中文大学中国文化研究所1996年版，第343页。

乜［mak^7］箇：什么，客方言中多数写作“脉”。如：看佢冇乜箇色擇，水晶一様。(第六十一讲)

㜷［lai^4］：儿子。如：養倨箇就喊做亞爸，倨養倒箇就喊做口雅㜷子。(第一百零六讲)

奀［$ngon^1$］：小。如：就割倒好多椑子多少奀精精裡箇麥。（第一百五十二讲)

俾［pin^1］：给，客方言中多写作“分”、“畀”。如：佢俾口兜香香箇東西想嘍倨食啄。(第一百六十九讲)

乸［ma^2］：雌性动物通称，客方言中多数写作“嫲”。如：两隻鷄乸都出利，箇時錢子使唔開。(第二百卅二讲)

以上俗字只在粤方言中出现，客家方言里一般不使用。这应该是《启蒙浅学》编写者在编纂该书的过程中受到粤方言和粤文化的较大影响，自觉或不自觉地使用了这些粤方言的特色俗字来表示客家方言中相同或相近的意义。以上所引基本上都是训读字，发音仍与客方言特征词“［mak^5］”、“［pin^1］”、“［ma^2］”、“［lai^4］”等相同，而与粤语原字的发音不同，说明编写者使用的仍然是客家方言里的词，只是用了粤方言俗字来书写。

此外，《启蒙浅学》中还出现过一些用粤语俗字所书写的粤方言特色词汇，如：

劏［t^hong^1］：宰、杀，客方言中用“□［ts^hi^2］”。如：屠行佬劏倒牛羊猪肉發賣俾人。(第九十二讲)

佬［lau^3］：对男子的称呼，含轻视意。如：喙隻盲佬等，時常俾人瞞騙。(第九十六讲)

攞［lo^2］：食佬 乞丐。如：㖂路中唔知幾多攞食佬，隻隻都捧頂帽來攞錢。(第一百二十八讲)

孭［pa^1］：背，客方言中通常用“背［pi^4］”。如：佢出箇時唔知幾細，隻隻都孭竟一隻殼仔。(第一百五十五讲)

其中，“孭”的注音为“［pa^1］”，在读音上跟粤语和客家话都不相同，但字义与粤语原字一样，而“劏（猪）”、“（盲）佬”、“攞（食）”则在发音和意义上都与客方言常用于表示相同或相近意义的特征词汇大有区别，可以说是直接用粤语词汇代替了客方言词汇。这可能是新界客家方言原本就具有的词汇特点，也可能是编写者编写时不自觉地带入了粤方言的色彩。

（三）使用同音或近音字代替

对于许多方言的特色词汇，当本字不可考的时候，如果同一方言中存在读音相同或相近但意义不同的字，经常使用同音字或近音字来代替。这种记录方言字的方法在《启蒙浅学》中也十分常见，如：

土鑄［tsu^4］：壮实。如：象生來好大隻，也好土鑄。（第十二讲）

博［pok^5］：接、嫁接。如：人種樹木有幾樣來種，有斬倒樹來博箇。（第四十九讲）本字应为“驳”。

泯［men^2］：软、碎。如：棉布蔴布係爛開冇用就有人收倒磨泯佢來做紙。（第六十三讲）本字应为“绵”。

擔［tam^1］：举、抬。如：也噲擔起嘑前脚來，用爪來揸東西。（第一百卅八讲）

蔫［tsen^4］：脚用力蹬地。如：佢係走就用後脚一蔫，咁樣跳竟走。（第一百四十七讲）

便［p^{h}en^4］：靠。如：因為佢偷口雅野味箇時嗰炮咗一鶬樹裡便竟。（第一百六十一讲）本字应为“凭”。

零［lang^1］：挺。如：北石爺就零胸拏竟佢，監佢愛報出箇主事箇歹人來。（第一百八十讲）

缅［men^3］想。如：咁樣看倒人都畏，緬倒人都嘔。（第二百廿五讲）

（四）使用训读字

当一些方言词的本字因过于生僻复杂而难以书写，或是本字难以考证的时候，编写者常用一个与该方言字意义相同或相近，但读音不同的字来代替，而罗马本中的注音仍写作原方言字的读音。那个用于代替原字的同义字即所谓的训读字。在《启蒙浅学》中使用的训读字数量虽然不多，却屡用于出现频率较高的词汇，下面是书中常见的几个训读字：

薮　原读音为［seu^3］，本义为鸟兽聚集之地，罗马字本中注音为［teu^4］，为客家方言中“窦（［teu^4］鸟兽的窝）”的训读，如：野獸歇箇嚏就喊做寵或者喊做藪。（第十七讲）

菢　原读音为［phau^4］，本义为鸟孵蛋，罗马字本中注音为［phu^4］，实际上是客家方言中“伏［phu^5］”的训读，如：生倒𥻘曉菢子箇喊做鵰。（第二十四讲）关于“伏”的本字及其与“抱”、“菢”的关系，可以参考庄初升的《粤北土话及其他汉语方言表“孵化”义的词源》一文。

燥　原读音为［ts^{h}au^4］，罗马字本中注音为［tsau^1］，为客家方言中“□（［tsau^1］干）”的训读，如：也有俾人晒燥箇，好比無花菓、菩提子、柿子、蘋果。（第四十三讲）

爇　本义为火烧，罗马字本中注音为［lat^5］，为客家方言中“［lat^5］（太阳毒辣）”的训读，如：天氣熱日頭爇，水就噲化作氣。（第五十四讲）

勩　本义为劳苦，罗马字本中注音为［se^4］，为客家方言中“［se^4］（工作，

本字未明）”的训读，如：但係大裡就愛勤，勤緊做勯扺得苦。（第六十八讲）

喙　本义为鸟兽的嘴，罗马字本中注音为［tsoi^4］，为客家方言中“［tsoi^4］（嘴）”的训读，如：鼻公行下係喙，喙行下係下啱。（第七十讲）

喑　原读音为［im^1］，本义为小孩哭泣，罗马字本中注音为［hem^1］，为客家方言中“［hem^1］（叫喊）”的训读，如：曉含笑曉嗟嘆，曉嗷曉喑曉唱。（第八十二话）

擘　原读音为［pak^5］，为“［pak^5］（张开）”的本字，罗马字本中注音为［mak^5］，为客家方言中“［mak^5］（掰、剥）”的训读，如：喙後脚爪有塊膜拿竟喙脚趾，擘開脚趾箇塊膜就好噲泅水。（第一百四十七讲）

莿　原读音为［ts^{h}i^3］，罗马字本中注音为［net^5］，为客家方言中“簕［net^5］”的训读，如：故此俗話有講：“摘玫瑰花愛擠玫瑰莿。”（第一百五十讲）

除此之外书中还有一些训读字，但由于它们的出现频率不高（只出现过一次或两次），代表性不强；或者明明本字就是常用字，却用训读字来代替，不够科学与严谨，因而不一一列出。

（五）使用生造字

当被书写的方言词汇没有本字，又不存在可代替的同音字或同音字与本字意义相差过远，为了更好地表音或表意，编写者常造出一些生字来代替本字，读者往往能从字形、注音或者上下文的内容中猜测出字义。

《启蒙浅学》中使用的生造字数量几乎不下于借音字，是比较复杂且相对完整与科学的一个系统。在撰写《启蒙浅学》的过程中，编者使用了多种造字方法，生造出大量生动形象而颇具代表性的方言字。这些造字法，有些是借鉴传统的“六书”规律发展而来，有些是编写者的自创，无论是在表音还是表意上，都具有一定的科学性。

书中所使用的几种造字法如下所列：

1. 在同音字或近音字上直接加“口”字旁

噫［nia^1］：这、你的。如：噫口兜盡都係眼看得倒箇物。（第一讲）

㗎［kia^1］：他/她/它的。如：上帝用㗎智慧造倒百般唔同箇生物，也安定百樣唔同箇食物來養佢。（第四讲）

㖴［k^{h}ong^2］：怕。如：㖴怕有亞樵都佢啾倮㖸。（第八讲）这个字是新界客家方言中的特征词，在其他客方言地区都不曾使用，其本字可能是“惶”。“惶”字中古声母为匣母，“㖴”所借音的“狂”字为群母，南方方言中多有匣母字读同群母字的现象，这种现象在客家话中同样存在，如“荷”字读作“［k^{h}ai^1］”，“惶”字读为“［k^{h}ong^2］”，有可能也是这种语音现象的一个表现。

嘟［tuk^5］：刺、淋雨。如：箭猪毛噲嘟人。（第十三讲）据李如龙《客家方言本字考》，作“刺”义时本字为“剢”①，作“淋雨”义时本字为“涿”②，应是不同的两个字，但由于读音相同、意义相近，编者在书写的时候用同一个生造字来表示了。

唋［ts^hi^2］：（本字应为“自”）自家，自已。如：走獸曉保護唋家，抵擋仇敵各有唔同。（第十五讲）

□［ts^hun^1］：伸展。如：但係箇蟲漸漸大裡就曉□，曉縮，曉硬，曉捲藪成殼箇。（第三十七讲）本字可能是“伸”，“伸”为书母字，客家方言中有部分书母字声母读为“［ts^h］”，如“鼠”读作“［ts^hu^3］”，应为旁证。

这是《启蒙浅学》中最简单也最常见的造字方法，实际上是另一种形式上的借音，只不过加了偏旁以表示此方言字与它的同音字在意义上大有区别。这也是各类方言造字中使用频率极高的一种方法，充分显示了方言字的随意与俚俗。

有时候也会在本字上加“口”字旁，如：

噲［foi^4］：会。如：取有生物都噲抖氣、行動。（第三讲）本字应为“会”。

飛［pui^1］：飞，作动词。如：两脚箇為指飛禽，有翼來飛。（第三讲）本字应为“飞”。

喙［$tsiong^4$］：像。如：有啲喙皮鱗甲，人著竟銅甲來保護唲身等。（第三十二讲）本字应为“像”。

同样表现了方言造字的随意性和缺乏严谨。但上述例子中的“飛”字却与本字有用法和读音上的区别，这个加了“口”字旁的方言字“［pui^1］”在《启蒙浅学》中只用作动词，作形容词的时候用的是本字“飛（［fui^1］如：飛鵰）”，从读音上看，这应该是文白异读现象在造字时被体现出来了。但整部书中只有这一个例子，并没有其他旁证。

这种造字法在《启蒙浅学》里多被用于构造常用的、口语化的方言词，如一系列的代词、副词、介词和出现频率高、较为通俗的动词等。一方面，这类造字法表音明显，又简单易懂，方便读者通过读音、字形来理解字义；另一方面，正因为那些词比较常见，读者大多熟知它们出现的语境，用这种方法造字时才不致产生歧义。同时，拟声词和许多具有客家方言特色的形容词也经常用直接加“口”字旁的借音字来表示。

2. 形声造字法

有时候单是使用借音字或加“口”字旁，无法明确地表现方言字的意义，在

---

① 李如龙：《客家方言本字考》，《方言与音韵论集》，香港中文大学中国文化研究所1996年版，第342页。

② 同上，第342页。

这种情况下，编写者借鉴了传统“六书”中的“形声”造字法，用“义符＋音符”的方式组合出许多方言字来。如：

⿰冫拳［k^hen^2］：结冰。从冰，拳声。如：天氣好冷，⿰冫拳硬裡箇水就喊做冰或者硬⿰冫拳。（第五十四讲）

⿸尸失［sit^5］：（从尸，失声）臀，臀部。如：即係自肩頭到⿸尸失臀，人都喊佢身胚或者唍身。（第七十三讲）

背⿰月囊［$long^2$］：背部。从肉，囊声。如：背⿰月囊、腰骨、胸膈、肚胈唍吥都在内。（第七十三讲）

□［$siap^5$］：塞。从手，屑声。如：做衫司傅膹倒箇布碎都還是辮就倒來□。竟挨壁頭箇樹裡。（第六十三讲）李如龙《客家方言本字考》考其本字为“楪”。①

⿰忄冷［$lang^3$］：（从心，冷声）過 以为。如：𠊎看倒佢走就⿰忄冷過佢唔愛。（第一百四十五讲）

⿰争力［$sang^4$］：催逼。从力，争声。如：佢出力來⿰争力推吥抖吥，跟尾佢就⿰口飛竟走。（第一百四十五讲）

⿱宀棟［$tung^1$］：顶。从宀，棟声。如：唍吥都鑽落箇死老鼠底下去，⿱宀棟竟箇死老鼠去箇地壢裡。（第一百四十五讲）

⿰甹刂［p^hin^1］：割断。从刀，甹声。如：就去箇糖梨樹裡，揸穩箇糖梨樹就一刀⿰甹刂斷佢。（第一百五十四讲）温美姬《梅县方言古语词研究》考其本字为“⿰分刂”②

⿰𧾷練［len^4］：踮。从足，練声。如：⿰𧾷練起脚趾來行，行下冇聲冇氣。（第二百零二讲）

这种造字法既能表音，又能表意，常用于生造形象性较强的动词。除此之外，《启蒙浅学》中还有另一种“形声”造字法，经常与下面所总结的“反切构字”相结合，组成生字。

3. 反切构字法

由于《启蒙浅学》有较高的口语化程度，书中的许多口语词汇在客家话里不存在同音字，因此，之前所说的借音、形声等表音方式都无法使用。为了把这些方言字记录下来，《启蒙浅学》的编写者别出心裁地从古汉语传统的注音手段——“反切”中着手，创造出一种特有的构字方法，可称为“反切构字法”。

这种造字法的基本方式是先用反切注音，然后直接将反切上字和下字组合成

① 李如龙：《客家方言本字考》，《方言与音韵论集》，香港中文大学中国文化研究所1996年版，第342页。

② 温美姬：《梅县方言古语词研究》，华东师范大学博士学位论文，2006年，第162页。

字；或再在组合成的字上加义符，组成另一种形式的形声字。如：

揬［lau^1］：和、跟，拉夭切。如：貓係歡喜人攪箇，但係唔好信佢冇誤事。(第十一讲)

皮丫［p^hia^1］：分、张，皮丫切。如：有口兜箇脚掌開來箇好噲泅水，即係鵝、鴨、水鴨、鸕鷀箇口兜。(第二十四讲)

娓［wut^5］：闷，文屈切。如：人係有時候也唔好竟咗屋家裡娓竟來坐啉。(第八十四讲)

賜［pot^5］：生、发，貝曷切。如：夜晡辰就噲俾露水嚁，俾風吹，容易賜病。(第一百零二讲) 本字应为“发”。

揰［fak^1］：甩、挣，拂厄切。如：獅就作力一就出来。(第一百三十讲)

很多字在使用的时候，若只能以反切辨音，可能不够明确，所以编写者经常在反切上下字组成的字旁加上一个义符，构成了另一种形声字，以提示字义。如：

瘯［ts^hoi^2］：麦粒肿。从疒，吹来切。如：也有一隻嗘人家，賜瘯賜冇怨嗟。(第一百二十讲)

蝲［la^2］：(从虫，阳平) 蟒［k^hia^2］(从虫，其牙切) 蜘蛛。如：上帝造倒烏蠅揬蝲蟒來做乜箇？(第一百卅七讲)

踸［tem^3］：跺。从足，丁参切。如：□隻妹仔好口押氣，踸起脚來罵老娣。第一百七十七讲

撱［wai^4］：火星四濺貌。从手，遗大切。如：火星撱天。(第二百二十五讲)

如上所述，反切构字法在《启蒙浅学》中多用于构造发音较复杂，难以用借字表音的方言字，所标示的字往往带有很浓的客家方言口语色彩。它表音的形式虽不如借音字和形声字简单明确，但也十分清楚，读者只要有一定的传统音韵学基础，都不难明白这些方言字的音与义。

4. 会意造字法

整部《启蒙浅学》中生造出来的会意字只有一个，即“𦧺［ts^hun^1］(蛋)”，但这个字颇具代表性地体现了编写者对字义的理解。客家人将未长成的小母鸡称为“鸡健［lon^4］”，据考，“健”应为本字，《尔雅·释畜》中解释为：“未成鸡，健”，这“未成肉”组合为“蛋”字，很有可能也是由此而来的灵感。①

5. 合字

《启蒙浅学》中还有一个字是使用以上提到的几种造字法以外的方法造出来的：

蟓［$hien^3$］：蚯蚓。如：夏天落水時途就有紅紅子箇東西咗地垊裡鑽出來延

① 在玛突来维切·帕维尔的《粤语特殊方言用字研究》一文中引用过这个方言字，有可能在更早的粤语文献中也出现过这个字，不是巴色会的独创。

竟走，番人安蟜名做落水。（第一百四十九讲）

由上可见，这个"蟜"字是把"虻"、"蚓"二字合在一起所造的，在造字的方法上应该属于合字。

二、《启蒙浅学》方言用字的特点

（一）自成一个较为严谨和科学的体系

与其他方言文献，包括巴色会所出版的医书、圣经等客家文献资料对比，《启蒙浅学》由于口语化程度较高，除公认的本字之外，其余方言用字与别的客家话文献相重合的数量并不多，基本上可以说是自成一个体系。应该说，《启蒙浅学》这个汉字书写体系是比较科学和严谨的。

第一，体现在本字的使用上，《启蒙浅学》中使用的许多本字，与经学界考证后确认的客家方言本字不谋而合，如"掌［$tsong^3$］（看管）"、"整［$tsang^3$］（修）"、"转［$tson^2$］（回）"、"炙［$tsak^5$］（烤）"、"供［$kiong^4$］（养）"、"晡［pu^1］（傍晚、申时）"等，明显保留了古汉语词汇的一些特征。另外在使用训读字的时候，也比较严格地挑选了与被训读字字义相近或相同的字来代替，如"莿［net^5］（"竻"之训读）"、"燥［$tsau^1$］（"□"之训读）"、"薮［teu^4］（"窦"之训读）"。

第二，在生造方言字时，对传统构字法和注音法都有借鉴，比较科学。编写者不仅借鉴了"六书"中"形声"、"会意"这两种造字法，还发展了"反切"这种注音手段，把"反切"的表音与形声字的构造原理结合起来，创造出一种"反切形声字"，以记录一些发音比较复杂、意义又不甚明确的方言字。这些造字手段都保留了传统色彩，而又不失科学性。据文献记载，巴色会所开办的学校中一般都有若干当地人以助教或正式教师的身份协助外籍牧师传教、授课，这些人往往对当地风俗或中国传统文化比较熟悉。[①] 在《启蒙浅学》编撰的过程中，很可能也有这些当地人的参与，因此，无论在造字、用字还是书中所体现的思想观念上，都带有传统中原文化的特色。

第三，有罗马字本作为对照。这也是《启蒙浅学》颇具研究价值的原因之

① *A Century of Protestant Mission in China*, 1807—1907, San Francisco: CHINESE MATERIALS CENTER, INC., 1979. p. 479 "THEOLOGICAL SEMINARY" 中提到 "Two missionaries and one teacher for Chinese literature are giving the necessary instruction to therse young men"，可见当时是有专门负责教授中文的教师；此外在同一页的 "HELPERS" 一节中，也提到 "Besides these regularly trained catechists, we have a small number of evangelists and assistant catechists. . . Generally these men do not possess a great knowledge of the doctrines of the Bible, but they are better acquainted with heathenism and the customs of the people than the student who have been in our seminaries"，解释了使用助教的原因。

一。罗马字本的存在，不仅提高了用字系统的科学性，方便读者查阅与印证方言字的发音，还能查漏补缺，用处极大。

第四，用字比较统一。方言书写向来具有随意性的特点，因而方言文献中用字不统一的现象十分明显。就一部字数较多的方言读本而言，《启蒙浅学》的用字相对比较统一，一字多形的现象并不多见。

但《启蒙浅学》的用字并不完全是严密科学的，它仍然具有一定的随意性。首先，用字不统一的现象虽然不常见，但依然存在，如："啱/狂［k^hong^2］（怕）"、"嵰/嗾［sai^1］（浪费）"、"嗐/搽［ts^ha^1］（提）"等。其次，一些本字十分明确的词，书中却偏偏要用借音字、训读字或者生造字来记录，如："抭［yau^3］（本字"舀"）"、"泅［yu^2］（本义为人浮于水游）"等。再次，书中夹杂了很多粤方言用字，包括一些俗字和特色词汇，有许多都不适合在客方言文献中使用，这在第三点里会进行具体分析。

（二）通俗、生动

由于《启蒙浅学》是主要写给儿童看的启蒙课本，书中所使用的客家方言十分俚俗亲切，与当时的口语相当接近，简单易懂。与形象生动的词汇相配合，《启蒙浅学》的用字也有通俗、生活化的特点。

最常见的一点就是造字时常用"口"字作为偏旁，之前已在用字规律的分析中提到过，这体现了方言书写中俚俗、随意的特点，同时也以简单的借音形式帮助读者领会方言字的意义。

书中一些用形声、会意、反切等方法构造的方言字，从字形的组合上看，也非常生动有趣。如"衄［nen^4］（奶）"，"乃见"是它的反切，而"血"是它的义符，从这个字的结构里我们可以窥见客家人族群中保留着的中原文化的某些观念。又如前面所说的"穪"，望字而生义，明确且生动。某些形声字，如"穜［$tong^1$］（顶）"，在字形上也相当形象地表现了字义。而一些用反切构字法生造的方言字，在选取反切上字或下字的时候，特地选了与该字字义相近或相关，又能表音的字来注音，如"噈［$tiong^1$］（啄，啄央切）"、"搤［fak^5］（甩、挣，拂厄切）"、"傚［$fang^3$］（冒起、突起，忽行切）"、"髋［$kuang^2$］（骨横切）骨（肋骨）"、"屧［sap^5］（屑甲切）碎（粉碎）"等，用较为简单的结构显示了形声字的特点，帮助读者理解字的音义。

《启蒙浅学》中的生造字及借音字，有很大一部分是形象性的动词和形容词，这些词往往只在口语出现，使用造字或借音字来表现，读来十分生动，尤以各种极具客家方言口语特色的、表状态的词为代表：

光□□［luk^6］：光秃秃。如：今下花揬葉都俾蟲食開，箇啲菓木也光□□裡。（第一百廿六讲）

啷啷［niong¹］嗺［tsun¹］：抖动貌。如：獅就作力一攢就攢出来，啷啷嗺鬆起毛來咁樣話。（第一百三十讲）

𩠌𩠌［pot⁶］裡：物体下落貌。如：話冬天一到，□葉就噲𩠌𩠌裡跌。（第一百卅三讲）

涨啈啈［put⁶］裡：胀鼓鼓的。如：□□□隻看倒鵝肚胈漲啈啈裡，定然滿肚都係金。（第一百七十讲）

除此之外，书中生造的拟声词也不在少数，尤其是模拟各种动物叫声的词，各有不同，非常形象。

（三）受到粤方言和粤文化明显的影响

从之前的分析中也可以看出，《启蒙浅学》整部书的编撰，受到了粤文化和粤方言的很大影响。

一是书中使用的俗字大多是粤方言用字，如“俾”、“啱”、“𩠌”，即使某些俗字在客家方言中同样被使用，也都是因为在其发展过程中受到了粤方言的影响。更值得注意的是一些客、粤方言中有区别的词汇，如“劏（客方言中用‘□’）”，书中使用的是粤方言中的特色字，就客家方言文献来说，这是不够纯正也不够严谨的。

除了粤方言俗字之外，《启蒙浅学》中出现了不少粤方言的特色用字。如：

埋［mai²］如：鹹水合埋隔竟箇口兜大地方箇就喊做海洋。

𡺛［sai¹］：浪费。如：著倒件藍縐紗衫也捉倒有跡𡺛開裡。

二是在一些字的读音上，也明显带有粤语语音的特点。如形声字“□［kʰat⁶］”、“□［tsap⁵］”，作为声符的“吉”和“习”在客家方言中的读音分别是“［kit⁵］”和“［sip⁶］”，与两个字的实际读音不符，反而在粤方言中的发音与它们相吻合。

三、对《启蒙浅学》进行方言用字研究的价值与意义

在广东三大方言里，客家方言的书写传统，一直以来都比粤方言和潮汕方言落后，尤其是在口语化、生活化方面，较为忠实地体现了方言原本面貌的书写材料比较缺乏。而如今各地的客家方言在粤语、普通话的双重影响下，不断地吸收来自于这两种方言的词汇、句式及语音，正飞快地发生着变化，一些客家话口语中特有的表达方式，如“伶俐（干净）”、“逻亲戚（看望亲戚）”等，在青少年中已经很少使用了。同时，城市化进程的加快、受教育程度的提高，也使得客家方言朝着书面化的方向发展，在城市人尤其是城市青少年接触不到的范围内，有许多方言词汇正在慢慢消亡，如各种农业用语，或表示红白喜事、游戏娱乐的词

语，甚至是一些旧时称谓，都在渐渐地被更为书面的表达所代替。

在这样的情况下，强化客方言的书写，以保留口语中一些具有方言特色的词汇、句式，便成了保持客家方言原本面貌的重要手段。

台湾高雄中山大学的张屏生教授针对台湾地区客语书面化的问题，撰写了《客家话的用字调查与研究》一文，提出了客家话用字的几个原则：①用本字；②用惯用字；③学童易学；④资讯流通。[①] 这固然具有一定的参考价值，但是没有基于一定的文献资料进行调查，始终难以有更完整、更严密的方案。

《启蒙浅学》记录了100多年前香港新界的客家方言，忠实而生动地反映了当时口语的本来面貌，是研究客家方言的重要资料。正因为它具有高度口语化、生活化的特点，较成功地保留了客家方言口语的原貌，所以，对这本文献中的用字基本规律、特点进行研究，以总结用字、造字方法，能够更好地帮助和推动现今客方言书写习惯的发展。

《启蒙浅学》在用字上具有较强的系统性和科学性，也有一定的规律可循，颇有值得借鉴之处。首先在用字的规律上，《启蒙浅学》为我们提供了一个较为完整与成功的范例：原则上以使用本字为优先，当本字不存在或不可考，又或者本字过于生僻难写的时候，分3种情况用字，一是借用同音、近音字代替；二是使用训读字；三是使用生造字。借音字多用于书写具有同音或近音字的常用方言字，训读字则可用于代替过于生僻的本字，而生造字中的反切构字，也为我们书写无同音或近音字的方言字提供了可借鉴的经验。其次，《启蒙浅学》所使用的一些本字和方言字，其本身也具有研究和借鉴的价值。书中使用的本字大多与学界考证的结论相合，可以直接用于客家方言的书写记录；而一些借音字、训读字、生造字由于表音、表意准确，结构又简单易书写，也可作为方言俗字，加以推广。

除此之外，基于《启蒙浅学》这一类口语化文献，进行方言用字的调查研究，对客家传统文化、民间文学的研究也有一定的帮助。例如客家山歌原本多数以口语写成，与经过文人学士修改润色的版本在用词用字上有一定区别，但不懂客家方言的研究者往往无法鉴定。研究方言用字，总结出规律和字表，对这一方面的研究会有一定程度的帮助。

参考文献

1. （宋）丁度：《集韵》（全二册），上海古籍出版社1985年版。
2. （清）阮元：《十三经注疏》，中华书局1980年版。
3. （明）宋濂：《宋濂散文选集》，百花文艺出版社2002年版。

---

① 张屏生：《客家话用字的调查研究》，未刊稿，第9~11页。

4. （清）王念孙：《广雅疏证》，江苏古籍出版社 2000 年版。

5. （元）王实甫著、王季思校注：《西厢记》，上海古籍出版社 1996 年版。

6. （清）王先谦：《荀子集解》，中华书局 1996 年版。

7. （梁）萧统编，（唐）李善注：《文选》，中华书局 1977 年版。

8. （汉）许慎：《说文解字》，中华书局 1963 年版。

9. （清）张玉书等编、（清）王引之等校订：《康熙字典》，上海古籍出版社 1996 年版。

10. 巴色会：《启蒙浅学》（汉字本），1880 年版。

11. 巴色会：《*FIRST BOOK OF READING IN THE ROMANISED COLLOQUIAL*》（罗马字本），1879 年版。

12. 李如龙：《客家方言本字考》，见《方言与音韵论集》，香港中文大学中国文化研究所 1996 年版。

13. 玛突来维切·帕维尔：《粤语特殊方言用字研究》，北京语言文化大学硕士学位论文，2002 年。

14. 温美姬：《梅县方言古语词研究》，华东师范大学博士学位论文，2006 年。

15. 严修鸿：《客家话匣母读同群母的历史层次》，《汕头大学学报》（人文社会科学版），2004 年。

16. 余廼永校注：《新校互注宋本广韵》，上海辞书出版社 2000 年版。

17. 张屏生：《客家话用字的调查与研究》，未刊稿，2006 年。

18. 庄初升、刘镇发：《巴色会传教士与客家方言研究》，《韶关学院学报》2002 年第 7 期。

19. 庄初升：《粤北土话及其他汉语方言表“孵化”义的词源》，《中国语文研究》2005 年第 2 期。

20. D. MacGILLIVRAY. *A Century of Protestant Mission in China*, 1807—1907. San Francisco: CHINESE MATERIALS CENTER, INC., 1979.

日本领台之初的台湾闽南语记音符号与日台语音对比

——以语言接触下的《台湾土语全书》所用音标为例

国立新竹教育大学台湾语言与语文教育研究所　董忠司

一、前言

第二次世界大战结束，日本退回其本土，台湾汉语方言的研究及其出版物随即锐减。但是日本把从清朝割让过来的台湾收归其版图，自 1895 年到 1945 年，前后总共领有台湾 50 年，这是世界史的一部分。日本对台湾的闽南语、客家语这两种汉语方言，在领有台湾以前，压根儿没想过要大力涉入。因此过去对于台湾的语言，没有什么接触，没有什么了解，没有什么论著。但是，由于日本人有诸事深究、行事周到的习性，为了统治台湾，因此从领台第一年起，甚至在甲午战争期间，接触到台湾闽南语，便对台湾语言进行语言调查。这种台湾从未有过的语言调查与研究，开启了台湾人对台湾语言的学术研究，也开启了日本对台湾语言的研究，并且开启了日本对闽南语的学术研究之路。①

语言调查或语言文献的探索，是语言研究的基础，也是保证学术研究的必要措施。对领有台湾的日本政府来说，了解并运用台湾语，是实行统治的重要手段之一。正如日本领台初期许多台湾语—日本语的学习手册上经常提到的，学习台湾语是当务之急。例如田部七郎在《台湾土语全书·序》所强调的，日本对于获得台湾这一新的邦土，纵有百种计划，而着手的第一步，也是“焦眉ノ急”（燃眉之急）的是为了和“土人”进行“思想交通”的“新领地”的“土语ノ研究”（土语的研究）。不仅如此，他还说：

> 台湾语就是厦门语，也是厦门、漳州等福建省南部七百余万居民使用的语言。和台湾、厦门等地通商必须学习台湾土语。进一步说，学会了台湾语包含四声的发音法，将来学习中国各种地方语，会更加方便，等于是入门的快捷方式。因此相信此书（指《台湾土语全书》）对从事

---

① 本论文所指“台湾语言”包含“台湾的闽南语”、“台湾的客家语”和“台湾的南岛语”，所谓“台湾汉语”包含“台湾的闽南语”和“台湾的客家语”，所谓“台湾语”是指“台湾的闽南语”。至少从 1895 年日本领台开始，便以“台湾语”一词指称“台湾的闽南语”，以“广东语”指称“台湾的客家语”，而以“高砂语”指称“台湾的南岛语”。

贸易的人是多少有所裨益的。[①]

正因为在语言接触初始阶段，日本人以这种想法来面对台湾语，因此日本领有台湾时期，关于台湾语的著作相当多。这些相关著作之中，有不少文献资料留存在台湾总督府内，还有一小部分留在台湾省文献委员会、台湾大学图书馆和民间。留存在台湾总督府内的文献资料，今日是台湾国立中央图书馆台湾分馆的收藏品，有藏书目录，例如《日文台湾数据目录》，台湾文献委员会也编有《台湾文献委员会典藏中日文图书目录》等。1997 年吴守礼先生的《福客方言综志》曾经历叙、评介日本领台时期大部分的闽客语著作，相当详细。对于日本领台时期的台湾语言论著的目录介绍，有吴守礼、洪惟仁、董忠司等人的著作，而为之从事内容评介的，吴守礼的著作最为全面。但是，除了吴守礼先生曾经从事的以外，我们还需要就语言调查、语言描写、语言研究、语言教学等专题进行评述，以弥补汉语方言研究的若干缺憾。本文除了概述日本领台之初的台日语对照论著外，还想就日本领台之初，在日本语接触台湾语的初始，面对语言接触中语音不对等的困境，为了沟通两语，需要运用有效的音标来出版台湾语实用性调查记录，并加以观察和分析。

二、日本领台之初的汉语方言（台湾语言）论著

日本领台之初由于沟通上的迫切需要，出现了许多台日语对照的小型台语记录报告、小型台语会话书籍[②]。这些小型书籍虽属一时快速成书，但是种类不少，其语词和语句之采取，涉及生活各个方面、社会各个层次，因此是考究百余年前台湾语之重要参考数据。至于嗣后 50 年所陆续编印的其他较大部头的书籍，更是 19 世纪末年以后近半世纪的台湾语总汇，具有非凡之研究价值。除了语文教材和语言记录所呈现的时代语料之外，关于辞典、发音学、谚语、民间文学的汇集、分析、研究的论著，也能反映当时的学术水平。因此，日本领台之初及其后续 50 年间的汉语方言论著，值得后人加以重视。

台湾的日领时代 50 年间的汉语方言论著，初期重点在了解台湾语言，因此偏重在语言调查、语言材料和语言学习方面，所出版的专著，颇见功夫。但是，所用的记录工具为日本的假名和汉字，调查人的基本学识和调查理念不尽理想。中期著作以语言教学为主，并且扩大调查各阶层的专业用语，开始重视语文辞典的编辑。末期以语文辞典的编辑为重心。

① 见《台湾土语全书》的序言，原文为日本语。

② 大多为 50 ~ 150 页的论著，其中只有 3 本超过 300 页。

整个说来，日本领台时期的台湾汉语方言著作，从台湾现存日文书籍而言[①]，平均每年出版2.5本，比起清朝领台之时无台湾语专门著作而言，足以看到清朝和日本文化的差异及其面对问题的研究态度有天壤之别。以300万到600万人口[②]的台湾而言，其汉语方言论著，从著作的内容和形式而言，有开创新局、塑造典范、引领后世的成就。

根据吴守礼教授《福客方言综志》的整理，日治时期的台湾语相关书籍可以分为日人所著之台湾方言文献和台湾人所著之台湾方言文献两大类[③]；此外，笔者再参考洪惟仁《日治时代台语著作目录》[④]，甄别整理，删并三笔[⑤]、补入一笔[⑥]，计得128种。其中不计入单篇论文，只收专书。包含广东语（台湾客家语）论著4种、海南闽南语两种、日汕会话1种、日厦会话1种。其论著之类型与分期数量略如下表：

日领时代台湾地区汉语方言论著类型与分期数量

年代分期	语料呈现	语言教学	语言研究	年代合计
1895—1905	13	22	8	43
1906—1915	9	14	2	25
1916—1925	6	9	5	20
1926—1935	4	10	7	21
1936—1945	3	14	2	19
合计	35	69	24	128

对台湾语言和汉语方言而言，我们今天如果利用这些资料，可以分期观察，分类观察，分人观察，以了解作为闽南语或汉语方言的海外飞地，如何在19世纪末20世纪前半叶的50年之中，接受东洋文化洗礼，而发展出特殊的语言研究成就、研究速率和研究路向。或者，对日本国而言，也可以根据此数据，来观察终战前的日本国对于台湾汉语方言的研究状况，以及台湾归属于日本期间，日本国的学术研究如何因此而开启了汉语方言研究的快速进程。对世界而言，也可以

① 比起现存的日治时代台湾汉语论著，应该还有不少未被收藏的相关论著，不过既然没有目录数据，只能单就现存者来观察了。

② 1895年日本领台之初，台湾人口300万；1945年日本退出台湾时，台湾人口600万。

③ 参见吴守礼：《福客方言综志》，台北：南天书局1997年版，第83～150页。

④ 洪氏目录中，有非属台湾语言者。

⑤ 删去日本语教材一种，删去重复之陈辉龙《台湾语法》一种，《台日大辞典》上下卷合为一种。

⑥ 补入杉房之助：《台湾话发音例》，台北：新高堂小出书店发行，1904年。又冢本哲三：《汉文解译法》东京：有朋堂，1939年。因疑似而不录。

因此数据来了解更多的语言接触和语言的跨国度研究。

不过，对于这一批资料的运用，除了必须具备台湾闽南语的语文能力和相关的语文知识，也必须具备日本语的语文能力（包含平假名、片假名、日式汉字、日本汉字音等认识）和相关的语文知识，同时也需要一些语言学、语文教学和汉语汉字的相关知识。此外，需要对这些论著进行深入的分析。笔者能力有限，仅能先就日本领台初始的论著，尤其是其中的《台湾土语全书》一书，进行其记音符号的初步陈述与分析。

公元1895年，在甲午战争之后，台湾被割让给日本，而日本遂成为亚洲第一个拥有殖民地的国家，也首度面临管理殖民地之高度困难与挑战。

日治初期，日本政府成立台湾总督府于台湾台北市，开始规划治理台湾的政策。其中，台湾教育政策之制定及教育机关之创立与实施，委任于总督府首任学务部长伊泽修二。伊泽表示台湾教育方针当依循孔孟主义，尊重四书五经。他就任学务部长以后，随即向桦山总督提出台湾教育方针意见书，其中特别重视普及日语、培养师资及尊崇学者，同时对台湾现有的闽南语、客家语和高砂族语（即后世所称“高山族语”、“原住民语”）采取先包容后管制的策略，这些就成为日本对台的教育方针。日本政府要求官吏和警察必须懂得“台湾语”（即台湾闽南语），对台湾民众则施以日本语教育。因此，莅台初始就成立的国语传习所与国语学校（按：“国语”系指日语）成为最早的教育机关，前者以教授日语为主，后者主要目标是训练讲习员充任国语传习所师资。为了教授日本人台湾语，还开设了“台湾语”或“台湾土语”课程与训练班。此外，对于各地士绅开设之书房（或称“汉学仔”、“私学仔”）则采取不干涉态度。在日本治台伊始，由于日本素乏台湾语人才与相关研究，因此绝大多数的语文转换活动，都要依赖台湾人士，因此我们大可以把这些相关论著视为台日合作的成果。

事实上早于台湾割让，在1895年割台和谈前一个月，日本就已经进行了澎湖的语言调查。1895年中日甲午战争后的和谈前一个月，亦即1895年3月，日本军占领澎湖岛，接触到台湾澎湖的闽南语。5月，日本攻占澎湖的比志岛，混成枝队司令部通译官俣野保和在病床上进行初步语言调查①，完成《台湾语集》一书（7月出版）。俣野保和《台湾语集》出版之后，总计1985年7月到1986年9月，日本语接触到台湾语的一年零两个月之间，“台—日”语言记录或会话学习书，出版了不下10种。兹陈列如下：

（1）俣野保和，1895，《台湾语集》，日本东京：民友社出版。台日对译。现存最早之日人台语著作，记述的是澎湖音，成为最为珍贵的澎湖语音记录。以

① 俣野保和（1895）《台湾语集》自序说：“置身于异邦之病床，枕边招致土人儿童，急遽而就，故难免有杜撰不备之处，读者谅之。”

日本平假名注音，未标声调。

(2) 子范氏、左野直记合著，1895，《台湾土语》，日本熊本县：中西虎彦发行。台日对译。本书由台湾秀才陈洛书先就教导日本人左野直记台湾语之记录，由左野君以草体假名记音于字旁，并用日语翻译。此书仓促成书，所记台语，掺入现代官话语法，记音能标以小圈表入声，而记音符号未备，间有错误。

(3) 岩永六一，1895，《台湾地志及台湾言语集》，大阪：中村中美堂。

(4) 加藤由太郎，1895，《大日本新领地台湾语学案内》，东京：东洋堂。语词旁以平假名注义，并以平假名注音。

(5) 田内八百万，1895，《台湾话》，福冈：太田组事务所。改编自1892年马约翰《英华口才集》前半部，以假名标记台湾北部海口（泉州）腔，其序言有历史价值。

(6) 台湾总督府民政局学务部，1896，《新日本语言集甲号》，台湾总督府民政局学务部印。此为台湾总督府所编有关台湾语之第一部书，作为日本人、台湾人互相学习语言之用，所使用的是台北的泉州音。注出四声，分为常音八声（实七调），鼻音八声（实七调），是日本领台时期第一次采用这种标调法。

(7) 水上梅彦，1896，《台日会话大全》，东京：民有社刊印。翻译改编自1892年马约翰《英华口才集》，以假名记音，不标调；上下栏台日对照。

(8) 辻清藏、三矢重松，1986，《台湾会话编》，东京：明法堂。

(9) 御幡雅文，1896，《警务必携台湾散语集》，在台北刊印。同一例句中并载同义词，颇有特色。以假名记音，不标调；上下栏台日对照。

(10) 田部七郎、蔡章机，1896，《台湾土语全书》：台人与日人合编，首度指出台语字音有“读音”及“语音”之区别。

(11) 秋山启之、李春生，1896，《实用日台言语集》，大阪：近藤常七刊行。乃李春生教导秋山启之的记录。以平假名记音，声调只标注出上声和入声。自言所用语音为通行台湾的“厦门音”，实为台湾通行腔。

以上诸书是1896年11月台湾总督府正式公布台湾十五音及其假名标音法之前的著作，没有包含这一年多的时间内出版的日台对照的日本语学习书籍，例如台湾总督府学务部于1895年8月所编《日本语教科书》（台北出版）。

这11种书，大多是为了了解或学习台湾语而临时编印的，多属于仓促成书的，多数经和台湾人合作才完成的。这些书说明：两种原先互不了解、语言不通的文化接触初期，在当时一般人（主要是日本人）的通俗语言知识和既有语言教学观之下，急就章似的勉强、急速刊印，以救一时之需。如果以续后的日本领台时期台语著作来说，后来的台语调查、研究、教学，当然远远超越这个初始之期，但是，初始之期的发轫和奠基，是日本领台50年的最重要基石。同时，从语言教学观点来说，日本领台初期，为了达成台、日人互相学习的目的所采用的教材编辑模式，对于后来的台日语言教材，有相当的启迪之功。

以下，本文专以田部七郎、蔡章机合著的《台湾土语全书》为例，来了解日本领台初始时期的一种台湾闽南语记录，同时也可用来了解当时海外闽南语方言的调查和内容，还应该对汉语方言的时空之变和汉语方言研究史有些微参考价值。

三、台语调查的初步成就——《台湾土语全书》的概览

田部七郎、蔡章机所著《台湾土语全书》，完成于公元1895年（日本国明治29年）11月[①]，第一版出版于1896年3月25日，由东京府平民小泉力松（住在台北市北门街一丁目十八番户）发行，青森县士族中田钺郎的台北市北门街共同商会活版所印刷。正文172页，序言、目录等19页，合计191页。再版出版于1896年5月1日，除了添加正误表，未有改动，本文所见为附有正误表的第二版。

《台湾土语全书》的编印动机，从作者的自序中，我们很清楚地知道：由于日本对于新领地——台湾的治理上的需要，学习台湾语来增加沟通是当时日本人最为急切之事。此外，还由于往闽南地区行商的需要，也由于进一步学习各种汉语方言的需要[②]。

《台湾土语全书》一书分为语汇编、会话篇、文章篇3篇，3篇之前有自序、凡例、本篇符号说明、关于和土人对话应注意事项4项内容。“语汇编”相当于台湾语分类词汇表，共19章，每章一类，共分为19类，1 512条词语。各词语都有台湾语音读和日本语翻译。其章节如下：

第一章　宇宙	第十一章　家具
第二章　五行	第十二章　衣服
第三章　人间	第十三章　食物
第四章　人生的关系	第十四章　动物
第五章　职业	第十五章　植物花草
第六章　农事	第十六章　商品
第七章　商事	第十七章　计数
第八章　文学及语学	第十八章　衡量尺度及货币
第九章　宗教	第十九章　时令
第十章　建筑	

① 见该书自序。

② 参见本文第一节。

“会话篇”有19章，或一章一类，或二至四章一类，分为9类。各章最多49句、最少16句，全篇合计590句。每一章各词句都有台湾语音读和日本语翻译。其章节分类如下：

第一、二章	简易杂话	第十一、十二章	旅行地理
第三、四章	访问应接	第十三至十五章	商业（杂货店）
第五至八章	家事（衣）		商业（文具、小间物店）
	家事（食）		商业（反物屋）
	家事（住）	第十六、十七章	商业杂话
	家事（行）	第十八章	军人会话
第九、十章	时令	第十九章	警官会话

“文章篇”的篇幅很小，聊备一格而已，只有“序事文作例”1则、“书简文作例”7则。这8则文字都是文言文，前1则还逐字注出读音，文长429字；后7则是日常和商业来往之书牍，不注音注释。这8则都有日本语之译文。

此书最后是“附录”部分，收入139个台湾县市乡镇地名。

从这本书的内容安排，我们可以看到在全书之前，作者先作了音标符号的简单说明，也简单说明了一点台、日语语音差异。然后先依照“词汇—语句—文章”，亦即由“组成单位”到“组句”到“成文”的“语言层次”之序，同时也是“教学顺序”来编排全书。依照这种编排次序的语言记录兼学习书籍的，不只是本书，还有当时其他同类型的书籍，而且也常见于日治时代的台日语言教材，可见是当时双语学习教材的共同认识。

四、台湾土语全书的记音符号

日本领台第一年，还没有公布公用的音标符号①，因此各种台日对照图书都没有一致的音标符号。有的没有表示声调，有的声调表示不全，有的鼻化符号付之阙如或与他符共享，有的无法表示送气，有的无法完整表示主要元音，有的无法表示鼻音韵尾和入声韵尾……

整个说来，显现出两种语音的音系差异下语音无法对应所导致的困扰。

公元1896年，台湾总督府在台湾人柯秋洁、陈兆鸾协助下编辑台湾语音标

① 日本领台后公布的假名式台湾语音标符号之后，有关台湾语的著作物随即采用，台语音标符号便立刻统一起来。

符号与韵图。11月继《订正台湾十五音》之后，公布了《订正台湾十五音及字母表附八声符号》，连书皮5大张，计有常音之部、常音入声、鼻音之部、鼻音入声等4表，以15“父音”（即“声母”、“字头”）为经，44字母（即“韵母”，31常音、24常音入声，13鼻音、1鼻音入声）为纬，配合成音节表。其字母之用字，颇有改易；音节之数，有所遗漏。同月，参考传统十五音韵书，续修改编而公布了《台湾十五音及字母详解》，线装38叶。台湾总督府编辑此书时，计有15音（声母）、44字母（韵母）、8声调，配合成表。其字母尽量采用零声母字为韵目（代表领头字），方便音节的拼合，颇有新意。这个经过日台两语语音对应所创制的假名式音标符号，虽然在书写、排版、印刷时不方便，但是相当周全，也相当正确。

不过，在田部七郎和蔡章机撰述与出版《台湾土语全书》期间，由于缺乏公用的音标符号，又不愿采用西洋传教士的台湾语教会罗马字，于是顺着学习台湾语的日本人（他们习惯于使用日本语拼音符号——假名），但又一时来不及针对两语语音对应的全面，因此只好因陋就简地自行设计符号，不十分周全。不仅不周全，他们除了对声调符号有所说明以外，对其他的符号都不说明。因此我们只有从全书所用符号来加以分析、归纳，以设法了解在台日两语差异下，当时编者如何应对，如何设计符号，如何记录台湾语。

五、《台湾土语全书》的音标说明

吴守礼曾转述日本人国府种武之语，说：“回顾领台当时（日领时代初始），不见一人之能解台湾语者。有能操北京语者，但不通晓台湾语。因此，内地人（日本人）与本岛人间，意志之沟通，全凭下述之过程而辨。即日本人某甲欲与本岛人某乙说话时，先请通晓北京官话之吉岛俊明等人。吉岛即用官话叙说此方意志，本岛人方面则有能辨官话如朱俊英者，听取吉岛之官话，译为台湾语告知本岛人某乙，吉岛又听取所言，再谓乙方所言系如此这般之谓。”①

这段记载让我们得知，在1895年日本割取台湾时，日本人由于素来未有台湾语的研究，因此在语言沟通上遭遇到极大的困难。这种困难，使得台湾总督府第一任学务部长伊泽修二提出双向的领台教育方针，除了最重要的一项——设法尽快使领地之人民学习日本语以外，还计划设法使日本人移住台湾者，尤其是警察和官吏，尽快学习日常所需之台湾语。为了学习台湾语，就必须从台湾语的实地调查与记录开始。

台湾的日领时代初始，也就是在110年前，在日本国明治年间的国语统一的

① 参见吴守礼：《福客方言综志》，台北：南天书局1997年版，第82页。

论述，伴随着“国语”和“方言”的分化运动，导致产生了国语和方言的调查时代。1902 年（明治 35 年）国语调查委员会成立以前，日本还没有规划性的大规模语言调查活动，所以日本领台初始阶段，也还没有现代意义的语言调查活动，因此，了解新领地台湾的相关语言记录和语言著作的出版就显得可贵了。照顾到这个时代背景，我们对《台湾土语全书》的音标符号及其记录，批评就不会过于严苛了。

《台湾土语全书》的记音符号说明，见于“凡例”之后的“本书符号解及振假名注意”和“土人との对话に就ての注意”。前者主要是说明声调符号，附带说明了入声韵尾的表示法、连音符号。

（一）关于声调的说明

《台湾土语全书》的声调，鉴于台湾汉字声调表示法（即四声圈发法）①的印刷不便和对“初学者的不便”，因此不采用台湾汉字声调表示法，而仿效台湾汉字声调表示法在汉字“上右”以自创符号表示。我们把该书的声调符号和调值说明文字，改以表格并加上现行台湾语声调对照，陈列如下：

《台湾土语全书》声调符号与发音说明表（标于字的“上右”）

原书台语声调	原书声调符号	现行调名	原书七声发音法
上平	（无符号）	第 1 声	初发声，即普通调，无高低
上声	○	第 2 声	厉而举，其发音法：高呼猛烈强
上去	△	第 3 声	清而远，其发音法：轻呼而清，近声尾时徐而低
上入	●	第 4 声	短促而收藏，其发音法：短呼、突然而止
下平	▲	第 5 声	发音法略似上平，而不同的是：迂回发音至声尾而声强
下去	一	第 7 声	发音法略似上去，不同的是：比上去声更长，延至声尾，音调低远
下入	丨	第 8 声	发音法略似上入，不同的是：比上入强且重

作者没有举例，我们可以从书中找到例字如下：

例如②：天、海○、暗△、雪●、洋▲、地一、日丨

（原书标于文字上端之右，今因计算机输入，改列于右上以示意。）

---

① 亦即传统汉字四声（八声）表示法。

② 该书无字例，本文自该书第一章“宇宙”之词条选配以示例。

这套声调符号，该书作者除了偶有标调错误的情形以外，大体都能贯彻于全书。

关于该书的声调表示法，可以进行一些讨论。

首先，我们认为，其实这套符号实在比不上传统四声圈发的办法。传统四声圈发法依照四声分化的原则来设计符号，在汉字“左上”、“左下”、“右上”、“右下”以半圈分别表示阴声调类、以加底线的半圈分别表示阳声调类。这个做法既照顾到任何方言的声调，又能照顾到汉语方言的古今对应，是一套通用的声调符号。缺点是印刷不方便，对于八调以上的语言还要另外设计。《台湾土语全书》既然要采用汉字四声圈发的方法，却又改变符号和位置，打乱了原先的沟通古今的设计。但是，该书作者把标调位置固定，把符号改成一般排版打字的常见记号，虽然其记号是随意派发，不成体系，却也有其方便之处。

该书的声调表示，包含声调的调值说明，这是当时各书少见的措施；但是这也看到了该书声调描写的大缺失。其一，未能依实际发音描写调值。例如：台湾语上平声为次高平调（调值为44），该书说上平是“无高低”，只指出其为平调，未指出高低；又例如：台湾语上声为高降调，该书未能指出调形和调值，只引述“高呼猛烈强”之语。其二，比附传统汉语中古音声调的调值说明文字，不顾事实，例如：台湾语上去声为低降调（调值为21），该书虽然指出其调“近声尾时徐而低”，却比附汉语中古音的去声调，说台湾语上去调为“清而远”并且诠释为“轻呼而清”。其三，望文生义，强为解说。台湾语声调中，凡平、去、入各分为“上”、“下”者，乃依历史演化而分，与其调值不必然有关，该书凡“下”类声调，必说“发音法略似上（平/去/入）”，不顾实际。例如：台湾语下平声为中声调或低声调（调值为24/13），而上平声为次高平调（调值为44），该书却说“发音法略似上平”。

总之，该书作者缺乏现代汉语声调的描述知识，有意违于汉语古声调描述与台湾语今声调调名之间，难以依实际描述，导致有此错误。但是，在该书作者个人信息混杂之中，虽然未尽周密，但指出上平声“无高低”、上声“高呼”、上去声“近声尾时徐而低”、上入声“短呼”，下平声“迂回发音至声尾而声强”、下去声“比上去声更长，延至声尾，音调低远”、下入声“比上入强且重”，这些说明还可看作113年前的台湾语声调实录。

（二）关于入声韵尾的说明

今声韵学名称	国际音标	该书假名	该书例字	该书假名标音
双唇塞音韵尾	-p	プ	入	ジプ
舌尖塞音韵尾	-t	ッ	失	シッ
舌根塞音韵尾	-k	ク	六	ラク

我们都知道：日本语原来并无入声，后来在汉语的影响下，日本语有了一个泛用的入声韵尾，不同于台湾语的多个入声韵尾。《台湾土语全书》在入声说明之后，特别以附注方式指出上入和下入声的韵尾有3个，陈列如下：

以プ、ッ、ク来表示台湾语入声韵尾的办法，和后来台湾总督府公布的入声相同，这如果不是公布假名音标方案时采用初期创制的符号，就是在日本语音系和假名符号格局下必然的趋势。

不过，台湾语入声韵尾有4个，也就是说还有一个喉塞韵尾，教会罗马字以-h来表示，国际音标以-ʔ表示，《台湾土语全书》不为之设立符号。看样子好像是遗漏了，但是我们可以从书中的标音实例发现并非如此。例如：

“肉”音“バ”字上标以声调“●”[①]。

“落”音“ロ”字上标以声调“｜”[②]。

可见该书是在入声的韵尾和声调的双特征中，选取只标调而不表示韵尾的办法，这个办法可能是由于日本语的假名在表现入声时，缺乏足够运用的符号所致。但是，这个办法恰巧符合喉塞韵尾和阴声韵互相搭配、互相为韵脚的事实，也符合阴声韵尾和喉塞韵尾的活动都在喉头声带的语音事实。从这个观点来说，这种只标调而省略喉塞韵尾标记的做法，合乎音理，很值得作为后世为台湾语/闽南语设计音标符号的参考。

（三）关于连音记号的说明

《台湾土语全书》的连音符号是“‖”，该书作者说是“用于以二假名、三假名符号表示台湾语一音节之时”。我们可以代为举例，例如：

“日”音“ジッ”（直书），又于二假名之右侧标以“‖”[③]。

“棕树”的“树”音“チュー”（直书），又于二假名一长音符号之右侧标

---

① 见《台湾土语全书》语汇篇第三章，第12页。

② 见《台湾土语全书》语汇篇第七章，第32页。

③ 见《台湾土语全书》语汇篇第二章，第1页。

以“‖”[①]。

“棕树”的“棕”音“ツアン”（直书），又于三假名之右侧标以“‖”[②]。

“杏”音“ヒエン”（直书），又于三假名之右侧标以“‖”[③]。

但是，书中还有四假名符号表示台湾语一音节之例，例如：

“藤”音“テイーン”（直书），又于三假名一长音符号之右标以“‖”[④]。

“池”音“テイーイ”（直书），又于三假名一长音符号之右标以“‖”[⑤]。

“点”音“テイアム”（直书），又于四假名之右侧标以“‖”[⑥]。

“省”音“シイエン”（直书），又于四假名之右侧标以“‖”[⑦]。

这个连音记号是专为日本语一假名符号为一音节，而用来标记台湾语时，大多为二至四假名符号为一音节，以至需要加以说明。不过，这个现象既然是标记台湾语的常态，则只要作为一般现象来理解就可以，可以不必处处加以标记。正因为如此，台湾总督府在公布台湾语假名符号时，便未采用此符号。

（四）《台湾土语全书》对日本语使用者学习台湾语的语音提醒

《台湾土语全书》在“土人との对话に就ての注意”中，对日本语使用者学习台湾语的语音，特别指出两点提醒：一是日本语使用者能分别声母 r－和 n－（该书作者以 r－对应台湾语的 l－），而台湾闽南语无法区别 l－和 n－；二是日本语鼻音声母少，台湾语鼻音声母多。日本语鼻音只有 m－和 n－两套，台湾语鼻音除了 m－和 n－两套以外，还有 ŋ－。这些提醒无关记音的选用，而是和台湾语的教学策略有关。

六、台日语言接触与台日语音差异

《台湾土语全书》是日台语言接触下的产物。从语言接触的观点来看，《台湾土语全书》的记音符号是基于语言接触后的语言沟通，为日本语使用者学习台湾语而设，因此在符号上受限于日本语假名符号系统。日本语假名符号系统是用来表述日本语的，因此，采用日本语假名符号来标记台湾语，在根本上是从日本语观点来处理日本语语音系统和台湾语语音系统的差异和互相适应的问题。因此，下文将从音节结构和音位音值方面来试探日本语和台湾语的差异，并且试论日本领台之初日台语言接触中所面对的语音问题。

---

①② 见《台湾土语全书》语汇篇第二章，第4页。

③④⑤ 见《台湾土语全书》语汇篇第二章，第5页。

⑥ 见《台湾土语全书》语汇篇第二章，第7页。

⑦ 见《台湾土语全书》语汇篇第二章，第9页。

（一）日本语与台湾语的音节结构上的差异

日本语的语音系统和台湾语语音系统具有相当的差异，日本语是多音节性的语言，台湾语是单音节性的语言。记音符号的设计，通常以音节和音节中的组合成分为目标，日本领台之初如此，当前音标论者亦如此，因此本文暂不讨论语词和语句的音韵问题。

日本语的音节结构比较简单，早期的日本语音节是CV结构，每个音节只有声母（辅音和半元音）和元音两个成分。后世的日本语基本上和中世纪以前的日本语相同，但是具有介音（拗音），也发展出一个鼻音韵尾和一个促音韵尾，这些都是“时段成分”。日本语虽然具有词调，但是音节本身基本上是没有字调的。现代的日本语音节结构为：C（M）V（E）。相对于日本语，台湾语的音节则有相当大的差异。台湾语的音节具有7个音节成分：声母（C）、介音（韵头、M）、韵腹（V）、韵末（F）、韵尾（E）、鼻化（N）、声调（T），前5个是“时段成分”，后两个是“上加成分”[①]。亦即：

C（M）V（F）（E）

N

T

从音节结构看来，日本语比台湾语缺少韵末（F）、鼻化（N）、声调（T）3个成分，日本语使用者要表记或学习台湾语，需要重视所缺少的部分。

日本语的音字符号是假名和汉字双轨制，台湾语和闽南语一向是以汉字为主，并具有汉字标音系统（例如“十五音”）和西洋传教士所用的“罗马字”音标系统。各语言符号的使用是根据其语音系统的，日本语学习者如果不采用台湾语十五音系统或台湾语罗马字，那么在日本语的假名符号便需要增添符号和措施。也就是说，在表记台湾语音节成分时，在韵末（F）、鼻化（N）、声调（T）这三部分，配合假名的既有符号，需要再设计新的符号、提出新的措施。

（二）日本语的音位和音值

日本语的声母的辅音音位有13个、零声元音位1个，介音音位有j、w两个（主要是j），主要元音音位有5个，元音韵尾1个（主要是i），鼻音韵尾1个（n），促音韵尾1个（ʔ），缺乏声调。

（1）日本语的声母的音位。

日本语及其假名符号所呈现出日本语的声母，主要的特点是：声母简单，基

① “时段成分”是依照时间先后出现成分，“上加成分”是不占时间和时段成分同时间存在的超音段或超时段成分。参见董忠司：《台湾闽南语概要》和《台湾语语音入门》。

本上只运用唇、舌头、舌根3个发音部位，具有清浊对立，缺乏送气与否的区别，具有闪音。日本语的声元音位如下：

p－ b－ m－ t－ d－ n－ s－ z－ r－ k－ g－ h－ Ø

这些日本语的声元音位的音值[①]，可以转写如下：

/p/ → [p, p^h]　　/b/ → [b]　　/m/ → [m]

/t/→ [t, t^h, ts, tɕ]　　/d/→ [d, dʑ, dz]　　/n/→ [n, ɲ]

/s/→ [s, ɕ]　　/z/ → [z, dz, ʑ]　　/r/ → [ɾ]

/k/ → [k, k^h]　　/g/ → [ɡ]　　/h/ → [h, x, ç, Ø]

/ Ø/→ [^{j}, ^{w}, Ø]

这些音值只是就其比较明显的音位变体的简单呈现，同时，这些音值也没有把由于后接圆唇元音或介音而声母唇化的音位变体呈现出来，以免繁杂。大体来说，可以看到日本语各声元音位变体的范畴。

（2）日本语的介音音位的音值转写。

和汉语比较起来，现代汉语北方话具有四呼、3种介音——i、u、y，而日本语是一种介音不发达的语言，但是它和台湾语同具有i、u两种介音，不过性质不同。日本语的介音音位可以写为/j/、/w/，而音值可以转写为/j/ → [^{j}]、/w/ → [^{w}]。这两个音值和台湾语介音的音值相比，虽有时程较短之异、舌位较高之异，但是同为介音，还能用来标写台湾语。

（3）日本语的主要元音（韵腹）的音位，是很常见的标准五元音系统，亦即：

i　　u

e　　o

　a

这种五元音相对比较稳定，其音值可以转写为：

/a/→ [a, A, ɑ]　　/i/→ [i, I]　　/u/→ [ɯ, u]

/e/→ [E, e]　　/o/→ [Ω, ɔ]

在日本语有史以来的元音变化中，要数u>ɯ这个变化比较大些。由于是五元音系统，音位数量少，音值的变化也少，因此，在运用这个元音系统去描写、表记其他语言时，经常有不敷使用的现象，描写台湾语亦然。

（4）日本语的韵尾音位的音值转写。

日本语本来是一个缺乏韵尾的语言，但是现代日本语已经发展出/－i/、/－n/、/－ʔ/三种韵尾，亦即以い（イ）、ん（ン）、っ（ッ）收尾的音节。/－i/韵尾是来自音拍的合并和汉语的催化，/－n/韵尾、/－ʔ/韵尾则都是因来自汉语的影响而增生。/－n/韵尾和/－ʔ/韵尾都会因后接音节的声母而改变，其情形大抵如下：

---

① 李怀墉（1996）：《日语语音问答》，蔡金胜（2007）：《日语语音学》。

/-n/→［m］——m，p，b（在ま行、ば行、ぱ行假名之前）

/-n/→［n］——t，d，n，r，z（在た行、だ行、ら行、な行、ざ行假名之前）

/-n/→［ŋ］—— g，k（在か行、が行假名之前）

/-n/ →［N①］—— Ø，s，h（在あ行、さ行、は行、や行、わ行假名之前）

/-ʔ/→［p］——p（在ぱ行假名之前）

/-ʔ/→［t］——t（在た行假名之前か行）

/-ʔ/→［k］——k（在か行假名之前）

/-ʔ/→［ʔ］——s（在さ行假名之前）

因此，三韵尾的音值可以转写为：

/-i/→［i］　/-n/→［m，n，ŋ，N］　/-ʔ/→［ʔ，k，t，p，s］

这些韵尾的音位和变体，可以表记另外一种有入声的语言，如果是塞音、鼻音韵尾各只有一个的语言，音值又相同或相近，日本语的假名是可以胜任的。如果是表记汉语方言，汉语方言中韵尾多的，像鼻音韵尾、入声韵尾各是3个的方言，用日本语假名比较难于表记，但是既然在音位变体上出现了和汉语方言相同的音值，如果有某种措施，应该可以表记汉语方言，例如台湾语。

（三）台湾语的音位和音值

比起日本语，被称为台湾语通行腔的音位和闽南语相同，要复杂得多了，从日本语及其假名系统来看，有不少语音成分是难以描写的。因此在日本领台初期，语言接触、互相理解与表记、描写是会有困难的。

日本语和台湾语接触时，从资料上来看，他们重视的是通行腔，当时多数叫做“厦门腔”（或“厦门音”），例如台湾总督府的出版物；少数叫做“同安腔”，例如刘克明的《台语大成》。因此我们以当时的通行腔为例，来陈述台湾语的声元音位及其音值。

台湾语的声母，现今在某些地方有“入（dz）”字头（声母）归并入“柳（l）”字头（dz→l）或“语（g）”字头（dz→g）的现象，但是从日本领台初始时期的台语资料来说，当时仍然维持着十五音的格局，详细一点说，应该是十五音位十八声母（董忠司，2005）：m、n、ŋ 3个声母经常出现在鼻化韵母之前，b、l、g 3个声母经常出现在非鼻化韵母之前，两两互补。因此，在非十五音韵书系统都当做两个声母来处理，而十五音韵书系统都当做一个声母来处理。本文论述记音符号，从十五音位十八声母观点来论述，把m、n、ŋ 3个声母当做准音位来处理，加上“▼”来分别。

---

① N表示鼻化。

台湾语的声元音位及其音值转写[1]：

/p/→ [p]	/p^h/→ [p^h]
/b/→ [b (m^b, m)] [2]	▼/m/→ [m^b, m]
/t/→ [t]	/t^h/→ [th]
/l/→ [l, l^d, d (n^d, n^{dj}, n)]	▼/n/→ [n^d, n, n^{dj}, n^j]
/ts/→ [ts, ts^j]	/ts^h/→ [ts^h, ts^{jh}]
/s/→ [s, s^j]	/dz/→ [dz, dz^j, ^{d}z, z, ^{d}ʑ, ʑ]
/k/→ [k, k^j]	/k^h/→ [k^h, k^{hj}]
/g/→ [g, g^j ($ŋ^g$, $ŋ^{gj}$, ŋ, $ŋ^j$)]	▼/ŋ/→ [$ŋ^g$, $ŋ^{gj}$, ŋ, $ŋ^j$]
/h/→ [h, ç, ɸ, m̥, ŋ̊]	/-ʔ/→ [ʔ, Ø]

以上是从白读音来看的，如果论及文读音，则应该为十八音位十八声母（董忠司，2005）。不过，文读音的实际音位，论者不多。

台湾语通行腔的介音，功能强，其音值特点在可以是“长时间、略低舌位”，其时间之长度有时可以比主要元音还长。如果不论及音值特色，台湾语介音和日本语介音是可以通用的。下面列出台湾语介音音位及其音值转写：

/i-/→ [i, I, j]	/u-/→ [u, ʊ, o, w]

台湾语通行腔的韵腹（主要元音）音位，近似闽南语厦门腔，有6个主要元音、两个韵化辅音，因为前后拼合的语音成分不同，音值也会有变异。现在把台湾语的韵腹（主要元音）音位及其音值转写陈列于下：

/a/→ [a, A, ɑ]	/i/→ [i, I, $i^ə$, $i^ɨ$, iə]
/u/→ [u, ʊ]	/e/→ [E, e]
/o/→ [o, $o^ə$, ə]	/ɔ/→ [ɔ, Ω]
/m/→ [m]	/ŋ/→ [ŋ, ^{ə}ŋ, əŋ]

台湾语通行腔的韵尾（含韵末[3]）和闽南语漳泉厦相同，在汉语方言中算是比较多的，大抵有两个元音韵尾、3个鼻音韵尾、4个塞音韵尾。现在把台湾语通行腔的韵尾（含韵末）音位及其音值转写陈列如下：

/-i/→ [i, I]	/-u/→ [u, ʊ]
/-m/→ [m, ^{b}m]	/-n/→ [n, ^{d}n]
/-ŋ/→ [ŋ, ^{g}ŋ]	/-p/→ [p, ^{b}p, b]
/-t/→ [t, ^{d}t, d]	/-k/→ [k, ^{g}k, g]

① 台湾语的声母凡是后接圆唇的介音与元音时，都有唇化的情形，为了省事，下列转写一览表不一一写出。

② 台湾闽南语鼻音声母的发音经常伴随着同部位的塞音或喉塞成分，听起来比较“硬”，其标写法应该记其伴随成分于前，本文暂从一般写法，标写于符号后。从俗而已，以免于突兀之感。

③ -i，-u后接喉塞成分时，是为“韵末”，其音值与作为韵尾时同，只是无法延长发音。

/-ʔ/→ [ʔ]

台湾语通行腔的塞音韵尾是唯闭的，通常还伴随着紧喉的现象，在联音变化中，音值会有些变化。比起日本语，台湾语通行腔的韵尾比较多，日本假名应该不敷使用。

台湾语作为鼻化成分的音位，其语音成分与介音（韵头）、韵腹、元音韵末、元音韵尾共现，都是在元音性成分上加上鼻腔的共鸣，亦即 v→ṽ，而且这个鼻化的作用会贯彻到全音节中的元音性和浊音性的语音成分。

台湾语通行腔的音位和音值概述如上，在日本语接触到台湾语的时候，出于沟通和标写的需要，对于音位和音值的异同，不论是否已经注意到，都是接触当下必需的体会，也需要时间来增加了解。下文将从日本语和台湾语的语音比较中，观察运用假名时，相同或相似的移用、相异的变异增生等情形。

（四）从日本语语音系统看台湾语

两个语言接触，语音系统、语义系统、词汇系统、语法系统都会有所接触，对比之下的相关信息，影响思维模式，也影响紧接的沟通策略。从日本领台初始的台日对照论著，正是以日本语及其假名系统记录下的语言接触结果，我们进行观察分析，应该有助于了解语言接触的某种模式，对于作为汉语方言的台湾语来说，也可以看到语言事实、语言记录与语言研究的接触中与接触后的种种情状。

日本领台初始的日本语和台湾语两个语言接触，接触后的语言活动与发展，都要立足于接触之初和接触之中的语言对比。就当时的事实而言，由于日本语是统治者的语言，因此日本语是观点的中心，所谓的两语接触，几乎都是从日本语的立场来看的，这是一种片面的语言接触观。本小节依这种观点来观察两语的差异和可能提出的语音记录措施。

从日本语及其假名的立场来描写、表记台湾语的语音，从两语的相同、相似来说，我们会看到：

(1) 日本语辅音音位中的 p-、b-、m-、t-、n-、s-、z-、k-、g-、h-、Ø 等 11 个声母可以移用为台湾语标记。换句话说，日本语假名的ぱ（パ）行、ば（バ）行、ま（マ）行、た（タ）行、な（ナ）行、さ（サ）行、ざ（ザ）行、か（カ）行、が（ガ）行、は（ハ）行、あ（ア）行和や（ヤ）行わ（ワ）行都可以用来表记台湾语的声母。

(2) 日本语辅音音位中的 r-，是闪音，但是，这个 r 只弹动一次，而台湾语的 l，音值上边音的性质不多，大多数的发音是用舌尖，顶住后放开，类似日本语的 r。而且在舌尖的声母聚合关系中，台日两语类似。因此，虽然 r 未见于台湾语，却可以用来标写音值和地位类似的台湾语声母 l-。换句话说，日本语的ら（ラ）行假名可以用来标写台湾语的柳（l）字头。

(3) 日本语5个主要元音中的a、e、i、u 4个元音，和台湾语的发音相同，因此，あ（ア）、い（イ）、う（ウ）、え（エ）都可移用为台湾语记音符号。

(4) 日本语的介音（拗音）虽然不是常见的音韵成分，但是i、u两个介音和台湾语的两个介音相当，可以移用为台湾语的符号。换句话说，日本语假名中的い（イ）列、う（ウ）列和其他假名的拼合，や（ヤ）、ゆ（ユ）、よ（ヨ）等和其他声母配合的36个拗音，以及わ（ワ）等符号，可以用来表示台湾语的附介音节。

(5) 由于日本语假名是用于音节拼合法的单位，因此以い列、う列收尾的拼合法，可以用来表示台湾语的元音韵尾的音节。

从日本语及其假名的立场来描写表记台湾语的语音，从两语的不对等关系和相异来说，我们会看到：

(1) 日本语声母比较少，只有13个声母，想要用来标写台湾语，其中遭逢的最严重的问题是缺乏送气与否的分别。以か为例，居于词首时，通常是送气的，例如“かお（脸）”；居于词中时，通常是不送气或送气少的情形，例如“おか－さん（母亲）”。但是，送不送气没有辨义作用。这些塞音或塞擦音的假名用为台湾语时就无法表示台湾语p和p^h、t和t^h，k和k^h、ts和ts^h的区别了。

(2) 日本语声母比较少，其中的舌尖塞音和塞擦音不形成对立。例如た（タ）、ち（チ）、つ（ツ）、て（テ）、と（ト）的读音分别为［ta，tɕi，tsɯ，te，to］，其第二音和第三音读为塞擦音，如果要用来表记台湾语的t和ts两声母，从音位上是不足，从音值上来说则可以，日本语的使用者在语音概念上需要调整。同时从假名的设计上还要补上缺位，也就是说把［ta，tɕi，tsɯ，te，to］理解为［ta，○，○，te，to］［○，tsi，tsɯ，○，○］，如果依照假名的设计理念，“○”处需要补入新假名符号。

(3) 台湾语的ŋ声母，是日本语所缺乏的，当然也就没有假名了，如果要表记台湾语，就需要新设一个假名；如果不新设一个假名，想共享g声母，那就需要有鼻化符号的设计。

(4) 日本语五元音系统中只有一个o，无法分辨台湾闽南语里的圆唇半高后元音［o］和圆唇半低高后元音［ɔ］。如果想分辨，在听觉上和发音上都必须突破相当的困难。从音值上来说，日本语的o比较接近台湾语的ɔ，因此就用お（オ）来表示。至于台湾语的圆唇半高后元音o，通常借用原来为wo的を（ヲ）来表记。

(5) 对日本语来说，缺乏台湾语里韵腹中的m、ŋ两个韵化辅音（成音节），由于日本语假名的设计是辅音拼元音合为一个符号，辅音无法独立，因此，当然没有适当的假名符号来表示台湾语的韵化辅音，需要新的符号设计。

(6) 日本语只有一种鼻音韵尾，虽然会因后接声母而读出不同部位的鼻音韵尾，但是没有辨义作用，因此简单地说，日本语无法分辨台湾语双唇、舌面、舌根3种阳声韵尾，假名系统也缺乏符号，需要新的设计。

(7) 和 (6) 相同，日本语只有一种塞音韵尾，虽然会因后接声母而读出不同部位的塞音韵尾，但是没有辨义作用，因此无法分辨台湾语4种入声韵尾，也需要新的设计。

(8) 日本语缺乏音节的声调，而台湾语的“本调”有7个，另外还有“变调”。台语声、韵的语音成分还可由假名充当、借用或变体，而声调的语音成分本来就不是假名系统中的概念，这种连概念都没有的语音成分，当然需要新设计。

(9) 日本语在念读言谈之中有元音鼻化的现象，但是虽有音色上的美感意义，却没有语言上辨义作用，因此假名系统中没有设计鼻化符号，对于台湾语的大量的鼻化元音，很容易束手无策。在表记台湾语时，需要好好设计新符号。

从日本语和日本语假名来看台湾语的表记问题，前5条是两语相通者，日本语假名直接用于台湾语便可；但是，后9条是两语不相通者，日本语假名不够用的，需要新符号或新办法来表记台湾语。日台两语语言沟通和语言表记上的这些问题，应该是日本领台之初，有心沟通日台二语者遭逢的难题。

七、《台湾土语全书》所用音标如何面对台日语言异同

“语言接触→语言比较→语言差异→面对差异→提出沟通方案”是语言接触后的发展模式。《台湾土语全书》既是日本领台初始日台语言接触下的产物，接触不深，又仓促提出解决沟通问题的学习方案，其所呈现的方案，自然有其不足之处，但是也不乏成功之处。其实工作是艰难的，《台湾土语全书》碰到的困难，一是接触和了解的时空和深度不够，二是编写两语对照学习书的学术含量不足，三是局限于日本语假名符号系统。

正因为日台语言初接触，因此《台湾土语全书》一书虽然尚称难能可贵，但是所录的词汇尚有不足，所录语句规划不够周全，语音和汉字之运用也有粗糙之处。但是正因为如此，我们可以分辨语言的层面，从中体会到语言初接触的某种应对模式，而烛照人类语言的发展小史。本文专就其语音符号的承先创新和缺陷进行观察。

日本语假名符号系统是用来表述日本语的，因此，采用日本语假名符号来表记台湾语，原本不在日本假名设计之中，当然不会完全合用。这好比是运用自我的思维模式去揣测他人，自然无法完全理解对方。想要互相沟通，需要照顾日台双方的语音系统和符号系统。

日台双方语音系统的异同，决定了语言接触后的沟通策略和措施，《台湾土语全书》正是基于台日两语异同的认识，提出一种以日本语假名修正案来表记台

湾语的成品。不过，他的修正案，由于接触不深，了解不够，符号有限，因此一则不够周全，二则说明简略，需要后人自行去发掘、归纳。

我们知道，语言差异的认识程度、假名修正案的适用与否等，影响着台日对应论述的成功基础。因此，《台湾土语全书》这本急就章的台日对照论著的成功与缺失值得我们探究。以下分别略述之：

（一）移用：移用日本语假名作为台湾语音标

《台湾土语全书》对于日本语和台湾语相同或相似的语音成分，自然可以把假名符号移作台湾语假名式记音符号。也就是说，对应于第六节的前5条，《台湾土语全书》采用最省力的办法。这个办法虽然受到日本假名必须把辅音并随元音的限制，但是只要把台湾语的声母拼合介音、声母拼合元音当做一个单位，相当于假名的拼合方式，便可以造就台湾语假名式音标的许多符号，包括五十音图、浊音、半浊音的大多数假名都可移用。甚至只要把台湾语的声母拼合介音再拼合元音当作一个单位，相当于假名中拗音的拼合方式，便可以再增加不少台湾语假名式音标的。现在以表格表示如下：

台湾语假名式音标表

音类	声母	元音/介音					介音＋元音			备注
		a	i	u	e	o	ia	iu	io	
常音（五十音）	Ø－	ア	イ	ウ	エ	オ	ヤ	ユ	ヨ	
	k－	カ	キ	ク	ケ	コ	キヤ	キユ	キヨ	
	s－	サ	シ	ス	セ	ソ	シヤ	シユ	シヨ	
	t－	タ			テ	ト				空白表示有音无符
	ts－		チ	ツ			チヤ	チユ	チヨ	空白表示有音无符
	n－	ナ	ニ	ヌ	ネ	ノ	ニヤ	ニユ	ニヨ	
	h－	ハ	ヒ	フ	ヘ	ホ	ヒヤ	ヒユ	ヒヨ	
	m－	マ	ミ	ム	メ	モ	ミヤ	ミユ	ミヨ	
	l－	ラ	リ	ル	レ	ロ	リヤ	リユ	リヨ	
	Ø－（w）	ワ				ヲ				灰底表示不宜有音
浊音	g－	ガ	ギ	グ	ゲ	ゴ	ギヤ	ギユ	ギヨ	
	z－	ザ	ジ	ズ	ゼ	ゾ	ジヤ	ジユ	ジヨ	
	b－	バ	ビ	ブ	ベ	ボ	ビヤ	ビユ	ビヨ	
半浊音	p－	パ	ピ	プ	ペ	ポ	ピヤ	ピユ	ピヨ	

此表还需要简单说明：此表中イ、ウ两栏可以兼为“声母＋介音”之假名，而所有表中的假名如果再接韵尾，可以拼出更多音节。另外，表中的声母还有所缺，例如送气声母和舌根鼻音声母。

（二）分用：一音位符号分为两音位之用

在上述台湾语假名式音标表中，由于日本语タ行（亦即音位 t）的音值有两类，分别相当于台湾语 t、ts 两个声元音位，因此便可把日本语的一组假名分为两组，分别表示台湾语的两个音位，也就是分别后移用。这种分用会造成两组的符号都残缺，还需要补足残缺，或另采取其他措施。《台湾土语全书》采用了这种分用措施，如果音节的声母为 ts，介音或元音为 i、u，或音节的声母为 t，介音或元音不是 i、u，那拼音没有问题。例如：

“钱”字音“チ－ン”调“▲”[①]　“斗”字音“タウ”调“○”[②]

“石”字音“チオ”调“｜”[③]　“度”字音“ト－”调“一”[④]

“主”字音“ツ－”调“○”[⑤]　“茶”字音“テ－”调“▲”[⑥]

但是，如果是声母为 ts，介音或元音不是 i、u 的音节，如果是声母为 t，介音或元音是 i、u 的音节，那就有问题了——没有符号可用。在这个情形下，《台湾土语全书》并没有设计新符号，它采用取声去韵的“截用”法[⑦]，见下文。

（三）截用：即传统的反切上字取其声之法

承上文，当音节的声母为 ts，介音或元音不是 i、u，或音节的声母为 t，介音或元音是 i、u，这时因为没有假名可用，而《台湾土语全书》又不设计新符号，于是就采用截去元音留下辅音的“截用”法。亦即“tsi － i →ts ”“tsu － u→ts ”。例如：

“棕树”的“棕”音“ツアン”（直书），又于三假名之右侧标以“‖”[⑧]。其中的“ツ”需要截去元音 u，只取 ts。

“枣”字音“ツオ”调“○”[⑨]。其中的“ツ”需要截去元音 u，只取 ts。

---

① 见《台湾土语全书》语汇篇第十八章，第 72 页。

② 见《台湾土语全书》语汇篇第十八章，第 73 页。

③ 见《台湾土语全书》语汇篇第十八章，第 73 页。

④ 见《台湾土语全书》语汇篇第十八章，第 73 页。

⑤ 见《台湾土语全书》语汇篇第四章，第 18 页。

⑥ 见《台湾土语全书》语汇篇第二章，第 5 页。

⑦ 其实这也是传统的反切法。

⑧ 见《台湾土语全书》语汇篇第二章，第 4 页。

⑨ 见《台湾土语全书》语汇篇第二章，第 4 页。

“砖”字音“ツン”①。其中的“ツ”需要截去元音 u，只取 ts，拼成 tsŋ^{1}。

“寨”字音“チエ”调“一”②。其中的“チ”需要截去元音 i，只取 ts，拼成 tse^{7}。否则会拼成 tsie^{7}，那就错了。

“草”字音“チアウ”调“○”③。其中的“チ”需要截去元音 i，只取 ts，拼成 ts^{h}au^{2}，否则会拼成 ts^{h}iau^{2}。④

“猪”字音“テイ”⑤。其中的“チ”需要截去元音 e，只取 t，拼成 ti^{1}。

可以看到这些例子都必须截去假名的元音，这个方法使假名的运用活化了，减少了元音的局限，让声母能独立自由拼合。但是由于何时用这个方法也有缺点，那就是“截用”法的使用时机难以确定。如下列两例：

“水”字音“ツイ”调“○”⑥。其中的“ツ”不需要截去元音，要取 tsu，拼成 tsui^{2}。否则会误拼成 tsi^{2}。

“烛”字音“チエク”调“●”⑦。其中的“チ”不需要截去元音，要取 tsi，拼成 tsiek^{4}。否则会误拼成 tsek^{4}。

“烛”字的例子也许还可说《台湾土语全书》要的是 tsek^{4}，“水”字的例子可以看出不可采用“截用”法。如此一来，何时采用“截用”法就产生困难了。

另外，如果从假名符号的先天设计来说，这个截用法，也可以视为对假名的内涵重新定义，把原来“假名 = 辅音 + 元音”，重新定义为“假名 = 辅音”。这个重新定义，可能有不少赞同者，但是也可能招来反对者了⑧。

（四）借用

上述说《台湾土语全书》以プ、ッ、ク来表示台湾语塞音（入声）韵尾的 - p、- t、- k，意思是说：プ、ッ、ク原本的读音是“pu、tsu、ku”，借为只有“声势”⑨（部位），没有“声值”的唯闭音。这不只是“截用”，而是借用来表示发音部位而已。

（五）并用：两个假名合并表示一个音

所谓并用是合二假名还表示一个音。最典型的例子是表示韵化辅音的：“秧”

---

① 见《台湾土语全书》语汇篇第十章，第 41 页。

② 见《台湾土语全书》语汇篇第十章，第 42 页。

③ 见《台湾土语全书》语汇篇第六章，第 27 页。

④ 此时的转写仍然还有送气与否的差异，因此造成了表音不准的现象。

⑤ 见《台湾土语全书》语汇篇第十四章，第 57 页。

⑥ 见《台湾土语全书》语汇篇第十章，第 44 页。

⑦ 见《台湾土语全书》语汇篇第十一章，第 48 页。

⑧ 后来台湾总督府公布的台湾十五音假名符号就不采用此“截用”法。

⑨ 参见林尹：《中国声韵学通论》，世界书局股份有限公司 1978 年版。

字音“ウン”①、“黄”字音“ウン”调“▲”②。其中的“ウ”可能是取其“ɯ”音的唇形，其上加鼻音，两假名只表示一个音——ŋ。这是因为日本假名只有一假名“ン”（n），“ン”在台湾语又是多用途的，无法准确表示 ŋ 音，因此采用了“并用”法。

台湾语的舌根鼻音声母 ŋ -，是日本语所无，无法用日本语某个假名来表记，于此，《台湾土语全书》采用的是“并用”法，并合两个假名，例如：“五”字文读音 ŋɔ^7 的“假名”读法为“ンゴ”，“ゴ”之前，以“ン”表示把“gɔ”的“g”改为“ŋ”，亦即取“ン”和“ゴ”的元音进行拼合，以两个假名符号表示一个音，这也是“并用”法。

（六）增用

上文述及日本语缺乏声调，《台湾土语全书》已经增列一套声调表示法（以○△●▲一｜来表示台语声调），用来表示本调。这些声调符号是日本语不使用的，这就是“增用”。至于《台湾土语全书》所使用的“连音符”也是一种增用。

（七）兼用

日本语只有一个鼻音韵尾，就是所谓“拨音”，假名为“ン（ん）”。用来标写台湾语的 3 个韵尾，当然不够。从《台湾土语全书》的实施记音实践中，我们看到该书采取了数音共一符的“兼用”法来表记。我们先来看看《台湾土语全书》中，台湾语 3 种鼻音韵尾和鼻化音节的表记法。例如：

“诚”标写为“シエン”声调“▲”③，是以“ン”来表示韵尾“ŋ”。

“名”标写为“ミアン”声调“▲”④，是以“ン”来表示韵尾“ŋ”。

“能”标写为“レン”又“レエン”声调“▲”⑤，是以“ン”来表示韵尾“ŋ”。

“温”标写为“ウン”⑥，是以“ン”来表示韵尾“n”。

“安”标写为“アン”⑦，是以“ン”来表示韵尾“n”。

“门”标写为“ムン”调“▲”⑧，是以“ン”来表示韵尾“n”。

“贪”标写为“タム”⑨，是以“ム”来表示韵尾“m”。

“心”标写为“シム”⑩，是以“ム”来表示韵尾“m”。

“店”标写为“テイヤム”⑪，是以“ム”来表示韵尾“m”。

“胆”标写为“タン”调“○”⑫，是以“ン”来表示鼻化。

---

① 见《台湾土语全书》语汇篇第六章，第 27 页。

② 见《台湾土语全书》语汇篇第十四章，第 58 页。

③④⑤⑥⑦ 见《台湾土语全书》语汇篇第三章，第 15 页。

⑧ 见《台湾土语全书》语汇篇第九章，第 39 页。

⑨⑩⑫ 见《台湾土语全书》语汇篇第三章，第 16 页。

⑪ 见《台湾土语全书》语汇篇第五章，第 21 页。

“子（囝）”标写为“キヤン”调“○”[①]，是以“ン”来表示鼻化。

“娘”标写为“ニユン”调“▲”[②]，是以“ン”来表示鼻化。

从上面12例，我们可以看到：除了－m韵尾有专用的“ム”来表记以外，其余－ŋ、－n韵尾和鼻化都以“ン”来表示。这就是“兼用”。这个兼用是由于日本假名符号的不足，导致无法正确标示两种鼻音韵尾，像上述的“名”标写为“ミアン”，容易读成“mian”，而“安”标写为“アン”，容易读成“ang”，这就失去了标音的正确性，是个大缺点。这个缺点，在1896年的《订正台湾十五音》、《订正台湾十五音及字母表附八声符号》《台湾十五音及字母详解》等书中，就获得了解决：以音节末的“ン”表示“－ŋ”、以音节末的“ヌ”表示“－n”。而在《台湾土语全书》，我们应该说这个“兼用”是不妥当的。何况《台湾土语全书》又用“ン”来表示鼻化，更是不妥。

（八）付缺

日本语缺乏声母送气与否的辨别，自然也没有表示送气的假名，一如上一节的第1条。《台湾土语全书》在这种情形下，并没有设计新符号，以至于全书无法表记送气声母。例如：“春秋”标写为“ツン チユー”，其中“ツ”“チ”都是表示不送气的ts，一如本文前引诸例；但是在此词的注音是表示送气的。换句话说，同一符号到底要读送气与否是无法知道的，因为没有设计符号。这就是“付缺”。

台湾闽南语里有圆唇半高后元音［o］和圆唇半低高后元音［ɔ］的区别，日本语只有一个o（五十音图的オ列），《台湾土语全书》并没有设法加添符号，于是也造成了“付缺”。

上述诸法，除了（七）、（八）以外，是在转变日本语假名为台湾语假名所提出的解决办法，其中大部分被后来的台湾总督府公布台湾十五音假名符号所采用。而（七）、（八）则为提不出解决办法的现象，这些也由台湾总督府公布台湾十五音假名符号所增修改进了。但是无论如何，《台湾土语全书》的努力，由今而言，虽然已经不重要了，但是当时可是有它的贡献的。

八、结语

语言的调查与记录是研究工作的基础，日本领台之初，在语言接触尚且不深的情况下，其成绩之不佳，是可以想见的。但是，当时这些语言调查所得的台日

---

① 见《台湾土语全书》语汇篇第十四章，第57页。

② 见《台湾土语全书》语汇篇第四章，第21页。

对照著述的大量著作，足见当时人之用心用力，可以作为后人参考。这些著作除了历史价值以外，更重要的是语言价值。语言价值至少有两方面：一是留存了台湾闽南语110年前的语料，二是提供了百余年前台日语言接触后，因应接触沟通的各种语言实况和语音符号运用。本文除了陈述当时的台日语言论著以外，专就沟通用的记音符号来进行探讨，略如上述。

在汉语方言调查的发展史上，从扬雄《方言》的以汉字为记音工具，从事字汇与词汇调查，兼及语音描述始，直到现代台湾地区、日本与中国大陆的语言调查，我们看到规划性的逐步加强、记音工具的逐次进步①。以现代为例，台湾在1895年，在澎湖开始了系统的、规划的语言田野调查工作，那是一位日本军官俣野保和（matanohōwa）所自觉从事的②。俣野保和与田部七郎、蔡章机他们开启了使用假名（虽然未规格化而且不够准确）大量记录台湾语③的历史材料，记录了词汇，也记录了语句。虽然由于问话者多用北京话，以致其语句多混有北京语法之痕迹，记音工具不够精密（田部七郎的比较精密），令人觉得可惜。但是，在110年前，在语句调查概念不明、记音工具不足的条件下，却勇于参照语音对比结果，修改并实验其记音工具，面对异语的世界，在语言调查初行之时，便在田野调查中从事包括语音、语词、语句等的调查与记录，可说是非常难能可贵的。这种语言的调查工作早于日中两国接受欧美学术影响所进行的现代语言实地调查，日本的音韵和口语语法调查的实施是在1903年（明治36年），比俣野保和的调查要晚了8年；而中国大陆的语言田野调查工作还要晚到1924年以后。那就是说，我们在东亚语言发展史上，需要记得，在台湾有过这么早的语言接触下所激发的语言实地调查及其音标符号的设计。

参考文献

1. 上原真人等四人：《言语と文字》，东京：岩波书店，2006。
2. 台湾省文献委员会：《台湾省文献委员会典藏中日文图书目录》，南投中兴新村，2001。
3. 田内八百久万：《台湾语》，（明治28，11），大阪：太田组事务所，1895年11月。
4. 由志真：《标准日语发音》，大连理工大学出版社，2006。
5. 安田敏朗：《国语と方言のあいざ》，日本：京都人文书院，1999。
6. 佐野直记：《台湾土语》，（明治28，12），大阪：大阪共同商会活版部，1895。
7. 吴守礼：《近五十年来台语研究之总成绩》，原作于1953年，台北：大立出版社，

① 参见洪宏元、李顺凉：《台华英词汇句式对照集》，董忠司序。

② 参见吴守礼：《福客方言综志》第83、359页。俣野保和（matanohōwa）著有《台湾语集“台湾土语”》一书，自序谓：“置身于异邦之病床，枕边招致土人儿童，急遽而成之……”第96页。于日本明治二十八年（公元1895年）7月18日由日本东京民友社出版。

③ “台湾语”一词此处暂时采用1895年以来之定义，参见《台湾语全集》（木原千楯，1896）、《台湾十五音及字母详解》（1896）、《订正台湾十五音字母详解》（1991）、《台湾语教科书》（1922）等。

1995。

8. 吴守礼：《福客方言综志》，原作于1953年，作者自印，1997年。

9. 李怀墉：《日语语音问答》，商务印书馆1992年版。

10. 前田铁之助：《军队主用日台会语》，台北：博文堂，1899年。

11. 洪惟仁：《日据时代的台语辞书编纂》，台北：武陵出版社，1993年。

12. 洪惟仁主编：《台湾汉语方言文献分类书目》，台北南港：中央研究院台湾史田野研究室，1992年。

13. 国立中央图书馆台湾分馆：《国立中央图书馆台湾分馆线装书目录》，台北：国立中央图书馆台湾分馆，1991年。

14. 国立中央图书馆台湾分馆：《国立中央图书馆台湾分馆日文台湾数据目录》，台北：国立中央图书馆台湾分馆，2000年。

15. 蔡金胜：《日语语音学》，大连出版社，2007年。

16. 俣野和吉：《军人用台湾语》，（明治30，08），东京：军事教育会，1897年12月。

17. 董忠司：《试论闽南语文读层的鼻音声母——文读层十八声位说及韵母系统》，第九届国际闽方言研讨会，福州：福建师范大学，2005年10月。

18. 董忠司：《台湾闽南语语音教材初稿》，行政院文化建设委员会，1996年。

19. 董忠司：《台湾语语音入门》，台北：远流出版社，2000年。

20. 董忠司：《台湾闽南语辞典》（董忠司总编纂，合作编纂者有张屏生、成淑贤等），台北：五南图书出版公司，2000年。

21. 董忠司：《福尔摩沙的烙印——台湾闽南语概要》，台北：行政院文化建设委员会，2001年。

新加坡、大陆福建、台湾三地同安腔闽南话语音和词汇的比较

台湾国立中山大学中文系　张屏生

一、前言

本文所谓的"同安腔闽南话"是指从中国的福建同安迁居到新加坡的华侨所说的闽南话。根据张屏生（1996）的调查，同安方言除了通行于同安本地之外，在金门、台湾本岛西部部分的沿海乡镇，还有澎湖境内的马公、湖西、西屿的闽南话也都是属于同安腔方言。新加坡聚集大陆早期从中国福建同安迁居而来的原乡居民，由于宗亲社团深厚的凝聚力，使得移居到新加坡的老一辈的同安华侨还能够流利地使用家乡话来沟通。但是新加坡的生活形态已不像过去在原乡那么封闭，特别是在政府语言政策的施行，再加上大众传播媒体的强力输导，新一代的新加坡年轻人已经逐渐不会说父母所使用的家乡话了，所以新加坡的方言调查有刻不容缓的迫切必要性。目前汉语方言的研究正在蓬勃地开展，由于有这种共识的凝聚，使得汉语方言的研究取得了相当多的成绩。这些成绩主要表现在理论的解释和推衍方面，对学界确实也提供了不少发人深省的信息，使投身于语言研究工作的人，多开了好几扇窗，眼界也更为开阔。由于有理论的指导，我们对语言现象的发掘也越来越细致。新加坡的人口中有很多是大陆南方省份的华侨，所以在语言上呈现出错综复杂的变化，是一个研究语言变异的理想样本。本文主要目的是要揭示新加坡境内和大陆原乡，以及台湾其他地区所通行的同安腔方言在语音、词汇上的差异。我们的调查是针对同安腔方言[①]，在语音上我们把分析的内容侧重在韵类的对应关系、声调变化、仔尾词的元音变化、仔尾词的变调行为，这些现象都是同安腔方言语音上的主要特征。在词汇上我们则是从地域文化的比较，来了解新加坡同安方言所特有的现象。本文语料是笔者 1998 年 8 月间到新

① 在新加坡的福建话是否会融合像台湾一样的优势音，就笔者所做的调查来看，从大陆迁居到新加坡的同安老年层在语音方面还是有着顽固的保守性，但是在词汇和语法方面和大陆原乡比较起来有明显的不同，这主要是不同语言接触所造成的现象。但是把新加坡的福建话当成是一个泉州、漳州等地方言杂凑的综合音系，是一种极为粗疏的看法。因为闽南方言的次方言非常复杂，而且优势音的形成要经由具体精确量化的操作过程来说明，不能凭借个人感性的认知来表述。

加坡南洋理工大学中华语言文化中心担任研究员，从事方言调查所整理，主要的发音合作人有彭文服、许铭霖、颜耀坤、林树南、林偶生、林国式、颜柏义，其中除了林偶生和颜柏义是新加坡出生之外，其余都是在同安出生然后迁居到新加坡的。

二、新加坡同安腔闽南话的语音特色

（一）声母方面

新加坡同安方言的声母主要的差别是有些人把旧韵书的“入”母和“柳”母念成 l-；如“豆乳”tau^{11} luʔ^{3}，有些人的“入”母还是保持念 dz-；如“写字”sia^{35} dzi^{33}①，在大陆同安的情况也是如此。

（二）韵母方面

在一般闽南话中有方言对应差异的韵类如下：

1.《汇音妙悟》中的“㚆”韵例字

目前中、老年层还保持着 ãi 韵的念法，但是有部分的例字改念成 iŋ 韵，青年层则念成 iŋ 韵；有些中、青年层甚至把部分 iŋ 韵的例字念成 eŋ 韵②。

2.《汇音妙悟》中的“科”韵例字

目前中、老年层还保持着 ə 韵的念法，青年层已经改念成 e 韵。

3.《汇音妙悟》中的“居”韵例字

目前中、老年层还保持着 ɨ 韵的念法，但是青年层把部分“居”韵例字改念成 u 韵；如“考虑”k^{h}o^{35} lu^{33}。

4.《汇音妙悟》中的“风”韵例字

这个韵母只有一个例字“风”，目前只有老年层还保持着 huaŋ^{55} 的念法，中、青年层一律念 hɔŋ^{55}。比较奇怪的是，中年层的发音人是从同安迁徙来新加坡的，“风”是个必须经常使用的字，可是中年层的发音人都表示从来没有听过 huaŋ^{55} 的念法。

① 在笔者所调查的语料中，许铭霖（82 岁）、颜耀坤（64 岁）有 dz-，彭文服（82 岁）、林树南（64 岁）、林国式（54 岁）、颜柏义（27 岁）没有 dz-。

② 一般闽南话/iŋ/韵的音值是［iəŋ］，［ə］一般是把它处理成过渡音。但是潮州话的/iŋ/的音值就是［iŋ］。在新加坡常常听见讲福建闽南话的人把/iŋ/念成［eŋ］，但是讲潮州话的人并没有把/eŋ/韵念成［iəŋ］的。在台湾彰化的永靖、澎湖的白沙乡也有收录到/eŋ/这种音讯的韵母，不过这种音因为很特殊，所以经常会成为其他地区的人讪笑的对象，现在大多改读为/iŋ/韵或/en/韵。

（三）声调方面

1. 基本调

新加坡同安方言的基本调和大陆同安方言的基本调是相同的，差异较大的是阴上、阴去调的调值。大陆同安方言的阴去调是［12］调位化之后记成/11/（张屏生，1996），但是新加坡同安方言的阴去调是低降调（没有例外），调尾没有上扬。阴上调的情况比较复杂，在阳声韵当中，我们记成 31，但是阴声韵的阴上调有些时候带喉塞，有些时候没有带喉塞①，是无定分音的情况。所以记录的时候，统一记成带有喉塞的形式。但是新派的阴上调却念成［51］，另外青年层偶尔会把阳入调念成中入调，造成阴入调和阳入调的本调不分。

2. 连读变调

新加坡同安方言和大陆同安方言的连读变调走向是相同的，差异较大的阴上调的连读变调。大陆同安方言的阴上变调是分两类，如下：

（1）ʔ3；31 →33/55、5、51、13、35

颜耀坤	林国式
媠衫 sui^{33} sã^{55}	紧张 kin^{35} tĩu^{55}
好食 ho^{33} tsiaʔ^{5}	×
痞喙斗 p^{h}ai^{33} ts^{h}ui^{51} tauʔ^{3}	×
媠鞋 sui^{33} ue^{13}	反爿 pãi^{35} pin^{13}
马齿豆 be^{33} k^{h}i^{35} tau^{33}	×

（2）ʔ3；31→35/ 3；31、11、33

洗米 sue^{35} biʔ^{3}	请假 ts^{h}iŋ^{35} ka^{51}
起厝 k^{h}i^{35} ts^{h}u^{11}	×
写字 sia^{35} dzi^{33}	×

（1）类的变调行为是反映在两个相邻声调之间“升调”和“高调”不能同时存在的异化作用，所以前字变调必须在原变调 35 的基础上衍生出“再变调”33。从林国式的变调情形来看，那是未来声调演变的方向。这种变调模式也反映在老年层（许铭霖）的谈话语料当中。

3. 小称变调（“仔”尾变调）

在大陆学者所调查的同安语料当中，并没有透显出同安方言的“仔尾变调”的特色。新加坡同安方言的“仔尾变调”和笔者在大陆所调查的语料是相符的，

① 阴声韵的阴上调带有喉塞是同安方言很特殊的现象，在比字测试的过程中，笔者只发现彭文服所发的阴上调和阴入调的调值不同，不过在语流当中实在难以辨识，而林国式和颜柏义则是念成 51 不带喉塞的高降调，这可能是未来演变的方向。

从下面3份语料的比较当中，我们可以很清楚地发现，“仔尾变调”已经由“随前变调”的模式，改变成“固定调”的语音形式。

许铭霖 82	颜耀坤 64	林国式 54
钩仔 kau^{11} · a^{11}	蛀龟仔 tsiu^{51} ku^{11} · a^{11}	钩仔 kau^{33} · a^{51}
囡仔 gin^{51} · nã^{11}	囡仔 gin^{51} · nã^{51}	椅仔 i^{51} · a^{51}
锯仔 kɨ^{51} · a^{11}	印仔 in^{51} · nã^{11}	印仔 in^{51} · nã^{51}
桌仔 to^{51} · a^{11}	桌仔 to^{51} · a^{11}	铁仔 t^{h}i^{51} · a^{51}
篚仔 lak^{5} · ga^{11}	夹仔 kiap^{5} · ba^{11}	竹仔 tak^{5} · ga^{51}
弦仔 hian^{11} · nã^{11}	弦仔 hian^{11} · nã^{11}	弦仔 hian^{51} · nã^{51}
袋仔 tə^{11} · a^{11}	袋仔 tə^{11} · a^{11}	袋仔 tə^{51} · a^{51}
夹仔 ŋẽ^{11} · ã^{11}	夹仔 ŋẽ^{11} · ã^{11}	药仔 io^{51} · a^{51}
鼠贼仔 ts^{h}ɨ^{35} ts^{h}at^{1} · la^{11}	侄仔 tit^{1} · la^{11}	贼仔 ts^{h}at^{3} · la^{51}

这种小称变调模式，在金门、澎湖都还有调查到，但是台湾本岛的同安腔大都变成把“仔”念成高降调。

（四）仔尾词的元音变化

大陆同安方言语音的最大特色就是“仔尾词”的增音现象，新加坡同安方言的老年层的语音仍然存在这种现象，如下（许铭霖发音）：

1. 担仔 tãi^{11} · ã^{11}
2. 带仔 tuai^{51} · a^{11}
3. 屜仔 t^{h}uai^{51} · a^{11}
4. 篮仔 nãi^{11} · ã^{11}
5. 林仔菝 nãi^{33} ã^{55} puat^{5}
6. 沙蝌仔 sua^{33} lai^{11} · a^{11}
7. 鸡健仔 kue^{33} luai^{11} · a^{11}
8. 捋仔 luai^{11} · a^{11}
9. 水蛇仔 tsui^{35} tsuai^{11} · a^{11}
10. 衫仔 sãi^{11} · ã^{11}
11. 仔 kai^{51} · a^{11}
12. 靃仔 k^{h}ai^{51} · a^{11}
13. 歌仔戏 kuai^{33} a^{55} hi^{11}
14. 鸭仔 ai^{51} · a^{11}
15. 碗仔粿 uãi^{33} ã^{55} kəʔ^{3}
16. 车仔 ts^{h}iai^{11} · a^{11}
17. 勺仔 siai^{11} · a^{11}
18. 陡仔 kiai^{11} · a^{11}

这种音变现象是同安方言的重要特征，它的音变是因为在“□仔”构词中，如果前字音节的音尾是 a 的话（包括开尾韵、带 -ʔ 和鼻化的韵母）的话，在前字字音后面会衍生出一个 i 音，使“□仔”的音节明确化。金门、澎湖这种音变老年层还能调查到，台湾本岛的同安腔就只剩下“鸭仔” ai^{55} a^{51}、“蝌仔” lai^{33} a^{51}、“□仔” kai^{55} a^{51}、“靃仔” k^{h}ai^{55} a^{51}几个词汇而已。

（五）特殊字例

1. 橙 ts^{h}iaŋ^{13} （新加坡大都念 ts^{h}iam^{13}）
2. 梵天寺 ham^{11} t^{h}ian^{33} si^{33}
3. 福清 hɔk^{5} ts^{h}iã^{55}
4. 德化 tik^{5} hue^{11}
5. 新店 sin^{33} tãi^{11}
6. 东爿 taŋ^{33} pin^{13}
7. 钓鱼 tio^{51} hɨ^{13} （大陆同安念 tiu^{51} hɨ^{13}）
8. 下颏 e^{11} huai^{13}
9. 喙顿 ts^{h}ui^{51} p^{h}uiʔ^{3}
10. 挨弦仔 ũi^{33} hian^{11} · nã^{11}

三、新加坡同安方言的词汇

（一）词汇方面

1. 新加坡和大陆两地同安方言不同的词汇举例

词目	大陆同安	台湾同安	新加坡同安
钱	钱 tsĩ^{13}	钱 tsĩ^{13}	镭 lui^{55}
鳄鱼	鳄鱼 gɔk^{1} hɨ^{13}	鳄鱼 k^{h}ɔk^{1} hu^{13}	末仔 buai^{11} · a^{11}
臭肚	象鱼 ts^{h}ĩu^{11} hɨ^{13}	象鱼 ts^{h}ĩu^{11} hu^{13}	白肚 pe^{11} tɔʔ^{3}
小卷	小卷 sio^{35} keʔ^{3}	小卷仔 sio^{55} ke^{55} · ŋã^{51}	梭咚 so^{33} tɔŋ^{55}
洗澡	洗身躯 sue^{35} siŋ^{33} k^{h}u^{55}	洗身躯 sue^{35} siaŋ^{33} k^{h}u^{55}	丛浴 tsaŋ^{11} ik^{5}
释迦	番仔荔枝 huan^{33} nã^{55} nãi^{11} tsi^{55}	释迦 sik^{5} k^{h}ia^{55}	林檎 lin^{11} k^{h}im^{13}
番茄	臭柿仔 ts^{h}au^{51} k^{h}i^{11} · a^{11}	臭柿仔 ts^{h}au^{51} k^{h}i^{33} · a^{51}	红毛茄 aŋ^{11} mɔ̃^{11} kio^{13}
我们	阮 guan^{31}	阮 guan^{31}	阮人 guan^{33} laŋ^{13}
你们	恁 lin^{31}	恁 lin^{31}	恁人 lin^{33} laŋ^{13}
他们	個 in^{55}	個 in^{55}	個人 in^{33} laŋ^{13}
矣	矣 a	矣 a	了 liau^{51}

2. 外来语

（1）大陆同安、新加坡同安、金门同安中的马来话。

大陆同安方言所掺入的外来语是来自于印度尼西亚、马来西亚语的借词。这些借词的产生是因为早期的同安当地人到南洋谋生，由于交际上的需要使他们得学习当地语言，通过文化的交流传播，这些借词就掺入到当地的方言中。这些南洋地区的外来语汇，只有老、中年层在使用，青年层多半不用。这些马来语一般是采用音节音译或音译加表意的方式来呈现。新加坡同安方言中所掺入的外来语成分要比原乡多。在新加坡当地的华人，同时可以使用好几种语言来和别人交流，特别是的士司机，他们大多会说英文、华语、福建话、潮州话，有的甚至会说马来话，他们一般都会先用英文来询问，然后确定客人所使用的语言之后，再转用客人所熟悉的语言来交谈。因此新加坡人说话时总会掺入不同的语言，他们戏称这种杂凑的语言为“杂菜面”tsap^{1} ts^{h}ai^{51} mĩ^{33}。因为生活上的需求，在说话时常常会把一些平常的外来语掺进他们所使用的方言当中，例如：“早起啊，汝有去巴刹买菜抑无?”tsa^{35} k^{h}i^{51} a^{55}，lɨ^{51} u^{11} k^{h}ɨ^{51} pa^{35} sat^{3} bue^{35} ts^{h}ai^{11} a^{11} bo^{13}。这种掺入马来话的语用方式，在同安、金门都有，只是在新加坡所掺入的程度比较深。例如：同安把“鳄鱼”叫 gɔk^{1} hɨ^{13}，但是新加坡却叫“末仔”buai^{11} ·a^{11}（马来话叫 buaya），显然新加坡的“鳄鱼”是借用马来话的词汇。后面的语料是笔者在 1998 年 8 月间笔者到新加坡南洋理工大学中华语言文化中心做短期研究的时候，向当地的同安华侨林国式调查所用的例句。这些词汇的汉字是笔者依音杜撰的。但是有的词汇，发音人认为当地的华侨很少讲，所以也问不出例句，“×”就是表示问不到该词汇的例句。这样的调查是因为时间上过于短暂所采取的不得已做法，比较理想的方式是要在当地生活一段比较长的时间，随时留心记录，这样才有可能做得更完善。其次是这些词汇的马来话的意义和在闽南语中所使用的意义不一定相同，笔者所记录的意义是依据发音人的意见。在此笔者要特别感谢新加坡南洋理工大学中华语言文化中心的卓月莲小姐，由于马来话是她在马来西亚求学时候的教学语言，所以她精熟到相当的程度，笔者请她核对了这部分的材料，经过她细心的查对之后，修正了一些错误，并且提供了一些有益的意见。下面是笔者在新加坡采录到的马来话词汇。

①巴突 pa^{33} tuk^{5}合理；源自马来语 patut。

例句：某乜人做事志有较巴突。mɔ̃^{55} mĩ^{55} laŋ^{13} tso^{51} tai^{11} tsi^{11} u^{11} k^{h}aʔ^{5} pa^{3} tuk^{5}（某人做事比较合理。）

②把萨 pa^{35} sak^{3}市场；源自马来语 pasar。

例句：早起汝有去把萨买菜无? tsa^{35} k^{h}i^{51} lɨ^{51} u^{11} k^{h}ɨ^{51} pa^{35} sat^{3} bue^{35} ts^{h}ai^{11} ·bo^{11}（早上你有去市场买菜吗?）

③班障 pan^{33} tsiaŋ^{33}高大；源自马来语 panjang。

例句：迄个人啊，汝叫伊班障个。hit^{5} le^{11} laŋ^{13} a^{35} lɨ^{51} kio^{51} i^{33} pan^{33} tsiaŋ^{33} ·e^{11}（那个人你叫他班障的。）（那人因身材高大而得的昵称）

④班董 pan^{33} taŋ^{51}禁忌；源自马来语 pantang。

例句：迄个人头脑老古董矣，实在是老班董。hit^{5} le^{11} laŋ^{13} t^{h}au^{11} nãuʔ^{3} lau^{11} kɔ^{35} tɔŋ^{31} · a^{11} sit^{1} tsai^{33} si^{11} lau^{11} pan^{33} taŋ^{33}（那个人的头脑已经老古董了，实在是老迷信啦！）

⑤猫羽 ba^{33} u^{51}气味；源自马来语 bau。

例句：迄个猫羽足臭矣，汝也好坐迄兜！hit^{5} le^{11} ba^{11} u^{51} tsiɔk^{5} ts^{h}au^{11} · e^{11} lɨ^{51} ia^{11} ho^{35} tsə^{11} hit^{5} tau^{55}（那里气味很臭，你怎好坐那里！）

⑥峇峇 ba^{33} ba^{33}过番很久的男人叫“峇峇”；或指过番男子和当地马来女子通婚的后裔，奉行华、巫文化，但只懂马来话，不谙华语。有时候也专指当中的男性后裔，源自马来语 baba。

例句：汝过去南洋，峇峇去了。lɨ^{51} kə^{51} k^{h}ɨ^{51} lam^{11} tu^{13} ba$_{11}$ ba^{33} k^{h}ɨ^{11} liau^{51}（你到南洋变成了峇峇。）

⑦娘兄 nĩu^{11} hiã^{55}过番很久的女人叫“娘兄”，或指峇峇族中女子成员；源自马来语 nyonya，华语写作“娘惹”。

例句：×

⑧麻咪 ba^{33} bi^{55}猪；源自马来语 babi。

例句：×

⑨挽那 ban^{35} nã^{51}哪里；源自马来语 mana。

例句：我欲去挽那？gua^{51} beʔ^{5} k^{h}ɨ^{51} ban^{35} nã^{51}（我要去哪里？）

⑩明踏 bin^{11} taʔ^{5}要求；源自马来语 minta。

例句：汝去马打厝明踏一个。lɨ^{51} k^{h}ɨ^{51} mã^{35} ta^{11} ts^{h}u^{11} bin^{11} taʔ^{5} tsit^{1} · le^{11}（你去警察局拜访一下。）

⑪密查篮 bit^{1} tsa^{33} nã^{13}打官司；源自马来语 bicara。

例句：汝今仔日欲去法庭密查篮未？lɨ^{51} kiã^{33} lit^{5} bəʔ^{5} k^{h}ɨ^{51} huat^{5} tiŋ^{13} bit^{1} tsa^{33} nã^{13} · be^{11}（你今天去法庭打官司了没？）

⑫雾突 bu^{11} tut^{5}正确，源自马来语 betul。

例句：汝做事志真正雾突。lɨ^{51} tso^{51} tai^{11} tsi^{11} tsin^{33} tsiã^{51} bu^{11} tut^{5}（你做事情很正确。）

⑬亡 buaŋ^{51}放逐；源自马来语 buang。

例句：那阿猪阿狗最近扑死人呵，互政府共亡转长山去啰。he^{55} a^{33} tɨ^{55} a^{33} kau^{51} tsue^{51} kun^{33} p^{h}a^{51} si^{35} laŋ^{13} hɔ^{11} tsiŋ^{51} hu^{51} ka^{11} buaŋ^{11} tŋ^{35} tŋ^{11} suã^{55} k^{h}ɨ^{11} · lɔ^{11}（那些阿猪阿狗，最近打死人，被政府放逐到大陆了。）

⑭马底 mã^{35} ti^{51}死；源自马来语 mati。

例句：视大人马底去，汝知无？in^{33} si^{11} tua^{11} laŋ^{13} mã^{35} ti^{51} · k^{h}ɨ^{11} lɨ^{51} tsai^{55} · bo^{11}［他父（母）亲去世了，你知道吗？］

⑮马尖 mã^{35} tsiam^{55}好像；源自马来语 macam。

例句：马尖这交椅……mã^{35} tsiam^{33} tse^{55} kau^{51} i^{51} （好像这椅子……）

⑯马打 mã^{35} ta^{13}警察；源自马来语 mata — mata。

例句：马打来矣！mã^{35} ta^{13} lai^{11} · a^{33} （警察来了！）

⑰马打厝 mã^{35} ta^{11} ts^{h}u^{11}警察局。

例句：×

⑱马打鎞仔 mã^{35} ta^{11} pi^{51} a^{11} 哨子。

例句：×

⑲妈笼 mã^{33} laŋ^{51}东西；源自马来语 barang。

例句：迄个妈笼共我挈好势。hit^{5} le^{11} mã^{33} laŋ^{51} ka^{33} gua^{51} k^{h}io^{51} ho^{35} se^{11} （那个东西帮我放好）

⑳大津株 ta^{33} tin^{51} tu^{55}不一定；源自马来语 tak tentu 。

例句：迄个人讲话大津株啦！hit^{5} le^{11} laŋ^{13} kɔŋ^{35} ue^{33} ta^{33} tin^{33} tu^{55} · la^{11} （那个人讲话不确定啦！）

㉑道农 to^{11} lɔŋ^{13}帮忙；源自马来语 tolong 。

例句：啊汝道农个啦！a^{55} lɨ^{51} ka^{33} to^{11} lɔŋ^{13} e^{11} · la^{11}（你帮忙一下啦！）

㉒洞葛 tɔŋ^{11} kat^{3}手杖；源自马来语 tongkat 。

例句：老人出门，洞葛爱会记得擛互伊！lau^{11} laŋ^{13} ts^{h}ut^{5} mŋ̍^{13} tɔŋ^{11} kat^{3} ai^{51} e^{11} ki^{51} tit^{5} gia^{33} hɔ^{33} i^{33} （老人要出门，拐杖要记得拿给他。）

㉓丁阿疑 tiŋ^{33} ŋã^{55} gi^{13}神经；源自马来语 setengah + gila（半 + 疯）。

例句：这个人真丁阿疑！tsit^{5} ge^{11} laŋ^{13} tsin^{33} tiŋ^{33} ŋã^{33} gi^{13} （这个人很神经！）

㉔登午 tiŋ^{51} ŋɔ̃^{51}照顾；源自马来语 tengok。

例句：×

㉕铜镭 taŋ^{11} lui^{55}铜钱；源自马来语 duit。

例句：汝去还镭！lɨ^{51} k^{h}ɨ^{51} hiŋ^{11} lui^{55} （你去付钱。）

㉖拢 lɔŋ^{51}工厂；源自马来语 kilang 。

例句：汝今仔日得去拢头做工无？li^{51} kiã^{33} lit^{5} to^{11} k^{h}ɨ^{51} lɔŋ^{35} t^{h}au^{13} tso^{51} kaŋ^{55} · bo^{11} （你今天得去工厂做工吗？）

㉗啰哩 lo^{33} li^{55}大卡车；源自马来语 lori。

例句：汝今仔日这只啰哩共我载寡物件咧。lɨ^{51} kiã^{33} lit^{5} hit^{5} tsia^{51} lo^{33} li^{55} ka^{33} gua^{55} tsai^{51} kua^{55} mŋ̍^{11} kiã^{33} · le^{11} （今天你那辆大货车帮我载东西。）

㉘惹讶 lia^{33} ga^{55}照顾；源自马来语 jaga。

例句：迄个细囝伫厝内，共我惹讶一个。hit^{5} le^{11} sue^{51} kiã^{51} ti^{11} ts^{h}u^{51} lai^{33} ka^{33} gua^{55} dzia^{33} ga^{51} tsit^{1} · le^{11} （那个小孩在家里，帮我照顾一下。）

㉙染颜 dziam^{35} gan^{35}厕所；源自马来语 jamban。

例句：那老人去染颜，汝共牵咧，媛互跋倒。he^{55} lau^{11} laŋ^{13} k^{h}ɨ^{51} dziam^{35} gan^{35} lɨ^{51} ka^{33} k^{h}an^{55} · le^{11} mãi^{51} hɔ^{33} pua^{11} to^{51}（那个老人要去厕所，你去牵着，不要让他跌倒）

㉚两物三拄 lam^{35} bɚ^{55} sã^{33} tu^{51}最；源自马来语 nombor satu。

例句：伊仁学堂读册足赘个，年年都是两物相拄。i^{33} ti^{11} o^{11} tŋ^{13} t^{h}ak^{1} ts^{h}eʔ^{3} tsiɔk^{5} gau^{13} · e^{11} nĩ^{11} nĩ^{13} to^{11} si^{11} lam^{35} bɚ^{55} sã^{51} tu^{51}（他在学校读书很棒，年年都是第一名。）

㉛之拉甲 tsi^{33} la^{33} kaʔ^{3}倒霉；源自马来语 celaka。

例句：这个人做事志、讲话真正之拉甲，真麻烦！tsit^{5} le^{11} laŋ^{13} tso^{51} tai^{11} tsi^{11} kɔŋ^{35} ue^{33} tsin^{33} tsiã^{51} tsi^{33} la^{33} kaʔ^{3} tsin^{33} mã^{11} huan^{13}（这个人做事情、讲话很差劲，很麻烦。）

㉜尖薄 tsiam^{33} poʔ^{5}交往；源自马来语 campur。

例句：汝有佮伊尖薄无？lɨ^{51} u^{11} kaʔ^{5} i^{33} tsiam^{33} poʔ^{5} · bo^{11}（你有跟他交往吗？）

㉝沙引 sa^{33} in^{51}签名；源自马来语 sain。

例句：这个籍簿汝有共沙引互伊无？hit^{5} le^{11} tsik^{5} p^{h}ɔ^{51} lɨ^{51} u^{11} ka^{33} sa^{33} in^{51} hɔ^{33} i^{33} · bo^{11}（那个籍簿你有跟他签名吗？）

㉞沙养 sa^{33} iaŋ^{51}疼惜；源自马来语 sayang。

例句：哎哟，我沙养汝呵！ai^{35} io^{11} gua^{51} sa^{33} iaŋ^{51} lɨ^{51} hɔ̃^{51}（我疼你喔！）

㉟沙啦 sa^{33} la^{33}错误；源自马来语 salah。

例句：汝若做沙啦，马打共你掠去关。lɨ^{51} nã^{11} tso^{51} sa^{33} la^{33} mã^{35} ta^{13} ka^{33} lɨ^{51} lia^{11} k^{h}ɨ^{51} kũi^{55}（你如果做错事，警察会把你抓去关起来。）

㊱三巴养 sam^{33} pa^{33} iaŋ^{51}拜神；源自马来语 sembahyang。

例句：隔壁迄个番囝可能去三巴养。ke^{51} piaʔ^{3} hit^{5} le^{11} huan^{33} kiã^{51} k^{h}o^{35} liŋ^{11} k^{h}ɨ^{51} sam^{33} pa^{33} iaŋ^{51}（隔壁那个外国人，可能去祈祷。）

㊲沙茶 sa^{33} te^{55}烤肉串；源自马来语 sate。

例句：昨暝巴比 Q，汝有去佮人去烘沙茶无？tsa^{33} mẽ^{13} pa^{55} pi^{55} k^{h}iu^{51} lɨ^{51} u^{11} kaʔ^{5} laŋ^{33} k^{h}ɨ^{51} haŋ^{33} sa^{33} te^{55} · bo^{11}（昨晚你有去跟人家吃烤肉串吗？）

㊳搓末 so^{33} buat^{5}相好；源自马来语 sobat。

例句：昨暝新交个查某朋友，有共搓末一个无？tsa^{33} mẽ^{13} sin^{33} kau^{55} e^{11} tsa^{33} bɔ^{35} piŋ^{11} iu^{51} u^{11} ka^{33} so^{33} buat^{5} tsit^{1} le^{11} · bo^{11}（昨晚新交的女朋友，有跟她相好一下吗？）

㊴招瓢 tsiau^{11} p^{h}io^{13}礼帽；源自马来语 cepiau。

例句：×

㊵须甲 su^{33} kaʔ^{3}喜欢；源自马来语 suka。

例句：汝有须甲无？lɨ^{51} u^{11}su^{33} kaʔ^{3} ·bo^{11}（你喜欢吗？）

㊶甘仙 kam^{33} sian^{55}回扣；源自马来语 kamsen。

例句：汝介绍迄批货，头个有互汝若多甘仙？lɨ^{51} kai^{11}siau^{11} hit^{5} pʰue^{33} he^{11} tʰau^{13} e^{11}u^{11}hɔ^{11}lɨ^{35} lua^{11}tsue^{11}kam^{33} sian^{55}（你帮他销那批货，老板给你多少回扣？）

㊷莙丹 kan^{33} taŋ^{55}马铃薯；源自马来语 kentang。

例句：迄筛莙丹皮共削削咧！hit^{5} tʰai^{33} kan^{33} taŋ^{55} pʰə^{13} ka^{33} sia^{51} siaʔ^{3} ·le^{11}（那竹筛上的马铃薯皮把它削一削！）

㊸合抛拉 kap^{5} pʰa^{33} la^{33}工头；源自马来语 kepala。

例句：汝共合抛拉讨一个工咧！lɨ^{51} ka^{11}he^{55} kap^{5} pʰə^{33} la^{33} tʰo^{35} tsit^{1} le^{11}kaŋ^{55} · e^{11}（你去跟工头要个工作！）

㊹交冤 kau^{33} uan^{55}朋友；源自马来语 kawan。

例句：招招这大班仔老九冤，暗暝来去卡拉OK。tsio^{33} tsio^{55} tsit^{5} tua^{11} pan^{33} nã^{55} lau^{11}kau^{33} uan^{55} am^{51} mĩ^{13} lai^{11}kʰɨ^{51} kʰa^{51} la^{55} ɔk^{5} kʰe^{51}（邀一些老朋友，晚上去唱卡拉OK。）

㊺交寅 kau^{33} in^{13}结婚；源自马来语 kahwin。

例句：汝今年几岁矣，搁怀嫒交寅？lɨ^{51} kin^{51} nĩ^{13} kui^{35} hə^{11} ·a^{11}koʔ^{5} m̩^{11}mãi^{51} kau^{33} in^{13}（你今年几岁了，还不结婚！）

㊻柯沙 kua^{33} saʔ^{3}遗嘱或遗产授权；源自马来语 kuasa。

例句：听讲恁老个过身，啊伊柯沙若多互你？tʰiã^{33} kɔŋ^{35} lin^{35} lau^{51} ·e^{11}kə^{51} sin^{55} ·nã^{55} i^{51} kua^{51} sa^{51} lua^{11}tsue^{11}hɔ^{11}lɨ^{51}（听说你父亲过世，那他留多少遗产给你？）

㊼公班衙 kɔŋ^{33} pan^{33} ge^{13}政府机关；源自马来语 kompeni。

例句：汝若是做□好势，公班衙有你个分 lɨ^{51} nã^{11}si^{11}tso^{51} bue^{11}ho^{35} se^{11}kɔŋ^{33} pan^{33} ge^{13} u^{11}lɨ^{35} e^{11} hun^{33}（事情做不好，就得去坐牢。）

㊽牙啰 ga^{33} lo^{55}吵架；源自马来语 gaduh。

例句：恁两个□牙啰啦！lin^{35} nŋ^{11}e^{13} mãi^{51} ga^{33} lo^{55} ·la^{11}（你们两个不要吵架啦！）

㊾五骹气 gɔ^{11}kʰa^{33} kʰi^{11}骑楼下的人行道；新加坡当地的说法；源自马来语 kaki lima。

例句：汝去下底个五骹气踽跎啦！lɨ^{51} kʰɨ^{51} e^{11}tue^{51} e^{11} gɔ^{11}kʰa^{33} kʰi^{11}tʰit^{5} tʰo^{13} ·la^{11}（你到下面的骑楼去玩！）

㊿牛垄 gu^{11}laŋ^{55}仓库；源自马来语 gudang。

例句：汝今仔日有去牛垄共我个货领出来无？lɨ^{51} kiã^{33} lit^{5} u^{11} kʰɨ^{51} gu^{11}laŋ^{55} ka^{11}gua^{35} e^{11}hə^{11}niã^{51} tsʰut^{1} ·lai^{11} ·bo^{11}（你今天有去仓库把我的货领出来吗？）

(51)乌公 ɔ^{33} kɔŋ^{55}处罚（多指罚款）；源自马来语 hukum。

例句：汝车抛安尔，等个就共汝乌公。lɨ^{51} tsʰia^{33} pʰa^{33} an^{55} nĩ^{55} tan^{51} le^{11} to^{11} ka^{33} lɨ^{35} ɔ^{33} kɔŋ^{55}（你车子放这里，待会儿就处罚你。）

（2）台湾同安腔闽南话中的日语借词。

在1895年台湾割让给日本之后，为了统治上的方便，以及同化政策上的需要，当时的台湾总督桦山资纪邀请伊泽修二来负责台湾的教育，而伊泽修二来到台湾之后，随即定下急需办理的工作，一是让新领土人民学习日本话；二是让移往台湾的日本人学习“土语”。于是开始设立师范学校，培养师资，并设模范小学校、日语传习所，渐次普及教育。明治31年（1898）国语传习所改为公学校，公学校第一章第一条说：“公学校以对本岛人施以德教，授以实学，养成其国民性格，同时令其精通国语为本旨。”明治37年8月学务课长特地六三郎在台湾教育会通常总会上说：“关于本岛人授予初等教育的目的，第一是同化主义。这是本岛统治伊始迄今不变方针。”① 所以日本在统治台湾的51年里，普及日语、同化台湾人为日本国民，是一贯的政策。因此在日据时代读过公学校的人大都会说一些简单的日语，但是因为台湾的语言环境还是以说本土语言为主，所以使一些日语词汇掺入到平常对话当中。例如：你欲食“寿司仔”无？li^{55} be^{55} tsia^{11}su^{51}si^{33} a^{51} · bo^{11}（你要吃寿司吗？）这种词汇本文称之为“台湾化的日语词汇”。但是这些词汇在发音上台湾人和日本人并不相同，本节所收集的材料是笔者平日调查方言所收集的材料，不过在范围上我们只限于日常生活用语，排除了一些专门用语②。后面表格中的材料是笔者调查方言所收集的材料，不过在范围上只限于日常生活用语，我们排除了一些专门用语，例如汽机车修理方面的名词，这些日常生活用语一般是老年层用得比较多，这和他们在日据时代所接受的教育有关。关于日语方面的核对，笔者要特别感谢在日本东京的陈丽惠老师（笔者的日语老师），由于她的勤恳指导和校正，使这部分材料的错误减少了许多，除此之外，她还提供了一些具有启发性的观点，使本文所收集的材料能够说明更多的问题。这些日语的台湾话念法并不是同一个人的发音，而是笔者陆陆续续在各地调查所收集材料的汇整；笔者所选录的记音是比较常听到的说法，可能会和其他人所收集材料的记音有所不同，但大体来说，这些差别是有限的。

---

① 以上转引自洪惟仁《日据时代的台语辞典编纂》一文，收录于《闽南语经典辞书汇编》第五册。

② 因为有一些专门职业的词汇，像摩托车和汽车零件等，只限定于从事那些工作的人在使用，主要的原因是因为那些专业的名词还没有适当的本土词汇来对译，所以只好使用日语的说法。这一部分的材料不是大众所习用，所以我们排除了这部分的材料。有些词汇有台湾话的本土说法，有些没有。因为台湾话没有而去借用日语已有的说法，这是很自然的。但是如果台湾话已经有或后来有表达同样概念的词汇，在使用上还是使用日语词汇的话，那是牵涉到语言使用的社会心理，本文暂时不讨论。不过找材料再勤，也必有遗漏，也必有继续发现，所以我们所收集的材料将来还可以继续补充。

	日本拼音写法	日本汉字写法	台湾闽南话念法	台湾国语翻译
1	あげ	油扬	a^{55} geʔ^{3}	油豆腐
2	あきびん		a^{33} k^{h}iˑ^{55} bin^{51}	空瓶
3	アルミ		a^{33} lu^{55} mĩ ʔ^{3}	铝
4	アンモニア		a^{33} mẽ^{55} nĩ^{55} Ãã^{51}	阿摩尼亚
5	あめたま	饴玉	a^{33} mẽ^{55} tam^{55} mãʔ^{3}	圆糖
6	あっさり		a^{33} sa^{55} liˑ^{31}	干脆
7	アスピリン		a^{33} sɨˑ^{55} p^{h}iˑ^{55} lin^{51}	阿斯匹林
8	あんない	案内	an^{51} nãiˑ^{33}	招待
9	バール		ba^{55} luʔ^{3}	拔钉子的器具
10	バス		ba^{55} suʔ^{3}	公共汽车
11	バイキン	バイ菌	baiˑ^{35} gin^{51}	细菌
12	バイオリン		baiˑ^{35} a^{55} lin^{51}	小提琴
13	バック		bak^{5} kuʔ^{3}	倒车
14	バンパー		ban^{51} ba^{11}	保险杆
15	まんが	漫画	baŋ^{51} ga^{11}	卡通
16	バター		bat^{3} taʔ^{3}	奶油或球棒
17	バッテリー		bat^{3} te^{55} liʔ^{3}	蓄电池
18	ベット		bit^{5} tɔʔ^{3}	弹簧床
19	ビール		bi^{51} lu^{11}	啤酒
20	ボート		bɔ^{51} ɔ^{11}	船
21	じどうしゃ	自动车	dziˑ^{33} lɔ^{51} sia^{11}	汽车
22	じょうとう	上等	dzio^{55} to^{55}	上等
23	ジャンパー		dzen^{51} ba^{11}	夹克
24	にんじん	人参	dzin^{35} dzin^{51}	胡萝卜
25	エプロン		e^{33} pu^{55} lɔŋ^{51}	围兜
26	エンジン		en^{35} dzin^{51}	引擎
27	ガス		ga^{55} suʔ^{3}	煤气
28	ガラ		gat^{5} la^{11}	焦炭
29	ギター		gi^{51} ta^{11}；kit^{5} taʔ^{3}	吉他
30	じゃんけん	じゃん拳	giaŋ^{33}	猜拳
31	ごぼう	牛蒡	gɔ^{11} bo^{33}	牛蒡

（续上表）

	日本拼音写法	日本汉字写法	台湾闽南话念法	台湾国语翻译
32	ハム		ha^{55} mũʔ^{3}	火腿
33	ハーモニカ		ha^{33} mɔ̃^{55} li^{55} k^{h}aʔ^{3}	口琴
34	ハイカラ		hai^{55} kat^{5} la^{51}	西装头
35	ハイヤー		hai^{51} ia^{11}	包租的汽车
36	はいけっかく	肺结核	hai^{35} k^{h}e^{55} k^{h}a^{55} k^{h}uʔ^{3}	肺结核
37	はんごう	饭锅	haŋ^{35} gɔ^{51}	有提手的小锅
38	ハンドル		han^{35} tɔ^{5} luʔ^{3}	方向盘
39	ひのき	桧	hi^{33} nɔ̃^{55} kiʔ^{3}	桧木
40	ホテル		hɔ^{3} te^{55} luʔ^{3}	旅社
41	ホルモン		hɔ^{3} lu^{55} bɔŋ^{51}	荷尔蒙
42	ホームラン		hɔŋ^{33} bu^{55} laŋ^{51}	全垒打
43	ふろ	风吕	hu^{55} lɔʔ^{3}	洗澡
44	ようかん	羊羹	io^{35} kaŋ^{51}	羊羹
45	かばん	鞄	k^{h}a^{33} baŋ^{51}	手提包
46	カラオケ		k^{h}a^{33} la^{55} ɔk^{5} k^{h}e^{55}	伴唱机
47	カメラ		k^{h}a^{33} mẽ^{55} laʔ^{3}	照相机
48	カタロダ		k^{h}a^{33} ta^{55} lok^{5} kuʔ^{3}	目录
49	カーテン		k^{h}a^{33} ten^{51}	窗帘
50	かあさん	母さん	k^{h}a^{51} tsiaŋ^{11}	母亲
51	かんばん	广告牌	k^{h}an^{35} paŋ^{51}	招牌
52	ケチャップ		k^{h}e^{33} tsia^{55} puʔ^{3}	番茄酱
53	キロ		k^{h}i^{55} lɔʔ^{3}	公里
54	きもち	气持ち	k^{h}i^{33} mɔ̃^{55} tsiʔ^{3}	情绪
55	きゃはい	胖	k^{h}ia^{11} haŋ^{55}	绑腿
56	きゅうけい	休憩	k^{h}iu^{35} k^{h}e^{51}	色情幽会
57	コークス		k^{h}ɔ^{33} k^{h}u^{55} suʔ^{3}	原子柴
58	コレラ		k^{h}ɔ^{33} le^{55} laʔ^{3}	霍乱
59	コミッション		k^{h}ɔŋ^{33} mĩ^{55} siɔŋ^{51}	回扣
60	コート		k^{h}ɔ^{51} tɔ^{11}	大衣
61	コンクリート		k^{h}ɔŋ^{51}ku^{33} li^{51}	打水泥

（续上表）

	日本拼音写法	日本汉字写法	台湾闽南话念法	台湾国语翻译
62	こんぶ	昆布	k^{h}ɔŋ^{51} pu^{11}	海带
63	こん	绀	k^{h}ɔŋ^{51}	蓝色
64	クラッチ		k^{h}u^{33} la^{55} tsiʔ^{3}	离合器
65	クラブ		k^{h}u^{33} la^{55} bu^{31}	俱乐部
66	クリ－ム		k^{h}u^{33} lin^{51} m ũ^{11}	冰淇淋
67	ラケット		la^{33} ket^{5} tɔʔ^{3}	乒乓球拍
68	ラジオ		la^{33} dzi^{55} ɔʔ^{3}	收音机
69	ラッパ		la^{55} paʔ^{3}	喇叭
70	だいじょうぶ	大丈夫	lai^{35} dziɔ^{51} bu^{11}	放心、没问题
71	ライタ－		lai^{51} ta^{11}	打火机
72	レモン		le^{33} bɔŋ^{51}	柠檬
73	リヤカ－		li^{33} a^{55} k^{h}aʔ^{3}	手推车
74	れんたん	炼炭	lian^{35} taŋ^{51}	煤球
75	りんご	林檎	lin^{51} gɔ^{11}	苹果
76	ラッキョウ		lɔ^{11} gio^{33}	薤
77	ドライバ－		lɔ^{35} lai^{51}ba^{11}	螺丝起子
78	ぞうり	草履	lɔ^{51} li^{55} a^{51}	夹脚拖鞋
79	ロ－ス		lɔ^{51} su^{55} baʔ^{3}	里脊肉
80	マラリャ		mã^{33} la^{55} li^{55} a^{51}	疟疾
81	マッサ－ジ		mã^{33} sa^{51} tsi^{11}	色情按摩
82	マスク		—	口罩
83	マイク		mãi^{51} ku^{11}	麦克风
84	ベニヤ		mẽ^{33} li^{55} a^{51}	三夹板
85	メロン		mẽ^{33} lɔŋ^{51}	香瓜
86	めいし	名刺	mẽ^{51} si^{11}	名片
87	ミシン		mĩ^{33} sin^{51}	裁缝车
88	みそ	味噌	mĩ^{55} sɔʔ^{3}	米酱
89	モ－タ－		mɔ̃^{51} ta^{11}	马达
90	ナイロン		nãi^{35} lɔŋ^{51}	一种布料
91	ネクタイ		nẽ^{33} kut^{5} tai^{51}	领带

（续上表）

	日本拼音写法	日本汉字写法	台湾闽南话念法	台湾国语翻译
92	ねえちゃん	姉ちゃん	nẽ^{51} tsiaŋ^{11}	女中
93	のり		nɔ̃^{55} liʔ^{3}	海苔
94	オーバー		ɔ^{51} ba^{11}	大衣
95	おかもと	若元	ɔ^{33} kam^{55} mã^{55} tɔʔ^{3}	健素糖
96	おでん		ɔ^{33} len^{51}	黑轮
97	おじさん		ɔ^{33} li^{55} saŋ^{51}	中年男子
98	おにんぎょう	お人形	ɔ^{33} lin^{55} giɔ^{1}	洋娃娃
99	おばさん		ɔ^{33} ba^{55} saŋ^{51}	中年妇女
100	オートバイ		ɔ^{33} tɔ^{5} bai^{51}	机车
101	ブラジャー		pu^{33} la^{51} tsia^{11}	胸罩
102	プロペラ		pu^{33} le^{55} p^{h}et^{5} la^{51}	直升机或螺旋桨
103	パーセント		p^{h}a^{35} sian^{51} tɔ^{11}	百分比
104	パチンコ		p^{h}a^{33} ts^{h}in^{51} kɔ^{11}	柏青哥
105	パン		p^{h}aŋ^{51}	面包
106	パンク		p^{h}aŋ^{51} ku^{11}	爆胎
107	ペンチ		p^{h}en^{51} tsi^{11}	铁钳
108	ピアノ		p^{h}i^{33} a^{55} nɔʔ^{3}	钢琴
109	ピンポン		p^{h}in^{35} p^{h}ɔŋ^{51}	桌球
110	ポンプ		p^{h}ɔŋ^{51} p^{h}uʔ^{3}	手动抽水机
111	プール		p^{h}u^{51} lu^{13}	游泳池
112	サービス		sa^{33} bi^{55} su^{11}	服务
113	サック		sa^{55} k^{h}uʔ^{3}	保险套
114	さしみ	刺身	sa^{33} si^{55} mĩ ʔ^{3}	生鱼片
115	サイズ		sai^{51} su^{11}	尺寸
116	サンプル		sam^{35} pu^{55} luʔ^{3}	样本
117	さんま	秋刀鱼	san^{51} baʔ^{3}	秋刀鱼
118	せびろ	背広	se^{33} bi^{55} lɔʔ^{3}	西装
119	セット		set^{5} tɔʔ^{3}	烫头发
120	ステンレス		sɨ^{33} ten^{55} le^{51} sɨ^{11}	不锈钢
121	ストリップ		sɨ^{33} tɔ^{55} li^{55} puʔ^{3}	牛肉场

（续上表）

	日本拼音写法	日本汉字写法	台湾闽南话念法	台湾国语翻译
122	しあげ	仕上げ	si^{33} a^{55} geʔ^{3}	修饰
123	しゃしん	写真	sia^{55} sin^{55}	照片
124	スパナ		sip^{1} pan^{55} nã^{51}	扳手
125	シャツ		set^{5} tsɨʔ^{3}	衬衫
126	しょくパン	食パン	siɔk^{1} p^{h}aŋ^{51}	土司（素面包）
127	ソース		sɔ^{51} su^{11}	乌醋
128	すべりだい	滑り台	su^{33} be^{55} li^{55} lai^{51}	溜滑梯
129	すし	寿司	su^{55} siʔ^{3}	一种日本米食
130	スクーター	速克达	su^{33} ku^{51} ta^{11}	50CC的摩托车
131	スリッパ		su^{33} li^{55} paʔ^{3}	拖鞋
132	とうさん	父さん	tɔ^{1} saŋ^{11}	父亲
133	タイル		t^{h}ai^{51} lu^{11}	瓷砖
134	たび	足袋	t^{h}at^{5} bi^{51}	一种工作鞋
135	たこ	蛸	t^{h}a^{55} k^{h}ɔʔ^{3}	墨鱼
136	たくあん		t^{h}a^{33} k^{h}u^{55} baŋ^{51}	黄色酱萝卜
137	タクシー		t^{h}a^{33} k^{h}u^{55} siʔ^{3}	出租汽车
138	たたみ	迭	t^{h}a^{33} t^{h}a^{55} mɔʔ^{3}	迭席
139	たおつ		t^{h}a^{33} ua^{55} siʔ^{3}	棕刷
140	たんす	箪笥	t^{h}aŋ^{51} su^{11}	衣橱
141	てんぷら	天麩罗	t^{h}en^{35} put^{3} la^{51}	油炸食品
142	トラック		t^{h}ɔ^{33} la^{55} kuʔ^{3}	卡车
143	トマト		t^{h}ɔ^{33} mã^{55} tɔʔ^{3}	番茄
144	じしゃく	磁石	tsi^{33} tsiak^{5} kuʔ^{3}	磁铁
145	チャック		tsiak^{5} kuʔ^{3}	拉链
146	チョッキ		tsio^{51} kiʔ^{3}	背心
147	チップ		tsit^{5} puʔ^{3}	小费
148	うどん		u^{33} lɔŋ^{51}	日本面（乌龙）
149	わさび	山葵	ua^{33} sa^{55} biʔ^{3}	山葵（芥末酱）
150	ワイシャツ		uai^{35} set^{5} tsɨʔ^{3}	衬衫
151	うんちゃん	运ちゃん	un^{51} tsiaŋ^{11}	司机

参考文献

1. 李国正:《生态汉语学》，吉林教育出版社1991年版。

2. 洪惟仁:《台湾诸语言之分布与融合消长之竞争力分析》，《台湾风物》1989年第39卷第2期，第43~80页。《台湾方言之旅》，台北：前卫出版社，1992年初版。

3. 施添福:《清代在台汉人的祖籍分布和原乡生活方式》，台北：台湾师范大学地理系，1987年初版。

4. 游汝杰:《中国文化语言学引论》，高等教育出版社1993年版。

5. 陆俭明、张楚浩、钱萍:《新加坡华语语法的特点》，《南大语言文化学报》1996年第1卷第1期，第1~78页。

6. 陈建民:《从方言词语看地域文化》，《语言教学与研究》，1997年4月，第29~36页。

7. 张屏生:《同安方言及其部分相关方言的语音调查和比较》，台湾师范大学国研所博士学位论文。

《台湾地区汉语方言的语音和词汇·册一·论述篇》，台南：开朗杂志事业有限公司，2007年初版。

《台湾地区汉语方言的语音和词汇·册二·语料篇一·高雄闽南话语汇集》，台南：开朗杂志事业有限公司，2007年初版。

《台湾地区汉语方言的语音和词汇·册三、册四·语料篇二·台湾汉语方言词汇对照表》(含闽南话、客家话、闽东话、军话)，台南：开朗杂志事业有限公司，2007年初版。

8. 桥本万太郎著，余志鸿译:《语言地理类型学》(中译本)，北京大学出版社1985年版。

9. 钟露升:《闽南语在台湾的分布》，自印本，1967年。

台湾闽南语语音的接触、融合与演变

台湾国立新竹教育大学语文学系　陈淑娟

一、前言

台湾闽南语经过长期的接触、融合与演变，已经发展出异于其他闽南语的特色。其中最显著的特点是不漳不泉、亦漳亦泉，台湾闽南语在漳州、泉州的移民语言基础上，到台湾之后，不同方言或次方言之间频繁地接触，形成“漳泉滥”的特色。除了“漳泉滥”之外，台湾的闽南语也有自己独特的发展与演变，以至于有部分与众不同的变异与变化，例如台南腔有/ə/元音，或者后元音/o/、/ɔ/混而为一，形成/i、e、a、u、o/的五元音系统；阳入单字调读同阴入单字调［32］等，在泉州、漳州、厦门等地，并没有出现这样的变异与变化。本文将分析目前台湾闽南语通行腔、漳州腔及泉州腔的竞争、融合，及其独特的变异与变化。

关于台湾闽南语的接触、融合与演变，许多学者有很多讨论，对这个问题关注最多的是洪惟仁，其在《台湾汉语方言之分布及诸语言之竞争力分析》（1992）中已经对台湾闽南语的竞争接触提出细致的观察，提到台湾闽南语包括：

> 在台湾，我们发现闽南语有泉州腔、漳州腔，另有漳州化的潮州腔。泉州腔又有三邑（包括晋江、南安、惠安，其中惠安颇不相同）、同安、安溪、厦门等不同的口音。（洪惟仁，1992：71）

这些不同的腔调，在台湾经过长期的接触已经有不同的发展，洪惟仁也提出以下观点：

> 虽然如此，我们从来没有发现一个纯粹的唐山口音在台湾完整地保存着，台湾汉人移民已有三百多年历史，在这么漫长的历史中，方言互相移借、互相渗透，以至无法分辨是漳是泉是很自然的事。使用人口较少、分布较散的方言正在消失，漳泉之间混合成一种不漳不泉的新方言，并且俨然浮现了一种“台湾优势腔”是不可否认的事实。① （洪惟仁，1992：71）

① 台湾优势腔是指在漳泉竞争下，混合了漳泉的特色并通行于台湾媒体的台湾闽南语，洪惟仁后来改称为台湾普通腔（洪惟仁，2003），或称之为“通行腔”，本文称之为“通行腔”。（洪惟仁，1992）

本文即是分析这种漳、泉竞争下胜出的台湾通行腔，保留了哪些漳、泉的成分，又有哪些异于漳、泉的新演变。以下将就声母、韵母、声调三方面分别论述之。

二、研究方法

本文的分析主要依据许多台湾闽南语调查的结果，因为要探讨台湾闽南语通行腔的发展演变，因此本文讨论、分析的语言材料涵盖老、中、青年的调查资料。其中尤其以洪惟仁（2003a）调查的 16 个点，包括漳腔区（如基隆、宜兰、桃园市等）、泉腔区（汐止、新屋、蚵壳港、新竹市等）及偏泉区（如苗栗白沙屯、澎湖、绿岛），以及笔者对于关庙方言（1995、1996）、大牛栏方言（陈淑娟 2004）、鹿谷方言（2009a）和台北市、彰化市及台南市方言的调查（陈淑娟，2009b）为主。我们从这些世代间的调查，归纳、分析台湾闽南语的演变趋势。

三、台湾闽南语的声母

台湾闽南语的声母，方言差别只表现在两个部分，一为有无［dz/z］声母，另一个是有没有将台湾闽南语读［ts^h］的音读同［s］，也就是将闽南语韵书十五音的“出”母读同“时”母，具有“出”归“时”的特点，关庙方言即具有这个特点（洪惟仁，1989、1992；杨秀芳，1991；陈淑娟，1995、1996、2004、2007；简秀梅、洪惟仁，2006 等）。

关于台湾闽南语［dz/z］声母的变异与变化，洪惟仁（2003a、2003b）已经有详细的讨论，其研究发现，其所调查的方言点中，台湾闽南语［dz/z］声母的衰退是普遍的现象，这个传统韵书的“入字头”，现存有 3 个变体：［dz/z］、［l］、［g］，其中［g］只在接细音时才可能出现，例如“写字［sia^{44} gi^{33}］”。3 个变体中，［l］最为强势。洪惟仁（2003a）这样描述［dz/z］声母的变异与变化：

> 我们可以证明入字头是一个变化中的声母。……从上述的调查可以清楚地证明不论漳泉，j 变体普遍地走向衰退的道路，同时两种新变体 g 和 l 也发生了竞争。l 变体在竞争中取得了压倒性的优势，g 在漳腔区的中青年层一度有略微蹿升的企图，终究抵不过 l 的竞争而欲振乏力。（洪惟仁，2003a：113—114）

洪惟仁（2003）的观察反映了台湾闽南语［dz］声母的演变趋势，不过我们发现有些地方的［g］变体也有一定的势力，例如陈淑娟调查关庙方言，发现“接细音时读 g 的比例较高，约为读 l 的两倍”。（陈淑娟，1995：89）。不过根据我们在台湾南部的观察，到了少年层，[l] 还是呈现绝对的优势（洪惟仁学生）。所以台湾闽南语声母演变的大趋势是 [dz/z] 声母变成 [l]。

周长楫（1986：82）在《福建境内闽南方言的分类》一文也指出，漳州话也有 [dz] 变成 [l] 的变化：

> 漳州话区老派有 dz 声母，读 dz 声母的，来源于部分古日母字。厦门话区、泉州话区、龙岩话区都没有 dz 声母，值得注意的是漳州话区新派大约受到厦门话的影响，已逐渐用 l 代替 dz。

可见 [dz/z] 声母变成 [l] 也是漳州话的演变趋势，我们在陈章太、李如龙（1991）的《闽语研究》中，看到其收录的语料，有的入字头记 [l]，有的记 [dz]，可能是正处于变化阶段，所以 [dz] 与 [l] 并存。台湾比较不同的是：漳腔区中，在接 [i] 的时候，中、青年有 [dz/z] 声母变成 [g] 的变异与变化。

台湾闽南语的声母 [dz/z] 的变异与变化之外，台南的关庙方言则有将台湾闽南语读 [ts^h] 的音读同 [s] 的现象，关庙方言比一般闽南语少一个 [ts^h]，不过这个特色很弱势，并且随着年龄层递减有逐渐消失的趋势。陈淑娟（1995、1996）针对关庙老年及青年的调查发现，60 岁以上的老年人失去“出”归“时”特点的有 19.83%，而 18 到 30 岁的青年人，已经有 98.67% 失去这个方音特点。在频繁的语言接触下，关庙的年轻人已经大多没有“出”归“时”的特色了。

总而言之，台湾闽南语通行腔的声母，大趋势是 [dz/z] 变成 [l]。因此我们可以预见，台湾闽南语的声母朝向传统韵书的“入”归“柳”发展，“入”母将会消失。到时候台湾闽南语的声母将如表 1 所示：

表 1　台湾闽南语通行腔声母表

			双唇	舌尖	舌根	喉
塞音	清	不送气	p	t	k	
		送气	p^h	t^h	k^h	
	浊		b		g	
边音	浊			l		
鼻音	浊		m	n	ŋ	
塞擦音	清	不送气		ts		
		送气				
	浊					
擦音	清					
	浊			s		h

至于关庙方言“出”归“时”的特点只是地方特色，不具竞争力。由年轻

人已经大多失去该特点推估，“出”归“时”的特点也会在一两代之后消失。

四、台湾闽南语的韵母

相对于声母及声调，台湾闽南语的韵母，漳州腔与泉州腔的系统性差异较多，主要表现在以下几组音：

表2 漳州腔与泉州腔韵母的系统性差异

传统韵书的归类	漳州腔	泉州腔	例字
毛褌	ũĩ	ŋ	饭、园、远、光、酸、卵、黄、算
箱姜	ĩõ	ĩũ	张、姜、羊、两、箱、抢、长、场
香姜	iaŋ	iɔŋ	想、将、乡、向、赏、彰、上、伤
居居	i	ɯ/i	居、语、鼠、举、拒、女、旅、虑
青更	ẽ	ĩ	生、青、更、病、井、星、醒、暝
科桧	ue	e	火、皮、过、被、货、月、尾、飞
杯稽	e	ue	批、买、卖、八、袂
鸡稽	e	ue	初、鞋、街、会、底、节、济、鸡
恩巾	in	un	斤、银、根、巾、近、筋、芹、恩

整体看来，台湾闽南语通行腔中漳州腔较占优势，但是这几组韵母中，“毛褌”类、“箱姜”类和“香姜”类却是泉州腔胜出，此外，泉州腔中另一组可以跟漳州腔竞争的是“杯稽”类，其他韵母则是漳州腔占上风。至于“居居”类则表现参差，大体上是比较白话的词说［i］，比较文的词说［ɯ］，少有全部说［i］或［ɯ］的情况。以下分别就“毛褌”类、“箱姜”类、“香姜”类、“杯稽”类及“居居”类的接触、融合说明之，而其他漳州腔比较优势的几组音，则不另外说明。

（一）台湾闽南语通行腔“毛褌”类说泉州腔的［ŋ］

台湾闽南语通行腔的“毛褌”类说［ŋ］，仅仅有少数方言还有［ũĩ］，例如宜兰、桃园大牛栏、南投鹿谷、竹山、澎湖吉贝等地方言。不过即使在这些还保留有［ũĩ］的地区，这组音还是很弱势的语音，陈淑娟（2004：153）针对大牛栏163位居民的调查，发现大牛栏的老、中、青三代，这组音的音变平均百分比如下：

表3　大牛栏不同年龄层保留［ũĩ］韵的平均百分比之比较[①]

变化比例		老女	老男	中女	中男	青女	青男
54%	老女						
46%	老男						
17%	中女	*	*				
14%	中男	*	*				
10%	青女	*	*				
9%	青男	*	*				

注：*是表示两个群体音变程度有显著差异。

由表3我们看出大牛栏的老年人保留［ũĩ］韵的平均百分比，老年男性是46%，老年女性是54%；至于中年这组音的音变平均百分比则是中年男性14%，中年女性17%，青年男性仅剩9%，青年女性也只有10%。可见大牛栏的中、青年已经大部分失去这个特色。

而陈淑娟（2007）关于鹿谷方言的调查，发现鹿谷的［ũĩ］更加弱势，其根据老、中、青的调查如表4，老年人保留［ũĩ］的百分比平均数也只有11%，中年仅有6%，青年更只有5%。三个年龄层保留［ũĩ］韵的比例有显著差异。

表4　鹿谷老、中、青保留［ũĩ］韵的比例

年龄	老年		中年		青年		F
	平均数	标准差	平均数	标准差	平均数	标准差	
保留［ũĩ］的比例	11%	17.14%	6%	11.88%	5%	11.74%	5.23**

因此我们可以说台湾闽南语的“毛裈”类，泉州腔的［ŋ］韵取得压倒性的胜利，漳州腔的［ũĩ］韵则不具竞争力。少部分有［ũĩ］韵的方言点，现今也都变成［ũĩ］、［ŋ］变体共存，老、中、青三代的调查发现，随着年龄的递减，［ũĩ］逐渐衰退，被［ŋ］取代。

（二）台湾闽南语通行腔“箱姜”类为泉州腔的［iũ］

至于“箱姜”类，也是泉州腔比漳州腔更加优势，台湾中北部大体上都说

---

① 陈淑娟（2004：153）呈现的是［ũĩ］韵的音变百分比平均数，这里因为是要看大牛栏还保留多少［ũĩ］韵，所以我们改以保留［ũĩ］韵的百分比呈现，并跟鹿谷方言做比较。此表中有*之处，表示该二社群在Sheffe-test两两比较之后，音变程度有显著差异。

[ĩũ]，北部只有少数方言点，例如大牛栏说漳州腔的 [ĩõ]，不过受到台湾闽南语通行腔的影响，大牛栏的 [ĩõ] 也有变成 [ĩũ] 的趋势，表 5 即是大牛栏不同年龄层 [ĩõ] 韵变成 [ĩũ] 韵之比较。

表 5　不同年龄层 [ĩõ] 韵变成 [ĩũ] 韵之比较

变化比例		老女	老男	中男	中女	青男	青女
17%	老女						
17%	老男						
58%	中男	*	*				
72%	中女	*	*				
83%	青男	*	*				
90%	青女	*	*				

注：* 是表示两个群体音变程度有显著差异。

从上表我们可以看出大牛栏的 [ĩõ] 韵也是呈现明显的世代差异，只有老年人变成通行腔 [ĩũ] 的比例较低（17%），青年男女已经超过八成都说通行腔的 [ĩũ]。大牛栏是客语区内的闽南方言岛，其 [ĩõ] 韵的衰退，可以证明在北部 [ĩũ] 是较强势的语音。

至于在南部，从关庙方言的世代比较，我们可以看出 [ĩũ] 韵仍是一比较强势的语音。关庙方言有 [ĩũ] 韵，邻近的台南方言也读 [ĩũ]，[ĩũ] 在台湾南部有区域性的分布，它分布在台南县大部分地区及高雄北部，在嘉义、云林、彰化三县以及东部偏漳腔地区也有零星分布（洪惟仁，2001）。然而关庙的 [ĩõ] 韵变成 [ĩũ] 韵的音变平均百分比有 11.87%，虽然这组音是关庙方言变异、变化最少、最稳定的方音，但是我们也可以看出台湾通行腔仍是以 [ĩũ] 韵为主，因此即使处在 [ĩũ] 分布的南部地区，又与南部深具活力的台南方言相邻，关庙还是出现 [ĩõ] 向通行腔 [ĩũ] 靠拢的变异与变化。

（三）台湾闽南语通行腔“香姜”类读泉州腔的 [iɔŋ]

至于“香姜”类，台湾通行腔占优势的是泉州腔的 [iɔŋ]，不过有一些漳腔区还有漳州腔 [iaŋ]，例如嘉义、南投、丰原等。我们以南投方言为例，南投闽南语“相片 [siaŋ^{53} p^{h} ĩ^{21}]”，通行腔说“相片 [siaŋ^{53} p^{h} ĩ^{21}]”。表 6 是南投各乡镇老年发音人“香姜”类的表现：

表6　南投各乡镇老辈“香姜”类的语音

词汇	名间	集集	南投市	竹山	鱼池	鹿谷	草屯	中寮	埔里	水里	保留 iaŋ(%)
名间“乡”	iaŋ	iaŋ	iaŋ	iaŋ	iaŋ	iaŋ	iaŋ	iaŋ	iɔŋ	iɔŋ	80%
重“阳”	iaŋ	iaŋ	iɔŋ	iaŋ	iaŋ	iaŋ	iaŋ	iɔŋ	iaŋ	iɔŋ	70%
“彰”化	iaŋ	iaŋ	iaŋ	iaŋ	iaŋ	iaŋ	iɔŋ	iɔŋ	iaŋ	iaŋ	70%
影“响”	iaŋ	iaŋ	iaŋ	iaŋ	iɔŋ	iaŋ	iaŋ	iɔŋ	iɔŋ	iɔŋ	60%
受“伤”	iaŋ	iaŋ	iaŋ	iɔŋ	iaŋ	iaŋ	iɔŋ	iaŋ	iɔŋ	iaŋ	60%
“相”片	iaŋ	iaŋ	iaŋ	iaŋ/iɔŋ	iaŋ	iɔŋ	iɔŋ	iaŋ	iɔŋ	iaŋ	60%
“相”信	iaŋ	iaŋ	iaŋ	iɔŋ	iɔŋ	iɔŋ	iɔŋ	iɔŋ	iɔŋ	iɔŋ	30%
“上”班	iaŋ	iɔŋ	iaŋ	iaŋ	iɔŋ	iɔŋ	iɔŋ	iɔŋ	iɔŋ	iɔŋ	30%
姑不而“将”	iaŋ	iɔŋ	iɔŋ	iaŋ	iaŋ	iɔŋ	iɔŋ	iɔŋ	iɔŋ	iaŋ	30%
欣“赏”	iaŋ	iɔŋ	iɔŋ	iɔŋ	iɔŋ	iɔŋ	iɔŋ	iɔŋ	iɔŋ	iɔŋ	10%
保留 iaŋ（%）	100%	70%	70%	60%	60%	50%	30%	30%	20%	0%	

在南投方言，我们看到各乡镇保留［iaŋ］的程度不一，有的乡镇保留较多［iaŋ］，例如名间乡的老年发音人这组音完整保留。但是其他乡镇则不然，10个词汇中，总有几个词汇读［iɔŋ］，尤其水里的发音人已经完全没有［iaŋ］。陈淑娟（2008：353）的研究发现：“当地的地名比较容易维持地方方音，较少受到通行腔的影响。”例如，表6“名间乡”的“乡”是10个词汇中保留最多［iaŋ］韵的。其在调查中发现，南投有些乡镇的发音人“香姜”类大多数已经变成通行腔的［iɔŋ］，但是他们在说到“名间乡”、“中寮乡”等南投当地地名时，仍保留［iaŋ］韵。此研究认为：“当地特有的、常用的语词（例如当地地名），因为当地经常使用，又少有外地语音的影响，所以比较容易保留地方方音（陈淑娟，2008：353）。”

表6中南投各乡镇中，鹿谷发音人保留［iaŋ］、变成通行腔的［iɔŋ］的比例各半，因此我们进一步调查60位鹿谷居民，老、中、青年各20位，比较三代保留［iaŋ］韵的差异。

表7是我们的调查结果，我们发现三代之间这组音的表现有显著差异，老年保留［iaŋ］的比例高于中、青年（$x2 = 20.40$，$df = 2$，$N = 60$，$p < 0.01$）：

表7 “香姜”类鹿谷老、中、青保留漳州腔［iaŋ］的比例

	老	中	青	F
保留［iaŋ］的比例	45.91%	11%	6%	74.55＊＊＊

可见在南投鹿谷这样一个偏漳腔的地区，“香姜”类的［iaŋ］也已经受到通行腔［iɔŋ］的影响，逐渐向［iɔŋ］靠拢，由中年及青年保留漳州腔［iaŋ］韵的比例越来越少，青年甚至只剩下6%，我们可以推估，“香姜”类的［iaŋ］韵在台湾也是一个弱势的语音，漳州腔［iaŋ］韵将逐渐消失而被［iɔŋ］取代。

（四）“杯稽”类漳州腔［e］与泉州腔的［ue］势均力敌

台湾闽南语通行腔的韵母，“毛裈”类、“箱姜”类和“香姜”类是泉州腔取得优势，其他大体上是漳州腔较占上风。不过泉州腔中另有一组可以跟漳州腔竞争的是“杯稽”类，“鸡稽”类与“杯稽”类漳州腔都读［e］，泉州腔读［ue］，“鸡稽”类是漳州腔占优势，但是“杯稽”类则略有不同。洪惟仁（2003a）调查老漳区后发现，“鸡稽”类与“杯稽”类在老漳区的势力不同：

> “鸡稽”类的老泉音和新泉音合起来还不到2%，但在“杯稽”类光是新泉音ue就占了16.7%，不但如此，随着年龄层的下降缓慢地上升。相对地，漳音则随着年龄层的下降缓慢地下降。（洪惟仁2003a：142～143）[①]

而洪惟仁（2003a）在老泉区的调查也发现［ue］在老泉区仍有相当的势力：“泉音［ue］在老泉区占了压倒性的优势，总计有84.5%，是所有泉音变体在泉腔区能够占这么优势的特例。（洪惟仁，2003a：143）”。而洪惟仁针对大专青年的语音认同调查，“杯稽”类则是：“泉音和漳音大体上平分秋色，只是泉腔区认同的泉音比率比漳音高一点，超过一半；漳腔区和混合区则认同漳音的比例也比较高，超过一半。”可见“杯稽”类漳州腔、泉州腔势均力敌，这在台湾闽南语各类音的接触融合中，算是比较特殊的。我们看到的大半不是漳州腔占优势，就是泉州腔胜出，比较少出现漳、泉势力相当的情况。

陈淑娟（2009b）在彰化市的调查也发现，彰化市现在是漳州腔胜出，但是还有两组音仍保有泉州腔的特色，其中一组即是“杯稽”类。对八、批、买、卖等字，有的说泉州腔的［ue］，有的说漳州腔的［e］；而陈淑娟（2009b）在台

① 虽然洪惟仁的调查数据显示：［ue］随着年龄层的下降缓慢地上升，漳音［e］则随着年龄层的下降缓慢地下降。但是由于老、中、青、少的［ue］分别是老年14.2%、中年14.6%、青年16.3%及少年24.3%，但是由于该研究没有做鉴定，我们无从得知不同年龄层之间是否有显著差异。

南市的调查也发现，像台南市安平区这样的老泉区，老年人的“杯稽”类还大多保留［ue］。

（五）“居居”类因文白而有差异

至于“居居”类，台湾闽南语主要有［ɨ］／［ɯ］（泉州腔）、［u］（同安腔）、［i］（漳州腔）3个变体。① 无论在老漳区或老泉区，漳州腔［i］都最具竞争力。根据洪惟仁对于老泉区的调查，老泉音［ɨ］／［ɯ］和新泉音［u］的占有率相当，分别是24.1%及24.6%。而漳腔的［i］占了51.4%，由此可见，即使在老泉区，漳腔的［i］仍然是最具优势的。

而其对于老漳区的调查，漳音［i］的占有率当然更高：“老漳区的漳音［i］总计84%的占有率，表现了压倒性的优势，但新泉音［u］的占有率也有15.7%；老泉音［ɨ］／［ɯ］的占有率接近0。”（洪惟仁，2003a：124）不过他也发现一个现象，老漳区随着年龄层降低，［u］有上升的趋势，青、少年［u］的占有率有两成。洪惟仁的分析是：“原因是有一些字，如‘煮’、‘处’、‘据’、‘语’等，其次是‘鼠’、‘薯’一些字，漳腔区内越来越多人接受同安的新泉音［u］。”（洪惟仁，2003a：124）

我们在鹿谷的调查也呈现这样的趋势，鹿谷是属于漳区，我们发现老“鼠”、蕃“薯”、“锯”仔等词汇几乎都是［i］，而考“虑”、争“取”、“女”中则是［u］的比例却高于［i］。洪惟仁对于这个现象的初步观察是：

> 为什么有些字倾向于念u，有些字倾向于念i，理由不是很明朗……初步的看法认为部分原因可能牵涉到“文白分工”的问题，就是说台湾闽南语有把漳州腔的i读当作白话音，而把同安腔的u当作文读音的倾向。（洪惟仁，2003a：124）

我们在鹿谷的调查结果，的确显示比较文的词汇说［u］的比例却高于［i］，而比较白的词汇则大多是说［i］。

不过有一个词汇例外就是“煮饭”，这个词汇不是文读音，但是60位受访者中却仅有一位说［i］，一位是［i］、［u］两音并存，其他人都说“煮饭［tsu^{44} pŋ^{33}］”。为什么“煮饭”这个词汇会有特别的变异与变化？我们在调查过程中，南投市、名间、草屯、竹山、中寮、集集等地的老辈发音人都说，过去听过长辈讲“煮饭［tsi^{44} pŋ^{33}］”，因为有时候会听人家骂女性：“啥物膣［sĩa^{44} mĩ^{44} tsi^{44}］”，很难听，后来才不说“煮饭［tsi^{44} pŋ^{33}］”，改说“煮饭［tsu^{44} pŋ^{33}］”。陈淑娟

① 在洪惟仁的研究中，他把“居居”类的同安腔［u］称为新泉音，这是老泉音［ɨ］／［ɯ］的进一步演变。

(2008) 对此现象有进一步的分析：

> 许多受访者表示，因为"煮饭［tsi^{44} $pŋ^{33}$］"的第一个音［tsi^{44}］与闽南语女性阴部［tsi^{33} bai^{44}］的第一个音节发音类似，同音避讳，所以中古遇摄合口三等字（鱼、虞韵字），虽然南投方言和台湾通行腔口语多读漳州腔［i］，但是"煮饭［tsi^{44} $pŋ^{33}$］"这个词汇却因为同音避讳的缘故，而有异于该组音的变化。可见使用者的社会心理也会影响各个词汇的语音变化。(陈淑娟，2008：356)

总之，"居居"类漳州腔的［i］占上风，但是我们却很难找到完全说［i］或完全说［u］的，大部分地区都有［i］、［u］混杂的现象。大体上有文白分工的现象，比较白的词大多说［i］，而比较文的词说［u］。不过"煮饭"这个词汇受到同音避讳的影响，因此不说［i］而说［u］。

五、台湾闽南语的声调

台湾闽南语通行腔的声调主要是漳州腔的系统，因为升调平调化是普遍的趋势（洪惟仁，2003a：164），因此阳入本调老泉音的升调完全不具竞争力，声调的变体主要有：

（1）阳入本调的调型：高调、中调；

（2）阳平变调的调型变成漳州腔的中调或泉州腔的低调。

有关阳入本调的调型，我们在下文中会进一步讨论，这里主要探讨阳平变调。根据洪惟仁（2003a：168～169）的调查，在老漳区阳平变调变成中平调的占75%，变成低调的只有25%；老泉区阳平变调变成低平调的占57.4%，变成中调的是42.6%。在老漳区阳平变调变成泉州腔的低调的只有25%，而老泉区变成漳腔中平调的比例超过四成，可见阳平变调变成漳州腔的中调是比较强势的。

我们在实际的田野调查中发现，个别词汇的阳平变调有不同的表现。例如"台北"，有的人说漳州腔的［tai^{33} pak^{32}］、有的人说泉州腔的［tai^{21} pak^{32}］，但是整体看起来，这个词是泉州腔的［tai^{21} pak^{32}］较占优势，可能是台北本身是泉州腔为主的地区，因此虽然阳平变调变成漳州腔的中平调是主流，但是"台北"这个地名，变成泉州腔的低调［tai^{21} pak^{32}］是有比较优势的。

另外，我们在台北大稻埕发现，当地老发音人的阳平变调都变成泉州腔的低调，但是在某些特殊状况，却会变成漳州腔的中平调。例如"长裤"，因为如果说成泉州腔的［$tŋ^{21}$ $k^hɔ^{21}$］，会变成与"断裤"同音，因此这时候他会说成漳州腔的［$tŋ^{33}$ $k^hɔ^{21}$］；又如"流水"，如果是泉州腔的变调［lau^{21} $tsui^{53}$］，则会跟

"漏水"同音，因此为了避免语义混淆，他会说［lau^{33} tsui^{53}］。为了避免语义混淆，这些词汇会有异于常态的变调。

六、两个无关乎漳、泉的独特变异与变化

接着我们将讨论另两个台湾闽南语正在进行的变化，元音系统及阳入单字调的变异与变化，这是无关乎漳、泉的独特变异与变化，以下分别说明。

（一）台湾闽南语元音系统的变异与变化

关于台湾闽南语的元音系统，目前台湾通行腔闽南语是/i、e、a、u、o、ɔ/六元音的系统（表8），这个系统是在漳州音的七元音系统基础上，合并/e/、/ɛ/而成。台湾南部以台南为中心，发展出/i、e、a、ɛ、u、ɔ/的六元音系统，张屏生（2000）、董忠司（2001）认为南部的央元音［ə］逐渐形成优势音，此优势音的势力在逐渐扩大中；对于台湾通行腔元音系统的变化，洪惟仁（2003a）提出老泉音崩溃，但是并未作出通行腔元音系统朝台南音系统变化的预测。

表8　台湾闽南语的元音系统

第一类 不对称的六元音系统 （通行腔）	第二类 对称的五元音系统 （大牛栏/宜兰仁泽）	第三类 对称的六元音系统 （台南、高雄）
i　u	i　u	i　u
e　o	e　o	e　ə
ɔ		ɔ
a	a	a

而台湾闽南语的调查资料中，我们也发现有些地方［o］、［ɔ］不分，例如宜兰仁泽方言（郑縈，1998）、澎湖的湖西、吉贝（张屏生，2000）以及大牛栏方言（洪惟仁，1993a、1993b、2003c；张屏生，2001、2002；陈淑娟，2004等）。其中陈淑娟（2004）关于大牛栏的163份调查，发现/i、e、a、u、o/的五元音系统虽然与台湾通行腔不同，不过这组音很稳定，变异很少。

究竟台湾闽南语的元音系统未来朝哪个方向演变？陈淑娟（2009a）从台湾各地典型发音人的字表调查资料，印证张屏生、董忠司认为台南的六元音系统是优势音的预测，同时该研究也看到台湾闽南语的元音系统变化的另外一种可能，就是［o］、［ɔ］混而为一的五元音系统：

> 台湾闽南语通行腔/i、e、a、u、o、ɔ/的六元音系统，因为结构不对称平衡，以及/o/、/ɔ/过于接近、不易辨识，因此有逐渐被南部的六元音系统及［o］、［ɔ］不分的五元音系统取代的可能。五元音系统因为结构对称、平衡，也是另一种优势元音系统，这个预测与观察是过去鲜被注意或讨论的。（陈淑娟，2009a）

陈淑娟（2009b）发现这两个新的优势元音系统，具体地展现在台南市。台南市各区的漳泉成分不同，安平区是泉州腔特点保留较多的地方，例如入字头都说［l］；"箱姜"类说［ĩũ］，与台南市的［ĩɔ̃］不同，例如"姜［kĩũ］"；"青更"类说泉州腔的［ĩ］，例如"青盲［$ts^{h}\tilde{i}^{33}$ $m\tilde{i}^{13}$］"；"杯稽"类说［ue］，例如"买卖［bue^{44} bue^{33}］"。安平区的元音系统是［o］、［ɔ］混而为一的五元音系统，而台南市其他各区则是/i、e、a、ə、u、ɔ/的六元音系统。这个对称的六系统目前正在往南、往北扩散，台南之外，高雄、屏东也都大多变成对称六元音的系统。①

而陈淑娟（2009b）在彰化的调查发现，彰化市的老年人多是不对称的/i、e、a、u、o、ɔ/六元音系统，但是中、青年已经大多变成/i、e、a、ə、u、ɔ/的对称六元音系统。可见对称六元音的系统已经往北扩散。不论南部的对称六元音，还是对称五元音，这两种元音系统的发展，都不是漳州腔或泉州腔的表现，而是台湾闽南语长期接触融合之后，进一步的发展。

（二）台湾闽南语阳入单字调的变异与变化

台湾闽南语的阳入单字调主要有高调及中调两种，高调与阴入调［32］有较大区别，中短调［33］与阴入调［32］则比较接近。洪惟仁（2003a：167～168）针对喉塞尾的阳入单字调做调查，发现无论是在老泉区或老漳区，阳入单字调变成中长调［33］都是最有优势的变体。而关于大专生的语音认同度调查，发现认同喉塞尾的阳入单字调是中长调的有 59.1%，认同高短调的有 39.2%。因此无论从语音调查还是大专生认同度调查，喉塞尾的阳入单字调读中长调都是优势变体。然而洪惟仁（2003a）只处理了喉塞尾的阳入单字调，并没有讨论［p］、［t］、［k］尾的阳入单字调。然而廖瑞昌（2004）的调查却显示整个台湾闽南语的入声调，如果韵尾是［-p］、［-t］、［-k］，则阴入、阳入有不分的现象。

陈淑娟（2009b）的调查发现喉塞尾的阳入单字调有的维持本有的阳入调［5］或［33］，有的则读为中长调［33］，或读同阴入的中短调［32］。陈淑娟（2009a）关于鹿谷方言的实证调查，发现阳入单字调读同阴入调［32］是最强

① 洪惟仁的调查发现高雄屏东的临海地区，有些地方还没有［ə］，仍然是圆唇的［o］。

势的变化趋势，其中［-p］、［-t］、［-k］尾的阳入单字调读同阴入调的比例超过50%，随着年龄层递减，阳入读同阴入的比例也越高。各韵尾中，喉塞尾的阳入单字调混同阴入调的比例较低，为42%。这是因为有部分喉塞尾的阳入单字调变成中长调［33］的缘故。

表9　鹿谷老、中、青阳入单字调读同阴入调［32］的比例（陈淑娟，2009a：171）

不同韵尾	老年	中年	青年	各韵尾阳入单字调读同阴入调［32］的比例
［-p］	40%	43%	79%	54%
［-t］	34%	49%	82%	55%
［-k］	39%	48%	75%	54%
［-ʔ］	32%	38%	56%	42%
各年龄层平均比例	36．2%	44．5%	73%	51%

喉塞尾的阳入单字调变成中长调［33］以及变成中短调［32］哪一个比较强势呢？表10是老、中、青喉塞尾阳入单字调读中短调［32］及中长调［33］的比例，读中短调［32］的平均数是42%，读中长调［33］的比例才24%，而且随着年龄的递减，阳入读中短调［32］的比例越高，而读中长调［33］的比例越低。由此可以看出即使是喉塞尾的阳入单字调，变成中短调还是较强势的变体。

表10　鹿谷老、中、青喉塞尾阳入单字调的变异与变化

	老年	中年	青年	平均数
中短调［32］	32%	38%	56%	42%
中长调［33］	28%	25%	18%	24%

陈淑娟在鹿谷的调查中，看到喉塞尾阳入单字调的变异与变化，鹿谷与洪惟仁（2003a）的研究呈现不同的趋势：

> 我们看到鹿谷喉塞尾的阳入字有两个变体在竞争，一个是中长调［33］，一个是读同阴入的中短调［32］……我们发现鹿谷喉塞尾阳入字的变异与变化，与洪惟仁（2003a）调查的几个方言点不同。洪惟仁关于北部的调查发现，喉塞尾的阳入单字调，以中长调的变体最强势；不过在中部的鹿谷方言，我们看到阳入调读同阴入的中短调［32］是最

强势的变体，显然不同地区或不同的方言点有各自的变化。（陈淑娟，2009a：172）

陈淑娟（2009a）对于台湾闽南语阴入、阳入单字调的变异与变化的讨论中，显示台湾老辈闽南语的阴入、阳入已经有程度不等的混淆，透过鹿谷方言的调查，我们更具体地看到阴入、阳入混同是一个进行中的变化，阴入、阳入单字调混同，也是一个可能的演变趋势。

七、结论

台湾闽南语经过长期的接触、融合与演变，通行腔混合了漳州腔、泉州腔的特色。整体而言是偏漳腔的成分居多，但是个别的音类竞争有的漳州腔胜出，有的则是泉州腔占上风。例如传统韵书的“毛裈”类、“箱姜”类、“香姜”类都是泉州腔胜出，“杯鸡”类则是漳州腔、泉州腔势均力敌，其他音类大都是漳州腔胜出。而在声调方面，漳州腔的阳平变调变中平调也是比较强势的。不过有些个别词汇，因为特殊原因而有其异于整个音类的变异与变化，例如，“煮”饭因为同音避讳而不说［i］，改说［u］，这与“居居”类白话音的表现不同。

台湾闽南语在漳泉竞争融合的基础上，也有自己独特的变化。例如元音系统朝向五元音及南部六元音两种对称平衡的结构演变，这两种元音系统还在竞争中；而声调也在简化，有阳入单字调读同阴入调，或者喉塞尾阳入单字调丢失喉塞尾变中长调的趋势。

本文综合论述台湾闽南语的接触、融合与演变，以田野调查的资料，辅助分析漳、泉的融合消长，在音类竞争外，也说明若干词汇独特的变化。而对台湾闽南语的接触融合与演变，本文也以实际的田野调查数据，提出两个台湾闽南语独特的发展方向，指出台湾闽南语发展演变的新可能。

参考文献

1. 周长楫：《福建境内闽南方言的分类》，《语言研究》1986 年第 2 期，第 69 ~ 84 页。

2. 洪惟仁：《台湾诸语言之分布与融合消长之竞争力分析》，《台湾风物》1989 年第 39 卷第 2 期，第 43 ~ 80 页。

3. 洪惟仁：《台湾方言之旅》，台北：前卫出版社，1992 年。

4. 洪惟仁：《大牛椆方言——一个来自惠州的漳州方言》，第三届国际闽方言学术研讨会论文，1993 年。

5. 洪惟仁：《台湾闽南语方言调查的一些发现》，《台湾史田野研究通讯》1993 年，第 10 ~ 25 页。

6. 洪惟仁：《台湾汉语共时方言学：历史与展望》，《中央研究院“汉语调查研究”小型研讨会论文》，2001 年。

7. 洪惟仁:《音变的动机与方向：漳泉竞争与台湾普通腔的形成》，清华大学语言学研究所博士学位论文，2003 年。

8. 洪惟仁:《台湾话 j 声母的衰退：一个社会方言学的调查研究》，《第八届国际暨第二十一届全国声韵学学术研讨会论文集》，高雄：高雄师范大学，2003 年，第 389 ~ 415 页。

9. 洪惟仁：《桃园大牛椆方言的形成与发展》，《台湾语文研究》2003 年第 1 期，第 25 ~ 67页。

10. 张屏生:《台湾闽南话部分次方言的语音和词汇差异》，屏东市：国立屏东师范学院，2000 年。

11. 张屏生:《大牛椆方言闽南话、客家话的双方言现象析探》，《八十九年国科会语言学门（一般语言学）研究成果发表会论文集》，台北：行政院国家科学委员会，2001，第 55 ~ 72 页。

12. 张屏生:《桃园新屋乡大牛椆闽南话语汇稿》，未出版，2002 年。

13. 陈淑娟:《关庙方言“出归时”的研究》。台湾大学中文研究所硕士学位论文，1995 年。

14. 陈淑娟:《台湾关庙方言》，The Yuen Ren Society Treasury of Chinese Dialect Data, ed. by David Prager Branner, 2: 217 - 256. Seattle: The Yuen Ren society for the promotion of Chinese dialect fieldwork Press, 1996.

15. 陈淑娟:《桃园大牛栏方言的语音变化与语言转移》，台北：国立台湾大学出版委员会，2004 年。

16. 陈淑娟、江文瑜（2007)《台湾大牛栏及关庙方言特殊方音的语体转移与口音流动》，《汉学研究》2007 年，第 437 ~ 466 页。

17. 陈淑娟:《台湾闽南语元音系统及阴、阳入声调的变异与变化——台湾闽南语的字表调查分析》，《台湾语文研究》2009 年第 3 期，第 151 ~ 172 页。

18. 陈淑娟:《台湾闽南语入声及元音系统变化之研究》，国科会专题研究研究计划结案报告，2009 年。

19. 杨秀芳:《台湾闽南语语法稿》，台北：大安出版社，1991 年。

20. 董忠司:《福尔摩沙的烙印：台湾闽南语概要》，台北市：行政院文化建设委员会，2001 年。

21. 廖瑞昌:《台语入声调之现况研究》，新竹教育大学台湾语言及其教学研究所硕士学位论文，2004 年。

22. 郑萦:《宜兰方言的语音变化》，《第十六届全国声韵学研讨会论文集》，彰化：彰化师范大学国文系所，1998 年，第 1 ~ 18 页。

23. 简秀梅、洪惟仁:《关庙方言区“出归时”字类回头演变之社会方言学研究》，社会语言学与功能语言学国际学术研讨会论文，台中：中兴大学，2006 年。

新屋水流军话的词汇特色

台湾国立中山大学中文系　张屏生　吕茗芬

一、前言

“军话”这种方言在台湾的汉语方言研究中从来没有被报道过，是台湾汉语方言当中濒临灭绝的一种。目前只有桃园县新屋乡赤栏村的水流地区的罗姓家族在使用[①]，下面就以“水流军话”来叙述。笔者从2004年6月到11月间，陆陆续续做了将近4个月的调查，对水流军话的语音和词汇有了初步的认识。因为军话当中除了有客家话的成分之外，也有官话和广东话的成分；而台湾的水流军话还有闽南话、国语和日本话的成分。本文拟通过和客家话（新屋海陆腔）、广州话、国语的比较，讨论水流军话的词汇特色及其和其他方言接触的混杂成分。

二、水流军话和其他方言的词汇比较

水流军话的词汇和新屋海陆腔客家话大部分相同，这部分的例子很多，本文无法一一列举。本文所要讨论的是水流军话和广东话、国语明显相同的词汇，以及水流军话本身有特殊说法的词汇。下面的材料，国语部分是参考“教育部”编的《重编国语辞典》（网络版），广东话部分是参考《汉语方音词汇》、白宛如编的《广州方言词典》、《珠江三角洲方言词汇对照》，水流军话和新屋海陆腔客家话是笔者调查的材料。通过比较，我们大致将这些词汇分成3类：

（一）和国语相近的词汇（声调上标是本调，下标是变调）

	词目	1. 雨伞	2. 干净	3. 眼睛	4. 鳖
1	国	雨伞 y^{35} san^{214}	干净 kan^{55} $tɕiŋ^{51}$	眼睛 ian^{21} $tsiŋ^{55}$	鳖 pie^{55}
2	广	遮 $tsɛ^{55}$	干净 $kɔn^{53}$ $tʃɛŋ^{22}$	眼 $ŋan^{13}$	水鱼 $ʃøy^{35}$ jy^{21}

① 根据笔者2006年8月的调查，水流军话的原乡是在广东省陆丰县西南镇的青塘。

（续上表）

	词目	1. 雨伞	2. 干净	3. 眼睛	4. 鳖
3	水	雨伞 fu^{11} san^{55}	干净 kon^{33} tsiaŋ^{53}	眼睛 ŋan^{35} tsiaŋ^{11}	鳖 pet^{5}
4	新	遮仔 tʃa^{53} a^{55}	净利 ts^{h}iaŋ^{33} li^{33}	目珠 muk^{3} tʃu^{53}	团鱼 t^{h}on^{55} ŋ$^{'55}$ 鳖 piat^{5}

（1）“雨伞”在台湾大部分客家话都叫“遮仔”（诏安腔、武平腔除外），潮州话叫“雨遮”。

（2）“鳖”在台湾客家话大都叫“团鱼”或“脚鱼”，因为和女性生殖器音近的缘故。

	词目	5. 眼泪	6. 耳朵	7. 风筝
1	国	眼泪 ian^{21} lei^{51}	耳朵 ɚ^{21} · tuo	风筝 fəŋ^{55} tʂəŋ^{55}
2	广	眼泪 ŋan^{13} lœy^{11}	耳仔 ji^{13} tsɐi^{35}	纸鹞 tʃi^{35} jiu$^{22}_{35}$
3	水	眼泪 ŋan^{35} ləi^{11}	耳朵 ɲi^{35} to^{35}	风筝 fuŋ^{33} tʃəŋ^{33}
4	新	目汁 muk^{3} tʃip^{3}	耳空 ɲi^{33} k^{h}uŋ^{53}	纸鹞 tʃi^{33} ʒau^{33}

（二）和广东话相近的词汇

	词目	1. 桌子	2. 斗笠	3. 丝瓜
1	国	桌子 tʂuo^{55} · tsɿ	斗笠 tou^{21} li^{51}	丝瓜 sɿ^{55}kua^{55}
2	广	枱 t^{h}ɔi^{21}	雨帽 jy^{13} mou^{22}	水瓜 søy^{35} kua^{55}
3	水	枱仔 t^{h}oi^{33} e^{55}	雨帽 fu^{35} mau^{53}	水瓜 ʃəi^{35} kua^{33}；菜瓜 ts^{h}oi^{55}kua^{33}
4	新	桌 tsok^{5}	笠嫲 lip^{3} ma^{55}	菜瓜 ts^{h}oi^{11} kua^{53}

（1）“丝瓜”在水流军话有两种说法：“水瓜”和“茶瓜”，“水瓜”是原来的说法，“菜瓜”是台湾大部分闽南话和客家话的说法。

	词目	4. 鸡蛋	5. 母鸡	6. 稀饭	7. 鲎
1	国	鸡蛋 tɕi^{55}tan^{51}	母鸡 mu^{21} tɕi^{55}	稀饭 ɕi^{55}fan^{53}	鲎 hou^{51}
2	广	鸡春 kɐi$^{53}_{55}$ ts^{h}øn^{55}	鸡乸 kɐi^{55} na^{35}	粥 tsok^{55}	鲎鱼 hɐu^{22} y^{21}
3	水	春 tʃ^{h}ən^{33}	鸡乸 kəi^{33} na^{11}	粥 tʃuk^{5}	鲎鱼 hok^{3}ɲi^{33}
4	新	卵 lon^{13}	鸡嫲 kai^{53} ma^{55}	糜 moi^{55}	—

（2）水流军话的“蛋”叫“春”，台湾有些客家话把“鸡蛋”叫“鸡春”，不说“鸡卵”，是因为“卵”和“核卵”（睾丸）之间的联想，但是“蛋黄”、“蛋白”还是说“卵黄”、“卵白”，“蛋糕”还是叫“鸡卵糕”，不叫“鸡春糕”。水流军话相关的词汇也都用“春”，如“皮春”（皮蛋）、“春白”（蛋白）、“春仁”（蛋黄）、“鸡春糕”（蛋糕）。

（3）“乸”是广东话的说法，相当于客家话“嫲”这个词缀的语法作用。在水流军话中和“乸”有关的构词就有“牛乸”、“鸭乸”、“斋乸”、“舌乸”、“虱乸”、“刀乸”，等等。

（4）“鲎”，一般客家话中没有这个词，闽南人拿来做“鲎桸”hau^{11} hia^{55}（舀具），水流军话虽然和客家话较接近，但是仍然保存了“鲎鱼”这个词汇。

	词目	8. 杀	9. 肏（操）	10. 看	11. 睡	12. 回
1	国	杀 ʂa^{55}	肏 ts^{h}au^{51}	看 k^{h}an^{51}	睡 ʂuei^{51}	回 xuei^{35}
2	广	劏 t^{h}ɔŋ^{55}	屌 tiu^{31}	睇 t^{h}ɐi^{35}	瞓 fɐn^{33}	翻归 fan^{55} kuɐi^{55}
3	水	劏 t^{h}oŋ^{33}	鸟 tiu^{35}	睇 t^{h}əi^{35}	困 fən^{55}	归 kue^{33}
4	新	tʃ^{h}i^{55}	鸟 tiau^{13}	看 k^{h}on^{11}	睡目 ʃoi^{33} muk^{5}	转 tʃon^{13}

（5）广东话“屌”的本字可能是“鸟”，“鸟”在水流军话中有两个音，一念 neu^{53}（阳去调），另一个念 tiu^{35}（上声调），用于骂人话“鸟若姆”。新屋海陆腔客家话表示动物的“鸟”念 tiau^{53}（阳平调），用于骂人话时念 tiau^{13}（上声调）。

（6）广东话“睇”这个词除了被水流军话吸收之外，潮州话也吸收了这个词，不过念成“睇”t^{h}õi^{51}。

（7）广东话“瞓”是俗字，本字可能是“困”（白宛如，1998：324）。

（三）水流军话独特的说法

以下所举的词都是水流军话和国语、广东话、客家话不同的说法。

	词目	1. 下雨	2. 明天	3. 中午	4. 晚上
1	国	雨 y^{214}	明天 miŋ^{35} t^{h}ian^{55}	中午 tʂuŋ^{55} u^{214}	晚上 uan^{21} ʂaŋ^{51}
2	广	雨 jy^{13}	听日 t^{h}eŋ^{55} jiɐt^{22}	晏昼 an^{33} tsɐu^{33}	夜晚黑 jiɛ^{22} man^{13} hak^{55}
3	水	雨 fu^{13}	倘伢早 t^{h}oŋ^{53} ŋa^{11} tsau^{13}	当晏时 toŋ^{33} an^{55} ʃi^{33}	今黑时 kin^{33} hak^{5} ʃi^{33}
4	新	水 ʃui^{13}	天光日 t^{h}ian^{53} koŋ^{33} ɲit^{3}	当昼 toŋ^{53} tʃiu^{11}	暗晡头 am^{33} pu^{33} t^{h}eu^{55}

（1）“雨” fu^{2} 这个音读，实在很特别。

（2）“晏”相当于闽南话的“晏” uã^{3}（表示“迟”的意思），客家话用“昼”，赣语用“晏”。（刘纶鑫，1999：347）

	词目	5. 垃圾	6. 杯子	7. 水瓢	8. 牙刷
1	国	垃圾 lɤ^{51} sɤ^{51}	杯子 pei^{55} · tsɿ	水瓢 ʂuei^{21} p^{h}iau^{35}	牙刷 ia^{35} ʂua^{55}
2	广	垃圾 lap^{22} sap^{33}	杯 pui^{53}	水壳 sœy^{35} hɔ^{33}	牙擦 ŋa^{21} tʃ^{h}at^{33}
3	水	肮脏 o^{33} tso^{33}	瓯仔 əu^{33} e^{55}	椑勺 pi^{33} ʃok^{5}	牙扫 ŋa^{11} sau^{55}
4	新	垃圾 la^{11} sep^{5}	茶杯仔 tʃ^{h}a^{55} pui^{53} i^{55}	勺仔 ʃok^{3} e^{55} 勺嫲 ʃok^{5} ma^{55}	牙搓仔 ŋa^{55} ts^{h}o^{11} o^{55}

（3）“肮脏”在客家话中是当做形容词，水流军话是把它当做名词。

（4）“瓯”在闽南话中也是“杯子”的意思，但是这不是闽南话的借词。因为潘家懿（1998）提到“瓯” əu^{33}（小孩用的椰壳碗），他也把“瓯”列为平海军话的特色词语。

	词目	9. 扫把	10. 砧板	11. 帽子	12. 妈妈
1	国	扫把 sau^{51} pa^{214}	砧板 tʂən^{55} pan^{214}	帽子 mau^{51} · tsɿ	妈妈 ma^{55} · ma
2	广	扫把 sou^{33} pa^{35}	砧板 tsɐm^{53} pan^{35}	帽 mou^{22}	阿妈 a^{33} ma^{55}
3	水	扫杆 sau^{55} kon^{55}	灶头板 tsau^{55} t^{h}ou^{33} pan^{55}	钻仔 tson^{55} ne^{55}	阿奶 a^{33} na^{13}
4	新	扫仔 so^{11} o^{55}	切菜枋 ts^{h}iat^{5} ts^{h}oi^{11} Pioŋ^{53}	毡帽 tʃan^{53} mo^{33}	阿姆 a^{33} me^{53}

（5）水流军话“斗笠”叫“雨帽”，可是“帽子”却说“钻仔”。

（6）水流军话“母亲”叫“阿奶”的说法，没有查到其他相关方言有类似说法。

	词目	13. 糕	14. 糯米团	15. 蚂蚁	16. 猫头鹰
1	国	糕 kau^{55}	糯米团 nuo^{51} mi^{21} t^{h}uan^{13}	蚂蚁 ma^{35} i^{214}	猫头鹰 mau^{55} t^{h}ou^{35} iŋ^{55}
2	广	糕 kou^{55}		蚁 ŋɐi^{23}	猫头鹰 mau^{55} t^{h}ɐu^{21} ieŋ^{55}
3	水	粑粑 pa^{33} pa^{33}	粑粑胚 pa^{33} pa^{33} p^{h}oi^{33}	狗蚁 kou^{11} ŋəi^{55}	猫头雀 miu^{11} t^{h}ou^{11} ts^{h}iok^{5}
4	新	粄 pan^{13}	粄穄 pan^{33} ts^{h}e^{11}	蚁仔 ŋe^{11} e^{55} 蚁公仔 ŋe^{11} kuŋ^{53} ŋ^{55}	猫头鸟 ɲiau^{11} t^{h}eu^{55} tiau^{53}

（7）“粑粑”相当于闽南话的“粿”、客家话的“粄”，国语并没有合适的对译词。“粑粑”这个词在别处方言有不同的意思，[①] 平海、坎石潭、青塘军话也都叫“粑粑”，这是军话的标记。

（8）“粽”是表示用来做汤圆的米胚，国语没有相应的对译词。

（9）“狗蚁”和闽南话说法相同。

（10）水流军话没有“鸟”这个词，相关词汇用“雀”，所以，“猫头鹰”叫“猫头雀”，不叫“猫头鸟”。

	词目	17. 米苔目	18. 米花	19. 春卷
1	国	米苔目 mi^{21} t^{h}ai^{35} mu^{51}	爆米花 pau^{51} mi^{21} xua^{55}	春卷 tʃ^{h}uən^{55} tçyan^{214}
2	广	濑粉 lai^{22} fɐn^{35}	爆谷 pau^{33} kok^{5}	×
3	水	米筛眼 məi^{35} ʃi^{11} ŋan^{13}	炮㸌仔 p^{h}au^{55}luk^{3} ge^{55}	韧韧饼 ɲin^{55} ɲin^{55} piaŋ^{13}
4	新	米筛目 mi^{33} tʃ^{h}i^{53} muk^{5}	米粩 mi^{33} tʃ^{h}aŋ^{55}	

（11）“米苔目”这个词，国语对译词是从闽南话“米筛目”bi^{55} t^{h}ai^{33} bak^{5}拗折的。因为水流军话的眼睛叫“眼睛”，所以“米筛目”就转成“米筛眼”。新加坡的华语叫“老鼠粉”。

（12）一般客家话没有“春卷”这个词汇，其他相关方言也没有查到和“韧韧饼”类似的说法，我们的困难在于无法判断这是在台湾才有的词汇，或者大陆原乡就有这种说法，因为发音人说他们从小就这样说了。

	词目	20. 汤圆	21. 菾菜（莙荙菜）	22. 馊水	23. 吃荤
1	国	汤圆 t^{h}aŋ^{55} yan^{35}	×	馊水 sou^{55} ʂuei^{214}	吃荤 tʂ^{h}ʅ^{55} xuən^{55}
2	广		猪乸菜 tsy^{53} na^{35} ts^{h}ɔ^{33}	猪潲 tsy^{53} sau^{23}	食杂 sek^{22} tsap^{22}
3	水	水圆仔 ʃəi^{35} ʒen^{11} ne^{55}	萁菜 ki^{11} ts^{h}oi^{55}	猪水 tʃu^{11} ʃəi^{13}	食肉 ʃak^{3} ɲiuk^{5}
4	新	粄圆 pan^{33} ʒen^{55}	勺菜 ʃok^{5} ts^{h}oi^{55}	汁 tʃip^{5}	食荤 ʃit^{3} fun^{53}

（13）汤圆在台湾的客家话有“圆粄仔”、“粄仔圆”、“惜圆”等说法。

（14）“菾菜”在大陆叫“莙荙菜”，这种菜很像勺子，所以客家话叫“勺菜”，闽南话叫“加茉菜”ka^{33} bua^{11} ts^{h}ai^{11}，一般用来喂猪。

（15）“馊水”的主要来源是“厨余”，主要用来喂猪。

① 《汉语方言大辞典》页5143：“‘粑粑’①饼类食品的总称。西南官话……②糍粑。湘语……③烙饼。江淮官话……④糕饼。西南官话……⑤玉米饼子。胶辽官话。”

	词目	24. 厕所	25. 鼻子	26. 头
1	国	厕所 ts^{h}ɤ^{51} suo^{214}	鼻子 pi^{35} ·tsɿ	头 t^{h}ou^{35}
2	广	屎坑 si^{35} haŋ^{53} 厕所 ts^{h}i^{33} sɔ^{35}	鼻哥 pei^{22} kɔ^{55}	头 t^{h}ɔu^{21} 头壳 t^{h}ɐu^{21} hɔk^{33}
3	水	厕缸 ts^{h}a^{55} koŋ^{33}	鼻管 pi^{53} kuan^{55}	脑壳 na^{35} hok^{5}
4	新	屎缸 ʃi^{33} koŋ^{53}	鼻公 p^{h}i^{11} kuŋ^{53}	头颅 t^{h}eu^{55} na^{55}

（16）水流军话的“头”叫“脑壳”，这是官话的说法。

	词目	27. 男阴①	28. 女阴	29. 女阴的替代
1	国	屌 tiau^{214}	屄 pi^{55}	—
2	广	鸠 kɐu^{55}	㞗 hɐi^{55}	—
3	水	卵鸟 lon^{11} tsiau^{53}	㞗鳖 həi^{33} pet^{5}	毛蟹 ma^{11} hai^{13}、蚌 p^{h}oŋ^{53}
4	新	朘仔 tʃoi^{53} i^{55} 棍 lin^{33} kun^{11}	鳖鳖 pe^{11} pe^{55} 膣腓仔 tʃi^{31} pai^{33} i^{55}	—

（17）“卵鸟”的说法和闽南话的“□鸟” lan^{11} tsiau^{51} 比较接近。

（18）赣语的女阴叫“鳖”，有趣的是水流军话似乎是把广东话的“㞗”和客家话的“鳖”缀合起来。

（19）一般客家话是用“螺栝仔”（蚌）当做“女性生殖器”的委婉词，台湾闽南话用“蚶仔”（蛤蜊）、“蜷栝”（蚌）、“水鸡”（青蛙），水流军话用“毛蟹”、“蚌”来替代。②

	词目	30. 知道	31. 生小孩	32. 什么	33. 没有
1	国	知道 tʂʅ^{55} tau^{51}	生 ʂəŋ55	什么 ʂɤn^{35} ·mɤ	没有 mei^{35} iou^{214}
2	广	知 tʃi^{53}	生 ʃaŋ^{53}	乜嘢 mɐt^{5} ie^{23}	无 mou^{23}

① 关于男性生殖器国语的通俗说法是：①“屌”；②“阴茎”；③“阳具”。大陆普通话叫“鸡巴”，但是“鸡巴”在台湾通常是指“女性生殖器”。

② “毛蟹”当女性生殖器时出现在骂人语当中，例如“鸟若姆大毛蟹” tiu^{35} ŋia^{33} me^{33} tai^{53} ma^{11} hai^{35}（操你妈的屄）。“蚌”的使用语境是“你个蚌大只细只” ŋi^{33} e^{55} p^{h}oŋ^{53} taə^{53} tʃak^{3} sʃi^{55} tʃak^{3}（你的××大还是小）。

（续上表）

	词目	30. 知道	31. 生小孩	32. 什么	33. 没有
3	水	晓得 hi^{11} tək^{5}	养细人仔 ioŋ^{33} səi^{55} ɲin^{11} ne^{55}	别 pe^{55}	无 mau^{13}
4	新	知 ti^{53}	供细人 kiuŋ^{11} se^{11} ɲin^{55} 供偓伢 kiuŋ^{11} o^{55} ŋa^{55}	乜个 mak^{3} kai^{11}	无 mo^{55}

（20）水流军话“知道”叫“晓得”，坎石潭、青塘军话也有这种说法，赣语大部分也这样说。（李如龙、张双庆，1992：391）

（21）水流军话“养细人仔”的说法，在部分客家话有同样的说法。（李如龙、张双庆，1992：296）

	词目	34. 漂亮	35. 我	36. 你	37. 他
1	国	漂亮 p^{h}iau^{51} liaŋ^{51}	我 uo^{214}	你 ni^{214}	他 t^{h}a^{55}
2	广	好睇 hou^{35} t^{h}ɐi^{35} 靓 lɛŋ^{33}	我 ŋɔ^{23}	你 nei^{23}	佢 k^{h}øy^{23}
3	水	娋 ts^{h}iau^{11}	偓 ŋai^{33}	你 ŋi^{33}	佢 ki^{33}
4	新	婧 tsiaŋ^{53}	偓 ŋai^{55}	你 ŋi^{55}	佢 ki^{55}

（22）水流军话的“娋”除了“漂亮”还有“新鲜”和“聪明”的意思。武平中山军话也用“俏”。（染玉璋，1990）

（23）第一人称用“偓”是客家话的重要标记，所以有些客家话叫“偓话”。水流军话和客家话同样用“偓”。

（24）客家话浊音清化之后，一律送气。所以阳调类的字应该全部送气，只有“佢”是少数的例外，对应到水流军话，反而符合规律。

	词目	38. 桃子	39. 李子	40. 橘子	41. 柿子	42. 栗子
1	国	桃子 t^{h}au^{35} ·tsɿ	李子 li^{21} ·tsɿ	橘子 tɕy^{35} ·tsɿ	柿子 ʂʅ^{51} ·tsɿ	栗子 li^{51} ·tsɿ
2	广	桃（仔）t^{h}ou^{35}	李 lei^{23}	柑 kɐm^{55}	柿 ts^{h}i^{35}	—
3	水	桃子 t^{h}au^{53} tsoi^{13}	李子 li^{53} tsoi^{13} 李仔 li^{55} e^{55}	柑子 kam^{53} tsoi^{13}	柿子 k^{h}i^{53} tsoi^{13}	栗子 lip^{5} tsoi^{13}
4	新	桃仔 t^{h}o^{55} o^{55}	李仔 li^{11} i^{55}	柑仔 kam^{53} m̩^{55}	柿 k^{h}i^{33}	栗子 lat^{3} tsɨ^{13}

（25）水流军话的小称词尾，有“子”、“仔”，大部分用“仔”，但是也有

两种都用的情况，像“李子”、“李仔”。从和大陆军话的比较来看，用“子”是原来军话的用法①，这种例子不多，是残余，不是新变。用“仔”是后来到台湾之后的变化。

三、小结

本文主要介绍了水流军话的词汇特色，水流军话的词汇大部分和海陆腔客家话是一样的，特别是在此有彼无的情况下，会渗入部分的客家借词。除此之外，水流军话还有部分词汇和国语、广东话是相近的，这些都是远在原乡时期就已经存在，来到台湾以后还没有被周遭方言影响的词汇。水流军话的语音和词汇虽然在多方面具有客家话的色彩，但是具体来说，还应该是军话，而不是客家话。其中还有一个重要的关键符合丘学强（2002）所提出的军话判准条件之一：“自称和附近人们的指称”。发音人罗德丁明确地告诉笔者，他们讲的是“军话”。② 通过和大陆军话材料粗略的比较，水流军话和大陆的青塘军话相似度最高。本文限于篇幅，先仅就语音和词汇的现象提出说明。将来结合大陆调查的语料必然可以对水流军话有更合理的解释。

参考文献

1. 北京大学中国语言文学系语言学教研室：《汉语方音字汇》，文字改革出版社 2003 年第 1 版。

2. 北京大学中国语言文学系语言学教研室：《汉语方音词汇》，文字改革出版社 1995 年第 2 版。

3. 白宛如：《广州方言词典》，江苏教育出版社 1998 年第 1 版。

4. 丘学强：《广东军话语言特点概述》，《暨南大学汉语方言学博士研究生学术论文集》（詹伯慧主编），暨南大学出版社 2001 年第 1 版。

5. 丘学强著，单周尧、陆镜光主编：《青塘军话中的粤语成分》，收录于《第七届国际粤方言研讨会论文集》，商务印书馆 2000 年版，第 59 ~ 61 页。

6. 丘学强：《粤、琼军话研究》，暨南大学汉语方言学博士学位论文，2002 年。

7. 余志鸿：《语言接触与语言结构的变异》，《民族语文》2000 年第 4 期，第 23 ~ 27 页。

8. 李新魁：《广东的方言》，广东人民出版社 1994 年第 1 版。

9. 李如龙、张双庆：《客赣方言调查报告》，厦门大学出版社 1992 年第 1 版。

---

① 潘家懿（1998）平海军话的材料收了“车仔” $ts^{h}e^{33}$ $tsai^{31}$，梁玉璋（1990）中山军话的材料“细人子” si^{51} $ŋiŋ^{214}$ · $tsɛ^{3}$ 和“哑子” a^{24} · $tsɿ^{3}$ 的用法。丘学强（2002）没有这方面的材料。

② 笔者为了证明罗德丁先生说的是“军话”，在访谈的过程中，技巧性地混入海陆腔客家话来询问，但是罗先生总是能够清楚地分辨哪些是军话的说法，哪些是海陆腔客家话的说法，他说的海陆腔客家话和新屋的海陆腔客家话有相当程度的一致性。

10. 李如龙、张双庆：《客赣方言调查报告》，厦门大学出版社 1992 年第 1 版。

11. 李如龙、庄初升、严修鸿：《福建双方言研究》，香港：汉学出版社 1995 年第 1 版。

12. 李如龙：《汉语方言的比较研究》，商务印书馆 2001 年第 1 版。

13. 李如龙：《汉语方言特征词研究》，厦门大学出版社 2002 年第 1 版。

14. 林清书：《武平中山军话与赣方言》，收录于《第三届客家方言研讨会论文集》，韶关大学编辑部 2000 年版，第 27～32 页。

15. 徐大明、陶红印、谢天蔚：《当代社会语言学》，中国社会科学出版社 1997 年第 1 版。

16. 黄雪贞：《惠州话的归属》，《方言》1987 年第 4 期，第 255～263 页。

17. 陈保亚：《论语言接触语言连盟》，语文出版社 1996 年第 1 版。

18. 陈伯辉：《论粤方言词本字考释》，香港：中华书局 1998 年第 1 版。

19. 梁猷刚：《广东省海南岛汉语方言的分类》，《方言》1984 年第 4 期，第 264～267 页。

20. 梁猷刚：《语言复杂的海南岛儋县那大镇》，《方言》1985 年第 1 期，第 66～67 页。

21. 梁玉璋：《武平县中山镇的“军家话”》，《方言》1990 年第 3 期，第 192～203 页。

22. 张屏生：《台湾客家话部分次方言的语音差异》，《台湾客家话部分次方言的语音差异》，第十二届国际全国声韵学学术研讨会论文，高雄师范大学，2004 年。

23. 云惟利：《海南方言》，澳门东亚大学，1987 年第 1 版。

24. 董绍克：《汉语方言词汇差异比较研究》，民族出版社 2002 年第 1 版。

25. 詹伯慧：《海南岛军话语音概述》，《语言学论丛》（北京大学中文系语言学论丛编辑部编）1965 年第 3 辑，第 201～212 页。

26. 詹伯慧、张日昇：《珠江三角洲方言词汇对照》，广东人民出版社 1988 年版。

27. 邹嘉彦、游汝杰：《语言接触论集》，上海教育出版社 2004 年第 1 版。

28. 潘家懿：《军话与广东平海军声》，《方言》1998 年第 1 期，第 41～47 页。

29. 杨名龙：《新屋水流军话语音概述》，第廿二届全国声韵学学术研讨会论文，台北市立师院，2004 年。

30. 杨名龙：《桃园新屋水流军话语音词汇初探》，语言、文献与调查学术研讨会论文，收录于《语言、文献与调查学术研讨会论文集》，台北市立师院，2004 年，第 190～201 页。

31. 刘纶鑫：《客赣方言比较研究》，中国社会科学出版社 1999 年第 1 版。

32. 刘新中：《海南岛的语言与方言》，《方言》2001 年第 1 期，第 45～52 页。

33. 谢留文：《客家方言语音研究》，中国社会科学出版社 2003 年第 1 版。

34. 谢建猷：《广西平话研究》，中国社会科学院研究生院博士学位论文，2001 年。

35. 蓝小玲：《客方言声调的性质》，《厦门大学学报》1997 年第 3 期，第 87～92 页。

36. 蓝小玲：《闽西客家方言》，厦门大学出版社 1999 年第 1 版。

37. 罗美珍：《论族群互动中的语言接触》，《语言研究》2000 年第 3 期。

38. 严修鸿：《武平中山镇的“军家话”》，收录于《福建双方言研究》2000 年，第 210～226 页。

39. Matulew Pawel：《粤语特殊方言用字研究》，北京语言文化大学论文，2002 年。

两岸大埔客家话动词体的比较

台湾屏东教育大学中文系　江俊龙

一、前言

中国广东省大埔县是一个纯客县，根据广东省民政厅1997年所提供的数据，大埔县人口有498 892人。而根据《大埔县志》所载："1988年底统计，全县共有101 088户，468 749人"①。海外方面："大埔远在南宋时期就开始有人远涉重洋，侨居海外。明末清初，更有大量的人流入东南亚垦荒、做工。1984年侨务部门统计，华侨、华人已达46万多人"②。可见大埔客家话的主要使用者大约一半集中在中国大陆原乡，一半分布在海外。海外分布极广，五大洲20多个国家和地区都有大埔移民，其中以台湾地区和新加坡的大埔客家最为著名。新加坡前总理李光耀先生是大埔人，新加坡的客家会馆取名为"茶阳会馆"，"茶阳"是大埔的旧县城。台湾中部东势地区是大埔客家的集中地，开垦台中盆地的拓荒先驱，如张达京、刘启东、张宁寿等俱为大埔籍。这些海外大埔客家的移民历史，很遗憾都没有被重视，所以县志里都没有提到。近年来由于海外方言学和台湾语言学的蓬勃发展，让语言的源流和移民的历史有了较为紧密的结合，这样的研究方向是健康而正确的。

本文以大埔客家话的动词为关注对象，进行两岸大埔客家话的动词体的使用比较。关于动词体的分类架构和名称，主要以黄伯荣《汉语方言语法类编》为依据。两岸大埔客家话动词体有12种，分别为：完成体、短时体、尝试体、进行体、持续体、反复体、起始体、可能体、结果体、经历体、再次体、复原体等，具体的内容以下分别讨论。例句记音如无特别注明者，皆为大埔高陂话。

二、完成体

完成体表示动作或变化已经完成。

客家话动词的完成体，一般使用"动词+时态助词"的方式来表示。梅县

① 大埔县地方志编纂委员会：《大埔县志》，广东人民出版社1992年版，第99页。

② （同上），第5页。

有两种：V＋欸、V＋撇。① 湖南酃县客家话则是V＋哩。② 广东大埔客家话则是V＋咧或V＋欸，以下记高陂音：

a. 作业做好/撇咧，正去看电视。作业写完，才能看电视。
ʦok^{2} ŋiap^{5} ʦo^{55} ho^{31}/p^{h}et^{2} le^{13}，ʧiaŋ^{31} k^{h}i^{55} k^{h}on^{55} t^{h}ien^{55} ʃi^{52}.

b. 复印机坏撇咧，又整好咧。复印机坏了，又修好了。
fuk^{2} in^{52} ki^{33} fai^{55} p^{h}et^{2} le^{33}，ʒiu^{55} ʧaŋ^{31} ho^{31} le^{33}.

c. 你的信偃收到咧。你的信我收到了。
ŋ^{13} e^{33} sin^{52}，ŋai^{13} ʃiu^{35} to^{31} le^{33}.

d. 佢食咧，偃□曾食。他吃了，我没吃。
ki^{13} ʃit^{5} le^{33} ŋai^{13} maŋ^{13} ʦ^{h}en^{13} ʃit^{5}.

e. 佢买咧一双鞋。他买了一双鞋。
ki^{13} mai^{35} le^{31} ʒit^{2} suŋ^{35} he^{13}.

f. 茶叶臭□咧。茶叶变了味。
ʦ^{h}a^{13} ʒiap^{5} ʧ^{h}iu^{55} p^{h}u^{31} e^{31}.

g. 你看咧电影没？你看了电影没有？
ŋ^{13} k^{h}on^{55} ne^{31} t^{h}ien^{55} ʒiaŋ^{31} mo^{13}？

h. 偃睡欸当昼。我睡了午睡。
ŋai^{13} ʃoi^{52} e^{33}toŋ^{33} ʧiu^{52}.

i. 来欸一个人，嫽欸三个钟头。来一个人，讲了三个钟头。
loi^{13} e^{35} ʒit^{2} kai^{55} ŋin^{13}. liau^{55} e^{33} sam^{35} kai^{52} ʧuŋ^{35} t^{h}eu^{13}.

j. 放欸恁久咧。放了好长时间了。
poŋ^{55} e^{31} an^{31} kiu^{31} le^{33}.

k. 等佢等咧两日咧。等他等了两天。
ten^{31} ki^{13} ten^{31} le^{33} lioŋ^{31} ŋit^{2} le^{33}.

以上的动词，包括两种情况：一是动补式动词，如a～c；二是非动补式动词，如d～k。我们把a、b当中的“做好、做撇”“坏撇、整好”等都看作是一个动词，不像梅县话的“撇”已经虚化成时态助词表完成，如：

佢嗨门背企撇论日。他在门外站了一整天。③

这种情况和大埔话不同，大埔话“撇”只能当作动补式中的补语，这类词素也有一定程度的虚化：“做好”无关做得好不好；“坏撇”的“撇”相当于国语的“掉”，但在此也无关“掉不掉”的问题。这些补语所表示的，只是动作的

---

① 林立芳：《梅县方言语法论稿》，中华工商联合出版社1997年版，第128页。

② 转引自黄伯荣编：《汉语方言语法类编》，青岛出版社1996年版，第183页。该文称一种“V＋嘿＋宾语”的格式，亦为完成体，用于命令式或处置式，本文不视为完成体。

③ 同①，第130页。

结果，但不是时态助词，加上时态助词“咧”有更进一步强调完成的意思；如果不加时态助词，整个句子还是通顺的，试比较：

a. 作业做好/撇，正去看电视。

b. 复印机坏撇，又整好。

我们把第一种看做复合词的好处是：可以确保时态助词紧接在动词之后，表示完成体，中间不能加入其他成分的特性。

时态助词“欸”或“咧”有时随着前一个音节的韵尾而变音，如：［k^{h}on^{55} le^{31}］→［k^{h}on^{55} ne^{31}］。

在疑问句当中，有时为了强调宾语，可以破例把宾语提前到动词和时态助词之间，如：

你问佢咧无？你问过了他没有？

ŋ^{13} mun^{55} ki^{13} le^{31} mo^{13}？

台湾东势客家话动词的完成体亦如上述，但是受到闽南语的影响，新兴了一种用“有＋V”的表示法，例如：

a. 偓有收到你的信。我收到了你的信。

ŋai^{13} ʒiu^{33} ʃiu^{35} to^{31} ŋia^{33} e^{33} sin^{52}.

b. 你有看电影没？你看了电影没有？

ŋ^{13} ʒin^{33} k^{h}on^{55} t^{h}ien^{55} ʒiaŋ^{31} mo^{13}？

c. 阿三有写信来无？阿三写信来了吗？

a^{33} sam^{33} ʒiu^{35} sia^{31} sin^{52} loi^{13} mo^{13}？

d. 偓有睡当昼。我睡了午觉。

ŋai^{13} ʒiu^{33} ʃoi^{52} toŋ^{33} tʃiu^{52}.

e. 你有问佢无？你问过了他没有。

ŋ^{13} ʒiu^{33} mun^{52} ki^{13} mo^{13}？

闽南语“有＋动词”的格式影响力很大，长江以南的汉语方言，甚至共同语都受到它的影响。南方方言中，赣、客家、粤语都或多或少有这样的用法，大陆南方的普通话也常出现“有字句”，常被戏称为“闽南普通话”或“南方普通话”。在台湾，闽南语是强势方言，客家话自不免受其影响，处处充斥着“有字句”。

三、短时体、尝试体

短时体和尝试体不易截然划分，因此本文将两者放在一起来讨论。按照林立芳（1997：137）的意见是：

> 一般来说，在说话人说话的时刻已经实现的行为则多表短暂，在说

话人说话的时刻尚未实现的行为则多表尝试，也兼有短暂的意义。

我们可以这样说：短时体表示动作的轻微或动作时间的短暂；而尝试体则是强调动作的尝试意味。

先看大埔高陂话的短时体例句：

a. 你先去，俚看加一下添。你先走，我再看一会儿。

ŋ^{13} sien^{33} k^{h}i^{52}，ŋai^{13} k^{h}on^{55} ka^{35} ʒit^{2} ha^{52} t^{h}iam^{33}.

b. 下课咧，出去搞一下。下课了，出去活动一下。

ha^{55} k^{h}o^{52} le^{33}，ʧ^{h}ut^{2} hi^{55} kau^{31} ʒit^{2} ha^{52}.

c. 分佢睡一下。让他休息一下。

pun^{31} ki^{13} ʃoi^{52} ʒit^{2} ha^{52}.

d. 俚去工地看一下。我去工地看一下。

ŋai^{13} k^{h52} kuŋ^{35} ŋ^{h}i^{52} k^{h}on^{55} ʒit^{2} ha^{52}.

大埔客家话短时体的格式基本上是“V＋一下”，和国语相似，但是如果要加程度副词来修饰的话，国语是加在V之前，如“多打一下”、“多睡一下”；大埔客家话则加在V之后，如“看加一下”、“睡加一下”。如果是比较委婉、客气的说法，还会在后面加上一个“添”字，使句子更为完整，如例a。

还有一种短时体，通常表示“乍”的意思，用“一＋V”的格式表示，如：

a. 俚一看到你就恼。我一见你就讨厌。

ŋai^{13} ʒit^{2} k^{h}on^{55} to^{31} ŋ^{13} ʦ^{h}iu^{52} nau^{33}.

b. 碗一放下撇就走。一放下碗就跑出去。

van^{31} ʒit^{2} pioŋ^{55} ha^{52} p^{h}et^{2} ʦ^{h}iu^{55} ʦeu^{31}.

c. 一转来就骂人。一回来就骂人。

ʒit^{2} ʧon^{31} loi^{13} ʦ^{h}iu^{55} ma^{55} ŋin^{13}.

尝试体的格式也是“V＋一下”或“V＋下”，如：

a. 车儿借俚开一下。车子借我开开看。

ʧ^{h}a^{35} ə^{0} ʦia^{52} ŋai^{13} k^{h}oi^{35} ʒit^{2} ha^{52}.

b. 出国的事，分俚想一下。出国的事，让我考虑考虑。

ʧ^{h}ut^{2} kuek^{2} e^{33} sɿ^{52}，pun^{35} ŋai^{13} sioŋ^{31} ʒit^{2} ha^{52}.

c. 你讲下英语分俚听一下。你讲讲英语，让我听听看。

ŋ^{13} koŋ^{31} in^{52} in^{52} ŋi^{33} pun^{35} ŋai^{13} t^{h}en^{35} ʒit^{2} ha^{52}.

d. 你看一下几多钱。你看一看需要多少钱。

ŋ^{13} k^{h}on^{55} ʒit^{2} ha^{52} kit^{2} to^{35} ʦ^{h}ien^{13}.

尝试体往往可以在动词之前加上一个标志词“试”，形成“试V＋一下”或“试＋V＋下（咧/了）”的格式：

a. 俚来试搬一下这块石头。我来搬搬看这块石头。

ŋai^{13} loi^{13} ʧʰï^{55} pan^{35} ʒit^{2} ha^{52} li^{31} kʰuai^{52} ʃak^{5}tʰeu^{13} .

b. 试问一下佢的意思。试问一下他的意见。

ʧʰï^{55} mun^{52} ʒit^{2} ha^{52} ki^{13} e^{33} ʒï^{52} sï^{33} .

c. 试想一下着毋着。试想一下你对不对。

ʧhï^{55} sioŋ^{31} ʒit^{2} ha^{52}ʧʰok^{5} m^{13} ʧʰok^{5} .

d. 你试食下偓煮的菜。你尝尝我煮的菜。

ŋ^{13} ʧʰï^{55} ʃit^{5} ha^{52} ŋai^{13} ʧu^{31} e^{33} tsʰoi^{52} .

e. 试称下唎有几重。称你看看有多重。

ʧʰï^{55} ʧhin^{55} ha^{52} le^{31} ʒiu^{35} kit^{2} ʧʰuŋ^{33}.

f. 试着下了会合无？穿穿看合不合身？

ʧʰï^{55} ʧok^{2} ha^{52} lə^{33} voi^{33} kap^{2} mo^{33} ?

g. 试用下了这把刀。用用看这把刀。

ʧʰï^{55} ʒnŋ^{55} ha^{52} lə^{31} li^{31} pa^{31} to^{33} .

台湾东势客家话短时体和尝试体的格式与大陆大埔话相同，不另外举例。

四、进行体、持续体

进行体所强调的是动作的正在进行；而持续体强调的是动作的持续，两者重点不同，理论上应该分别看待。但因许多方言里，这两种体的形式不易区分，只能从上下文去判断句意，所以往往把它们合在一起。

然而从意义上来看，持续体与进行体是有区别的。詹伯慧（1962）认为：

> 进行体表示动作、行为正在进行，持续体表示动作、行为经历过进行的阶段，但"动性"尚未消失，正处于持续状态之中（不同于"完成体"之"动性"已经失去）。所谓"动性"仍未消失，可能是动作本身一经产生后就无所谓消失不消失，如"坐着"、"站着"，也可能是动作、行为的"过程"已经结束，但是尚未成为过去，只是已经离开动作的进行状态罢了，却保持着由于该动作、行为而产生的存在、持续状态。可见持续体与单纯的进行体是有所不同的。

本文从意义上对这两种体分开讨论，先看进行体，以高陂话为例：

(1) V + 等/紧。

a. 佢手欸拿等/紧一本书。他手里拿着一本书。

ki^{13} ʃiu^{31} ue^{31} na^{35}ten^{31}/kin^{31} ʒit^{2} pun^{31} ʃu^{33} .

b. 佢□等/紧书包。他背着书包。

ki^{13} pa^{13} ten^{31}/kin^{31} ʃu^{33} pau^{35}.

c. 门口徛等几下介人门前站着几个人。

mun^{13} k^{h}ieu^{31} k^{h}i^{35} ten^{31} ki^{31} ha^{55} kai^{52} ŋin^{13} .

d. 你手肚欸拿紧么个东西？你手里拿着什么东西呢？

ŋ^{13} ʃiu^{31} tu^{31} e^{31} na^{35} kin^{31} mak^{2} kai^{33} tuŋ^{33} si^{33} .

e. 佢等人开等会。他们正在开会。

ki^{13} ten^{31} ŋin^{13} k^{h}oi^{35} ten^{31} fui^{52} .

(2) 台湾东势大埔话不用“V + 等”，一般用“V + 核”或“V + 紧”。

有时在进行体“V + 等”或“V + 紧”的格式之外，再加上一个标志词“正”，是对动作进行的强调或语气的加强，试比较：

a. 佢等人开等会。(一般情况，开会中)

b. 佢等人正开等会。(特殊情况，为特定人事讨论)

持续体的格式较多样化，弹性比较大，例如：

(1) 紧 + V_1 + 紧 + V_2。

a. 紧行紧食。边走边吃。

kin^{31} haŋ^{13} kin^{31} ʃit^{5}.

b. 佢紧讲紧笑。他笑着说。

ki^{13} kin^{31} koŋ^{31} kin^{31} siau^{52} .

(2) V_1 + 在 + 时间词 + V_2。

留在天光日食。留着明天吃。

liu^{13} ʦ^{h}oi^{33} t^{h}ien^{33} kuaŋ^{35} ŋit^{2} ʃit^{5} .

(3) V_1 + 起来 + V_2。

□起来搞。抱起来玩。

let^{2} k^{h}i^{31} loi^{13} kau^{31}.

(4) V_1 + 起来 + 时间词 + V_2

折起来明年着。收着明年穿。

ʦak^{2} k^{h}i^{31} loi^{13} miaŋ^{33} ŋien^{13} ʧok^{2} .

(5) V + 等 (来)。

a. 在屋家尞等 (来)。在家待着。

ʦ^{h}o^{35} vuk^{2} k^{h}a^{33} liau^{55} ten^{31} (loi^{13}).

b. 在该□徛等。那儿站着。

ʦ^{h}o^{33} kai^{33} tə^{0} k^{h}i^{35} ten^{31}.

c. 佢在眠床项睡等。他在床上睡着。

ki^{13} ʦ^{h}o^{55} min^{13} ʦ^{h}oŋ^{13} hoŋ^{31} ʃoi^{55} ten^{31}.

d. 佢吼等转屋家。他哭着回家。

ki^{13} vo^{31} ten^{31} ʧon^{31} vuk^{2} k^{h}a^{33} .

e. 佢眠等来看书。他躺着看书。

ki^{13} min^{13} ten^{31} loi^{13} k^{h}on^{52} ʃu^{33}.

f. 帮/同 佢看等东西。帮他看着行李。

poŋ^{33}/t^{h}uŋ^{13} ki^{13} k^{h}on^{55} ten^{31} tuŋ^{33} si^{33}.

g. 外背落等雨。外面下着雨。

na^{55} poi^{52} lok^{5} ten^{31} ʒu^{31}.

(6) V＋下去/落去。

每日练下去，身儿保证好。每天练下去，身体保证好。

mui^{35} ŋit^{2} lien^{52} ha^{55} k^{h}iː^{52}, ʃin^{35} nə^{0} po^{31} ʧiŋ^{55} ho^{31}.

毋好食，也爱食落去。不好吃，也要吃下去。

m^{55} ho^{31} ʃit^{2}, ia^{33} oi^{55} ʃit^{2} lok^{5} k^{h}i^{52}.

台湾东势大埔话不用“V＋下去”。一般用“V＋落去”。

在“V＋下去”的前面，偶尔可以用重叠式来突出动作的进行，例如：

讲讲讲、讲下去目汁都跌下/落来。讲啊讲，眼泪就掉下来了。

koŋ^{31} koŋ^{31} koŋ^{31}, koŋ^{31} ha^{33} k^{h}iː^{52} muk^{2} ʧip^{2} tu^{33} tiet^{2} ha^{35}/lok^{5} loi^{13}.

(7) V＋紧来、V核＋紧来。

a. 你先坐紧来，𠊎冲茶你食。你先坐着，我倒茶给你喝。

ŋ^{13} sen^{33} ʦ^{h}o^{35} kin^{31} loi^{13}, ŋai^{13} ʦ^{h}uŋ^{13} ʦ^{h}a^{13} ŋ^{13} ʃit^{5}.

b. 徛紧来讲。站着说。

k^{h}iː^{35} kin^{31} loi^{13} koŋ^{31}.

台湾东势大埔话只有“V＋紧来”的说法，没有发展出“V核＋紧来”的格式。

在“V”“紧来”之间还可加入一个标志词“核”，相当于国语的“着”或“住”，表示前面动词的持续状态，例如：

c. 吊核紧来打。吊起来打。

tiau^{31} het^{5} kin^{31} loi^{13} ta^{31}.

d. 坐核紧来食。坐着吃。

ʦ^{h}o^{33} het^{5} kin^{31} loi^{13} ʃit^{5}.

e. 徛核紧来，莫动！站着，别动！

k^{h}iː^{33} het^{5} kin^{31} loi^{13}, mok^{5} t^{h}uŋ^{33}!

这种格式，台湾大埔话并未使用，一般只能在“核”和“紧”之间择其一。

(8) 持续体还可以在动词前加“还”，表示动作或状态的持续，如：

a. 佢还在该吼。他还在那儿哭。

ki^{13} han^{13} ʦ^{h}o^{55} kai^{31} vo^{31}.

b. 该条鱼儿还生。那条鱼还活着。

kai^{33} t^{h}iau^{13} ŋ^{13} ə han^{13} saŋ^{33}.

五、反复体

反复体表示动作连续重复进行，即动作行为的反复性。

大埔话反复体可以通过多种形式来表达：

（1）V + 啊 + V + 欸。

星儿摄啊摄欸。星星一闪一闪的。

sen^{35} ə ŋiap^{5} pa^{52} ŋiap^{5} e^{33}.

（2）紧 + V + 紧着。

a. 目珠紧摄紧着。眼睛不停地眨。

muk^{2} ʧu^{33} kin^{35} ŋiap^{5} kin^{31} to^{31}.

b. 紧动紧着。动来动去。

kin^{35} t^{h}uŋ^{35} kin^{31} to^{31}.

c. 你做么紧□紧着？你干吗不停地扇呢？

ŋ^{13} ʦo^{55} mak^{2} kin^{31} p^{h}at^{2} kin^{31} to^{31}?

d. 紧行紧着。一直走。

kin^{31} haŋ^{35} kin^{31} to^{31}.

这种格式，台湾大埔话并未使用，一般省略了后面的成分，只说“紧 + V”。

（3）V + 转 + V + 去、V + 来 + V + 去。

a. 动转动去。动来动去。

t^{h}uŋ^{35} ʧon^{31} t^{h}uŋ^{35} kiː^{52}.

b. 佢行来行去/走来走去，行/走咧几多遍。他来来回回走了好几趟。

ki^{13} haŋ^{13} loi^{13} haŋ^{13} k^{h}iː^{52}/ʦeu^{31} loi^{13} ʦeu^{31} k^{h}iː^{52}, haŋ^{13}/ʦeu^{31} le^{33} kit^{2} to^{35} pien^{31}.

c. 佢桌儿拭来/转拭去。他把桌子反复擦拭。

ki^{13} ʦok^{2} ə ʦ^{h}ut^{5} loi^{13}/ʧon^{31} ʦ^{h}ut^{5} k^{h}iː^{52}.

这两种格式，台湾大埔话只采用后者一种。

（4）在上述的反复体格式之前，有时还可以加上“紧”，表示不断进行反复的意思。

紧翻转翻去。不断翻来覆去。

kin^{31} fan^{35} ʧon^{31} fan^{35} k^{h}iː^{52}.

例（2）和例（3）中，我们发现大埔高陂话的动词“行”和“走”是一个意思，相当于国语的“走”；台湾的客家话仍保留着“走”的古义，指“跑步”的意思。大埔许多地方都有这种混用的情况，与大多数客家话不同，应是受到共同语的影响。

六、起始体

起始体表示一种动作或行为开始进行，强调动作刚刚开始。

表示起始，最常用的格式是“开始 + V + 咧”。“开始”不是动词的体，但可作为起始体的标志，使起始义更加明确，否则光“V + 咧”易与完成体混淆。

a. 脚开始痹咧。脚开始麻了。

kiok^{2} k^{h}oi^{35} ʃï^{31} pi^{52} le^{33}.

b. 戏开始做咧。电影开始演了。

ʃi^{52} khoi^{35} ʃï^{31} tso^{52}le^{33}.

c. 开始打战咧。开战了。

k^{h}oi^{35} ʃï^{31} ta^{31} tʃoŋ^{52} le^{33}.

d. 开始讲咧。开讲了。

k^{h}oi^{35} ʃï^{31} koŋ^{31} le^{33}.

e. 老师开始骂人咧。老师开骂了。

lo^{31} sï^{33} k^{h}oi^{35} ʃï^{31} ma^{52} ŋin^{13} le^{33}

除了上述最常见的方法，还有“V + 起来咧”，也是起始体的一种，如：

f. 脚痹起来咧。脚开始麻了。

kiok^{2} pi^{55} k^{h}i^{31} loi^{13} le^{33}.

还有一种特别强调的起始体：“一 + V”，如：

g. 佢一讲就无停无了。他一讲起话来，就没完没了。

ki^{13} ʒit^{2} koŋ^{31} tsï^{33} mo^{13} t^{h}in^{13} mo^{13} liau^{31}.

“起始体”的用法，两岸大埔话相同。

七、可能体

可能体表示动作的可能性，表示“能怎么样、会怎么样”或“不能怎么样、不会怎么样”。下面就分肯定式和否定式两大类来分别观察大埔话的可能体。

（一）肯定式

可能体在大埔话里基本上有两种表示法：“好 + V”和“V + 得”。“好 V”无关好不好，而是“能 V”、“可以 V”的意思。下面各组词义相近：

好走/走得。好住人/住得人。

好食/食得。好读/读得。

现在看几个高陂话的例句：

a. 恁高牯也上得。再高也爬得上。

an^{31} ko^{35}ku^{31} ia^{33} ʃoŋ^{35} tet^{2}.

b. 这盘棋𠊎赢得。这盘棋我赢得了。

li^{31} p^{h}an^{33} k^{h}i^{13} ŋai^{13} ʒaŋ^{35} tet^{2}.

c. 车儿整好咧，好骑咧。车子修好了，可以骑了。

tʃ^{h}a^{35} e^{31} tʃaŋ^{31} ho^{31} le^{33}, ho^{31} k^{h}i^{13} le^{33}.

d. 佢自家走得咧。他可以自己走了。

ki^{13} ts^{h}ik^{2} ka^{35} tseu^{31} tet^{2} le^{33}.

e. 隔壁好住人。隔壁能住。

kap^{2} piak^{2}ho^{31}tʃu^{55} ŋin^{13}.

f. 这个题目𠊎回答得出。这个题目我可以回答。

li^{31} kai^{55} t^{h}i^{13} muk^{5} ŋai^{13} fei^{35} tap^{5} tet^{2} tʃ^{h}ut^{2}.

g. 这个大包佢拿得起。这个大包他扛得动。

li^{31} kai^{55} t^{h}ai^{52} pau^{33} ki^{13} na^{35} tet^{2} k^{h}i^{31}.

h. 毋开灯𠊎也看得出。不点灯我也看得清。

m^{13} k^{h}oi^{33} ten^{33} ŋai^{13} ia^{33} k^{h}on^{55} tet^{2} tʃ^{h}ut^{2}.

从形式上来看，大埔高陂动词的可能体“好 + V”和“V + 得”结构之后的情况可分 4 种：

（1）不带任何词。如例 a、b。

（2）仅带语气词咧。如例 c、d。

（3）带宾语。如例 e。

（4）带补语。如例 f、g、h。

至于在“好 + V”和“V + 得”结构之前的情况较为单纯，因为动词可能体的功能是作谓语，在它之前的成分无非主语或状语，但是如果有足够的语境，结构之前的主语或状语可以不出现，如例 c。

现在再来观察“好 + V”和“V + 得”结构中的 V，大多是单音节词；只有少数是双音节词，如例 f。

（二）否定式

大埔话动词可能体的否定式为：“毋好 + V”、“V + 毋得”或“V 毋 + 补语”，上面各例的否定式如下：

毋好走/走毋得。毋好住人/住毋得人。

毋好食/食毋得。毋好读/读毋得。

例句最后 3 个是“V 得 + 补语”的结构，如换成否定式，则成了“V 毋 + 补语”，如：“回答毋出”、“拿毋起”、“看毋出”。

无论是肯定式还是否定式，台湾大埔话的“可能体”都只有后面一种用法，亦即肯定式“V+得”；否定式“V毋得”或“V毋+补语”。因为前者的“好”已经有“容易、美好”的意思，不是可能体的表述方式。

八、结果体

结果体表示动作的结果。动作行为达到了应有的目的，产生了应有的结果，称为结果体。

动词的结果体基本上也是一种动补结构。在大埔高陂客家话里，常见的结构类型有：

（1）V+着、V+得着。

□着射到

tep^{5} to^{31}

想着想到

sioŋ^{31} to^{31}

撞着撞到

ts^{h}oŋ^{55} to^{31}

捉着捉到

tsok^{2} to^{31}

看得着看得到

k^{h}on^{55} tet^{2} to^{31}

看着佢咧。我看到他了。

ŋai^{13} k^{h}on^{55} to^{31} ki^{13} le^{33}.

“V着”和“V得着”的否定式皆为“V毋着”，如：

□毋着猜不着

mau^{52} m^{35} to^{31}

摸毋着摸不着

mia^{33} m^{35} to^{31}

恁高𠊎拿毋着。这么高我拿不到。

an^{31} ko^{33} ŋai^{13} na^{33} m^{35} to^{31}.

（2）V+紧、V+核紧。

夹紧夹住

kiap^{5} kin^{31}

□核紧。挡住我了。

te^{31} het^{5} kin^{31} ŋai^{13}.

台湾大埔话只采第一种格式。

(3) V+撇、V+撇去。

□撇扔掉

o^{35} p^het^2（高陂、桃源）

□撇扔掉

tep^5 p^het^2（枫朗、东势）

食撇去吃掉

$ʃit^5p^het^2$ k^hi^{31}

烧撇去烧掉

$ʃau^{35}$ p^het^2 k^hi^{31}

卖撇卖掉

mai^{55} p^het^2

纸烧撇去把纸烧掉

$tʃi^{31}$ $ʃau^{35}$ p^het^2 k^hi^{31}

(4) V+ "het^2" 去。

踢□去踢掉

t^het^2 $het^2k^hi^{52}$

食□去吃掉

$ʃit^5het^2k^hi^{52}$

台湾大埔话无此说法，用前项"V+撇、V+撇去"的格式。

动词结果体不同于动词完成体，在大埔客家话的系统当中，上述各类型结果体，如在其格式后或句尾加上完成体标志词"吼"或"欸"就成了完成体。

九、经历体

经历体表示动作行为过去曾经发生过，某种现象曾经存在过。

在客家话里，动词的经历体和完成体之间的区别可以从形式上来区分，经历体一般的格式是："V+过"；而完成体如前所述，有"V+咧"和"V+欸"两种格式。若从意义上来看，经历体往往是早期的经历，距离说话时已有一段历程；完成体则是近期发生的事，是不久前的动作。两者共同的地方是：事件一度存在，但说话时，事件已终止。因此，我们可以理解，在国语里，这两种动词体往往混淆的原因，是因为它们有共同的标记词"过"。

下面两个例句是完成体，国语的标记词是"过"，大埔客家话的标记词是

"欸"。①

佴睡欸当昼。我中午睡过了。

ŋai^{13} ʃoi^{52} e^{33} toŋ^{33} tʃu^{52}.

交欸钱的来领书。交过钱的来领书。

kau^{33} e^{31} ts^{h}ien^{13} ne^{33} loi^{13} liaŋ^{33} ʃu^{33}.

台湾大埔话这两个完成体的例句都改用"有字句"，亦即动词后面不加"欸"，改成动词前加"有"。

现在介绍大埔客家话的动词经历体——"V + 过"：

佴去过北京。我到过北京。

ŋai^{13} k^{h}i^{55}ko^{52} pet^{2} kiŋ^{33}.

佢当过兵，当过工人。他当过兵，当过工人。

ki^{13} toŋ^{33} ko^{52} piŋ^{33}, toŋ^{33} ko^{52} kuŋ^{35} ŋin^{13}.

佴同佢讲过咧。我跟他说过了。

ŋai^{13} t^{h}uŋ^{13} ki^{13} koŋ^{31} ko^{52} le^{33}.

佴看过这本书。我看过这本书。

ŋai^{13} k^{h}on^{55}ko^{52} li^{31} pun^{31} ʃu^{33}.

动词经历体的否定式，在大陆的大埔话是"毋 t^{h}iem^{13}V 过"；在台湾的大埔话则是"毋识 V 过"。试比较：

洲瑞：佴毋□去过北京。我不曾到过北京。

ŋai^{13} m̩^{33} t^{h}iem^{13} k^{h}i^{55}ko^{52} pet^{2} kiŋ^{33}.

东势：佴毋识去过北京。我不曾到过北京。

ŋai^{13} m̩^{13} ʃit^{2} hi^{55} ko^{52} pet^{2} kiŋ^{33}.

动词经历体的疑问式，大陆方面有 4 种说法：

(1)（NP_1）V 过（NP_2）无？

(2)（NP_1）V 过（NP_2）毋"t^{h}iem^{13}"？

(3)（NP_2）（NP_1）V 过无？

(4)（NP_2）（NP_1）V 过毋"t^{h}iem^{13}"？

例句：

你去过北京无？你到过北京吗？

ŋ^{13} k^{h}i^{55} ko^{52} pet^{2} kiŋ^{33} mo^{13}？

你□过厦门毋□？你逛过厦门吗？

ŋ^{13} lau^{33} ko^{52} ha^{55} mun^{13} m̩^{13} t^{h}iem^{13}？

---

① 本节注大埔洲瑞音。

狗肉你食过无？你吃过狗肉吗？

kieu^{31} ŋiuk^{2} ŋ̍^{13} ʃit^{5} ko^{52} mo^{13}？

狗肉你食过毋□？你吃过狗肉吗？

kieu^{31} ŋiuk^{2} ŋ̍^{13} ʃit^{5} ko^{52} m̩^{13} t^{h}iem^{13}？

台湾方面的客家话也有4种表达类型，前述第（1）、（3）种两岸相同，第（2）、（4）种台湾东势客家话用另外的表示法，分别为：

（NP_1）识V过（NP_2）无？（例句：你识食过狗肉无？）

（NP_2）（NP_1）识V过无？（例句：狗肉你识食过无？）

十、再次体

“再次体”表示动作的重复，即再做一次。

大埔客家话表示动作重来或再次的动词体，可以后加标志词“过”、“加”，或前加“再”等方式表达，具体情况如下：（洲瑞音）

（1）V+过。

换过一个来。再换一个。

von^{55} ko^{52} ʒit^{2} kai^{33} loi^{13}.

（2）V+加。

食加碗！再吃一碗！①

ʃit^{5} ka^{35} von^{31}！

（3）再+V。

再等下。再等一会儿。

tsai^{55} ten^{31} ha^{55}.

再做一个分你。我再做一个给你。

ŋai^{13} tsai^{55} tso^{31} it^{2} kai^{33} pun^{35} ŋ̍^{13}.

台湾大埔话不用“再”，此处用“过”。

（4）V+加一过。

拿加一过。重拿。

ma^{33} ka^{35} it^{2} ko^{33}.

煮加一过。重煮。

tʃu^{31} ka^{35} it^{2} ko^{55}.

洗加一过。重洗。②

---

① 这种说法是较不客气的，比较客气的讲法，可在最后加上“添”［t^{h}ian^{33}］，变成：“食加碗添”。

② 也可说“翻洗”（fan^{35} se^{31}）。

se^{31} ka^{35} it^{2} ko^{33}.

台湾大埔话不用此式，改用“过 + V 一到”。

(5) 综合式。

再看加一过电影。再看一次电影。

tsai^{33} k^{h}on^{33} ka^{35} it^{2} ko^{52} t^{h}ien^{33} ʒiaŋ^{31}.

再食加一碗。再吃一碗。

tsai^{55} ʃit^{5} ka^{35} it^{2} von^{31}.

台湾大埔话此处“再”改用“过”，“一过”改用“一到”。

十一、复原体

复原体表示恢复某种已经中断的动作、行为，或是使某种事物回复原来的状态。

大埔客家话动词复原体的标志词是“到转”，这个体标志的位置可放在动词前或动词后，例如：

做（到）转你自家的事情。做回你的事。

tso^{55} （to^{55}） tʃon^{31} ŋ̍^{13} ts^{h}it^{2} ka^{35} e^{33} sɿ^{52} ts^{h}in^{13}.

讲（到）转□头的事。请回到之前的谈话。

koŋ^{31} （to^{55}） tʃon^{31} tai^{55} t^{h}eu^{13} e^{33} sɿ^{52} ts^{h}in^{13}.

门关（到）转去。把门关回去。

mun^{13} kuan^{35} （to^{33}） tʃon^{31} k^{h}i^{52}.

坐（到）转去。坐回去。

ts^{h}o^{33} （to^{55}） tʃon^{31} k^{h}i^{52}.

以上是“V + （到）转”的格式，表动作的复原，“到”是一个加强的语气，视情况可以省略。底下是“到转（来/去） + V”的例句：

𠊎到转食饭。我（恢复）吃饭。

ŋai^{13} to^{55} tʃon^{31} ʃit^{5} fon^{55}.

你到转来/去读书。你（恢复）看书。

ŋ̍^{13} to^{55} tʃon^{31} loi^{13} （k^{h}i^{52}） t^{h}uk^{5} ʃu^{33}.

十二、结论

经过上述逐一讨论动词体之后，我们发现：两岸大埔客家话虽经长时间地分隔发展，语言的面貌仍然大体相同。许多种动词体的表示方式一致，例如，起始体有“开始 + V + 咧”、“V + 起来咧”、“一 + V”等格式，短时体有“V + 一下”、“一+V”等格式，经历体有“V+过”格式等，都是两岸一致的。

然而，海外的大埔客家话，在台湾也发展出自身的特点，比如受台湾闽南语的影响，完成体多采用“有字句”的说法。

透过海外汉语方言和中国大陆祖籍地的语言之间直接的比较，能够更深入地观察语言的传承和演变，从微观中得到宏观的结果，这是今后汉语方言学界应该积极开展的研究方向。

台中东势客家话的归属初探

台湾中央大学客家研究所研究生　苏轩正

一、前言

台中县东势地区是目前台湾中部最大的客家聚落，该地区以东势镇为中心，包括邻近乡镇（石冈乡、新社乡），居民的组成以从潮州府来的客家人为主①，不同于从嘉应州来台的移民在台湾发展成四县客家话，也有异于从海丰陆丰来台移民形成的海陆客家话，而形成另一种可能是潮州系统的客家话。

东势客家话比较有系统的研究是从董忠司②（1994）首先整理出东势客家话的声、韵、调系统开始，之后陆续有不少学者投入研究，但直到首位回原乡进行比较研究的学者江俊龙③从移民和语言两个角度，比较了东势客语和大埔客语的异同，以词汇、语法为主，辅以音韵条件，确立了东势客语最接近大埔高陂客家话，而将东势客家话定为大埔客家话，东势的客家话才有较明确的定位。然而，吴中杰（1997）④ 曾经指出东势客话可能有丰顺客话的成分；寮下文化学会会长徐登志老师也指出，以东势早期的伙房分布来看，东势居民的组成可能以大埔、丰顺为主，其次是饶平，其他地方的移民人数较少。

那么，到底东势客家话的组成为何？丰顺话又扮演什么角色？这是一个饶有趣味的问题，笔者亲赴原乡大埔、丰顺进行田野调查，希望能找出更多的证据，来厘清东势客家话的归属。本文将从前人研究，台中东势的移民祖籍，两岸大埔、丰顺的声韵调系统，平面声、韵、调的比较，历史音韵现象的比较等五个方面重新思考东势客家话的归属问题。

① 江敏华：《台中县东势客语音韵研究》，国立台湾大学中国文学研究所硕士学位论文，1998 年，第 138 ~ 141 页。

② 董忠司：《东势客家话语音系略述及其标音方案》，《客家语研讨会论文集》，台湾清华大学，1994 年。

③ 江俊龙：《两岸大埔客家话研究》. 国立中正大学中国文学研究所博士学位论文，2003 年。

④ 吴中杰：《东势客话与丰顺客话》，《大甲河纪事——台中县客家文化协会成立二周年庆暨会员大会特刊》，1997 年。

二、前人研究

（一）吉川雅之 1996（大埔县客家话语音特点简介）

大埔县位于梅州市东部，西接梅县，南临丰顺、饶平，北与福建永定接壤，东与福建平和相连，全县人口 46 万（1988 年底统计数据）是纯客县之一。

首先，吉川雅之就县内方言情况指出：大埔客家话语音、词汇方面比梅县、兴宁、五华等地复杂，南部镇人和北部镇人互相通话有些困难，东部镇人觉得西部镇人话难听。其次，吉川雅之将大埔客家话分成 6 个语言片，以人口比例来看大致可看成 3 大片 3 小片，分别是：①稍似永定客家话的北片（茶阳、西河、长治）；②声调调类分化一致的南片（光德、平原、枫朗、双溪）；③具南片、北片过渡特色的中片（湖寮、百侯、岩上）；④韵母系统接近梅县的西片（银江）；⑤具西片、南片过渡特色的高陂、桃源西南两小片。最后，经作者比较发现，内部声韵共同点有 11 个，但是内部有差异的声母 6 个、韵母 8 个、声调 8 个，共 22 个差异点。因此，从以上 3 点观察大埔客语的内部一致性似乎并不高，反而和邻近的语言关系度较大。

其中，和台中东势客家话最接近的高陂客家话，作者认为音系接近丰顺县砂田、黄金、丰良等地方音，换句话说，台中东势、大埔高陂客家话接近丰顺北部的丰良片客家话[①]，即东势客家话的组成很可能不只和大埔县西南的高陂、桃源有关，至少应该是从高陂、桃源向南延伸到丰顺县北部的丰良片，甚至可能还包括其他语言片的成分。

（二）高然 1996（广东丰顺客方言的分布及其音韵特征）

丰顺县位于广东省东部、梅州市的南端，东邻饶平、潮安；南接揭东、揭西；西连五华、兴宁；北界梅县大埔，全县人口 55 万。地处客方言与闽方言的交界地带，境内有客家话和潮州话，使用客家话的人数占 78%，讲闽语的人数占 22%，还有少数人说畲语。

首先，高然将丰顺客方言分成 5 小片，以人口比例来看大致可看成 2 大片 3 小片，分别是：①旧县城丰良为代表的丰良片；②新县城汤坑为代表的汤坑片；③西南的八乡小片；④中部的潘田小片；⑤东南的茶背小片。由于县城 1949 年由北部的丰良迁往汤坑，因此，汤坑片的客话多少受到潮州话的影响，可看成以丰良片为主体，部分受到潮州话影响的语言。其次，经作者比较发现，语音的共同特征有 16 个，而语音的差异有 7 个。最后，从声调来看可分成两小片（丰良、

① 高然：《广东丰顺客方言的分布及其音韵特征》，《客家研究辑刊第 2 期》，1996 年。

汤坑、八乡和潘田、茶背），因此，整个丰顺县的方言，大致可看成以丰良片、汤坑片2大片为主体和其他3小片所组成的，而且内部语音特征较为一致。

从以上两个文献分析发现：大埔县客语的6个语言片内部一致性不高，而和东势客家话相近的大埔县高陂，反而和丰顺北部的丰良音系接近；相对来说，丰顺县客语的5个方言片内部一致性较高，因此，从以上的分析我们初步可以发现东势客语不只和大埔客语有关系，和丰顺客语的关系可能更加密切。

三、台中东势的移民祖籍

根据江敏华[①]对于1928年由台湾总督府官防调查科所编印的调查资料（洪庆丰，1989）进行的分析，东势、石冈、新社移民的祖籍以潮州府为主，占移民人口的61.1%，其次为嘉应州的26%、惠州府的7.2%、其他的1.8%，再加上洪敏麟（1984）、徐登志（1997）、江俊龙（1996）的数据，江敏华（1998）认为目前使用东势客家话的客家人，主要来自潮州府的大埔、饶平、丰顺，以及嘉应州的梅县、蕉岭（镇平）等地，间或有惠州的陆丰。因此，从移民的组成来分析东势的客语形成，东势客家话应该是这些移民语言的融合。至于何者为主，何者为辅，何者已经被同化而消失，推测应该和各地移民在东势的人口比例和政治、经济实力有关。

东势寮下文化学会会长徐登志曾经指出：可以从过去地方的政治、经济实力以及东势早期的伙房分布两个方向，来思考东势移民祖籍的人口比例。过去地方的政治、经济实力，往往就是地方的主流势力，决定地方政治、经济权力的分配，在官方语言还没普遍使用前，掌握地方政治、经济权力的人，自然也支配着地方上的主流语言，以过去曾经担任东势镇长的祖籍来看，其祖籍地几乎以大埔、丰顺为主。从东势早期伙房的分布来看，位于当时东势核心地区的伙房也是以大埔、丰顺人的为主，其次是饶平，其他地区移民的较少或是处于边陲地带。大致符合上面文献上关于东势移民祖籍的记载。

因此，从文献分析和当地的文史工作者的角度来看，东势的客家话的成分中，除了大埔客家话之外，丰顺客家话也扮演着非常重要的角色，而其他移民的语言，也可能会有一些词汇、用语被保留在其中，而形成具各方移民特色的东势客家话。

---

① 江敏华：《台中县东势客语音韵研究》，国立台湾大学中国文学研究所硕士学位论文，1998年，第137~142页。

四、两岸大埔、丰顺声韵调系统

笔者到当地进行实地田野调查，初步整理出台中东势、大埔高陂、丰顺汤坑3个点概略的声韵调系统：

（一）台中东势

1. 声母（台中东势客家话的声母共有21个，包括零声母）

p 布玻鲍	pʰ 怕爬	m 马买米	f 夫赴扶虎壶	v 武禾乌围
t 多肚知	tʰ 土图	n 脑南纳	l 老篮腊	
ts 借剂渣炸	tsʰ 菜财辞茶差查		s 虽随沙	
tʃ 猪主	tʃʰ 抽绸丑兽		ʃ 蛇舍社	ʒ 柔优有柚
k 歌	kʰ 开具	ŋ 娘热谚	h 虾河	
ø 阿				

说明：

（1）声母 ŋ 和洪音结合时念 ŋ，如："硬"念 ŋaŋ^{52}；和细音结合时念 ȵ，如："娘"念 ȵioŋ^{113}。

（2）知章组声母合流念 tʃ、tʃʰ、ʃ，精庄组声母合流念 ts、tsʰ、s。

2. 韵母（东势客家话的韵母共有63个）

（1）阴声韵20个。

ɿ 资师

i 支知纸　ie 鸡契世　ieu 烧口狗　ia 借者夜　iau 椒饶骄　io 靴瘸

ioi 税蒸累　iu 酒手丘

e 低泥洗　eu 头后斗

a 爬架花　ai 载斋晒　au 饱闹教

o 高科禾　oi 开海害

u 粗苦树　ui 跪龟柜　ua 瓜寡　uai 外怪筷

（2）阳声韵23个。

m̩ 毋　im 心林　em 含喊参　am 南衫胆　iam 严染险

n̩ 你　in 人神新　en 星灯能　ien 棉然远　an 板难碗　uan 官关款　on 案短酸　ion 传专船

un 魂门温　iun 近闰云

ŋ̍ 鱼　aŋ 猛棚横　iaŋ 惊轻青　uaŋ 梗　oŋ 汤方撞　ioŋ 帐娘网　uŋ 翁工通　iuŋ 种用从

（3）入声韵20个。

ip 入十急　ep 涩　iep 罩　ap 搭纳杂　iap 猎接业

it 笔织积　et 蜜北贼　iet 切铁歇　at 罚辣八　uat 阔刮　ot 脱夺割　iot 说　ut 不秃　iut 出

ak 百白麦　iak 尺石锡　ok 角桌镬　iok 约肉药　uk 福谷鹿　iuk 育肉竹

说明：

（1）m、ŋ 成音节鼻音，例字：“毋”念成 m̩^{113}、“鱼”念成ŋ̍^{113}，“你”则念成 hn^{113}。

（2）东势客语的三等韵，保留了较多中古三等韵的现象。

3. 声调（东势客家话的单字调共有6个）

阴平33 高猪　上声31 纸短　去声52 盖帐　阴入2 竹织

阳平113 鹅娘　阳入5 食杂

说明：

部分阴平字的名词单字会出现新的调值35调，如：“车”念 $tʃ^ha^{35}$、“金”念 kim^{35}。

（二）大埔高陂

1. 声母（大埔高陂客家话的声母共有25个，包括零声母在内）

p 布玻鲍	p^h 怕爬	m 马买米	f 夫赴扶虎壶	v 武禾乌围
t 多钝知	t^h 土图	n 脑南纳	l 老篮腊	
ts 借剂渣炸	ts^h 菜财辞茶差查			s 虽随沙
tʃ 猪主	$tʃ^h$ 抽绸丑兽	ʃ 蛇舍社		ʒ 柔优有柚
tʂ 智纸置址	$tʂ^h$ 痴池齿始		ʂ 屎匙	ʐ 而椅姨
k 歌	k^h 开具	ŋ 娘热谚	h 虾河	
∅ 阿				

说明：

（1）大埔高陂的舌尖后卷舌声母 tʂ、$tʂ^h$、ʂ，出现的条件为，有细音 i 的止、效两摄开口三等韵的知章组声母字。

（2）大埔高陂的舌尖后卷舌声母 ʐ，出现的条件为有细音 i 的止、效两摄开口三等韵的影喻组声母字。

（3）声母 ŋ 和洪音结合时念 ŋ，如：“硬”念 ŋaŋ^{52}；和细音结合时念 ȵ，如：“娘”念 ȵioŋ^{113}。

2. 韵母（大埔高陂客家话的韵母共有64个）

（1）阴声韵20个。

ɿ 祖初助　ʃ 制池纸

i 皮离知	ia 斜写借	iau 椒饶骄	iu 修酒袖	
e 低泥洗	ei 鸡计杯	eu 偷斗豆		
a 瓦加遮	ai 载斋晒	au 饱闹教		
o 高科禾	oi 开海害			
u 猪煑薯	ui 跪龟柜	ua 瓜寡	uai 外怪筷	uei 魁贵魏
y 余与誉				

(2) 阳声韵24个。

m 毋	im 林心浸	em 喊参	am 贪惨暗	iam 尖染厌
in 宾亲镇	en 崩能曾	ien 边连仙	uen 耿	an 单弹懒
uan 官管灌	on 肝看寒			
ion 传专船	un 盆本嫩	iun 根银仅		
ŋ 鱼	aŋ 猛棚横	iaŋ 惊轻青	uaŋ 梗	oŋ 汤方撞
ioŋ 凉娘墙	uoŋ 光广狂	uŋ 东通公	iuŋ 中穷雄	

(3) 入声韵20个。

ip 汁湿入	ep 涩	ap 答纳杂	iap 猎接业	
it 笔织积	et 蜜北贼	iet 别裂舌	at 辣擦达	uat 阔刮
ot 割渴喝	iot 说	ut 没卒骨		
iut 律出屈				
ak 百拆客	iak 逆迹	ok 薄落恶	iok 雀削着	uok 郭
uk 木谷鹿	iuk 竹叔肉			

说明：

(1) 大埔高陂客家话/u/韵母和双唇声母结合时，摩擦成分会加重念成/ɯ/，如："补" 念 pɯ^{31}、"普" 念 p^{h}ɯ^{31}。

(2) 大埔高陂客家话在遇摄合口三等字出现/y/韵母，如："誉" 念 ʒy^{52}、"雨" 念 ʒy^{31}。

3. 声调（大埔高陂客家话的单字调共有6个）

阴平 33 高猪	上声 31 纸短	去声 52 盖帐	阴入 2 竹织
阳平 113 鹅娘			阳入 5 食杂

（三）丰顺汤坑

1. 声母（丰顺汤坑客家话的声母共有21个，包括零声母在内）

p 布玻鲍	p^{h} 怕爬	m 马买米	f 夫赴扶虎壶	v 武禾乌芋维
t 多钝知	t^{h} 土图	n 脑南纳	l 老篮腊	
ts 借剂渣炸	ts^{h} 菜财辞茶差查			s 虽随沙
tʃ 猪主	tʃ^{h} 抽绸丑兽		ʃ 蛇舍社	ʒ 柔优有柚

k 歌　k^{h} 开具　ŋ 娘热谚　h 虾河

ø 阿

说明：

（1）声母 ŋ 和洪音结合时念 ŋ，如：“硬”念 ŋaŋ^{52}；和细音结合时念 ȵ，如：“娘”念 ȵioŋ^{113}。

（2）知章组声母合流念 tʃ、tʃ^{h}、ʃ，精庄组声母合流念 ts、ts^{h}、s。

2. 韵母（丰顺汤坑客家话的韵母共有 61 个）

（1）阴声韵 19 个。

ɿ 资师

i 支知纸　ieu 朝烧妖　ia 借者夜　iau 椒饶骄　io 靴瘸

iu 酒手丘

e 低泥洗　eu 头后斗

a 爬架花　ai 载斋晒　au 饱闹教

o 高科禾　oi 开海害

u 粗苦树　ui 跪龟柜　ua 瓜寡　uai 外怪筷　uo 果过

（2）阳声韵 23 个。

m 毋　im 心林　em 参揞　am 南衫胆　iam 严染险

in 人神新　en 星灯能　ien 棉然远　an 板难碗

uan 官关款　on 案短酸　ion 传专船　un 魂门温

iun 近闰云

ŋ 鱼　aŋ 猛棚横　iaŋ 惊轻青　uaŋ 矿　oŋ 汤方撞

ioŋ 帐娘网　uoŋ 光广狂　uŋ 翁工通　iuŋ 种用从

（3）入声韵 19 个。

ip 入十急　ep 涩　ap 搭纳杂　iap 猎接业

it 笔织积　et 蜜北贼　iet 切铁歇　at 辣八罚　uat 阔刮

ot 割脱刷　iot 说　ut 不绿

iut 出屈

ak 百白麦　iak 逆迹锡　ok 索镬角　iok 削弱脚　uk 鹿毒福

iuk 竹菊俗

3. 声调（丰顺汤坑客家话的单字调共有 6 个）

阴平 33 高猪　上声 31 纸短　去声 52 盖帐　阴入 2 竹织

阳平 13 鹅娘　阳入 5 食杂

五、平面声、韵、调的比较

以下对以上 3 个方言点从声母、韵母、两字连读变调作初步的平面比较：

(一) 声母的异同

以上3个方言点的声母分别是：台中东势21个、大埔高陂25个、丰顺汤坑21个。声母部分，台中东势和丰顺汤坑声母演变的形式几乎完全一致，而大埔高陂多了一套舌尖后卷舌声母 tʂ、tʂʰ、ʂ和 ʐ，这套声母只出现在止、效两摄开口三等韵，前面一组声母 tʂ、tʂʰ、ʂ是从中古知章两组声母演变来的，演变的过程为 tɕ→tʃ→tʂ（陈秀琪，2003）；而另一声母 ʐ 出现在影、喻两声母，影喻两声母中古声母拟音是零声母，所以，ʐ 声母的出现应该是后来随着声母 tʂ、tʂʰ、tʂ 发音部位相同而产生的声母，因此，在声母的部分可能丰顺汤坑的演变方向和台中东势较一致。

(二) 韵母的异同

以东势客家话的韵母为标准和大埔高陂、丰顺汤坑客家话作比较，分别以阴声韵、阳声韵、入声韵3个方向来观察异同，打×表示东势客家话有而其他的方言点没有的韵母，以黑体字表示东势客家话没有的韵母。

阴声韵

东势	ɿ	i	ie	ieu	ia	iau	io	ioi	iu	e	eu	a	ai	au	o	oi	u	ui	ua	uai	20
高陂	ɿ	i	×	×	ia	iau	×	×	iu	e	eu	a	ai	au	o	oi	u	ui	ua	uai	16
高陂	**ʃ**	**ei**	**uei**	**y**																	4
汤坑	ɿ	i	×	ieu	ia	iau	io	×	iu	e	eu	a	ai	au	o	oi	u	ui	ua	uai	18
汤坑	**uo**																				1

阴声韵的部分，大埔高陂比台中东势多4个韵－ʃ、－ei、－uei、－y，少了4个韵－ie、－ieu、－io、－ioi；丰顺汤坑比台中东势多1个韵－uo，少2个韵－ie、－ioi，因此，阴声韵的部分台中东势客家话似乎和丰顺汤坑客家话较为接近。

阳声韵

东势	m	im	em	am	iam	n	in	en	ien	an	uan	on	ion	un	iun	ŋ	aŋ	iaŋ	uaŋ	oŋ	ioŋ	uŋ	iuŋ	23
高陂	m	im	em	am	iam	×	in	en	ien	an	uan	on	ion	un	iun	ŋ	aŋ	iaŋ	uaŋ	oŋ	ioŋ	uŋ	iuŋ	22
	uen	**uoŋ**																						2
汤坑	m	im	em	am	iam	×	in	en	ien	an	uan	on	ion	un	iun	ŋ	aŋ	iaŋ	uaŋ	oŋ	ioŋ	uŋ	iuŋ	22
	uoŋ																							1

入声韵

东势	ip	ep	iep	ap	iap	it	et	iet	at	uat	ot	iot	ut	iut	ak	iak	ok	iok	uk	iuk	20
高陂	ip	ep	×	ap	iap	it	et	iet	at	uat	ot	iot	ut	iut	ak	iak	ok	iok	uk	iuk	19
	uok																				1
汤坑	ip	ep	×	ap	iap	it	et	iet	at	uat	ot	iot	ut	iut	ak	iak	ok	iok	uk	iuk	19

阳声韵和入声韵可以一起来观察，因为声韵学上来看阳声韵往往和入声韵成对出现，如：im/ip、em/ep、iam/iap……从这个角度观察三个方言点的差异似乎不大，仔细分析的话可以发现，大埔高陂客家话比东势客家话多了 3 个韵 -uen、-uoŋ、-uok，少了 2 个韵 -n、-iep；丰顺汤坑比台中东势多 1 个韵 -uoŋ，少 2 个韵 -n、-iep，因此，从阳声韵和入声韵的这些细微差异来看，台中东势客家话或许和丰顺汤坑客家话较为接近。

（三）声调的异同

初步调值的比较，3 个方言点的调值几乎相同，阴平 33、阳平 113、上声 31、去声 52、阴入 2、阳入 5，然而，变调的情况相当复杂，初步就两字连读变调后的声调作比较，以台中东势客家话两字连读变调后的读音为标准，以 6 种声调的组合共 36 种变调情形作比较，和台中东势客家话变调后相同的打○、相似的打□、不同的打×：

		台中东势	大埔高陂	丰顺汤坑			台中东势	大埔高陂	丰顺汤坑
1-1	阴平+阴平	○	×	×	2-1	阳平+阴平	○	□	○
1-2	阴平+阳平	○	○	○	2-2	阳平+阳平	○	×	×
1-3	阴平+上声	○	○	○	2-3	阳平+上声	○	×	□
1-4	阴平+去声	○	×	×	2-4	阳平+去声	○	×	○
1-5	阴平+阴入	○	○	○	2-5	阳平+阴入	○	×	×
1-6	阴平+阳入	○	○	×	2-6	阳平+阳入	○	○	○
	前字阴平	6	4	3		前字阳平	6	1	3
	相似度	100%	66%	50%		相似度	100%	16%	50%
		台中东势	大埔高陂	丰顺汤坑			台中东势	大埔高陂	丰顺汤坑
3-1	上声+阴平	○	○	×	4-1	去声+阴平	○	○	○

（续上表）

		台中 东势	大埔 高陂	丰顺 汤坑			台中 东势	大埔 高陂	丰顺 汤坑
3－2	上声＋阳平	○	○	×	4－2	去声＋阳平	○	×	○
3－3	上声＋上声	○	○	×	4－3	去声＋上声	○	○	○
3－4	上声＋去声	○	○	×	4－4	去声＋去声	○	○	×
3－5	上声＋阴入	○	○	×	4－5	去声＋阴入	○	○	×
3－6	上声＋阳入	○	○	○	4－6	去声＋阳入	○	×	×
	前字上声	6	6	1		前字去声	6	4	3
	相似度	100%	100%	16%		相似度	100%	66%	50%
		台中 东势	大埔 高陂	丰顺 汤坑			台中 东势	大埔 高陂	丰顺 汤坑
5－1	阴入＋阴平	○	○	×	6－1	阳入＋阴平	○	○	○
5－2	阴入＋阳平	○	○	○	6－2	阳入＋阳平	○	○	○
5－3	阴入＋上声	○	○	×	6－3	阳入＋上声	○	○	○
5－4	阴入＋去声	○	×	○	6－4	阳入＋去声	○	○	○
5－5	阴入＋阴入	○	○	○	6－5	阳入＋阴入	○	○	○
5－6	阴入＋阳入	○	○	○	6－6	阳入＋阳入	○	○	○
	前字阴入	6	5	4		前字阳入	6	6	6
	相似度	100%	83%	66%		相似度	100%	100%	50%
	方言点	台中 东势	大埔 高陂	丰顺 汤坑					
	总计	36	26	20					
	变调相似度	100%	72%	55%					

从上表观察发现，东势与大埔高陂相似度为72%，而与丰顺的汤坑相似度较低，只有55%，因此东势客语的演变在连读变调前字变调的部分，可能和大埔高陂有较高的一致性。

六、历史音韵现象的比较

笔者亲自到大埔、丰顺进行田野调查，字音和声调以中国社会科学语言研究所的《方言调查字表》为主，比较台中东势、大埔高陂、桃源、丰顺丰良、汤坑的音韵行为，初步比较发现，除了个别字的读音、连读变调有差异外，这些方言点的音韵行为一致性很高，初步观察在遇摄合口一、三等、止摄开口三等两个韵，整体上呈现出不同的演变方向。

（一）知章的舌尖后 tʃ- 声母

从对表 1 的观察可以发现，以止摄开口三等知章声母的变化，比较两岸大埔、丰顺的音韵现象，显示在其他组声母都相同，但是在知章组字，东势和丰顺相同都念成舌叶音 tʃ-；大埔、丰顺丰良则是念舌尖后音 tʂ-，显示东势客语在这个部分，一部分和大埔、丰顺客家话有相同的变化，但是另一部分似乎和大埔客家话的演变走不同的方向，反而和丰顺汤坑客家话的演变方向较接近。

陈秀琪的《知庄章声母的卷舌音——舌位的前化运动》提到，知庄章声母的卷舌音的演变过程为：*tɕ > tʃ > tʂ > ts，以止摄开口三等知章组声母的变化可以了解，在中古声母知章精庄历史的演变过程中，大埔桃源高陂、丰顺丰良的声母是卷舌音 tʂ、tʂʰ、ʂ 变化较快，而丰顺汤坑和台中东势的声母是舌叶音 tʃ、tʃʰ、ʃ 保留较存古的声母。

试拟从中古到现在知章组字声母的演变：

* –tɕ（中古）> tʃ（丰顺汤坑、台中东势）> tʂ（大埔、丰顺丰良）

表 1

韵	韵目	例字	大埔桃源	大埔高陂	丰顺丰良	丰顺汤坑	台中东势
止开三（支）	知	池	tʂʰʅ^{35}	tʂʰʅ^{113}	tʂʰʅ^{113}	tʃʰi^{113}	tʃʰi^{113}
	章	纸	tʂʅ^{31}	tʂʅ^{31}	tʂʅ^{31}	tʃi^{52}	tʃi^{52}
	其他	皮	pʰi^{35}	pʰi^{113}	pʰi^{113}	pʰi^{113}	pʰi^{113}

（二）影喻的舌尖后 ʐ- 声母

从对表 2 的观察可以发现，以止摄开口三等影喻声母的变化，比较两岸大埔、丰顺的音韵现象，显示在其他组声母都相同，但是在影喻组字，东势客语声母和丰顺汤坑相同都念成舌叶音 ʐ-；大埔、丰顺丰良则是念舌尖后音 ʒ-，显示出东势客语一部分和大埔、丰顺客家话有相同的变化，但是另一部分似乎和大埔客家话的演变走不同的方向，反而和丰顺汤坑客家话的演变方向比较接近。

影喻组声母在中古的拟音是零声母 ø，在两岸大埔丰顺的方言点，从中古的零声母演变成 ʒ- 声母、ʐ- 声母，是属于比较后起的音变现象。ʒ- 声母的产生，可能是语言内部调整所造成的，即这套舌叶音 tʃ、tʃʰ、ʃ 声母，可能影响中古无声母的影喻组声母念舌叶音 ʒ-；ʐ- 声母的产生，可能也是语言内部调整所造成的，即这套舌间后音 tʂ、tʂʰ、ʂ 声母，可能影响中古应为无声母的影喻组声母念舌

尖后音 ʐ- 。

表 2

韵	韵目	例字	大埔桃源	大埔高陂	丰顺丰良	丰顺汤坑	台中东势
止开三（支）（微）	影喻	椅	ʐʅ^{31}	ʐʅ^{31}	ʐʅ^{31}	ʒi^{52}	ʒi^{31}
		衣	ʐʅ^{33}	ʐʅ^{33}	ʐʅ^{35}	ʒi^{33}	ʒi^{33}
	其他	皮	p^{h}i^{35}	p^{h}i^{113}	p^{h}i^{113}	p^{h}i^{113}	p^{h}i^{113}
		气	k^{h}i^{52}	k^{h}i^{52}	k^{h}i^{52}	k^{h}i^{52}	k^{h}i^{52}

（三）遇摄合口一等的 ʅ（大埔）和 u（丰顺、东势）

从表 3 中遇摄合口一等韵韵母的变化发现，东势客家话在其他组字韵母和大埔、丰顺客家话都念成 -u，但是在精组字韵母东势念 -u、大埔念 -ʅ，两者的演变走不同的方向，然而和丰顺客家话都念成 -u，因此在这个部分，东势和丰顺客家话演变方向相同，保留了较多合口的成分。

表 3

韵	韵目	例字	大埔桃源	大埔高陂	丰顺丰良	丰顺汤坑	台中东势
遇合一（模）	精母	租	tsʅ^{33}	tsʅ^{33}	tsu^{35}	tsu^{33}	tsu^{33}
	其他	都	tu^{33}	tu^{33}	tu^{33}	tu^{35}	tu^{33}

（四）遇摄合口三等韵的 y（大埔）、i（丰顺、东势）

从表 4 中遇摄合口三等韵韵母的变化发现，东势客家话在精见、知章组字韵母和大埔、丰顺客家话都念 -i、-u；在庄组字韵母东势念 -u、大埔念 -ʅ，两者的演变走不同的方向，然而东势和丰顺客家话都念成 -u，因此在这个部分，东势和丰顺客家话演变方向相同，保留了较多合口的成分。

表 4

韵	韵目	例字	大埔桃源	大埔高陂	丰顺丰良	丰顺汤坑	台中东势
遇合三（鱼）	庄组	初	ts^{h}ʅ^{33}	ts^{h}ʅ^{33}	ts^{h}u^{35}	ts^{h}u^{35}	ts^{h}u^{33}
	精见	车	ki^{33}	ki^{33}	ki^{33}	ki^{33}	ki^{33}
	知章	猪	tʃu^{33}	tʃu^{33}	tʃu^{35}	tʃu^{35}	tʃu^{33}

从表 5 中遇摄合口三等韵韵母的变化发现，东势客家话在精见、知章组字韵

母和大埔、丰顺有相同的变化，精见组字都念 -i，知章组字都念 -u；但是在影喻组字韵母东势客语念 -i，大埔客语念 -y，两者的演变走不同的方向，然而丰顺客家话都念成 -i，因此在这个部分东势客家话和丰顺客家话演变方向几乎相同。

在遇摄合口三等字，大埔桃源客家话出现 y 的韵母，为从中古到目前两岸大埔、丰顺客家话在语音演变，遇摄合口三等字同时出现两种韵 -i、-u，提供了重要的语言证据。

试拟从中古到现在遇摄合口三等字语音的演变：

*iu（中古）＞y（雨 ʒy^{31}）＞u（输 ʃu^{33}）

＞y（雨 ʒy^{31}）＞i（车 ki^{33}）＞ɿ（租 tsɿ^{33}）

表 5

韵	韵目	例字	大埔桃源	大埔高陂	丰顺丰良	丰顺汤坑	台中东势
遇合三（虞）	影喻	雨	ʒy^{31}	ʒy^{31}	ʒi^{31}	ʒi^{52}	ʒi^{31}
	精见	须	si^{33}	si^{33}	si^{35}	si^{33}	si^{33}
	知章	输	ʃu^{33}	ʃu^{33}	ʃu^{35}	ʃu^{33}	ʃu^{33}

（五）止摄开口三等的 ʅ（大埔）、i（丰顺、东势）

从表 6 中止摄开口三等韵母的变化发现，东势客家话在其他组字韵母和大埔、丰顺有相同的变化，其他组都念成 -i；但是在知章、影喻组字，东势客家话韵母的演变和丰顺汤坑相同，和大埔、丰顺丰良的演变不同，显示东势客家话在这个部分，一部分和大埔、丰顺客语有相同的变化，但是另一部分似乎和大埔客语的演变走不同的方向，反而和丰顺汤坑客家话的演变方向比较接近。

表 6

韵	韵目	例字	大埔桃源	大埔高陂	丰顺丰良	丰顺汤坑	台中东势
遇合三（虞）	知章	池	tʂʰʅ^{35}	tʂʰʅ^{113}	tʂʰʅ^{113}	tʃʰi^{113}	tʃʰi^{113}
	影喻	椅	ʐʅ^{31}	ʐʅ^{31}	ʐʅ^{31}	ʒi^{52}	ʒi^{31}
	其他	皮	pʰi^{35}	pʰi^{113}	pʰi^{113}	pʰi^{113}	pʰi^{113}

七、小结

从以上几个点去重新思考东势客语的归属，首先，从文献分析来看大埔客语的一致性不如丰顺客语高，和东势客语最相近的大埔高陂客语，反而音系接近丰顺北部的丰良片客语；其次，从移民祖籍推测东势客家话的组成很可能是大埔、丰顺两种成分为主的客家话；再次，从平面声、韵、调的比较发现，东势客家话的声、韵和丰顺汤坑较接近，连读变调则接近大埔高陂；最后，从历史音韵的比较发现，遇摄合口一、三等、止摄开口三等两韵，声、韵母的演变东势客家话的走向较接近丰顺客家话，甚至部分音韵行为和具有潮州话成分丰顺汤坑片的走向相同。

因此，以现有的数据来观察上面几个不同的面向，东势客家话的形成应该与大埔县西南部的高陂、桃源到丰顺北部的丰顺片，甚至丰顺南部的汤坑片都有密切的关系，从人口比例和语言的一致性来观察，或许东势客家话会比较接近丰顺客家话。

参考文献

1. 董忠司：《东势客家话语音系略述及其标音方案》，《客家语研讨会论文集》，台湾：清华大学，1994 年。

2. 高然：《广东丰顺客方言的分布及其音韵特征》，《客家研究辑刊》1996 年第 2 期。

3. 江俊龙：《台中东势客家方言词汇研究》，国立中正大学中文研究所硕士学位论文，1996 年。

4. 吴中杰：《东势客话与丰顺客话》，《大甲河纪事——台中县客家文化协会成立二周年庆暨会员大会特刊》，1997 年。

5. 吉川雅之：《大埔县客家话语音特点简介》收录于《客家方言研究——第二届客方言研讨会论文集》，暨南大学出版社 1998 年版。

6. 江敏华：《台中县东势客语音韵研究》，国立台湾大学中国文学研究所硕士学位论文，2003 年。

7. 吴中杰：《台湾福佬客分布及其语言研究》，国立台湾师范大学华语文教学研究所硕士学位论文，1999 年。

8. 江俊龙：《两岸大埔客家话研究》，国立中正大学中国文学研究所博士学位论文，2003 年。

9. 陈秀琪：《知庄章声母的卷舌音——舌位的前化运动》，收录于《第九届国际暨二十三届全国声韵学学术研讨会》，静宜大学，2005 年。

汉语国际化与本土化所涉及的语言与文化问题初探

香港教育学院　徐志长

一、前言

20 世纪 80 年代初期，汉学学者 Kratochvil（1982：687）曾经阐述说："汉语比世界上其他任何主要语言变化得都更快而且更大，因为中国正在步入国际大舞台。在这一过程中，中国所发生的变化，以及因变化而作出的整顿是史无前例的。"自从改革开放以来，由于中国与国外的交流日益加强，在汉语中出现了大批外来词汇。汉学学者 Sun & Jiang（2000：105）的研究表明，汉语从 1979 年到 1988 年从外来语中所借用的词汇比从 1949 年到 1978 年所借用的词汇总量还高出 4.5 倍。在改革开放 30 年的过程中，汉语不断走向国际。汉语的国际化，一方面体现在世界各国越来越多的人对汉语学习和中国文化产生浓厚的兴趣，并开始积极系统地学习汉语，了解中国文化。另一方面，汉语的国际化也体现在中国国内民族共同语的内部变化。在过去的几十年中，由于英语在世界范围内的流行和普及，各国语言也出现了英语化的趋势。这主要体现在从英语中借用词汇的现象。Sun & Jiang（2000：105）的统计就表明，自改革开放以来，汉语中新近借用的外来词有大约 80% 来自英语。由此可见，汉语的内部国际化，不仅仅体现在新中国成立前后的"欧化"和一直以来的"港台化"，还体现在改革开放以来的"英语化"。这些变化都在不同程度地促进汉语的国际化。

与此同时，汉语走向国际也面临着与其他国家的语言和文化相融合的问题。外国人学习汉语，一方面想了解中国文化，另一方面也通过学习汉语加强与中国人的交流，并在交流的过程中，表达其本国的文化和习俗。语言和文化是不可分割的。在对外汉语教学过程中，杨冬燕（2003：281）认为，"不同汉语水平的学生都应有针对他们的文化课程，当然这些文化课的内容和侧重点是不一样的。海外汉语学习应该包括 4 个部分：①语言学习：以语言交际能力为主；②语言的认知：社交语言学，以语言知识为主；③文化认知：以知识为主，侧重于两种文化的比较；④文化体验：以知识为主的中国文化"。外国人学习汉语，在很大程度上是学以致用。外国人在应用汉语的过程中，很自然地会联系到当地的风土人情，创造出一些体现当地特色的词汇和表达方式，从而使汉语本土化。翟时雨（1986：

1～4）认为，方言是一种语言的地方变体，是语言分化的结果。“语言分化成方言的原因很多，但总的来看，社会的政治、经济的变化是语言分化从而形成方言的根本原因”。詹伯慧（2002：343）也认为，“方言词语植根于广大人民大众之中。作为文化的载体，各地方言在表现本地区的自然景观、社会生活、民俗风情、文艺美术乃至饮食起居、婚丧礼仪等等，以及在联络海内外乡亲，凝聚炎黄子孙中所发挥的作用，都是民族共同语所无法代替的”。

无论是汉语的国际化还是汉语在海外的本土化，都会涉及汉语的变化或变异。而这些变化对汉语的丰富和发展都会起到积极的推动作用。正如王士元（1995：23）所说，语言变异“是一种极有价值的语言学数据来源，是应该要特别加以珍视的”。语言的变化或变异是好事，不过，因为语言的变化或者变异而影响了语言使用者的交流则是一个需要正视的问题。事实上，无论是国内方言还是海外方言的研究，在很大程度上是在给语言规范化奠定基础。正如詹伯慧（2002：332）所说，“整个汉语规范化工作都离不开方言研究”。詹伯慧（2002：364）还强调说，“语言规范的出发点是为应用而规范，绝不是为规范而规范。语言规范不能脱离语言应用的实际，也不能脱离语言发展的实际。从应用中来，到应用中去，这是语言规范必须遵循的原则；源自于语言实践，服务于语言实践，这是语言规范既定的方针”。随着2001年《中华人民共和国国家通用语言文字法》的颁布与实施，中国语言和文字无论是在国际化还是本土化过程中都不同程度地走上了规范化的进程。《语言文字法》为汉语的规范化提供了法律依据。虽然该法律主要适用于中华人民共和国境内，但是它也会对世界范围内的汉语规范起到积极的借鉴作用。语言规范化是一个长期的、艰巨的，但却十分有意义的工作，因为“语言规范是任何一个先进的民族和发达的国家都不能不考虑的。一个具有明确标准的规范化的共同语，是这个民族、这个国家民族意识增强、民族文化高涨的重要体现”（詹伯慧，2002：338）。

二、民族共同语的国际化以及语言文化和身份认同

如前所述，民族共同语的国际化，一方面体现在世界各国越来越多的人对汉语学习和中国文化产生兴趣，并开始积极系统地学习汉语，了解中国文化。另一方面，汉语的国际化也体现在中国民族共同语的内部变化上，例如在词汇层面的“欧化”、“港台化”和“英语化”。汉语的“普通”性或包容性使得汉语可以在全球化的过程中，兼收并蓄，借用其他外来语的成分。杨锡彭（2003：70）概括这一过程主要有“音译”和“音意兼译”：“音译是汉语借用外来词的基本方式，甚至是首选方式。人们遇到外来新事物、新思想之初，往往赶紧‘拿来’，就采用音译。诸如‘克隆’（clone），‘沙发’（sofa），‘朋克’（punk），‘巧克力’

(chocolate),‘迪斯科’(disco),‘歇斯底里’(hysteria),‘阿斯匹林’(aspirin),‘布尔什维克’(来自俄文 Большевик)。‘音意兼顾’的借词方式称为‘音意兼译’,诸如‘黑客’(hacker),‘基因’(gene),‘声呐’(sonar),‘蹦极’(bungie),‘媒体’(media),‘俱乐部’(club),‘乌托邦’(Utopia),‘扑惹息痛’(paracetamol)”。类似的其他例子还包括:“可口可乐”(Coca Cola),“万维网”(World Wide Web),“雅皮士”(yuppies),“布波族”或者“布尔乔亚波希米亚族”(Bobo, or bourgeois bohemian),“查皮士”(Chuppies, or Chinese yuppies),等等。还有来自港台的“激光”(laser),“发廊”(hair salon),“卡通片”(cartoon movies),“写字楼”(office building),“的士”或者“计程车”(taxi),“电脑”(computer),“埋单”或者“买单”(pay the bill)。同时,汉语使用者有时还会直接使用英文缩写的表达方法,例如,CD, DVD, MBA, KTV, MP3, ATM(自动提款机),等等。

在中国一些主要的大都市,比如北京、上海和广州,出现了一种所谓的“都市汉语”(Cosmopolitan Mandrian)(Zhang, 2006: 215)。这一国际化的语言变体的生产者和消费者几乎都是这些大都市里的年轻职业人士。在西方,人们统称这类人士为“雅皮士”(Yuppies, Young and Urban Prefessionals)。而中国的这类人士则被称为“查皮士”(Chuppies, 即 Chinese Yuppies)。西方学者曾运用经济学的理念来看待社会语言现象。Bourdieu(1977: 651)就曾提出“语言市场”这一概念,并认为“语言能力,如同其他任何文化能力一样,在语言市场中可以作为语言资本来使用”。Abrams(1983: 40~41)也曾提出,“语言代表一个社会中最重要的私人生产的公共商品(privately produced public goods)。从传统意义上说,语言市场属于经济学家所定义的‘自由’市场。长期以来,在任何一个社会,无数的个体都参与并生产‘语言’,而同时,每个人又都是语言这一商品的消费者”。在中国以及海外,绝大多数的中国人以及海外华人都有自己的母语或方言,包括北京人在内,也有自己的北京方言。而民族共同语则是一件私人可以拥有的公共商品。语言作为商品,则自然就拥有其商品所固有的功能或者经济价值,例如实用价值(functional value)、交换价值(exchange value)以及象征价值(symbolic value)。民族共同语,无论是在实用价值、交换价值还是象征价值上都如同流通货币一样价值稳定,信用较好,运用广泛。

流行于中国大都市里的“都市汉语”,是以民族共同语或者“普通话”为基础的。不过“都市汉语”的使用在很大程度上要取决于使用环境以及使用对象。“都市汉语”的使用者既保持中华民族的身份认同,又在使用“普通话”的过程中,自觉不自觉地加入一些“国际化”的元素。这些国际化的元素,在一定程度上会提高所使用语言的交换价值和象征价值,因为在中国的主要都市里,国际化就代表着与国际接轨,与世界同步,是现代化的象征。从实用价值的角度来看,

"都市汉语"的使用者，多数都在外国企业、合资企业、或者大型跨国企事业单位工作。他们所接触的人也都是来自世界各地或本国的职业人士，所以他们在交流的过程中，并不会过分重视语言的字正腔圆，而会把握语言的国际交流实用性。同时也通过语言，传递一种隐含的文化身份。其实"查皮士"和"都市汉语"的出现，都基于一定的社会大环境和背景。例如在过去的30年甚至更长一点的时间里，人们之间的相互称呼就不断地因地域和时间而变化。Lee - Wong（1994：315）在十几年以前就北京、上海、南京和广州人们之间的称呼问题做过一个调查，结果如下：

	同志	师傅	服务员	小姐	先生	其他
北京	36.4%	22.7%	9.1%	13.6%	9.1%	9.1%
上海	35.0%	30.0%	5.0%	15.0%	10.0%	5.0%
南京	27.8%	27.8%	5.5%	11.1%	11.1%	16.7%
广州	15.8%	5.3%	5.3%	46.8%	20.4%	6.4%

（Lee - Wong，1994：315）

笔者在2006年对中国历届主要领导人，包括毛泽东、邓小平、江泽民和胡锦涛同志，在不同历史时期所做的公众讲话中的称呼做过一次统计，结果如下：

	同志们	朋友们	女士们	先生们	同事们
毛泽东	82.9%	11.4%		5.7%	
邓小平	91.7%	8.3%			
江泽民	21.2%	24.2%	27.3%	27.3%	
胡锦涛	40.0%	30.0%	10.0%	10.0%	10.0%

由此可见，汉语的国际化，不仅仅是汉语走向国际，被世界各国的人所认识、学习和使用，而且在很大程度上，也体现在汉语作为民族共同语的不断发展和变化。这不仅仅涉及语言和文化的问题，还涉及身份认同的问题。

三、海外汉语的本土化在对外汉语教学中的体现和影响

海外汉语的本土化是一个自然的语言发展过程，这并不仅仅只存在于汉语里面。被称为世界通用语（lingua franca）的英语在过去的几百年当中，也不断地经历着国际化和本土化的进程。美国学者 Kachru（1994）就英语的国际化，尤其是本土化的问题曾做过深入、系统的研究。他认为英国、美国、加拿大和澳大利亚等国的英语为“内圈英语”，印度、新加坡和马来西亚等国的英语为“外圈英语”，而中国、日本和俄罗斯等国的英语为“扩展圈英语”。不过，无论是内圈、外圈还是扩展圈的英语都存在本土化的问题，这一问题在外圈国家更为显著。因为这些国家无论是在历史上还是文化、政治、经济生活中，都或多或少地有着“英语的烙印”。于是，在英语语言学当中，近几十年便出现了英语变体的研究，从而出现了“世界英语”（World Englishes）这一学科。汉语虽然和英语的本土化有着本质的区别，但是，当汉语走向世界的同时，也必将被世界其他的语言和文化所同化。

笔者曾在2000年至2006年在澳大利亚珀斯生活、学习和工作了6年的时间。在珀斯的华人社区，人们普遍使用一种接近中国民族共同语，但又有别于这一共同语的汉语变体。这一变体的形成，有它历史的原因，也与华人社区的组成和当地的文化和语言特色有关。珀斯的华人社区主要是由早期的中国南部移民，还有马来西亚、新加坡、印度尼西亚以及后期中国香港、中国台湾和中国大陆等地的新移民构成的。在华人社区里所推行的中国语言和文化活动在很大程度上综合了这些华人社区成员本国或本地区的语言和文化元素。这些元素又与珀斯本地的社会生活和民俗风情相结合，形成一些地方特色。笔者曾在珀斯的三家中华会馆开办的中文学校教书，主要给华人社区的第二代或第三代子女讲授中国语言与文化。笔者也曾在当地的两所大学任职，主要给中文专业和商学院学习中国经济的本科生讲授中国时事、翻译和跨文化交际等课程。同时，笔者也给澳中商会与当地一所大学联合开办的商务中文班授课，主要为当地几家公司从事中国业务的职员补习中文并介绍中国商业文化。

在海外教中文，所选择的教学材料是否能够与学员的学习需要相结合，或者是否能与当地的地方特色很好地结合是十分重要的。这就涉及汉语在海外的本土化问题。以当地一所大学的中文一年级第二学期的汉语课教学大纲为例，该课程要求学生能够：①用简单的中文以日记或书信的形式描述日常生活事件；②使用适当的中文进行购物，例如询问商品的价格、尺码和颜色；③用简单的中文谈论天气和气候情况；④使用适当的词汇谈论交通工具；⑤使用适当的中文在餐厅里点菜和酒水；⑥使用适当的表达方式在图书馆或者其他类似的场合借出或者归还书籍物品；⑦询问图书馆或者书店等地方的方向和走法；⑧发出或者接受邀请，并能够在晚会等公共场合进行简单的中文对话等。可以看出，以上教学大纲所规定的内容，对于学生们来说，都需要根据他们自身的环境和经历，结合本地的情况才能完成的。在这一过程中，他们所学习和使用的汉语就自然而然地本土化了。

给商务中文班从事中国业务的职员讲课的内容，则更需要根据学员的实际情况量身定做。笔者依据“来自学员、服务于学员，教学内容充分本土化”的原则，先调查了解学员的需求，并通过调查问卷的形式征集学员们在各自的生活和工作中最想用中文所表达的东西，然后总结归纳出十分具有本地特色的66个本土化商业中文常见句子或表达方法，主要包括“问候，打招呼”、“谈论天气”、“参观旅行”、“分手道别”、“谈论饮食”、“谈论家庭”、“问路”、“提供或要求帮助”、“购物”、“表示感激”、“业余爱好”、“良好祝愿”、“询问一般问题”、“发表评论”，以及“谈论工作业务事宜”等。这种实事求是、因地制宜的汉语本土化教学对于提高学员们的兴趣，提高他们的汉语实际运用能力都起到了一定的效果。学员们既是汉语本地变体的生产者，也是直接或间接的消费者，在实际运用本土化了的汉语过程中，增强了语言的实用价值和交换价值。正如在国内的各地区方言一样，海外汉语变体也像詹伯慧（2002：343）所认为的那样，“作为文化的载体，各地方言在表现本地区的自然景观、社会生活、民俗风情、文艺美术乃至饮食起居、婚丧礼仪等等，以及在联络海内外乡亲，凝聚炎黄子孙中所发挥的作用，都是民族共同语所无法代替的”。

四、《语言文字法》与中国语言和文字的规范化

在中国语言和文字的规范化问题上，詹伯慧（2002）曾做过一系列的研究和阐述。他提出，“做好汉语规范化工作是我国语言文字工作中具有战略意义的长期任务。规范化不断深入发展的过程必然也是我国语言文字研究工作不断取得成果的过程，汉语方言的调查研究跟汉语规范化工作既然有着长期的不解之缘，汉语方言工作的不断开拓、不断进展就必然会促使汉语规范化工作不断深入、不断前进”。

在语言规范化的过程中，必然会涉及民族共同语与各地方言甚至是海外汉语变体之间的关系问题。在这一问题上，詹伯慧（2002：341）提出，“语言因时空而有所变异，是语言发展的正常现象。同一语言在不同环境下产生少量的特别语词，无须把它们看作是‘规范’的大敌”。同时，他又提出，“随着社会和语言生活的发展，方言因素在一定条件下必然还会继续影响民族共同语，渗入民族共同语。从共同语规范化的原则出发，宜乎始终坚持‘有所排除，有所容纳，排除为主，容纳为辅的方针’”（詹伯慧，2002：335）。因此，在分析民族共同语和方言的关系问题上，要明确一个“主”和“辅”的关系，不过，在具体操作和使用过程中，又要保持一定的“灵活性”。正如詹伯慧所说，“方言词语的适量使用，是以不影响语言规范化的大局，不破坏语言规范整体为前提的。在语言规范化中，在大力推广民族共同语的同时，适当留给方言词语的运用以一定的空间，以一定的灵活性，并不意味着‘规范’可以有多种标准。标准仍是一个，只是在基本上

遵循规范准则的情况下，根据实际的需要，不妨吸纳少量的方言词语，作为规范语言的一点有益的补充”（詹伯慧，2002：357）。

在汉语规范化的过程中，除了明确民族共同语和各地方言以及海外汉语变体的“主”和“辅”的关系，并保持一定的“灵活性”以外，汉语的规范化更应该依据或借鉴 2001 年中华人民共和国颁布并实施的《语言文字法》。该法律除了总则和附则部分之外，还明确规定了关于国家通用语言文字的使用、管理和监督等细则条款。《语言文字法》明确地规定：“各民族都有使用和发展自己的语言文字的自由”（第一章第八条）；“《汉语拼音方案》是中国人名、地名和中文文献罗马字母拼写法的统一规范，并用于汉字不便或不能使用的领域”（第二章第十八条）；“对外汉语教学应当教授普通话和规范汉字”（第二章第二十条）。笔者（Kirkpatrick & Xu，2001）曾在《中华人民共和国国家通用语言文字法》颁布与实施不久参与并翻译了这份法律文件，并在《澳大利亚语言通讯》上发表，对当地的汉语规范化起到了一定的作用。在海外的汉语规范化更是一个漫长而艰巨的任务，因为在海外汉语的使用和地位会因为地方的不同而有很大的差异。而且《语言文字法》在海外不具备法律效力。所以文字规范化工作只能通过海外的文字工作者、汉语教师和各地的中华会馆、孔子学院等部门与国家语言规范部门的通力合作而进行。

汉语规范化工作不是静态的，而是动态的、长期的工作。“当今的语言规范化应具有现代化的意识，体现出现代化的内容，而不能只是满足于说共同语和写规范字。例如新的事物、新的概念不断产生，必然要促使语言中新词新语不断增加。国内国外语言交际日益频繁，语言间的相互影响必然越来越多，这也会使共同语日益丰富发展。人类进入信息化时代，信息化手段对语文现代化也会提出更高的要求。语文现代化不仅包括语言生活，也包括语言本身。面对许多新科技带来的新事务、新问题，语言规范化有了更高的要求。正如周有光先生所说：‘规范化不仅是语文标准化而且是语文时代化’”（詹伯慧，2002：339~340）。

五、结语

汉语的国际化、汉语在海外的本土化，以及汉语的规范化是相辅相成的，也是相互制约的。汉语的国际化使得汉语能够在全球范围内得到推广，对传递中国文化，发扬和光大中国传统具有积极的意义。汉语的国际化也促进了汉语作为民族共同语的不断丰富和发展。汉语的国际化还促进和加强了汉语在海外的本土化。汉语的本土化从根本意义来说有利于汉语的推广和发展。同时汉语的本土化也可以增强语言学习者对于中国文化的认同感。正如周清海所指出的那样，“语言教学的成败，除了和语言要素的教学是否成功有关之外，还和语言学习者对该语言文化的认同、社会应用语言的情况有关。我们的华文教学，一直过分注重语言要素的教学，对语言教学所负担的文化传递的任务不够重视”（周清海，1994：21）。汉语在海外的本土化，就是基于语言与文化的相互结合，使得汉语在海外更具有实用和交换价值。

汉语的国际化和在海外的本土化都给汉语的规范化提出了新的课题。汉语的规范化是以汉语的发展和汉语方言的研究为前提的。只有不断经过规范化的民族共同语，才具备更高的“共同”性，其作为共同语的“实用价值”、“交换价值”和“象征价值”才会不断地提高。在汉语的规范化过程中，《语言文字法》起着主导作用。同时，方言调查工作也对汉语规范化起到十分关键的作用。正如詹伯慧（2002：333）所指出的，“只有开展汉语方言调查，比较方言与共同语的异同，彻底弄清方言中形形色色的特点，才能面对语言事实，对各种方言现象进行分析整理，有抉择、有限度地考虑哪些方言因素可以吸收，哪些方言因素只能‘拒之门外’，不能接纳。大量事实说明：开展方言调查研究，既是推广普通话的需要，也是汉语规范化的需要。把方言调查的工作抓紧抓好，可以说是搞好汉语规范化的重要保证”。

参考文献

1. Abrams, B., A. An Economic Analysis of the Language Market. *The Journal of Economic Education*, 14 (3), 1983, pp. 40 – 47.

2. Bourdieu, P. The economics of linguistic exchanges. *Social Science Information*, 16, 1983, pp. 645 – 668.

3. Kachru, B. B. Englishization and contact linguistics. *World Englishes*, 13 (2), 1994, pp. 135 – 154.

4. Kirkpatrick, A., Xu, Z. The New Language Law of the People's Republic of China. *Australian Language Matters*, 9 (2), 2001, pp. 14 – 15.

5. Kratochvil, P. Modern Chinese and Linguistic Change. *The China Quarterly* (92), 1982, pp. 687 – 695.

6. Lee-Wong, S. M. Address forms in modern China: changing ideologies and shifting semantics. *Linguistics*, 32, 1994, pp. 299 – 324.

7. Sun, H., Jiang, K. A study of recent borrowings in Mandarin. *American Speech*, 75 (1), 2000, pp. 98 – 106.

8. Zhang, Q. Cosmopolitan Mandarin. *Journal of Asian Pacific Communication*, 16 (2), 2006, pp. 215 – 235.

9. 王士元：《语言变异和语言的关系》，北京语言学院出版社 1995 年版。

10. 周清海：《从文化与社会语言学的观点论华文课程的改革》，《新加坡华文教学论文集》，北京语言学院出版社 1994 年版，第 21 ~ 25 页。

11. 杨冬燕：《对外汉语语言与文化同步教学初探》，《对外汉语教学与研究》，南京大学出版社2003年版。

12. 杨锡彭:《汉语外来词研究》,《 对外汉语教学与研究》,南京大学出版社2003年版。

13. 詹伯慧:《漫步语坛的第三个脚印》,《汉语方言与语言应用论集》,暨南大学出版社2002年版。

14. 翟时雨:《汉语方言与方言调查》,西南师范大学出版社1986年版。

15. 大埔县地方志编纂委员会:《大埔县志》,广东人民出版社1992年版。

16. 林立芳:《梅县方言语法论稿》,中华工商联合出版社1997年版。

17. 黄伯荣编:《汉语方言语法类编》,青岛出版社1996年版。

18. 詹伯慧:《浠水话动词“体”的表现方式》,载《中国语文》1962年第8、9期。